冶金工业出版社

冶金专业教材和工具书经典传承国际传播工程
Project of the Inheritance and International Dissemination of Classical Metallurgical Textbooks & Reference Books

普通高等教育“十四五”规划教材

边坡工程

（第2版）

主　编　吴顺川
副主编　史文兵　韩龙强

扫码输入刮刮卡密码
看本书数字资源

北　京
冶金工业出版社
2025

内容提要

本书系统介绍了边坡工程的概念、灾害类型、稳定性分析方法、工程处治措施及其设计计算方法、监测预警等内容，全书分为10章，包括边坡工程与灾害、边坡破坏模式与稳定性影响因素、边坡工程设计与分析方法、边坡工程地质勘察、岩土体力学参数确定、赤平极射投影与边坡稳定性运动学分析、边坡稳定性极限平衡条分法、弱面控制型边坡稳定性分析方法、边坡防护与加固、边坡稳定性监测与灾害预警等。

本书可作为高校土木工程、矿业工程、水利工程、交通运输工程、地质工程等专业的本科生和研究生教材，也可供科研院所及工程设计、施工单位的技术人员参考。

图书在版编目(CIP)数据

边坡工程／吴顺川主编. -- 2版. -- 北京：冶金工业出版社，2024. 12（2025. 6重印）. --（冶金专业教材和工具书经典传承国际传播工程）（普通高等教育“十四五”规划教材）. -- ISBN 978-7-5024-9944-0

Ⅰ. U416. 1

中国国家版本馆CIP数据核字第2024P6E898号

边坡工程（第2版）

出版发行	冶金工业出版社	**电　　话**	(010)64027926
地　　址	北京市东城区嵩祝院北巷39号	**邮　　编**	100009
网　　址	www. mip1953. com	**电子信箱**	service@ mip1953. com

责任编辑　杨　敏　美术编辑　彭子赫　版式设计　郑小利

责任校对　梅雨晴　责任印制　禹　蕊

三河市双峰印刷装订有限公司印刷

2017年9月第1版，2024年12月第2版，2025年6月第2次印刷

787mm×1092mm　1/16；19. 75印张；473千字；287页

定价58. 00元

投稿电话　(010)64027932　投稿信箱　tougao@cnmip. com. cn

营销中心电话　(010)64044283

冶金工业出版社天猫旗舰店　yjgycbs. tmall. com

（本书如有印装质量问题，本社营销中心负责退换）

冶金专业教材和工具书经典传承国际传播工程总序

钢铁工业是国民经济的重要基础产业，为我国经济的持续快速增长和国防现代化建设提供了重要支撑，做出了卓越贡献。当前，新一轮科技革命和产业变革深入发展，中国经济已进入高质量发展新时代，中国钢铁工业也进入了高质量发展的新时代。

高质量发展关键在科技创新，科技创新离不开高素质人才。党的二十大报告指出："教育、科技、人才是全面建设社会主义现代化国家的基础性、战略性支撑。必须坚持科技是第一生产力、人才是第一资源、创新是第一动力，深入实施科教兴国战略、人才强国战略、创新驱动发展战略，开辟发展新领域新赛道，不断塑造发展新动能新优势。"加强人才队伍建设，培养和造就一大批高素质、高水平人才是钢铁行业未来发展的一项重要任务。

随着社会的发展和时代的进步，钢铁技术创新和产业变革的步伐也一直在加速，不断推出的新产品、新技术、新流程、新业态已经彻底改变了钢铁业的面貌。钢铁行业必须加强对科技进步、教育发展及人才成长的趋势研判、规律认识和需求把握，深化人才培养体制机制改革，进一步完善相应的条件支撑，持续增强"第一资源"的保障能力。中国钢铁工业协会《"十四五"钢铁行业人力资源规划指导意见》提出，要重视创新型、复合型人才培养，重视企业家培养，重视钢铁上下游复合型人才培养。同时要科学管理，丰富绩效体系，进一步优化人才成长环境，造就一支能够支撑未来钢铁行业高质量发展的人才队伍。

高素质人才来源于高水平的教育和培训，并在丰富多彩的创新实践中历练成长。以科技创新为第一动力的发展模式，需要科技人才保持知识的更新频率，站在钢铁发展新前沿去思考未来，系统性地将基础理论学习和应用实践学习体系相结合。要深入推进职普融通、产教融合、科教融汇，建立高等教育+职业教育+继续教育和培训一体化行业人才培养体制机制，及时把钢铁科技创新成果转化为钢铁从业人员的知识和技能。

一流的专业教材是高水平教育培训的基础，做好专业知识的传承传播是当代中国钢铁人的使命。20 世纪 80 年代，冶金工业出版社在原冶金工业部的领导支持下，组织出版了一批优秀的专业教材和工具书，代表了当时冶金科技的水平，形成了比较完备的知识体系，成为一个时代的经典。但是由于多方面的原因，这些专业教材和工具书没能及时修订，导致内容陈旧，跟不上新时代的要求。反映钢铁科技最新进展和教育教学最新要求的新经典教材的缺失，已经成为当前钢铁专业人才培养最明显的短板和痛点。

为总结、提炼、传播最新冶金科技成果，完成行业知识传承传播的历史任务，推动钢铁强国、教育强国、人才强国建设，中国钢铁工业协会、中国金属学会、冶金工业出版社于 2022 年 7 月发起了“冶金专业教材和工具书经典传承国际传播工程”（简称“经典工程”），组织相关高校、钢铁企业、科研单位参加，计划用 5 年左右时间，分批次完成约 300 种教材和工具书的修订再版和新编，以及部分教材和工具书的对外翻译出版工作。2022 年 11 月 15 日在东北大学召开了工程启动会，率先启动了高等教育和职业教育教材部分工作。

“经典工程”得到了东北大学、北京科技大学、河北工业职业技术大学、山东工业职业学院等高校，中国宝武钢铁集团有限公司、鞍钢集团有限公司、首钢集团有限公司、河钢集团有限公司、江苏沙钢集团有限公司、中信泰富特钢集团股份有限公司、湖南钢铁集团有限公司、包头钢铁（集团）有限责任公司、安阳钢铁集团有限责任公司、中国五矿集团公司、北京建龙重工集团有限公司、福建省三钢（集团）有限责任公司、陕西钢铁集团有限公司、酒泉钢铁（集团）有限责任公司、中冶赛迪集团有限公司、连平县昕隆实业有限公司等单位的大力支持和资助。在各冶金院校和相关钢铁企业积极参与支持下，工程相关工作正在稳步推进。

征程万里，重任千钧。做好专业科技图书的传承传播，正是钢铁行业落实习近平总书记给北京科技大学老教授回信的重要指示精神，培养更多钢筋铁骨高素质人才，铸就科技强国、制造强国钢铁脊梁的一项重要举措，既是我国钢铁产业国际化发展的内在要求，也有助于我国国际传播能力建设、打造文化软实力。

让我们以党的二十大精神为指引，以党的二十大精神为强大动力，善始善终，慎终如始，做好工程相关工作，完成行业知识传承传播的使命任务，支撑中国钢铁工业高质量发展，为世界钢铁工业发展做出应有的贡献。

中国钢铁工业协会党委书记、执行会长

2023 年 11 月

第 2 版序

边坡工程作为保障国家基础设施建设与安全的专业领域之一，其重要性不言而喻，随着我国基础设施建设的不断推进，对高水平专业素养边坡工程人才的需求日益增长。在这样的背景下，本书作者在《边坡工程》教材初版基础上，对原有内容进行完善、更新，第 2 版教材应运而生。

《边坡工程》（第 2 版）教材注重理论与实践相结合，系统介绍了边坡工程的基本理论、设计方法、施工工艺及监测预警技术等方面的知识；融入了最新科研成果、技术进展、规范修订和实践经验，使得读者能够及时掌握学科发展动态，拓宽视野，保证了教材内容的前沿性、创新性和实用性；同时，采用了丰富的多媒体元素，如视频、动画等，使得抽象的理论知识更加形象生动，易于理解，数字媒体的使用不仅增强了学生的学习兴趣和效果，也符合国家对教育数字化的新要求，即推动教育技术创新发展、提高教育质量和效益；另外，该教材注重课程思政的有机融合，将思想政治教育贯穿于专业教育的全过程，通过引导学生关注国家发展、社会责任等宏观问题，培养学生的家国情怀和使命担当，使他们在掌握专业知识的同时，树立正确的世界观、人生观和价值观。

《边坡工程》（第 2 版）教材集课程思政、多媒体教学、内容准确规范与前沿性于一身，是一部符合现代教育产教融合、支撑高等教育人才自主培养的优质教材，是对国家“加快推进教材数字化转型，促进教材建设服务国家重大战略和人才培养需求”政策的积极响应；希望全国教育人都当行动派和实干家，打造更多培根铸魂、启智增慧的精品教材，为教育高质量发展和教育强国建设谱写新篇章。

我相信《边坡工程》（第 2 版）教材将会成为培养高素质边坡工程人才的精品图书，我们期待更多的读者能够通过该教材的学习与实践，成为具备专业素养与创新能力的优秀边坡工程师，为国家的繁荣与发展贡献自己的力量；同时，也希望《边坡工程》（第2版）教材能够在科技进步和实践中得到不断完善与更新，以适应学科发展和人才培养的需求，继续为培养优秀专业技术人才提供有力支撑。

中国工程院院士 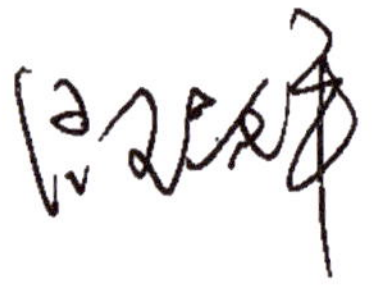

2024年7月

第2版前言

《边坡工程》于2017年首次出版，赢得了国内高校教师、学生及工程技术人员的广泛认可，时至今日，依然是边坡工程领域内容最为丰富和准确的教材和参考书之一，为相关专业的师生与技术人员提供了一本具有重要价值的学习与研究参考书。

边坡工程涉及岩石力学、土力学、工程地质学等多个学科，随着这些学科的快速发展，理论、技术与标准规范等不断革新，第1版教材内容已无法完全涵盖最新的理论和实践；另一方面，当代教育理念的更新和学生需求的变化，使得教材需要更加注重培养学生的实践能力和创新精神，而第1版教材部分章节内容过于理论化，缺乏与实际工程案例的结合；同时，随着信息化和网络技术的发展，教学方式也在发生变化，如多媒体教学、在线教学等，教材需要提供更加丰富多样的教学资源和学习方式。鉴于此，为满足边坡工程领域理论与技术的革新、学生需求的变化、行业标准和规范的更新、教材内容的丰富性和准确性、教学方式的改变以及教材使用反馈等各方面需求，作者对第1版教材进行了全面修编，使教材内容更加符合时代发展的需要，更好地服务于边坡工程领域的教学和科研工作。

《边坡工程》(第2版) 教材内容主要在以下几方面进行了更新与完善：

一、优化章节架构和内容，逻辑严谨、层次分明

《边坡工程》(第2版) 教材将内容架构重新梳理，章节顺序进行了合理调整。比如，现场勘察对于获取岩土体力学参数尤为重要，故新增了边坡工程地质勘察章节；将第1版教材第1章中的边坡失稳灾害类型按照“天然 (自然) 边坡失稳、人工 (工程) 边坡失稳、地质环境诱因边坡失稳、水环境诱因边坡失稳、工程散体介质边坡失稳”进行阐述，分类逻辑更顺畅；将第1版教材第4章中的条分法按所满足的力与力矩平衡条件进行分类讲述，内容编排与逻辑更加清晰。另外，将第1版教材中属于拓展、提高性质的内容放入二维码，供

学生自学时参考。比如，第1版教材第7章“边坡稳定性数值分析方法”，在完善原有内容基础上，增加了有限元和离散元的应用案例，并以二维码形式嵌入到了第2版教材的第3章，等等。

二、引入新技术和新方法，内容翔实、广博兼容

近年来，边坡工程领域涌现出许多新技术和新方法，因此，《边坡工程》第2版在内容上进行了大幅度的扩展和深化，不仅对边坡工程的基本理论、设计方法和施工技术进行了详细介绍，同时增加了近年来逐渐普及的新技术和新方法的介绍。例如，新增了无人机在边坡监测中的应用以及边坡智能监测预警系统等前沿技术。内容更新以及新技术、新方法的引入，可让学生更好地了解边坡工程的发展动态，也为他们未来的学习和研究提供了更多方向。

三、更新标准规范和案例，国际同步、案例鲜活

边坡工程的设计和施工需要遵循一定的标准和规范，第2版教材对国内外相关的标准和规范进行了全面的更新和梳理，对第1版教材出版以来相关标准规范修订的内容在教材中进行了更新，包括我国国家标准、行业标准以及国际上的先进标准和工程实践经验，不仅在理论上进行了深入浅出的阐述，还引入了大量的边坡工程案例分析，使得教材内容更加贴近实际工程需求，也便于学生理解和掌握相关知识。

四、强化科技与思政育人，交互学习、直观可读

为提高学生的学习兴趣和参与度，第2版教材更加注重交互性和可读性，全书采用双色印刷，美化和突出图、表所蕴含的信息，教材内容更加直观、生动；以二维码形式嵌入了丰富的媒体资源，如边坡灾害视频、科研软件分析动画、常规岩土试验视频等，提高了教材的交互性和可读性；深入挖掘和有机融入思政育人要素，展示中国在边坡工程领域的伟大成就，传颂中国学者的贡献等。

2023年，《边坡工程》（第2版）入选中国钢铁工业协会、中国金属学会和冶金工业出版社组织的“冶金专业教材和工具书经典传承国际传播工程”第一批立项教材。

本书由昆明理工大学吴顺川担任主编，贵州大学史文兵与昆明理工大学韩

龙强担任副主编。本书编写分工为：第 1、9 章由吴顺川编写，第 2 章由代风和任敏编写，第 3 章由韩龙强编写，第 4、5 章由史文兵编写，第 6 章由张小强编写，第 7 章由李麟玮编写，第 8 章由位伟编写，第 10 章由王超编写，全书由吴顺川和韩龙强统校。

在本书的编写过程中，得到了殷跃平院士、蔡美峰院士的密切关注和热心指导，还有北京科技大学金爱兵教授和刘洋教授，中勘冶金勘察设计研究院有限责任公司王广和教授级高工，武汉大学姜清辉教授，中铁二院昆明勘察设计研究院有限责任公司李能教授级高工、孙希望教授级高工、张蕊教授级高工，中电建路桥集团有限公司严琼教授级高工，中国地质环境监测院王文沛教授级高工，中冶建筑研究总院有限公司范景伦教授级高工、张智浩教授级高工，中国安全生产科学研究院马海涛教授级高工、于正兴教授级高工和孙贝贝工程师，云南省地质环境监测院祝传兵教授级高工和高瑜工程师，云南省曲靖市设计研究院有限责任公司谢佳能高工，西南石油大学邱恩喜副教授，贵州大学梁风副教授、王勇副教授、江兴元副教授和杨根兰副教授，贵州省交通规划勘察设计研究院股份有限公司朱启荣高工、成都理工大学许强教授、彭大雷研究员和余斌教授，贵州省地质灾害应急技术指导中心刘秀伟研究员和李阳春教授级高工，贵州地质环境监测院张家勇教授级高工，贵州省城乡规划设计研究院朱要强教授级高工，贵州省有色物化探总队王勇高工，国家电投云南国际电力投资有限公司赵世麒高工，基康仪器股份有限公司彭培伦和冯琦等，他们的专业意见对本书的完善起到了重要作用，对此一并表示真诚的感谢。同时，我们也要感谢昆明理工大学的研究生张中信、马庶钊、黄世贵、贺鹏彬、张思瑞、王晓龙、段嘹、崔靖奇、申浩凯、曹一凡、文登辉、周俊宏与贵州大学的研究生何旭东、余理娜、朱永东、邓爽、谢辉、桂晶晶、蒋小维、朱涛、李黔辉、刘楷朋、宁芊芊、何贵银、周雷、卢彦丞、杨玥、刘永志、陶通伟等，他们为本书的资料收集、绘图、视频制作等工作付出了辛勤的努力和汗水。另外，感谢昆明理工大学城市学院厘米动画工作室常勋有老师及团队成员，为教材视频设计和创作付出的艰辛。此外，本书在编写过程中引用了大量文献资料、网络视频与图片等资料，对所有引用的资料作者表示真挚的谢意。

随着教材的修订与再版，期望其内容能日趋完善，紧跟学科发展和工程进步的步伐。然而，由于知识体系的庞大与复杂，难免会有疏漏与不足之处，敬请广大读者不吝赐教，对发现的错误或不当之处提出宝贵的意见和建议。

本教材配套中英文 MOOC（见页末访问网站），有需要的读者可扫码登录学习，作者竭诚为全球边坡工程行业的学者、读者们提供免费共享资源。

吴顺川

2024年7月于昆明

智慧树网-中文版 mooc

学堂在线-中文版 mooc

学堂在线-英文版 mooc

国际土力学与岩土工程学会“线上大学”-英文版 mooc

国际岩石力学与工程学会网站-英文版 mooc

第 1 版序

边坡是人类工程活动中最基本的地质环境之一，也是工程建设中最常见的工程形式。我国幅员辽阔，山区面积约 663.6 万平方千米，占整个国土面积近 70%，全国约有 56%的人口生活在山区。我国是一个滑坡、崩塌灾害较为频繁的国家，据不完全统计，近二十多年来，几乎每年都有重大崩、滑灾害事件发生，因地质灾害造成的经济损失平均每年超过 200 亿元。根据我国《地质灾害防治条例》，六类典型地质灾害类型中，山体崩塌、滑坡、泥石流等三类突发性地质灾害均与边坡密切相关，严重威胁人民的生命财产安全。

如何保障边坡工程的安全可靠，提高边坡工程勘察设计、分析计算、施工技术、安全监测和改造治理水平，一部完整介绍边坡工程稳定性分析及灾害防护技术的高等学校教材显得尤为重要。边坡工程研究的核心问题是边坡稳定性评价，其目的是确定经济合理的边坡结构设计参数并分析既有边坡的稳定程度，为边坡处治措施的确定提供可靠依据。目前边坡稳定性分析的方法较多，每种方法均有各自的适用条件及优缺点，如何结合边坡特性，确定合理的岩土体物理学参数、选择较为合适的稳定性分析方法，是边坡工程学科研究的首要任务。

鉴于此，本书作者基于 20 余年的交通、矿山行业边坡治理经验和教学实践，在吸收和消化前人理论研究和工程实践的基础上，紧密结合现行国家及相关行业规范、标准，详细介绍了边坡工程的地质勘察、稳定性计算、监测、治理等理论和技术，具有鲜明的特色：

（1）充分体现内容的新颖性，力求反映边坡工程学科的新理论、新方法、新技术和新规范；

（2）充分体现内容的科学性、系统性和实用性，力求做到分析方法明确，基础数据翔实；

（3）严格遵循教学规律，保持完整的教材架构体系，力求体现合理规划知识层次与结构布置。

总之，本书紧密结合国家及相关行业规范，内容新颖、结构严谨、语言简洁、文笔流畅、图文并茂，可作为高等学校本科生和研究生教材，同时可为从事边坡工程研究、设计、施工等的技术人员提供有价值的参考。我深信，本书的出版，对于我国土木工程专业高级人才的培养以及边坡工程的教学改革，将起到积极的推动作用；对边坡工程安全、经济、高效施工与运营，均具有重要意义。

目前，土木工程、采矿工程等学科伴随着材料、设备、计算机与信息技术的快速发展而前行，边坡工程专业教材需要不断完善与更新，寄望全国土木工程、矿业工程等院校从事边坡工程教学的教授、专家们继续努力，编写出更多、更好的创新型专业教材。

中国工程院院士
北京科技大学教授 蔡美峰

2017年7月

第1版前言

边坡是岩土体在自然重力作用下或人为作用下形成的具有一定倾斜度的临空面，是人类工程活动最基本的地质环境之一，也是工程建设中最常见的工程形式。边坡工程作为岩土工程的重要分支，广泛应用于土木、采矿、水电、公路、铁路和建筑等工程项目。

随着我国国民经济的快速发展，公路、铁路、露天矿山、大坝、排土场、尾矿库等岩土边坡工程数量急剧增加，边坡失稳事故时有发生。近年来，随着大规模工程建设的陆续上马，我国边坡失稳灾害的规模和频度呈逐年增强的态势，仅单项工程处理费用超过千万元的案例就达数十起。作为全球三大地质灾害（地震、洪水、崩塌滑坡泥石流）之一的边坡灾害，正严重危及人类的财产和生命安全。因此，对边坡工程的正确认识、合理设计和有效处治，将边坡失稳造成的灾害降低到最低限度，是岩土工程学者和工程设计人员必须面对的工程问题。

边坡工程是一门应用性和实践性很强的工程学科。本书作者长期从事边坡工程的科研与教学工作，了解该领域近年来的新进展，且该领域的基本理论知识基础扎实。本书以各种类型的边坡为研究对象，以边坡稳定性分析与评价为目标，结合国家及行业现行标准规范的要求，对边坡工程基础知识进行了全面总结，对各类边坡稳定性分析方法的假定、计算推导过程、适用范围等内容进行了系统阐述，并对常用边坡处治措施的作用机理、适用范围及设计过程等内容做了详细叙述。作者通过对边坡工程相关知识全面系统总结和概括，并经多位具有丰富科研教学经验和现场工程实践的教授及专家的审阅指导，几易其稿，终成此书。

在编写过程中，遵循科学、规范、拓展的原则，力求适应教育部“高等教育面向21世纪教学内容和课程体系改革计划”的要求，遵循加强学生的素质教育和基础理论知识教育的宗旨，调整知识结构，拓宽知识面，力求实现培养高质量的智能型、复合型人才的目的。编写过程中，力求贯彻以下四项原则：

(1) 实时性：随着现代科技水平的不断提高与发展，与边坡工程相关的学科也在不断进步，传统边坡工程书籍或教材已难以适应当前边坡工程的发展现状。因此，作者在查阅和收集大量文献资料的基础上，将近年来边坡工程领域的新进展、新技术、新规范和新软件的相关内容编入书中，以期读者在阅读本书时能够获得先进的理论知识和工程实践经验。其中，在岩体力学参数的确定过程中，首次引入了对等效岩体技术的介绍。该技术以颗粒流理论为基础，以PFC软件为工具，采用颗粒体模型和光滑节理模型分别表征岩体中的岩块和节理，构建与现场岩体结构几何、力学效应等效的数值模型，是近几年边坡工程和岩土工程领域最新发展的数值试验方法。

(2) 完整性：结合作者在北京科技大学讲授"边坡工程"课程所用的历届讲义，总结教学实践中存在的问题和不足，充分吸收其他边坡工程教材的长处，对边坡工程相关知识做了全面系统地总结，从边坡的基本概念、基本理论出发，进而介绍边坡稳定性的影响因素、计算方法、处治措施和工程效果监测等内容，为读者全面展示关键知识点。内容阐述详尽具体，展示方法循序渐进，力求保持知识框架的系统性与完整性。

(3) 实践性：边坡工程相关知识的学习与研究，不仅要做到覆盖全面，更要做到重点突出，尤其要突出实践性。本教材编写过程中，作者结合多年从事边坡工程研究的实践经验与成果，将理论与工程案例、国家规范等紧密结合，通过引入最新的规范标准和典型例题，力求做到学以致用，使读者不仅对边坡工程相关领域的知识有全面、扎实的理解和掌握，而且能够从国家、行业规范的角度提高分析问题、解决问题的能力，并初步具备边坡工程处治的设计技能。

(4) 实用性：内容编排简明扼要、便于自学，突出教学基本要求所规定的内容，强调基本理论（基本概念、基本公式、基本解法）的阐述，便于读者集中精力学习边坡工程的基本知识；同时，做到突出重点，结合例题阐述具体求解过程，分化和讲解学习难点，并强化边坡稳定性分析软件的使用，且每章安排了学习提示、习题等内容，便于读者抓住重点、理解难点。

本书由昆明理工大学吴顺川任主编，北京科技大学金爱兵、刘洋任副主编，各章节编写分工为：第1~3章由金爱兵编写，第4~7章、第8章第2节、第 9~10 章由吴顺川编写，第 8 章第 1 节由刘洋编写；全书由吴顺川统稿。

本书可作为土木工程、矿业工程、水利工程、交通运输工程、地质工程等专业的本科生和研究生教材，也可作为科研院所和工程设计施工等单位的工程技术人员的专业参考书。

本书的编写和出版，得到了教育部本科教学工程专业综合改革试点项目经费和北京科技大学教材建设基金的资助；在编审过程中，北京科技大学李长洪教授、中勘冶金勘察设计研究院有限责任公司王广和教授级高工、中电建路桥集团有限公司严琼高级工程师、北京科技大学周喻副教授等，在百忙之中对本书进行认真审阅，提出了许多宝贵意见和建议；北京科技大学博士生任义、甘一雄、马骏、熊良峰、郑立夫、赵宇松、韩龙强、杨忠民，硕士生黄小庆、许俊、王磊、丛子杰、高兴、张朝俊、石家瑞、张欢等，为本书的资料收集、编排、绘图、校核等工作付出了长时间、大量的艰辛劳动。在此一并表示衷心的感谢！同时，对本书中引用的文献作者表达谢意，对个别引用而漏标的相关文献作者，表示真诚的歉意！

由于作者水平有限，书中不足之处，希望读者批评指正，以便在本书再版时得以修正和完善。

吴顺川

2017 年 7 月于北京

主要参数符号表

边坡几何参数

α：边坡倾角
α'：边坡视倾角
β：结构面倾角
ψ：坡顶角
χ：边坡坡度
H：坡面（边坡）垂直高度
L：滑面或结构面斜长
α_S：边坡面或结构面交线倾向
α_p：结构面倾向
ψ_s：结构面交线倾角
R：滑面圆弧半径
b_i：第 i 个条块宽度
l_i：第 i 个条块底面长度
H_i：第 i 个条块高度
h_i：条间作用力点高度
θ_i：第 i–1 个条块对第 i 个条块的总作用力与水平方向夹角
α_i：第 i 个条块底面与水平面夹角
A：面积
θ：岩体破裂角/圆心角

岩土体材料与力学参数

F：边坡安全系数
F_f：边坡安全系数（力平衡）
F_m：边坡安全系数（力矩平衡）
M_d：条块下滑力矩
M_f：条块抗滑力矩
N_i：第 i 个条块底面法向力
T_i：第 i 个条块底面切向力（抗滑力）
E_i：第 i–1 个条块对第 i 个条块作用的条分面法向力
X_i：第 i–1 个条块对第 i 个条块作用的条分面切向力
P_i：第 i–1 个条块对第 i 个条块作用合力
σ（σ_n）：法向应力（正应力）
σ'：有效法向应力
τ：切向应力（剪应力）
α_w：综合水平地震系数
J_w：渗透力
Δ：增量，如 ΔE 表示条块间法向力增量
J：锚固力（外力）
J_i：条块作用外力
δ：锚固力（锚杆）倾角
U_i：滑面（条块）底部的水压力
u_i：滑面（条块）底部孔隙水压力
V：拉裂缝中的水压力
λ：比例常数
c：黏聚力
c'：有效黏聚力
φ：内摩擦角
φ'：有效内摩擦角
φ_d：等效内摩擦角
τ_f：抗剪强度
W_i：第 i 个条块重量
W：滑体重量或潜在滑体重量
γ：岩（土）体重度
γ_w：水重度
γ_{sat}：岩（土）体饱和重度
γ'：岩（土）体有效重度

目　　录

1 边坡工程与灾害

本章主要内容：

本章主要介绍边坡工程的基础知识与概念，详细讲述边坡与滑坡的概念与分类、边坡变形破坏的演化过程与类别特征，分类介绍典型边坡失稳灾害（滑坡）实例。

学习目标及要求：

了解并掌握边坡工程的基础知识与概念，熟悉天然边坡与人工边坡的区别，掌握边坡变形破坏的演化过程，理解并掌握瓦恩斯（D. Varnes）边坡破坏分类方案。

1.1 概述

1-1 典型滑坡灾害——内蒙古阿拉善露天煤矿“2·22”特别重大坍塌事故（视频）

20 世纪以来，随着世界人口不断增长、人类活动空间范围逐渐扩展和工程建设规模不断加大，加之受全球气候变化等因素影响，边坡失稳和滑坡灾害发生频率越来越高，造成的经济损失和人员伤亡也不断加大，全球范围内凡是有人类居住和工程活动的山岭地区，几乎都有边（滑）坡灾害发生，其已成为仅次于地震的第二大地质灾害。

我国是世界上地质灾害最严重、受威胁人口最多的国家之一，地质条件复杂，构造活动频繁，崩塌、滑坡、泥石流、地面塌陷、地面沉降、地裂缝等灾害隐患多、分布广，且隐蔽性、突发性和破坏性强，防范难度大。特别是近年来受极端天气、地震、工程建设等因素影响，全球面临非常严重的滑坡灾害，仅 2013—2022 年，滑坡灾害占我国所有地质灾害 67%以上；全国范围内除山东没有发现危害严重的滑坡灾害外，其余各地均有发生，其中以云南、贵州、四川、重庆、西藏、湖北西部、湖南西部、陕西、宁夏及甘肃等省区最为严重。

随着我国经济的快速发展，基础设施的建设速度和规模迅速增加，水利与交通工程边坡高度、露天矿开采深度等持续增加，随之而来的各类边坡问题日益增多，边坡处治技术也逐渐得到工程技术人员的更多关注。以公路交通工程为例，20 世纪 80 年代中前期，我国公路建设以低等级公路为主，深开挖及高填方施工较少，公路边坡灾害相对较少，边坡防护支挡工程不作为道路工程建设主体而常被忽略；20 世纪 90 年代后期，高等级公路的大量建设使得边坡问题日益严重，在防治措施上仍沿用低等级公路边坡防治技术或借鉴铁路规范进行处理，由于在处治中缺乏综合考虑，给工程带来了重大安全隐患；进入 21 世纪，公路边坡工程得到了前所未有的重视，在分析各类边坡灾害成因的基础上，针对性开展边坡地质勘察、稳定性计算，给出合理的边坡稳定性控制与失稳防治方案，边坡工程灾害得到了一定程度的遏制。

本章从边坡和滑坡的基本概念入手，探讨天然边坡与人工边坡的主要区别，分析边坡变形与破坏的过程及特点，介绍主要的滑坡灾害分类方案、主要滑坡类型的特点等，并介绍几类典型的边坡失稳灾害案例。

1.2 基本概念

1.2.1 边坡概念与分类

倾斜的地面称为斜坡或边坡，典型的边坡剖面如图 1-1 所示。边坡坡面与坡顶面相交的部位称为坡肩；与坡底面相交的部位称为坡趾或坡脚；边坡坡面与水平面的夹角称为坡面角或边坡倾角；坡顶与坡脚间的高差为坡高。

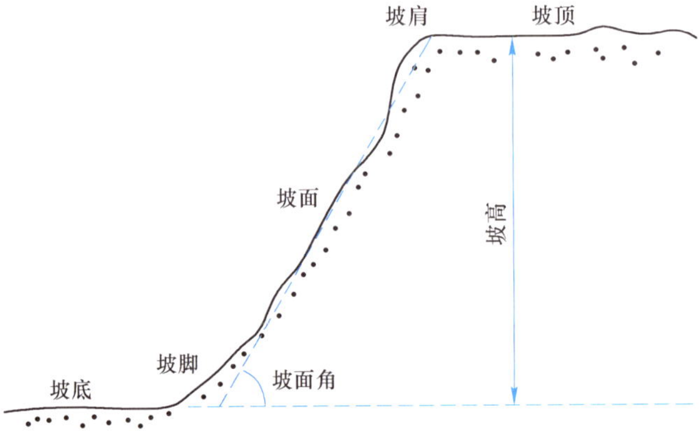

图 1-1　边坡基本概念示意图

边坡按成因可分为两类，即天然边坡和人工边坡。

天然状态下的山坡和谷坡为天然（自然）边坡，此类边坡是在地壳隆起或下陷、水流冲刷过程中逐渐形成的，此类运动当前可能仍在持续。然而，只要边坡位于侵蚀基准面以上（处于被剥蚀和夷平的环境之中），不论边坡成因如何，其风化、解体、滑塌乃至崩滑等现象仍会不断发生。

因工程建设开挖或填筑而形成的边坡为人工（工程）边坡，开挖形成的边坡称为挖方边坡，填方形成的边坡称为填方（构筑）边坡，水利行业也常称为（堤）坝坡。

天然边坡与人工边坡呈现不同的特点，主要包括：(1) 形成方式上，天然边坡为地质作用自然形成，人工边坡则是人工开挖或填筑形成；(2) 形成时间上，天然边坡经历了数千万年，甚至数亿年的时间，而人工边坡是在数月或数年内快速形成；(3) 风化程度上，一般情况下天然边坡表层岩体风化程度较严重，而人工边坡表层岩体的风化程度相对较弱；(4) 几何形态上，天然边坡是不规则的，而人工边坡是人为设计的，为规则的几何体。

边坡按介质组成可分为土质边坡和岩质边坡两类。土质边坡稳定性主要取决于土体强度，岩质边坡稳定性则主要取决于结构面的空间分布及其强度。因为岩体、土体结构及其力学行为差异很大，边坡破坏模式存在显著区别。

1.2.2 滑坡概念与分类

在重力及其他因素作用下，边坡岩土体沿地质弱面产生以水平运动为主的顺坡运动过程或地质现象统称为滑坡，图 1-2 所示为一典型滑坡照片。

图 1-2 典型滑坡照片——贵州松桃“7·8”山体滑坡

根据边坡失稳机制及边坡属性、特点，可将边坡失稳或滑坡分为不同的类型，本章仅作简要介绍。除“滑坡”外，还有很多诸如滑塌、溜滑等其他可表述相同概念的名词或术语，但“滑坡”使用最为广泛，可适用于各种类型和规模的边坡失稳滑动。

图 1-3 所示为典型滑坡的基本构成要素，主要包括：

（1）主滑体（简称滑体）。边坡上发生滑动的岩土体。

（2）滑动面（简称滑面、滑带）。构成滑坡体下部边界的面。

（3）滑坡床（简称滑床）。滑坡体以下的稳定岩土体。

（4）滑坡后壁。滑坡体下滑后，后缘暴露出的陡壁，包括主滑坡后壁和次滑坡后壁。

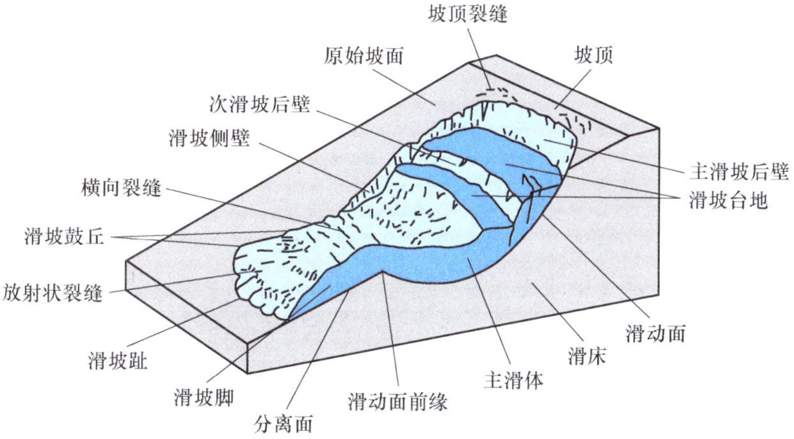

图 1-3 典型滑坡基本构成要素示意图

（5）滑坡侧壁。位于滑坡体两侧的陡壁。

（6）滑坡台地和滑坡台坎。由滑坡体的分级滑动而形成的阶状地形，缓倾为台地，陡倾为台坎。

（7）滑动面前缘。在滑坡体的最前端，滑动面与地表面的交线。

（8）横向裂缝。滑坡体前部因滑动受阻而隆起形成的张裂缝，也称鼓张裂缝。

（9）放射状裂缝。位于滑坡体中前部，尤其在滑舌部位呈放射状展布者，也称扇状裂缝。

（10）滑坡趾。滑坡体的最前端。

（11）滑坡脚。滑动面前缘与滑坡趾之间的岩土体。

按不同的划分依据，滑坡类别可按表 1-1 划分。

表 1-1　按不同依据划分的滑坡类别

划分依据	名称类别	特征说明
成因	自然滑坡	由于自然地质作用而产生的滑坡
	工程滑坡	由于切脚或加载等人类工程活动引起的滑坡
滑体物质组成	堆积层滑坡	各种不同性质的堆积层（包括滑坡堆积体、崩塌堆积体、残坡积层、冰水（碛）堆积物、人工填土），体内滑动或沿基岩面滑动
	黄土滑坡	由黄土构成，大多发生在黄土体中，或沿下伏基岩面滑动
	黏土滑坡	黏土本身变形滑动或者与其他土层的接触面或沿基岩接触面滑动
	岩质滑坡	沿层面或弱面滑动，包括近水平层状滑坡、顺层滑坡、切层滑坡、逆层滑坡、楔体滑坡等
滑动形式	推移式滑坡	上部岩（土）层滑动，挤压下部产生变形，滑动速度较快，滑体表面波状起伏，多见于有堆积物分布的斜坡地段
	牵引式滑坡	下部先滑，使上部失去支撑而变形滑动。一般速度较慢，多具上小下大的塔式外貌，横向张性裂隙发育，表面多呈阶梯状或陡坎状
滑动后的活动性	活动滑坡	发生后仍在继续活动的滑坡，或暂时停止活动，但在近年内活动过的滑坡
	不活动滑坡	发生后已经停止发展，一般情况下不能复活，山体植被茂盛
滑体厚度	浅层滑坡	滑坡体厚度小于 10 m
	中层滑坡	滑坡体厚度介于 10~25 m 之间
	深层滑坡	滑坡体厚度介于 25~50 m 之间
	超深层滑坡	滑坡体厚度大于 50 m

续表 1-1

划分依据	名称类别	特征说明
滑体体积	小型滑坡	$<10\times10^4\ m^3$
	中型滑坡	$10\times10^4 \sim 100\times10^4\ m^3$
	大型滑坡	$100\times10^4 \sim 1000\times10^4\ m^3$
	特大型滑坡	$1000\times10^4 \sim 10000\times10^4\ m^3$
	巨型滑坡	$>10000\times10^4\ m^3$

1.3 边坡变形与破坏

1.3.1 边坡变形破坏演化过程

边坡形成过程中，由于应力状态的变化，边坡岩土体产生不同方式、不同规模和不同程度的变形，并在一定条件下发展为破坏。在边坡贯通性破坏面形成之前，边坡岩土体的变形与局部破裂称为边坡变形。已有明显变形破裂迹象的岩土体，或已查明处于进展性变形的岩土体称为变形体。边坡岩土体中形成贯通性破坏面或坡体变形超过某一阈值时称为边坡破坏。被贯通性破坏面分割的边坡岩土体会呈现不同的失稳破坏模式，如滑落、崩落等；破坏后的滑落体（滑坡）或崩落体在特定的条件下可继续运动，称为破坏后的继续运动。边坡变形、边坡破坏和破坏后的继续运动，分别代表了边坡变形破坏的 3 个不同演化阶段。

边坡的失稳滑动时间有长有短，滑动速度有快有慢，从现象上观察，其一般可分为 3 个阶段：初期是蠕动变形阶段，此阶段坡面和坡顶出现张裂缝并逐渐加长、加宽，滑坡前缘有时出现挤出现象，有时会发出响声，地下水位可能会发生变化；其次是滑动破坏阶段，滑体后缘迅速下陷，岩土体以较大的速度向下滑动，该阶段往往造成巨大危害；最后是逐渐稳定阶段，疏松的滑体逐渐压密，滑体上的草木逐渐生长，渗出的地下水由浊变清等。

1.3.2 边坡破坏（失稳）特征与分类

边坡破坏时，岩土体中出现了贯通的破坏面，被分割的岩土体以不同的方式脱离母体。

（1）自然边坡的形成过程往往比较缓慢，在坡体中应力的改变也是渐变的，所以在发生破坏之前总要经过松动、蠕动等变形阶段。

（2）人工边坡由于坡体应力的变化和附加载荷的施加较快，可能包括两种情况：一是，当迅速形成的坡体应力超过边坡岩土体的强度，足以形成贯通性破坏面时，边坡破坏即迅速发生，蠕动时间极短暂；二是，若应力小于边坡岩土体的极限强度，而大于长期强度，边坡在发生破坏之前将经过一段较长时间的蠕动过程。

（3）自然营力对坡体破坏的影响不容忽视，当某些营力（如地震、孔隙水压力）突然加剧，可使一些原来并无明显蠕动迹象的边坡突然破坏。

国内外已有多种不同的边坡破坏分类方案。20 世纪 90 年代，国际工程地质与环境协会（IAEG）滑坡委员会建议采用瓦恩斯（D. Varnes）的滑坡分类作为国际标准方案，该分类综合考虑了边坡的物质组成和运动方式，按物质组成可分为岩质和土质边坡，按运动方式可分为崩落（塌）、倾倒、滑动（落）、（侧向）扩离和流动等 5 种基本类型，还可组合成多种复合类型，如崩塌碎屑流、滑坡-泥石流等，如表 1-2 所示。

表 1-2 瓦恩斯（D. Varnes）滑坡分类

失稳类型		岩土类型		
		岩体	土体	
			粗粒土	细粒土
崩落（塌）		落石	碎屑塌落	土体塌落
倾倒		岩体倾倒	碎屑倾倒	土体倾倒
滑动（落）	旋转	岩体滑坡	碎屑滑坡	土体滑坡
	平移			
（侧向）扩离		岩体扩离	碎屑扩离	土体扩离
流动		岩流（深部蠕变）	泥石流	泥流
			土体蠕变	
复合型		两种或两种以上失稳类型的组合		

瓦恩斯的分类实际上是将边坡变形、破坏和破坏后的继续运动三者综合在一起。如分类中的“流动”包括了边坡岩土体的蠕变、碎屑流和泥流等，显然前者属于边坡变形，实际上边坡发生滑坡、崩塌等破坏之前，都可能经历过蠕变，而后两者作为与边坡破坏相联系的现象，则大多是由崩塌或滑坡体在继续运动过程中发展而成的运动方式；又如分类中的“倾倒”，实际上也是一种变形方式，其最终破坏可表现为崩塌或滑坡。

1.4 边坡失稳灾害类型与实例

本节在重点介绍天然边坡、人工边坡失稳案例的基础上，同时介绍几类特殊岩土介质或重要致灾因素导致的边坡失稳灾害案例，从类别划分定义上相互有一定的交叉，其重点在于从边坡失稳要素认知的角度进行划分。

1.4.1 天然（自然）边坡失稳

天然边坡发生的滑坡多呈渐进性破坏，内在力学机制体现为滑带土由峰值强度过渡到残余强度。在高山峻岭中通过的河道，通常为滑坡提供了理想的临空面，因此在天然边坡滑坡中，河道滑坡所占比例较大。针对天然边坡灾害而言，一般重点关注人员伤亡及其对生态环境的影响。

1991 年 9 月 23 日 18 时 10 分，云南省昭通市东北方向约 30 km 的盘河乡头寨沟村发生特大山体滑坡。失稳坡体从斜坡中部高程 2300 m 处剪出后，高速滑入头寨沟，并迅速转变为顺沟奔腾而下的碎屑流，将头寨沟沟谷及沟口的村舍全部掩埋，在与沟谷斜坡发生3次大规模高速撞击、改向后，其前缘在高程1820 m的头寨沟沟口停止下来，最终形成斜长3420 m、平均宽130 m、厚10 m，总体积约2.3×10^7 m^3的滑坡-碎屑流堆积（见图1-4），整个过程历时仅3 min。这一重大滑坡灾害事件共造成216人死亡，8人受伤，202间房屋被毁，254头牲畜被埋，毁坏耕地300余亩（1亩≈666.67 m^2），直接经济损失约1200万元。

图1-4　云南昭通头寨沟滑坡-碎屑流堆积

滑坡源区平面呈长方形，其横向宽约300 m，纵向（滑动方向）水平投影长约400 m，总体积约9×10^6 m^3。后缘断壁沿玄武岩层间滑动面发育，宏观上光滑平整，产状138°∠48°，表面覆盖有一层厚1 m左右的强风化玄武岩（滑带）。滑带呈土状、散粒状或碎块状。侧壁斜长560 m，多被主滑体滑出后发生的次级滑坡所占据，出露的断壁高度3~10 m，主要出露土层和强风化玄武岩。

1-2　云南昭通头寨沟滑坡过程

受金沙江区域侵蚀基准面和盘河局部侵蚀面的控制，头寨沟溯源侵蚀强烈，但在遇到强度相对较高的玄武岩后，侵蚀受阻，便在沟头形成三面临空、高约400 m、坡角近40°的高陡斜坡，为滑坡的发生创造基础条件；同时由于临空条件良好，玄武岩岩体卸荷演化强烈；良好的导水和贮水条件，加上年均降雨量达1100 mm，玄武岩体的化学风化十分强烈，岩体质量进一步劣化为稳定性很差的（准）松散介质，长期蠕变导致锁固段被剪断，形成高速灾难性滑坡。

2000年4月9日20时5分，西藏自治区波密县易贡乡扎木弄沟发生滑坡，约3×10^7 m^3的岩体从高程5000 m的山顶崩滑，落距约1500 m，以强大的冲击力撞击扎木弄沟内沉积百年的碎屑物质，并迅速转化为超高速块石碎屑流，冲击谷口两侧山体，在短短2~3 min内，运移8~10 km后沉积于易贡湖出口处，完全堵塞易贡藏布，形成长达4.6 km，前沿最宽达3 km，高达60~110 m的近喇叭状天然坝体，总堆积体积约3×10^8 m^3。此次崩塌滑坡总垂直落差达3000 m，水平最大运距约8500 m，最大速度超过44 m/s，如图1-5所示。如此超高速、远距离运移的巨大滑体及滑坡后留下的一些独特现象在中国乃至世界都是罕见的。

易贡特大山体滑坡堵江事件整个过程包括崩塌→滑坡→碎屑流（泥石流）→堵

(a)

(b)

图 1-5 西藏易贡滑坡

(a) 滑坡体从高程 5000 m 坠落，滑床呈楔形；(b) 滑坡堆积体后期形成土丘林

江淹没成湖→湖水溃决→洪水→河谷地形改造→河谷次生崩塌、滑坡，形成完整的地质灾害链，其发生机制和具体过程为：首先是当年较往常年份偏高的气温导致冰雪超量融化，形成地表径流进入山体裂缝，从而诱发高程 5000 m、体积约 3×10^7 m^3 的楔形岩体突然滑动崩落，骤然失稳的山体，在重力作用下直坠约 3000 m，以其巨大的动能，冲击下部沟内沉积百年的松散碎屑物，这种瞬间“超级强夯”和高强度的挤压作用，使沟内基本处于饱水状态的碎屑物质产生瞬间异常超孔隙水压力，并由此发生液化，抗剪强度骤然丧失，从而诱发高速滑坡。这种高速滑坡发生机制被称为“强夯液化机制”。受沟口约束，巨量滑移物质抛射冲出并铲蚀两侧山体，进而转化为高速块石碎屑流，并将扎木弄沟下游参天古树摧毁，将沟外两侧早期堆积物铲削它处，伴随的巨大气浪摧毁边缘森林。在抵达易贡藏布南部陡坎时受到阻碍，部分越过陡坎形成垅后堆积，大部分堆积于易贡藏布沟谷，其余部分则分道而行，分别沿易贡藏布上、下游侧旋或堆积，堵塞易贡河道，形成易贡堰塞湖，从而酿成中国历史上规模罕见的崩塌滑坡地质灾害。

1.4.2 人工（工程）边坡失稳

人工（工程）边坡失稳是土木、水利、交通、矿山等基础设施建设中常见的事故和灾害，其主要诱因包括两个方面：工程开挖和填筑。按工程对灾害发生概率接受程度的差异，一般可细分为矿山边坡灾害与非矿山边坡灾害。针对人工边坡灾害，一般重点关注工程安全、人员伤亡及财产损失。

（1）地面开挖致滑。地面开挖是最为常见的滑坡诱发因素。2001 年 5 月 1 日 20 时 27 分，重庆武隆县城发生大型滑坡，致使一幢 9 层楼房被摧毁掩埋，79 人死亡、4 人受伤。滑坡体体积约 1.6×10^4 m^3，岩性为三叠系上统须家河组砂岩，夹泥岩互层，为层状碎裂岩体，滑坡形成大小不等的分离块体，最大体积达 10 m^3，如图 1-6 所示。

滑坡地段自 1989 年以来，遭受两次开挖切脚。第一次是 1989 年兴建 319 国道，沿乌江河谷开挖斜坡，形成高约 20 m、倾角达 60°~80°的陡倾边坡，未支护；第二

(a)

(b)

图 1-6 重庆武隆县城“5·1”滑坡

(a) 滑坡远景；(b) 滑坡近景

次是 1997 年被规划为建设用地，形成宽 160 m、深 15.5 m、高 46.6 m 的槽形场地。业主意识到后缘边坡稳定性差，局部采取了浆砌块石挡墙支挡措施，但未能有效发挥作用，从挡墙结构上看，未设置合理的防水反滤层和排水孔等。

在铁路、公路建设中，由于边坡开挖造成的滑坡事故更是屡见不鲜；露天矿采场边坡、水利水电工程料场边坡也是发生滑坡的常见场所。图 1-7 为 2013 年 4 月 10 日发生在美国犹他州盐湖城附近的 Bingham Canyon 铜矿滑坡，滑体体积约为 6.5×10^7 m^3，造成 10 亿美元的经济损失。

图 1-7 美国犹他州盐湖城附近的 Bingham Canyon 铜矿滑坡

1-3 贵州纳雍普洒村崩塌灾害过程（视频）

（2）地下开挖致滑。地下开挖也是诱发边坡滑坡的重要原因，由于地下开挖导致地面沉陷，部分岩体失去支撑，拉裂缝向深部发展，从而诱发滑坡。

地下采矿引发了多类严重地质灾害，主要表现形式包括 3 种：地面沉降塌陷、斜坡变形和水文地质变化，其中，地下采矿引发的地表滑坡灾害较为常见，例如加拿大 Frank 滑坡、斯洛伐克 Handlová 采区滑坡、英国 South Wales 采区滑坡、重庆武隆鸡尾山滑坡、贵州纳雍普洒村崩塌、湖北宜昌盐池河滑坡等。

（3）填方边坡失稳。填方边坡失稳原因多样，如长江大堤江西马湖滑坡，由于是在饱和软黏土上修建堤坝，饱和黏土通常压缩性大而渗透系数小，填土增加的地基应力要完全转化为有效应力，必须将地基中的水充分挤出，如果施工速率过快，则孔隙水压力无法及时消散，土体无法在上部荷载作用下快速固结，因而诱发滑坡。也可能是填土原材料选择不当，如存在膨胀土、软土等，膨胀土吸水后膨胀软化，软土吸水后抗剪参数急剧下降，均易形成滑带。

图 1-8 所示为 2023 年 8 月 G7611 都匀—香格里拉高速公路某段填方路基发生滑塌，滑动后缘边界较为明显，后缘裂缝位于上行路基中线附近，沿路线行车方向展布，滑坡前缘主要变形表现为坡脚挡墙剪出与沉陷、填土局部垮塌及地面开裂。滑坡平面面积 1700 m^2，主滑方向近 180°，平均厚度 7 m，滑体体积约 17840 m^3，属于小型中层推移式滑坡。滑坡原因为滑坡区填土原材料包括膨胀土、软土等，且滑坡区域降雨较为频繁，路基排水不畅导致填土处于饱水状态，膨胀土吸水后膨胀软化，强度大幅降低，造成路基滑动变形。

图 1-8 G7611 都-香高速填方路基滑坡

1.4.3 地质环境诱因边坡失稳

通常将滑坡与工程地质环境直接相关的边坡称为地质环境边坡，包括地震诱发、古滑坡、特殊土 3 类。其中，地震诱发的滑坡多集中于岩质边坡，而土质边坡滑坡中以古滑坡和特殊土两类地质环境尤为典型。

1.4.3.1 地震诱发的滑坡

地震是诱发滑坡的重要因素，我国有关地震引起的滑坡最早可在 4000 年前的记载中找到。

2008 年 5 月 12 日 14 时 28 分在四川西部龙门山断裂带上发生的里氏 8.0 级汶川特大地震，是中国内陆近百年来发生在人口密集山区震级最高、破坏性最大的地震。这场强震触发了数以万计的崩塌滑坡，尤其是百余处大型滑坡，一直被国内外地质学家关注。其中，具有代表性的大光包滑坡，其以规模巨大、成因机制独特和运动过程复杂而成为国内外专家研究的焦点和热点。

大光包位于四川绵阳市安县高川乡泉水村西北侧，安县、绵竹、茂县三县交界部位，东距安县县城 32 km，图 1-9 所示为大光包滑坡地理位置。大光包滑坡由汶川大地震触发，滑动距离 4.5 km，堆积体宽度 2.2 km，滑坡-碎屑流面积 10 km^2，估算体积 7.5×10^8 m^3，图 1-10 所示为地震发生后拍摄的大光包滑坡全貌。

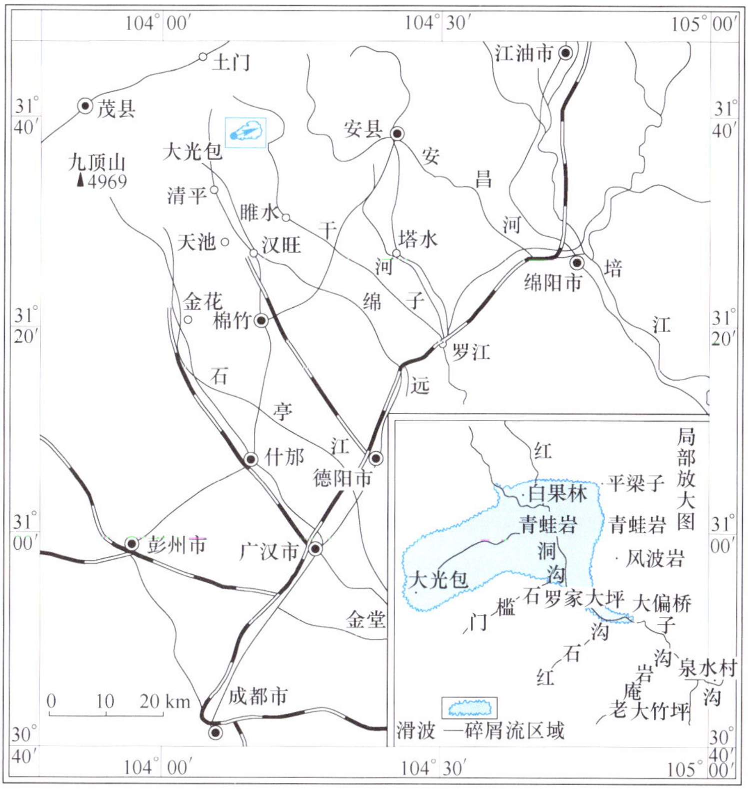

图 1-9 大光包滑坡地理位置图

研究表明，与地震灾区其他 178 处特大滑坡相比，大光包滑坡除了具有强震拉裂、溃滑失稳、大规模高速抛射和远程运动等显著特征外，其长大滑面规模也非其他滑坡可比。全世界体积超过 5×10^8 m^3 的巨型滑坡仅 12 个，就滑坡堰塞坝的高度而言，世界上没有超过 600 m 的报道，大光包滑坡是我国已知的最大规模滑坡，也是目前全世界已知为数不多的 5×10^8 m^3 以上超大规模滑坡之一，其高达 690 m 的滑坡堰塞坝则位居世界之首。

1-4 大光包滑坡的发生过程

1.4.3.2 古滑坡体和堆积体边坡

古滑坡体和堆积体的复活通常和人类活动有关。我国南方地区普遍发育坡崩堆

图 1-10 大光包滑坡全貌

积体，此类物质与漫长地质历史中发生的山体不稳定活动有关，在堆积体和基岩之间一般存在夹泥层。许多卧于基岩面上的第四纪堆积物可能是古滑坡体或坡崩堆积体，无论何种类型，这类第四纪物质形成的边坡多处于临界状态。

降雨和工程活动都可能触发此类山体滑坡，即使没有明显的外界触发因素，边坡也会发生渐进性破坏。在进行工程建设时，当怀疑某第四纪覆盖层是由坡崩堆积体构成时，则需要通过各种勘探手段（钻探、平硐、物探等），了解第四纪堆积体与基岩接触面的几何形态，查明接触面的物质组成和抗剪强度指标，以正确评价降雨和工程活动对此类潜在不稳定边坡的影响。

四川省甘孜藏族自治州丹巴县县城坐落于大金河右岸的狭窄河谷地带，高程 1864 m，城区规划面积为 2.5 km^2，城区人口约 1.1 万人。2002 年 8 月，丹巴县城后侧高 200 m、平均坡度 32°的高陡斜坡出现变形。2004 年 10 月，变形明显加剧。2005 年 1—3 月，出现 4 次变形加速期，整体下滑迹象日趋明显。2 月 3 日位移量由原来 6 mm 增大到 8 mm；2 月 22 日，日均位移速率增至 17~33 mm；3 月 8 日，主滑面日位移量达 18 mm；3 月 14 日，斜坡变形再次加速并发生局部崩滑，前缘外推和鼓胀，多处房屋被摧毁，造成 1066 万元的经济损失，此时，斜坡累计变形量已达 70~80 cm，最大近 1 m，边界裂缝已基本贯通和圈闭，总体积 2.20×10^6 m^3 的丹巴滑坡基本形成，如图 1-11 所示。如果该滑坡再次发生远距离整体滑移，将直接危害 10 余个企事业单位以及 1071 间房屋，涉及人口 4620 人，资产上亿元。如果滑体堵塞大金河河道，后果将不堪设想。

丹巴处于青藏高原东部，新构造运动以强烈抬升为特点，大金河的强烈下切形成高差大、坡度陡的地形，为滑坡发育奠定有利的地貌条件。区内多年平均降水量 605.7 mm，降雨集中，虽暴雨次数少，但雨强大。滑坡区基岩为志留系茂县群第四岩组石榴石二云母片岩及少量黑云母变粒岩，盖层由古滑坡堆积层、崩坡积层和冰水堆积层组成。地下水埋深较大，勘探钻孔中未见稳定水位，滑坡区附近无地下水

图 1-11 四川丹巴滑坡（古滑坡复活）

出露。

丹巴滑坡正是属于古滑坡复活引发的滑坡，复活原因包括多个方面。首先，厚度较大的古滑坡堆积叠置在相对稳定的变质岩高陡斜坡上，由于两种介质在物理、水理及力学行为方面的巨大差异，堆积层本身就具有沿基岩面滑移的潜势；其次，人类活动加速了古滑坡复活的进程，1998 年以后，随着丹巴县城的发展，大量房屋沿坡脚或依坡而建，部分挖方削坡，增大斜坡前缘的临空面，引起边坡变形；2003 年边坡变形明显加剧；2004 年 3—10 月，建设街大规模改建，大量削坡使原本就已陡峭的斜坡临空面进一步增大，造成坡脚支撑力减弱，导致斜坡向临空方向挤压蠕动变形、滑移，坡体结构破坏松弛，岩体强度不断降低，从而在古滑坡前缘坡脚形成剪切蠕滑。

1.4.3.3 特殊土边坡

由黄土、膨胀土等特殊土构成的边坡可能导致特殊的边坡稳定问题。

黄土具有颗粒粗、土质结构疏松、遇水崩解、湿陷等特点，在微结构方面，多呈垂直裂隙形态，遇降雨后，水易于在垂直方向渗入边坡底部，同时黄土边坡经常受河谷冲沟侵蚀切割，临空条件远比其他边坡明显。

我国西部黄土通常下卧一层不透水的粉质黏土，一旦渗流达到此层后即开始滞水，导致湿陷和浸润线大范围抬高，最终导致滑坡。我国西北地区黄土高原是黄土边坡崩塌和滑坡的多发区，但规模一般较小。

2015 年 4 月 29 日 7 时 55 分，甘肃省永靖县盐锅峡镇党川村发生了小规模黄土滑坡，约 5×10^4 m^3 失稳的黄土从黄河Ⅳ级台塬黑方台冲向黄河Ⅱ级台塬。滑坡后约 3 小时，再次产生较大规模的黄土滑坡，如图 1-12 所示，约 3.5×10^5 m^3 黄土泥流冲向下游，形成长约 780 m、宽约 100 m 的堆积体，最大的堆积厚度 17 m，所幸当地村民提前撤离，未造成人员伤亡。自 20 世纪 60 年代以来，黑方台台塬长期采用漫灌方式进行农业灌溉，年平均灌溉量近 6×10^6 m^3。由于粉质黏土的渗透性差，地下水在黄土底部富集并沿台塬边渗出，长期灌溉使地下水平均升幅达 0.27 m/a。另由于台塬边缘黄土的阻挡作用，地下水只能沿优势通道向外渗出，当地下水的渗出诱发局部黄土滑塌后，新的临空面对滑坡后壁产生了卸荷影响，使后方黄土产生了蠕动，导致底部饱水黄土形成超孔隙水压力，土体继续蠕动使孔隙水压力逐渐增大，最终使底部黄土液化引起整体滑动。

图 1-12 甘肃黑方台党川 2 号滑坡（黄土滑坡）

1.4.4 水环境诱因边坡失稳

水是诱发滑坡的主要因素，在岩质边坡中，由水环境触发的滑坡，大致可分为暴雨、水库蓄水、泄洪雨雾等因素触发类型。

1.4.4.1 暴雨触发的滑坡与泥石流

暴雨是导致滑坡和泥石流的主要触发因素，我国西南地区泥石流多发，1989 年 7 月 10 日，由特大暴雨触发的四川华蓥山溪口滑坡是 20 世纪 80 年代末期中国最大的崩滑地质灾害事件，导致 221 人死亡，直接经济损失达 600 多万元。1989 年 7 月，溪口所在地区遭受历史上罕见的特大暴雨袭击，月降雨量达 222.9 mm，7 月 10 日记录到的最大小时降雨量达 88.6 mm。7 月 9 日上午，溪口北侧斜坡地势低洼地带出现了“土爬”，10 日中午暴雨强度增大，斜坡上有块石滚下并击中农舍。此后不久，滑源区前部传出“隆隆”的地鸣声，随之地面鼓胀，山体从马鞍坪村村后坡脚倾斜而下，沿北偏西方向直接扑向长约 300 m 的马鞍坪村平台，此后，滑坡体转化为泥石流沿溪口沟奔流而下，高速冲向溪口镇北角。整个滑坡事件从启动到停积历时约 60 s，摧毁溪口水泥厂、川煤 12 处、红岩煤矿、溪口粮库和沿途的数个村庄，造成重大人员伤亡和经济损失。

四川宣汉天台乡特大滑坡则是另一例典型的由暴雨触发的滑坡。从 2004 年 9 月 3 日开始，四川省宣汉县普降大到暴雨，3—5 日的降雨量分别达到 15.9 mm、122.6 mm和 257.0 mm，强度之大前所未有。5 日 15 时，天台乡义和村渠江支流前河岸坡上的南樊公路出现开裂，随后路边房屋开始垮塌坠入河中。此后，斜坡前缘一直处于缓滑阶段，变形区范围逐渐发展扩大，当日23时滑坡体前部的主滑体启动冲入前河，后部滑块紧紧跟进接连开始滑动并逐步发展为天台特大滑坡。此次滑坡灾害摧毁屋舍1736间，1255人无家可归，公路交通中断，通信线路受损。此外，由于滑体前部滑入前河，形成高23 m的堆石坝，堵塞河道1.2 km，导致前河断流20 h。河水形成的堰塞湖库容约6×10^7 m^3，汇水长达20 km，水位上涨20~23 m，上游两个乡镇被淹，造成1万多人无家可归，如图1-13所示。

(a)

(b)

(c)

图1-13 四川宣汉天台乡特大滑坡

(a) 滑坡全貌；(b) 堰塞湖淹没上游村镇；(c) 滑坡剪出滑入前河，形成堰塞坝

2010年6月28日14时30分，贵州省安顺市关岭县岗乌镇大寨村永窝组、大寨组因突降暴雨诱发了特大型滑坡-碎屑流地质灾害。滑源区位于东经105°16′23″，北纬25°59′20″。滑体高位剪出后高速运动，运动过程中碰撞解体，形成多转折多运动形态的特大滑坡碎屑流灾害，整个过程持续2分钟左右，见图1-14。

滑坡发生前当地经受了持续一周的降雨，2010年6月28日0时到15时，连续降雨247.3 mm，最大小时降雨量52 mm，为关岭县有气象记录以来的最大降水量，直接造成了此次特大型滑坡-碎屑流地质灾害的发生。关岭滑坡的滑体约98.5×10^4 m^3，堆积体体积达184×10^4 m^3，滑程超过1.5 km。关岭滑坡掩埋村民组宅基地12125 m^2，掩埋耕地约200亩、林地约69亩，损毁公路约180 m，掩埋房屋45间，造成岗乌镇大寨村1034人受灾，大寨、永窝两个村民组38户被埋，造成42人遇难，57 人失踪。

2010 年 8 月 7 日 23 时 40 分，甘南藏族自治州舟曲县城东北部山区突降特大暴雨，降雨量达 97 mm，持续 40 多分钟，引发三眼峪、罗家峪等 4 条沟系特大山洪地质灾害，泥石流长约 5 km，平均宽度 300 m，平均厚度 5 m，总体积 7.5×10^{6} m^{3}，流经区域被夷为平地，如图 1-15 所示。舟曲特大泥石流灾害共造成 1557 人遇难，208 人失踪。

舟曲县城附近的岩性松软破碎，风化严重，易发生滑坡、崩塌和泥石流等地质灾害，加之舟曲县为汶川地震的重灾区之一，地震导致舟曲县周边山体松动、岩层破碎，山体稳定性进一步下降，最终，舟曲在经历了相当长一段时间的持续干旱后，8 月 7 日晚遭遇特大暴雨，形成泥石流，直接造成了此次特大山洪地质灾害的发生。

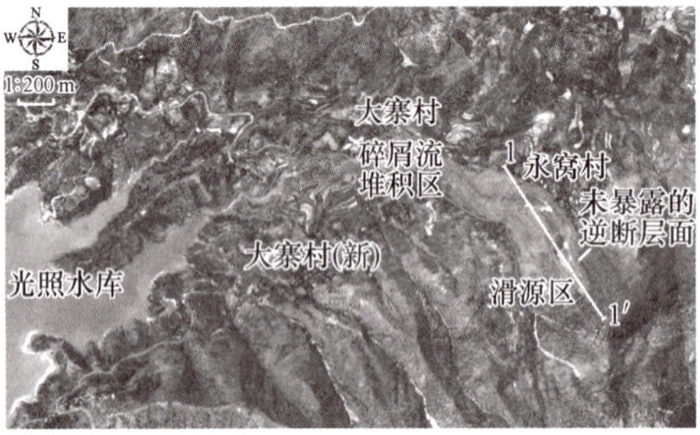

图 1-14　关岭大寨滑坡-碎屑流航空遥感全貌图

图 1-15　舟曲特大泥石流航拍图

1-5　贵州关岭大寨滑坡过程

1.4.4.2　水库蓄水诱发的滑坡

在水库蓄水引起的滑坡中，三峡库区的千将坪滑坡是典型的灾难性事件。

2003 年 7 月 13 日 0 时 20 分，位于三峡水库区的湖北省秭归县沙镇溪镇长江南岸支流青干河左岸的千将坪村发生大规模滑坡，高 149～178 m、长约 300 m 的滑坡坝将青干河完全切断，如图 1-16 所示。7 月 14 日，滑坡坝上下游水位差达 3 m，此后，由于持续降雨，青干河水位不断上涨，坡坝上下游水位落差最终增加到 12 m，20 日 17 时，对滑坡坝实施爆破后，断流 7 天的青干河开始通流。此次滑坡造成 14 人死亡，10 人失踪，346 间房屋倒塌，毁坏农田 7.12×10^{5} m^{2}，摧毁金属硅厂、页岩砖厂等 4 家企业和宜昌至巴东的省道，广播、输电、国防光缆等基础设施均受到严重破坏，经济损失惨重。

此次滑坡发生于三峡水库第 1 期蓄水后 43 天，蓄水导致青干河水水位从原来的 75 m 抬升至 135 m，剪出口及前缘约 200 m×700 m 面积的坡体浸泡在河水中，导致稳定性较差的前缘滑体及潜在滑面强度大幅度降低，坡体前缘支撑逐渐减少。6 月 21 日—7 月 11 日，当地持续降雨，总量达 162.7 mm，雨水大量渗入滑体，使岩土软化，重度加大，导致滑体自重增加，下滑趋势增大。因此，斜坡特殊岩体结构、水库蓄水浸泡坡脚及强降雨入渗共同促成了千将坪滑坡的发生。

1.4.4.3　泄洪雨雾导致的滑坡

泄洪雨雾诱发的滑坡是在水利水电工程中常见的一种特殊边坡失稳形式。水电工程枢纽常布置于狭窄河谷，通过溢洪道泄放的洪水强度超过自然界暴雨几百倍，

图 1-16　三峡库区千将坪滑坡

1-6　三峡库区千将坪滑坡过程

如图 1-17 所示，承受泄洪雨雾的边坡可能失稳，属重大潜在危险源。目前已发生规模较大的由泄洪雨雾导致的滑坡，均发生于岩质边坡。

龙羊峡水电站（青海共和县境内）在 1987 年和 1989 年汛期，曾两次开闸泄洪。1987 年第一次泄洪后，受水雾影响，下游右岸虎山坡边坡大范围开裂，1989 年泄洪时，7 月 17—25 日山体发生急剧变形，最终导致 87×10^4 m^3 的岩体失稳坠入河床。位于龙羊峡电站下游的李家峡电站下游的“三一”滑坡，也是一例类似的由泄洪雨雾诱发的边坡失稳灾害。

图 1-17　龙羊峡泄洪雨雾

1-7　龙羊峡虎山坡滑坡的失稳过程

1.4.5 工程散体介质边坡失稳

岩土工程行业的工程散体介质一般包括尾矿、废石、建筑废渣、渣土、杂填土等。矿山、火电厂在提供产品的同时，每日每时都在生产、堆放大量废弃物质，这些物质通常以细颗粒形式通过水力输送集中堆放在某一地点，年复一年形成了高度和库容都具一定规模的尾矿坝。由于此类建筑物不可能按照很高的标准来修建，失事的风险很大，加之尾矿颗粒极细，因此失事时多以静力和动力液化形式瞬间向下游泄放洪水和废弃材料，其迁移距离达几百米或几公里，破坏力极大。

2008 年 9 月 8 日 7 时 58 分，山西省襄汾县新塔矿业有限公司新塔矿区尾矿库发生特别重大溃坝事故，如图 1-18 所示。尾矿库左岸的坝顶下方约 10 m 处，坝坡出现向外拱动现象，伴随几声连续的巨大响声，坝体绝大部分在数十秒内溃塌，事故泄容量达 26.8×10^4 m^3，过泥面积 30.2×10^4 m^2，波及下游 500 m 左右的矿区办公楼、集贸市场和部分民宅，造成 277 人死亡、4 人失踪，直接经济损失达 9619 万元。

1-8 襄汾尾矿库溃坝事故模拟演示（视频）

(a)

(b)

图 1-18 襄汾尾矿库溃坝事故

（a）被泥石流掩埋的房屋；（b）被泥石流冲毁的车辆

发生事故的新塔矿区尾矿库，原属临汾钢铁公司塔儿山铁矿，建于 20 世纪 80 年代。1992 年，尾矿库被封闭，先后采取碎石填平、黄土覆盖坝顶、植树绿化、库区上方建设排洪明渠等闭库处理措施。2005 年，新塔矿业公司擅自在旧库上挖库排尾，从而造成尾矿库大面积液化，坝体失稳，引发了重特大溃坝事故，经由国务院调查组调查认定，此次事故是一起违法违规生产导致的重大责任事故。

1-9 深圳红坳渣土受纳场滑坡过程

排土场、废石场、渣土受纳场的坡体介质也属于散体，虽然其颗粒一般大于尾矿库介质，但在一定的条件下，其失稳产生的灾害后果也十分严重。2015 年 12 月 20 日 11 时 28 分，广东省深圳市光明新区红坳渣土受纳场发生特别重大滑坡事故，如图 1-19 所示。滑坡体积约 2.73×10^6 m^3，滑坡前后缘长达 1100 m，是目前世界上

图 1-19 深圳红坳渣土受纳场滑坡

最大的渣土场滑坡。滑坡发生于深圳市光明新区工业园区，共造成77人遇难，33栋房屋被毁。

2015年12月20日，广东省地质灾害应急专家组开展现场应急调查，调查结果显示深圳光明新区红坳渣土受纳场“12·20”特别重大滑坡事故的直接原因是：红坳受纳场没有建设有效的导排水系统，受纳场内积水未能导出排泄，致使堆填的渣土含水过饱和，形成底部软弱滑动带；严重超量超高堆填加载，下滑推力逐渐增大、稳定性降低，导致渣土失稳滑出，体积庞大的高势能滑坡体形成了巨大的冲击力，加之事发前险情处置错误，造成重大人员伤亡和财产损失。

习题与思考题

1-1 名词解释

（1）边坡；（2）天然边坡；（3）人工边坡；（4）滑坡；（5）边坡变形；（6）变形体；（7）边坡破坏；（8）破坏后的继续运动。

1-2 简答题

（1）简述边坡按不同因素可划分的类别及各类别特征。

（2）简述边坡变形破坏的形成演化过程。

（3）简述土质边坡常见的滑坡类型并任举一例进行简要介绍。

（4）简述岩质边坡常见的滑坡类型并任举一例进行简要介绍。

（5）简述瓦恩斯分类方式下边坡各破坏形式及其特征。

1-3 论述题

（1）论述边坡破坏的特征。

（2）论述滑坡分类及各类别特征：1）按成因划分；2）按物质组成划分；3）按滑动形式划分；4）按滑体体积划分。

2 边坡破坏模式与稳定性影响因素

本章主要内容：

本章主要介绍边坡的多种变形破坏模式以及影响边坡稳定性的各类因素，详细讲述地质环境、岩体结构面、水、振动等因素对边坡稳定性的影响，简要概述边坡形态、人为因素、风化作用、植被等其他因素的影响。

学习目标及要求：

熟悉边坡破坏（失稳）模式及其特征，掌握岩土体性质、地质构造、地应力、结构面等内部因素对边坡稳定性的影响，了解水、振动、边坡形态、风化作用以及人为活动等外部因素对边坡稳定性的影响。

2.1 概述

边坡在内外营力驱动下发生变形，并经历变形的持续发展演化，最终可能造成多种形式的失稳破坏，例如崩塌、倾倒、滑动等。不同条件下，边坡的变形机制和破坏模式均有所不同。边坡的稳定性以及变形破坏演化过程受到多种因素影响，总体可归纳为内部因素和外部因素。内部因素主要包括岩土体性质、地质构造、地应力以及岩体结构面等；外部因素主要包括水、振动、边坡形态、人为活动、风化、植被等。其中，内部因素是影响边坡稳定的最根本原因，决定了边坡变形失稳模式和规模，对边坡稳定起控制作用；外部因素则是通过间接改变内部因素对边坡起劣化作用，从而引起边坡失稳破坏。边坡失稳往往是多个内外因素共同作用的结果，因而在对边坡稳定性进行评价时，应特别注意区分各因素在边坡稳定状态中所发挥的主次作用，重点考察和分析起主导作用的影响因素。

本章从边坡破坏（失稳）模式分类入手，并分析不同失稳模式的具体特征；然后，逐一介绍影响边坡稳定性的内部因素和外部因素，重点阐述各种因素对边坡稳定与最终破坏（失稳）模式的影响作用。

2.2 边坡破坏（失稳）模式

边坡的破坏是指边坡岩土体中出现贯通的破坏面，被分割的岩土体以不同的方式脱离母体。边坡破坏（失稳）模式主要是指由于边坡岩土体自身的个性特征及其所处环境的多样性和复杂性，以不同的形式发生失稳破坏。

第 1 章简要介绍的瓦恩斯（D. Varnes）边坡破坏（失稳）分类方案是将边坡的

变形、破坏和破坏后的继续运动三者综合在一起考虑，共分为 5 种基本破坏类型。在此基础上，我国学者张倬元教授从边坡岩土体形态变化角度提出了新的边坡破坏（失稳）模式划分方案，包括崩落（塌）、滑动（坡）和侧向扩离3 种基本类型，如表 2-1 所示。具体到某个边坡，其破坏形式可能是基本破坏类型中的一种或多种的组合。

2-1 边坡不同破坏模式（视频）

表 2-1 边坡破坏（失稳）基本类型

破坏类型		岩质→ 土质	继续运动中可能转化的运动方式
崩落（塌）Ⅰ			碎屑流
滑动（坡）Ⅱ	平滑面型 Ⅱ_1	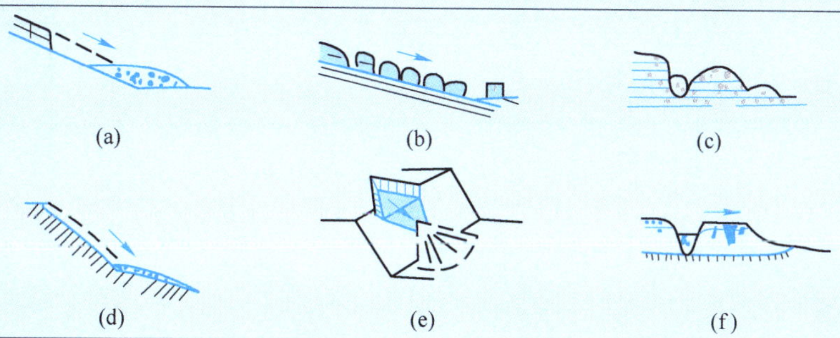	碎屑流或泥流（土爬）
	弧形滑面（旋转型）Ⅱ_2	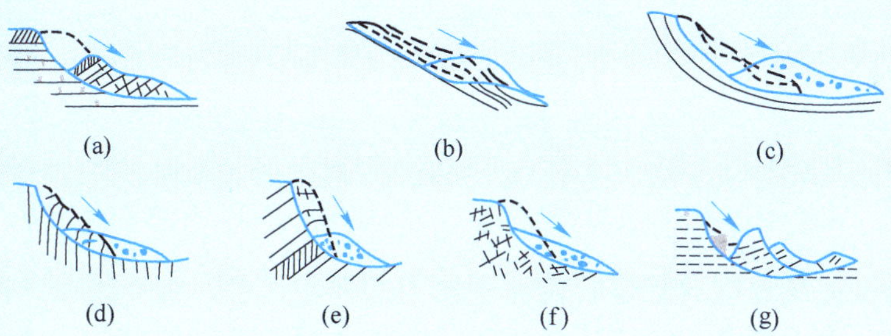	
侧向扩离Ⅲ		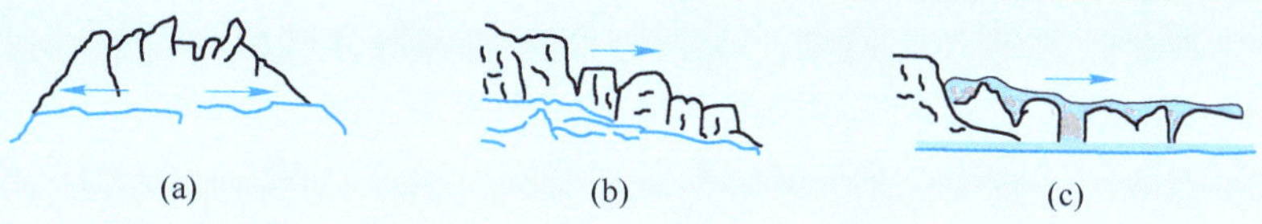	

（1）崩落（塌）。崩落（塌）是边坡岩土体发生以张性破裂为主的破坏，包括小规模块石的坠落（rock fall）和大规模山（岩）崩（rock avalanche）。崩塌体通常破碎成碎块堆积于坡脚，形成具有一定天然休止角的岩堆。一定条件下，可在继续运动过程中发展为碎屑流。边坡的崩落（塌）发展演化过程通常如图 2-1 所示。

（2）滑动（坡）。滑动（坡）是边坡岩土体发生以剪切破裂为主的破坏，并沿剪切破裂面向下滑落。可按滑动面或破坏面的纵剖面形态划分为平滑面型（顺向）

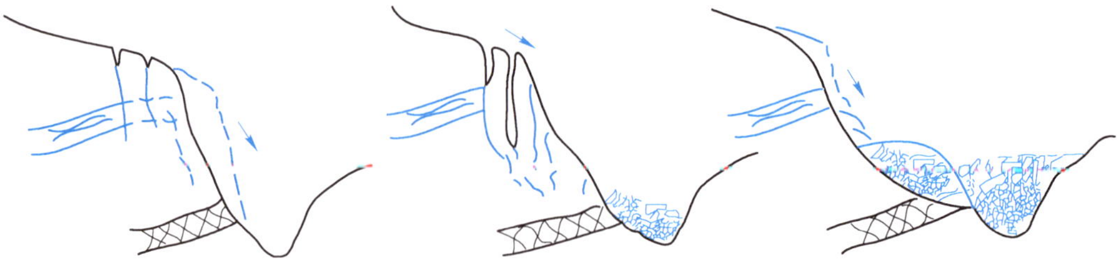

(a) (b) (c)

图 2-1 崩落（塌）过程示意图

（a）边坡前缘裂隙扩展，岩体逐渐解体；（b）坡脚主应力增强、下部支撑减弱，引起崩塌；（c）崩塌岩堆提供后方坡脚侧向力，崩塌范围上移

滑坡和弧形滑面或转动型（切层）滑坡两种类型。滑面形态还可能是平面与弧形面组合形式，或更为复杂。

平滑面型（顺向）滑坡的特点是滑体沿着平面滑移，因该平面的抗滑力小于下滑力所致。此类滑坡通常发生在地质软弱面走向平行于坡面、产状向坡外倾斜的区域。根据滑面的空间几何特征，平滑面型（顺向）滑坡可分为单平面滑动、同向双平面滑动、多平面滑动和三维楔体滑动 4 种破坏模式（如图 2-2 所示）。

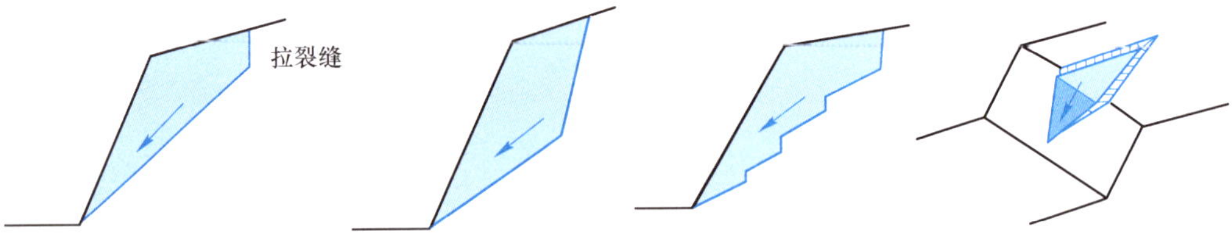

(a) (b) (c) (d)

图 2-2 平滑面型（顺向）滑坡及其分类

（a）带拉裂缝的单平面滑动；（b）同向双平面滑动；（c）沿横交节理的多平面（阶梯式）滑动；（d）滑块两个滑面走向与边坡走向斜交，形成三维楔体滑动

弧形滑面或转动型（切层）滑坡的滑面通常呈弧形，岩土体沿此弧形滑面滑移（如图 2-3 所示）。在均质岩土体介质中，易产生近圆弧形的滑面；或当岩体节理十分发育甚至已破碎（废石堆）时，破坏也常表现为圆弧状滑动。但在非均质边坡中，因受层理、节理裂隙的影响，滑面很少为圆弧状。

边坡滑动之后的岩土体变形与解体状况往往更为复杂，有的可在滑动中被粉碎成碎块或碎屑状，并在坡前形成与崩塌产物类似的岩堆，可称其为滑塌。在一定条件下，滑塌岩土体还可在继续运动过程中发展为碎屑流或泥石流等，由于已转化为流动状态，其堆积形态会明显区别于块石滑动和岩堆。

（3）侧向扩离。侧向扩离是边坡岩土体因下伏平缓产状的软弱层发生塑性变形或流动引起的破坏。软层上覆岩土体以整体或解体为系列块体的形式，向坡前临空方向“漂移”。由于上覆块体的自重下压作用，下伏塑性流动状态的软岩被压缩挤入块体之间，造成块体“东倒西歪”现象，这是其区别于一般滑坡的重要特征。

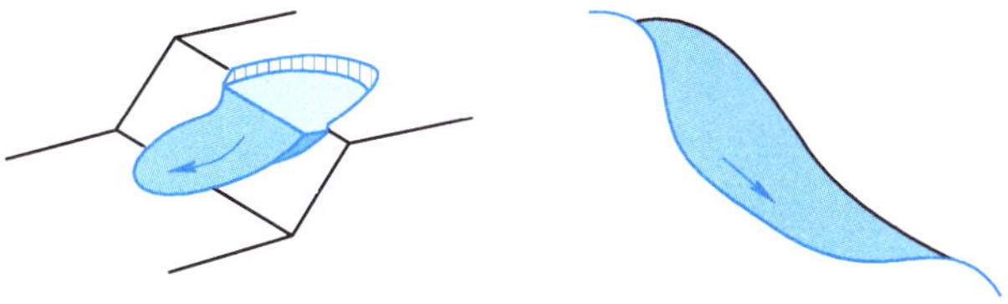

(a) (b)

图 2-3 弧形滑面或转动型（切层）滑坡

（a）弧形滑面空间示意图；（b）弧形滑面剖面示意图

综上所述，边坡岩土体的变形破裂过程反映了边坡稳定性演变中的内在地质力学机制，在很大程度上决定了边坡最终破坏模式。张倬元教授通过分析边坡岩土体变形模式、破坏模式与岩体结构之间的关联性，给出了边坡岩体结构类型与变形、破坏模式对照表，如表 2-2 所示。

2-2 边坡岩体变形地质力学模式

表 2-2 边坡岩体结构类型与变形、破坏模式对照表

岩体类型	主要特征		主要变形模式	可能破坏模式
	结构及产状	外形		
均质或似均质体边坡（Ⅰ）	均质的土质或半岩质边坡，包括碎裂状或碎块体边坡	取决于岩土体性质或天然休止角	蠕滑-拉裂	转动型滑坡或滑塌
层状体边坡（Ⅱ）	平缓层状体边坡（$Ⅱ_1$）	$\beta<\alpha$	滑移-压致拉裂	平推式滑坡、转动型滑坡
	缓倾外层状体边坡（$Ⅱ_2$）	$\beta \approx \alpha$	滑移-拉裂	顺层滑坡、块状滑坡
	中倾外层状体边坡（$Ⅱ_3$）	$\beta \geqslant \alpha$	滑移-弯曲	顺层-切层滑坡
	陡倾外层状体边坡（$Ⅱ_4$）	$\beta \geqslant \alpha$	弯曲-拉裂	崩塌或切层转动型滑坡
	陡立-倾内层状体边坡（$Ⅱ_5$）	—	弯曲-拉裂（浅部）蠕滑-拉裂（深部）	崩塌、深部切层转动型滑坡
	变角倾外层状体边坡，上陡下缓（$Ⅱ_6$）	$\beta \leqslant \alpha$	滑移-弯曲	顺层转动型滑坡
块状体边坡（Ⅲ）	可根据结构面组合线产状，按Ⅱ类方案细分	—	多为滑移-拉裂	滑坡、滑塌
软弱基座体边坡（Ⅳ）	平缓软弱基座体边坡（$Ⅳ_1$）	一般情况，上陡下缓（软弱基底）	塑流-拉裂	扩离、块状滑坡
	缓倾内软弱基底体边坡（$Ⅳ_2$）			崩塌、转动型滑坡（深部）

注：α—边坡倾角；β—结构面倾角。

2.3 地质环境因素的影响

2.3.1 岩土体性质

边坡岩土体的性质是决定边坡抗滑力的根本因素。所谓岩土体性质，是指岩石和土体的物理、化学、力学及水理性质等。尤其是岩土体的力学性质对边坡稳定性影响显著，而边坡失稳多数表现为剪切破坏，故岩土体的抗剪强度等力学性能指标是衡量边坡稳定的重要参数。

不同性质岩土体组成的边坡，其变形破坏特征差异显著。在黄土地区，边坡的变形破坏以滑坡为主；在碎屑岩及松散土层地区，易产生碎屑流或泥石流等；在花岗岩、石灰岩、砂岩地区以崩塌为主；在片岩、板岩、千枚岩地区易产生表层挠曲和倾倒等蠕动变形。

土是岩石风化分解的细小颗粒在各种自然环境中不断演化、沉淀、累积形成的沉积物。工程上通常把土划分为碎（砾）石土、砂土、粉土、黏性土（老黏土、一般黏土、新近堆积的黏性土）、特殊性土（湿陷性土、红黏土、软土、混合土、填土、多年冻土、膨胀岩土、盐渍岩土、风化岩和残积土、污染土等）。碎（砾）石土类边坡稳定性一般取决于粒径大小和颗粒级配情况，密实度越高，其工程性质和边坡稳定性越好。砂土属于无黏性土，边坡稳定性较差，易发生滑动破坏。黏性土类边坡稳定性取决于其抗剪强度参数、密度、渗透系数及地下水状态等，其滑动破坏形态如图 2-4 所示。粉土介于砂土和黏性土之间，具有砂土和黏性土的某些特征，在饱水状态下易产生结构软化和整体散化，地震时易发生液化，进而产生滑坡。在淤泥或淤泥质软土地段，由于淤泥的塑性流动，边坡随挖随塌，难以成形。黄土边坡稳定性往往取决于土的密实程度、结构特征及水的影响等，干旱时可直立陡峻，一旦浸水易发生滑坡失稳，且滑动速度快，规模和动能大，破坏力强，如图 2-5 所示。

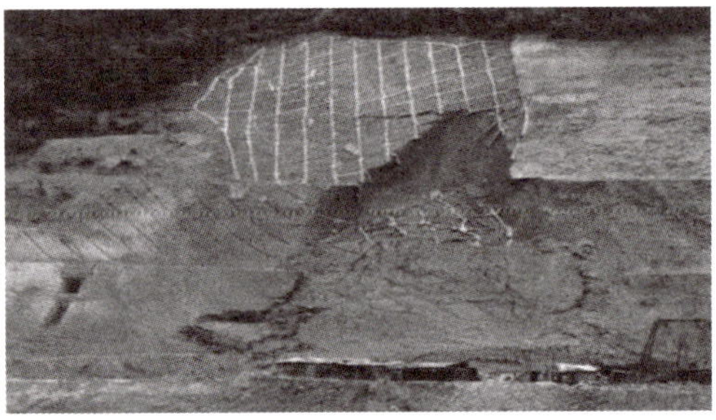

图 2-4 黏性土边坡失稳

图 2-5 黄土边坡失稳

岩石按其成因不同可分为岩浆岩、沉积岩和变质岩。岩浆岩（见图 2-6（a））是由岩浆喷出地表或侵入地壳，冷却凝固形成的岩石，稳定性好。如果其原生节理发育，则破坏特征可能以崩塌和滑坡为主。沉积岩（见图 2-6（b））是成层堆积的松散沉积物固结而成的岩石。沉积岩中的层理面，尤其是软弱层理面通常控制了边坡稳定性，易产生以滑坡为主的破坏。变质岩（见图 2-6（c））是因地球内部温度和压力导致原岩变质而形成的岩石。深变质岩稳定性良好，但变质岩中的片岩由于片理发育，其稳定性较差，易产生表层挠曲和倾倒等变形破坏。

(a) (b) (c)

图 2-6 典型岩质边坡特征

（a）岩浆岩；（b）沉积岩；（c）变质岩

2.3.2 地质构造

地质构造是指组成地壳的岩层在内、外动力地质作用下发生变形，形成的诸如断层、褶皱、节理、劈理等各种面状和线状构造，如图 2-7 所示。地质构造的形态、产状及规模等，对边坡（尤其是岩质边坡）稳定性的影响十分显著。

(a) (b) (c)

图 2-7 典型地质构造

（a）断层；（b）褶皱；（c）节理

断层是影响边坡稳定性的重要因素。断层（见图 2-7（a））的存在破坏了岩体的完整性，对边坡稳定性具有重要影响，主要体现在以下几方面：（1）降低了边坡岩体的整体强度；（2）断层破碎带不仅岩体破碎，常夹有断层泥，且断层上下盘岩性可能不同，易产生不均匀变形；（3）沿断层破碎带易形成风化深槽及岩溶发育带，断层陡坡或悬崖多处于不稳定状态，易发生崩塌；（4）增大了岩体的透水性和含水性，断层破碎带往往是地下水的良好通道，断层露头往往是地下水出露地段；（5）断层破碎带在新的地壳运动影响下，可能发生新的移动，从而影响边坡稳定。

褶皱是一种常见的地质构造（见图 2-7（b）），其核部岩层变形强烈，背斜顶部和向斜底部发育有张拉裂隙，对边坡稳定性影响较大。强烈变形时沿褶皱核部常有断层存在，岩石破碎或形成构造角砾岩带，核部的裂隙往往是地下水富集和流动的通道。在褶皱的翼部形成倾斜岩层时，容易造成顺层滑动，特别是当岩层倾向与临空面坡向一致，且岩层倾角小于坡角，或当岩层中有云母片岩、滑石片岩等软弱岩层存在时，位于褶皱翼部的边坡稳定性一般较差。

节理是一种发育广泛的裂隙，其将岩层切割成块体，对岩体强度和稳定性有一定程度的影响。图 2-7（c）所示为典型的柱状节理引发的岩体失稳。节理间距越小，岩体破碎程度越高，抗剪强度越低，易造成边坡岩体破坏失稳。此外，节理往往还是地下水的通道，同时促进了风化作用。随着岩层风化程度的加剧和水对岩石的浸泡软化，岩石质地变软、强度降低，边坡稳定性变差。

岩体常常被不同方向、不同性质、不同年代的断层、节理切割，如同时存在层理、片理等，则情况更加复杂。通常把断层、节理、层理、片理等称为结构面或不连续面。岩体是由岩石块体和不连续面组成，因而被视为不连续体，其中不连续面对岩体稳定性有重要影响，后续将重点介绍岩体结构面对边坡稳定性的影响。

2.3.3 地应力

地应力是指天然状况下地壳中的应力状态。与人类活动引起的应力变化相比，地应力又称为初始应力或原始应力。地壳或地球内部应力状态随空间点的变化称为地应力场，包括重力场、温度应力场、水压力场、气压力场和构造应力场等。地应力场的形成是一个复杂的地质历史过程，受到多方面的影响，包括岩性、重力作用、地质构造运动、地形地貌、风化剥蚀等。在构造活动比较强烈的区域，构造应力场多变，地应力状态复杂，岩体构造裂隙高度发育，直接导致岩体完整性差、强度低、渗透性强，边坡容易失稳。

对边坡而言，一般情况下水平应力或近水平应力大于竖直应力。较高的水平应力易使边坡中的岩层向临空面产生层间滑动，尤其存在结构面渗水及软弱夹层时，层间错动更为明显。深切河谷中筑坝时的坝肩处（河谷两岸）以及大型露天采场边帮处，特别是在坡脚处，岩体都会因水平应力大而产生边坡开裂、破坏；地下工程中的边墙，尤其是高边墙，也常因水平应力作用而产生开裂、错位、内鼓等现象。

2.4 岩体结构面的影响

如前所述，岩体由岩石块体和结构面组成。结构面是漫长地质作用过程中岩体内形成并不断发育的地质界面或带，具有一定的延伸方向和长度，厚度相对较小，在连续介质力学理论中被视为不连续面。除断层、节理、层理、片理外，结构面还包括物质分异面，如假整合接触面、不整合接触面等。被结构面切割而成的岩石块体称为结构体，有块状、柱状、层状、棱形和楔形等形态，在强烈风化或挤压作用下，也可形成碎裂、散体等结构。

由于结构面与结构体的组合排列形式不同，岩体形成了不同的结构类型，包括整体结构、块状结构、层状结构、碎裂状结构和散体状结构等。对于边坡工程而言，不同结构类型的岩体可能发生不同形式的破坏。边坡岩体结构类型及其特征如表 2-3 所示。岩体结构分类的目的在于为工程建设服务，其分类标准与工程建设规模密切相关。一般而言，工程建设规模和尺寸不同，相应的岩体结构分类标准也不同。

表 2-3 边坡岩体结构类型及其特征

岩体结构类型	岩体地质类型	结构体形状	结构面发育情况	岩土工程特性	可能发生的边坡工程问题
整体状结构	巨块状岩浆岩和变质岩，巨厚层沉积岩	巨块状	以层面和原生、构造节理为主，多呈闭合型，间距大于 1.5 m，一般为 1~2 组，无危险结构	岩体稳定，可视为均质弹性各向同性体	局部滑动或坍塌
块状结构	厚层状沉积岩，块状岩浆岩和变质岩	块状 柱状	有少量的贯穿性节理裂隙，结构面间距 0.7~1.5 m，一般为 2~3 组，有少量分离体	结构面相互牵制，岩体基本稳定，接近弹性各向同性	
层状结构	多韵律薄层、中厚层状沉积岩，副变质岩	层状 板状	有层理、片理、节理，常有层间错动	变形和强度受层面控制，可视为横观各向同性弹塑性体，稳定性较差	可沿结构面滑塌，软岩可产生塑性变形
碎裂状结构	构造影响严重的破碎岩层	碎块状	断层、节理、片理、层理发育，结构面间距 0.25~0.5 m，一般 3 组以上，有许多分离体	整体强度低，并受软弱结构面控制，呈弹塑性体，稳定性很差	易发生规模较大的岩体失稳，地下水会加剧失稳
散体状结构	断层破碎带，强风化及全风化带	碎屑状	构造及风化裂隙密集，结构面错综复杂，多充填黏性土，形成无序小块和碎屑	完整性遭到极大破坏，稳定性极差，接近松散体介质	

在岩质边坡稳定性评价中，结构面往往是控制边坡稳定的主要因素之一。大量工程实例表明，多个结构面组合条件下的剪切滑移、张拉破坏及变形是造成岩质边坡失稳的重要原因。通常情况下，结构面强度比岩石本身强度低很多，其大幅降低岩体的整体强度，增大岩体的整体变形，易引起边坡失稳，如图 2-8 所示。因而，

图 2-8 结构面发育导致岩质边坡失稳

2-3 弱面控制型滑坡（视频）

从边坡稳定角度考虑，应特别注重研究岩体结构面的特性，包括结构面的类型、性质、产状、起伏程度、粗糙程度、延展程度、结合程度、充填及充水状况等。

2.4.1 结构面类型

结构面按照地质成因可分为原生结构面、构造结构面和次生结构面 3 类。原生结构面是指成岩过程中形成的结构面，按成岩作用的不同又分为岩浆结构面、沉积结构面及变质结构面。构造结构面是岩体形成后在构造运动作用下形成的各种破裂面，如劈理、节理、断层和层间破碎带等。次生结构面是岩体形成后在外力（如卸荷、爆破、风化、水等）作用下产生的结构面，包括卸荷裂隙、爆破裂隙、风化裂隙、风化夹层和泥化夹层等。

不同类型结构面对边坡稳定的影响有所不同。一般而言，构造结构面的影响最大，次生结构面次之，原生结构面影响最小。次生结构面的分布受地形地貌及原生结构面的控制，往往不连续、延展性较差，裂隙中常有泥质充填物，水理性差，对边坡稳定有显著的危害。

2.4.2 结构面状态

结构面状态是指结构面的产状、形态（起伏程度）、连续性（延展程度）、密集程度（结构面间距）、结合程度、充填状况以及数量等。这些特征对边坡岩体强度、稳定状态及破坏形式等均有重要影响。

2.4.2.1 结构面产状

结构面产状是指结构面的空间分布特征和延展方向，采用走向、倾向、倾角等几何参数表征。结构面的产状特征，往往决定了边坡岩体是否将沿某一组或几组结构面滑动。对于只有一组结构面的情况，边坡稳定性与结构面产状的关系通常可归纳为：

（1）当结构面走向和边坡坡面走向近于垂直时，结构面对边坡稳定性的影响很小；当结构面走向与边坡坡面走向近于平行时，结构面对边坡稳定性的影响取决于结构面的倾角和倾向。

（2）当结构面呈水平状态或倾向与边坡坡面倾向相反时，边坡处于稳定状态；当结构面倾向与边坡坡面倾向相同，且结构面倾角小于边坡倾角时，边坡可能发生失稳。

对于两组以上结构面的情况，可以考虑采用赤平极射投影方法分析结构面产状对边坡稳定性的影响。

2.4.2.2 结构面形态

结构面形态是指结构面相对于其平均平面凹凸不平的程度（ISRM 称其为“粗糙程度”）。结构面形态可用多种方式表征或描述，可用起伏度（或起伏形态）表征结构面表面的宏观特征，粗糙度定量表征结构面的粗糙分级。

通常认为，粗糙度所表征的凹凸不平，在岩体滑动的剪切过程中会被剪断，从而增大结构面的抗剪强度。而起伏度所表征的凹凸不平，在岩体沿结构面滑动的剪切过程中可能出现两种情况：若上覆压力较低，剪切时只沿表面凸起部分跨越，而凸起部分不会被剪断，使剪切滑移过程发生剪胀现象；若上覆压力较高，滑动过程中不允许剪胀产生，此时只有当结构面凸起岩石被剪断，才能沿结构面滑动，故其在剪切过程中增加了结构面的抗力，使结构面抗剪能力大幅提高。因此，必须注意研究结构面形态，合理确定结构面抗剪强度。

2.4.2.3 结构面结合程度及充填状况

在长期地质演化进程中，结构面容易被风化或分解、被流水带入的泥砂以及构造运动产生的碎屑和岩溶产物等充填。结构面结合状态及充填状况对结构面抗剪强度有重要影响，根据结构面形态、充填状况及连续性等特征，结构面可划分为平直无充填结构面、粗糙起伏无充填结构面、非贯通断续结构面及有充填的软弱结构面 4 类。

（1）平直无充填结构面，包括剪应力作用下形成的剪性破裂面（如剪节理、剪裂隙等）以及发育较好的层理面、片理面。特点是面平直、光滑，只具有微弱的风化蚀变。其抗剪强度主要源于结构面的微咬合作用和胶黏作用，且与结构面的侧壁岩性及其平直光滑程度密切相关。

（2）粗糙起伏无充填结构面，基本特点是具有明显的粗糙起伏度，此为影响结构面抗剪强度的一个重要因素。在无充填情况下，由于起伏度的存在，其剪切破坏机理因法向应力大小不同而异，抗剪强度也相差较大。

（3）非贯通断续结构面，由裂隙面与非贯通岩桥组成，在剪切过程中，一般认为剪切面所通过的裂隙面和岩桥均发挥抗剪作用。因此，非贯通断续结构面的抗剪强度高于贯通结构面。

（4）有充填的软弱结构面，包括泥化夹层和各种类型的夹泥层，其形成多与水以及各类滑错作用有关。此类结构面的力学性质取决于充填物的物质成分、结构及充填程度和厚度等。当充填物的厚度大于结构面起伏差时，应以充填物的抗剪强度作为计算依据，而不必再考虑起伏程度的影响。

2.4.2.4 结构面连续性及间距

结构面的规模不同，其延展范围和连续性也不同。大的结构面延展范围大，连续性好，对边坡稳定性不利。若结构面之间不能全部贯通，岩体强度有一部分被完整岩石所控制，则有利于边坡稳定。

结构面间距是指在同组结构面法线方向上的平均距离，其在一定程度上反映了岩体结构面的密集程度。有时也用线密度表示其密集程度，即法线方向单位长度上结构面的数目。结构面间距和密度表明岩体结构面的发育程度和被结构面切割的岩块大小。结构面间距小、密度大的边坡岩体往往较为破碎，易发生失稳。

2.4.2.5 结构面数量

当边坡岩体受多组相互交切的结构面切割时，整个边坡岩体自由变形的可能性更大，产生切割面、滑动面，甚至临空面的机会更多，因而更容易形成可能变形破坏的块体，同时也给地下水活动提供了有利条件，降低边坡稳定性。另外，结构面数量的多少，将直接决定被切割岩块的形状、大小，影响边坡稳定性及变形破坏模式。破碎和极破碎的岩质边坡，甚至会产生类似于土质边坡的圆弧形滑动破坏。

2.4.3　结构面力学性质

结构面力学性质对岩体性质具有重要影响，结构面力学性质主要包括：法向变形、切向变形和抗剪强度。

结构面法向变形受应力路径、抗压强度及粗糙程度等诸多因素影响。切向变形与岩石强度、结构面起伏程度及法向力等因素有关。结构面抗剪强度受充填物影响较大，当结构面内充填物厚度较小时，结构面抗剪强度往往与未充填时较为类似；充填厚度较大时，结构面抗剪强度取决于充填介质。研究表明，结构面抗剪强度随夹层厚度的增加迅速降低，并且与法向应力大小有关；充填物颗粒直径为 2～30 mm 时，抗剪强度随颗粒直径的增大而增加，但当颗粒直径大于 30 mm 时，抗剪强度变化不大。此外，由于水对充填物的软化作用，含水量增加会大幅降低结构面的抗剪强度，从而影响边坡稳定。

2.4.4　结构面分级

结构面的发育程度、规模大小、力学性质等是控制岩体边坡稳定性的重要因素，尤以结构面的规模影响最大。根据结构面发育程度和规模大小可以对结构面进行分级，各级别的结构面（见图 2-9）对岩体稳定性的影响作用不同，如表 2-4 所示。一般情况下，Ⅳ级结构面对岩体强度的影响较大，其降低了边坡岩体的完整性，在外部因素的作用下极易导致边坡发生失稳破坏。

图 2-9　不同等级的结构面

(a)　Ⅰ级结构面；(b)　Ⅱ级结构面；(c)　Ⅲ级结构面；(d)　Ⅳ级结构面；(e)　Ⅴ级结构面

表 2-4 结构面分级及特征

级别	分级依据	地质类型	力学属性	对岩体稳定性的作用
Ⅰ	延伸长度数千米至数十千米以上，破碎带宽度约数米至数十米乃至几百米以上	通常为大断层或区域性断层	软弱结构面；属于确定性结构面	直接控制区域性岩体的整体稳定性，其中活动断裂对工程建设的危害极大，一般工程应尽可能避开
Ⅱ	贯穿整个工程岩体，长度一般数百米至数千米，破碎带宽度数十厘米至数米	多为较大的断层、层间错动、不整合面及原生软弱夹层等	软弱结构面，滑动块裂体的边界；属于确定性结构面	通常控制工程区的山体或工程围岩稳定性，构成工程岩体边界，直接威胁工程安全。工程应尽量避开或采取必要的处理措施
Ⅲ	延伸长度数十米至数百米，破碎带宽度为数厘米至一米	断层、发育的层面及层间错动、软弱夹层等	多数为软弱结构面，少数为较坚硬结构面；属于确定性结构面	影响或控制工程岩体的稳定性，如地下硐室围岩及边坡岩体等
Ⅳ	延伸长度数十厘米至数十米，小者仅数厘米至十几厘米，宽度为零至数厘米	节理、层面、次生裂隙及较发育的片理、劈理等	多数为坚硬结构面，构成岩块的边界；属于随机性结构面	数量多，分布随机，影响岩体的完整性和力学性质，是岩体分级及岩体结构研究的基础，也是结构面统计分析和模拟的对象
Ⅴ	规模小、连续性差，常包含在岩块内	隐节理、微层面、微裂隙及不发育的片理、劈理等	坚硬结构面；属于随机性结构面	影响或控制岩块的物理力学性质

2.5 水的影响

水对边坡稳定性的影响是多方面的，而且非常复杂。统计资料显示，大多数边坡的变形破坏与水的作用有关，尤其是在暴雨之后往往会发生大量的滑坡、塌方和泥石流等边坡失稳灾害。

水对边坡稳定的影响主要体现在地表水和地下水对边坡岩土体产生的作用。地表水主要由大气降水补给，并以地表径流等形式对边坡造成冲刷破坏，其中对土质边坡的影响较大（主要以侵蚀为主），一般对岩质边坡影响较小。地下水是指埋藏在地表以下各种形式的重力水，其对边坡稳定性的影响较为复杂，主要表现为：(1) 处于地下水浸润线下的边坡岩土体将承受水的浮托力；(2) 充水的岩体裂隙将承受裂隙水的静水压力；(3) 地下水的渗透流动将对边坡岩土体产生动水压力。此外，水对边坡岩土体还将产生软化、侵蚀等物理化学作用，显著降低岩土体抗剪强度。

2.5.1 水的力学作用

2.5.1.1 静水压力

按作用于边坡部位和方向的不同，静水压力主要分为两类：一是边坡坡面上的静水压力，二是边坡裂隙中的静水压力。静水压力对边坡稳定的影响可能有利，也可能不利。

（1）边坡坡面上的静水压力。当边坡被水淹没且边坡表面相对不透水时，坡面上将承受一定的静水压力，静水压力的方向与坡面正交。当边坡滑动面（软弱结构面）的倾角小于边坡倾角时，则坡面静水压力传到滑动面上的切向分量为抗滑力，对边坡稳定有利；反之，其切向分量为下滑力，则不利于边坡的稳定。

（2）边坡裂隙中的静水压力。张裂隙发育的岩石边坡以及长期干旱开裂的黏土边坡，如果因降雨或地下水活动使裂隙充水，则裂隙面将承受静水压力。静水压力的作用方向与裂隙面垂直，其大小与裂隙水水头有关。

由于裂隙水活动的不规律性，岩体中的地下水位通常不是圆滑的曲线。在相邻裂隙的地下水位不同时，地下水位高的裂隙比地下水位低的裂隙承受的静水压力大，这种静水压力的差别，有时会促使边坡失稳。此外，地下水出口节理裂隙敞开情况不同，也会影响裂隙水压力的大小，从而影响边坡稳定。出口节理张开，地下水位低，裂隙水压力小；出口节理闭合，透水性差，则地下水位高，裂隙水压力大。

2.5.1.2 浮托力

处于水下的透水边坡，将承受浮托力的作用，坡体的有效重量减轻，不利于边坡的稳定。对于水库周围松散堆积层边坡而言，在水库蓄水时发生的变形破坏，通常是由于受到浮托力的影响所致。对处于极限平衡状态且仅依靠坡脚岩土体重量保持暂时稳定的边坡，坡脚被水淹没后，浮托力对边坡稳定的不利影响则更加显著。

2.5.1.3 动水压力

动水压力是地下水在流动（渗流）过程中施加于岩土体颗粒上的力。由于地下水在土体或破碎岩体中流动时受到土颗粒或岩石碎块的阻力，水要流动就会对土颗粒或岩石碎块施加作用力，以克服其对水的阻力，于是形成动水压力。动水压力属于体积力，其方向与水流方向一致，大小与水流所受到的土颗粒或岩石碎块的阻力相等。

在土坝、基坑及水工建筑工程中，动水压力的大小往往是影响工程安全的重要因素之一。动水压力大而导致边坡渗透变形（流土或管涌）的工程事故时有发生，严重的渗透变形使工程施工中断，甚至危及邻近建筑物和设施的安全。因此在进行边坡工程设计与施工时，应对动水压力保持足够的重视。

2.5.2 水的物理作用

水对边坡岩土体的物理作用是多方面的，包括性质改变、软化、冲刷等，这些作用都将影响边坡的稳定。一般而言，水的物理作用往往具有突发性，对边坡稳定构成较大威胁。

2.5.2.1 性质改变

(1) 重度。当岩土体吸水且未达到饱和状态时，岩土体的重度由天然重度改变为湿（吸水）重度。当边坡较陡时，岩土体湿重度的增大导致自重增大，易造成边坡失稳。水位升高时，在水位线以下的岩土体处于饱和状态，其重度为浮重度，自重减小也会增加边坡失稳的风险。

(2) 抗剪强度。黏聚力（c）和内摩擦角（φ）是决定岩土体抗剪强度的重要参数。除坚硬岩石外，当岩土体（特别是岩石裂隙中泥化层及黏土介质）的饱和度增加时，c 和 φ 值都将减小，边坡稳定性降低。

(3) 变形模量。当裂隙岩体由非饱和状态进入饱和状态后，其变形模量将不同程度地减小。如在降雨或水库蓄水时，随着地下水位的上升，可能引起边坡沉陷，坡面出现裂隙，并产生新的潜在滑动面。

2.5.2.2 软化作用

水的软化作用是指水的浸泡使岩土体强度降低，其对边坡稳定性的危害很大。当边坡岩体或较弱夹层的亲水性强、含易溶于水的矿物时，如含盐的黏土质页岩，浸水后岩体结构受到破坏并产生崩解泥化现象，抗剪强度降低，影响边坡稳定。一般而言，对于边坡中的泥质岩层，干燥时强度较高，泥层软化后强度降低。对于土质边坡，浸水后的软化现象则更加明显，特别是湿陷性黄土边坡，遇水后将发生急剧变形破坏。

2.5.2.3 水流冲刷

水流对岩土体的冲刷作用，主要体现在渗流水和地表水两个方面。对于岩体而言，其裂隙中常充填软弱物质，当裂隙中水流速度较大时，在渗透水流的冲刷作用下，充填物可能会被水流带走，影响其稳定性。对于砂土类材料（特别是粉细砂），其渗透稳定性很差，较小水力梯度的渗流就可能使其发生失稳，在松散砂土中的地下水流还可能不断冲走细砂粒，出现管涌灾害。

2-4 砂土管涌现象（视频）

地表水的冲刷作用常使河谷岸坡出现侵蚀下切，并诱发滑动或崩塌，如图 2-10 所示。因此，水流冲刷往往是河岸崩塌的主要原因。对于易风化岩层边坡，常因地表水流冲刷而迅速变形，进而不断滑塌。

图 2-10 水流冲刷引发河岸崩塌

2.5.3 水的化学作用

水对边坡岩土体往往还会产生化学作用。在一定条件下，岩土体矿物与水之间会发生离子交换、溶解作用、水化作用、水解作用等，破坏岩土体内部的细微结构，改变岩土体的结构特性。若水中含有某些酸或碱等成分，可能会与岩土体发生化学反应，从而形成腐蚀破坏。水的化学作用与气温等物理作用相互配合，将加剧岩体风化与破坏。与水的物理作用不同，水的化学作用是一个相对缓慢的过程，其对边坡稳定的影响往往不是突发性的。

2.5.4 冻融循环作用

边坡岩土体往往富含大量孔隙、裂隙和节理等宏细观缺陷，具有孔隙介质和裂隙介质的双重性质。岩土体中的水主要包括矿物基质中的水、细观孔隙中的水以及宏观裂隙中的水。在寒冷地区，边坡岩土体将经历冻融循环作用，水冰相变将对岩土体的力学性能产生严重的劣化作用，影响边坡稳定性。

2.5.4.1 冻融循环作用下岩石强度损伤

完整岩石中的水分主要是孔隙水，孔隙水在冻融循环作用下发生水冰相变。由于冰与水的物理力学性质截然不同，其体积大于水的体积，将产生冻胀力，导致微孔隙扩展。因此，随着冻融次数的增加，岩石发生损伤累积，其力学性能发生变化，抗压强度、弹性模量、黏聚力等力学参数明显降低。

2.5.4.2 冻融循环作用下岩体结构劣化

岩体冻融劣化过程的本质是一个复杂的水-力-热-裂隙耦合过程，首先，岩体中的裂隙水随温度降低发生冻结膨胀，产生冻胀力；当冻胀力超过岩体的抵抗力阈值时，驱使裂隙张开和扩展。然后，冻结的裂隙冰随温度的升高将融化成水，并不断渗入新生裂隙。最后，浸入新生裂隙中的水再次随温度的降低而发生冻结，产生冻胀力使裂隙继续扩展，如图 2-11 所示。由此可见，在冻融循环作用下，边坡岩体的宏观结构将发生劣化，可能变得更加破碎，降低寒区边坡稳定性，甚至改变边坡的破坏形式。

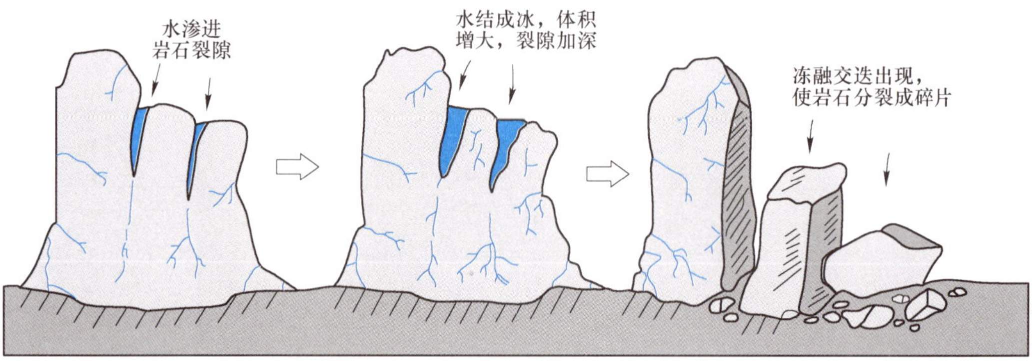

图 2-11 冻融侵蚀示意图

2.6 振动作用的影响

2.6.1 地震作用

地震对边坡稳定的影响较大，一是地震作用产生水平附加力，使边坡下滑力增大，从而降低边坡稳定性；二是地震波可能引起边坡岩土体应力的瞬时变化，造成边坡岩土体结构改变甚至破坏。

地震将产生横波与纵波，横波引起地表发生周期性左右晃动，纵波引起地表发生上下颠簸。在地震作用下，边坡岩体的结构面张裂、扩展，地下水状态发生变化；在地震力的反复振动冲击下，边坡岩体发生位移、变形，直至破坏。地震对边坡稳定的影响主要表现为累积效应和触发（诱发）效应。

（1）累积效应。地震在边坡岩土体产生的附加力，通常以边坡变形体的重量（W）与地震水平作用力系数（α_w）之积表示，即为 $\alpha_w W$。在边坡稳定性计算中，一般将地震附加力考虑为水平指向坡外的力。边坡位移量的大小不仅与震动强度有关，也与经历的震动次数有关。频繁小震对边坡的累积性破坏作用显著，使影响范围内的岩体结构逐渐松动，结构面强度逐渐降低。

（2）触发（诱发）效应。触发效应存在多种表现形式。在强震区，地震触发的崩塌、滑坡往往与断裂活动相联系。对于高陡的陡倾层状边坡，震动可促进陡倾结构面或裂缝的扩展，并引起陡立岩层的晃动。地震不仅可能引起裂隙水压力激增而导致岩体破坏（尤其是在暴雨期），还可能因晃动造成根部岩体破碎，进而引发失稳。对于碎裂状边坡，强烈的震动甚至可使边坡岩体整体溃散，发展为滑塌式滑坡。结构疏松的饱和砂土受震液化或敏感黏土受震变形，也可导致上覆土体产生滑坡。此外，海底斜坡失稳，也多与地震造成固结土体的液化有关，这是平缓海底斜坡仍会产生滑坡的重要原因之一。

地震对边坡稳定性的影响，除与地震的震级及震中距有关外，还与边坡岩土体性质、岩体结构、坡度以及地下水等诸多因素有关。根据经验，地震时各类边坡的相对稳定程度详见表 2-5。

表 2-5 地震时各类边坡的相对稳定程度

稳定程度	评价因素和指标				地下水埋深/m
	土质边坡		岩质边坡		
	坡度/(°)	土质	坡度/(°)	岩性	
很不稳定	>25	松散砂土、淤泥质黏土、冲填土	>50	断层破碎带，岩石强烈风化，节理裂隙发育，且充填黏土	0~3

续表 2-5

稳定程度	评价因素和指标				地下水埋深/m
	土质边坡		岩质边坡		
	坡度/(°)	土　质	坡度/(°)	岩　性	
不稳定	10~25	黄土类土、黏性土、新的重力堆积	30~50	中等风化岩石，裂隙间距 20~50 cm，裂隙中有少量充填物	3~10
相对稳定	5~10	粗砂、砾石层、含石土、密实的黏土、老的重力堆积	20~30	坚硬完整岩石，风化微弱，节理裂隙较少	>10

2008 年 5 月 12 日，四川西部龙门山断裂带发生里氏 8.0 级的汶川大地震。由于震级高、震源浅（12~15 km）、地震持续时间长（约 120 s）、释放能量巨大（约是唐山大地震的 3 倍），地震过程中触发了数以万计的地质灾害，其中绝大多数为滑坡。图 2-12 所示为汶川地震触发的北川县城东部山体滑坡，摧毁大量房屋，并在距北川县城约 6 km 处形成了巨大的唐家山堰塞湖，威胁人民的生命财产安全。

图 2-12　汶川地震触发的北川县城山体滑坡

我国学者黄润秋教授通过对汶川地震地质灾害的研究，认为强震触发的边坡失稳类型主要包括滚石、崩塌、滑坡、碎屑流及其复合形式。边坡失稳与断层位置、地层岩性、地形地貌、地震烈度、断层运动方式、边坡岩体结构等均存在密切关联：

（1）断层位置。强震触发的边坡灾害展布位置明显受活动地质构造控制，86% 以上的失稳边坡分布在断层两侧 10 km 以内。在地震波强大的往复作用下，结构面粗糙度显著降低，结构面退化，摩擦系数降低。

（2）地层岩性。失稳边坡发育多的地层包括三叠系、元古代、志留系、泥盆系、奥陶系和元古代地层。其中，失稳边坡密度最大的地层为奥陶系地层，其次为古老的元古代地层。元古代地层失稳边坡分布频率较高，主要是因为其地形高陡、同时距离发震断层较近。

（3）地形地貌。失稳边坡主要分布在 800~2000 m 的坡段范围，其中 800~1200 m 坡段内发育率最高。失稳边坡的发育率总体随坡度增高而增大，呈明显的指数关系。

（4）地震烈度。失稳边坡与地震烈度之间的关系密切，地震烈度越大，越容易发生边坡失稳。95%以上的失稳边坡分布在烈度大于Ⅶ度的地区，Ⅶ度以下地区失稳边坡很少。

（5）断层运动方式。在距离发震断层 5 km 内，边坡失稳运动的方向显著受断层运动方式的影响。逆冲运动为主的岩层区段，其两侧边坡失稳的方向多与断层走向垂直；而走滑运动为主的岩层区段，其两侧边坡失稳的方向多与断层走向平行。

（6）边坡岩体结构。对于层状边坡而言，顺层边坡、反倾边坡较容易失稳，而切层边坡（当边坡倾向与岩层倾向垂直时）具有较好的抗震性能。

2.6.2 工程爆破

爆破施工广泛应用于各类矿山、水利等岩土工程，往往易对周围岩土体造成不同程度的破坏，进而影响边坡岩土体的稳定性。爆破振动对边坡稳定的影响，主要体现在动力作用、松动破坏和疲劳破坏 3 个方面。

（1）动力作用。点爆破时，爆破能以波阵面的形式扩散并迅速衰减。此时，可用岩体中质点速度场及加速度场的分布特征描述爆炸波的传播及其分布规律，进而评价岩体的动态稳定条件。对于潜在的不稳定边坡，计算时的动载作用力可按爆破对边坡可能产生的最大加速度确定，且通常将其视为下滑力。

（2）松动破坏。爆破对岩体的松动破坏主要体现在爆破影响带内，岩体受影响的程度随着与爆破直接破坏区的距离增加而逐渐减弱。爆破影响区的形状与岩体结构类型或介质类型密切相关。露天矿山边帮的爆破松动带深度往往较大，通常在数米以上。由于岩体结构面的松动，咬合作用部分或完全丧失，抗剪强度大幅降低，不利于边坡稳定。

如图 2-13 所示，某露天矿平台上一排布置 8 个爆破钻孔，装药量为 3 t，爆破后可以大致观测到 4 个分区，即直接破碎区、岩体崩坍区、松动区和地表变形裂缝区。在地表变形裂缝区以外的部位，还存在较大的微弱或弱变形区。

（3）疲劳破坏。露天矿山的生产爆破作业存在于矿山的整个服务期，因而露天矿山边坡岩体往往受到频繁爆破作用的影响。由于爆炸波是一种低频弹性波，处于爆破影响区的岩体受到这种低频重复性爆破动载荷的作用，其强度和变形模量会显著降低。研究表明，砂岩及泥灰岩的疲劳强度仅为其极限强度的 60%左右，且岩体越软弱，强度降低越显著。此外，岩体结构面中存在的软弱泥质充填物，在露天矿山爆破重复动载荷作用下，其不可逆变形的累积效应相当明显，进而劣化边坡的稳定条件。

2-5 工程爆破与岩体损伤(视频)

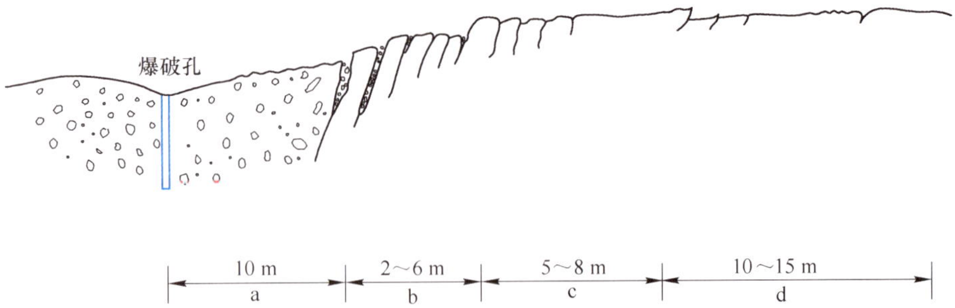

图 2-13 某露天矿山爆破效应分区

a—直接破碎区；b—岩体崩坍区；c—松动区；d—地表变形裂缝区

2.7 其他因素的影响

除上述各类影响因素外，边坡形态、人为、风化、植被等因素也可能影响边坡稳定性。

2.7.1 边坡形态

边坡形态是指边坡的外形、坡高、坡度以及断面形态等，实际工程中，边坡空间形态相当复杂，其均对边坡稳定性存在一定程度的影响。

2.7.1.1 边坡外形

边坡外形将直接影响边坡的稳定性，其走向上的表面形状将影响边坡岩土体内的应力状态。如图 2-14 所示，对于凹形边坡，边坡岩土体处于二向受压状态，稳定性较好，且等高线曲率半径越小，越有利于边坡稳定；对于凸形边坡，岩土体鼓出，两侧坡体易受拉，稳定性较差。

国外学者曾研究过南非 5 个大型金刚石矿的边坡平面曲率半径对边坡稳定性的影响，结果表明：对于凹形边坡，当边坡平面曲率半径为 60 m 时，稳定边坡角为 39. 5°±9°；当曲率半径增加到 300 m 时，稳定边坡角为 27. 3°±5°。实践证明，圆形封闭圈的边坡比相同地质条件下的矩形封闭圈的边坡稳定，且矩形封闭圈的纵向长度越大，边坡稳定性越差。

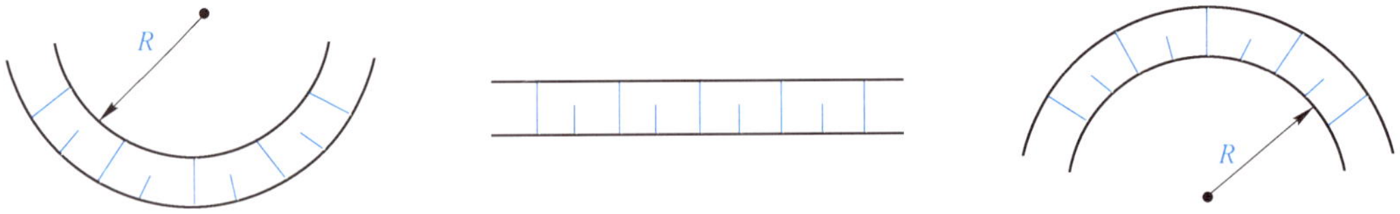

(a) (b) (c)

图 2-14 边坡沿走向的表面形状分类示意图

(a) 凹形边坡；(b) 直线形边坡；(c) 凸形边坡

2.7.1.2 边坡坡度和坡高

对于均质岩土边坡，坡度越大或坡高越大，其稳定性越差。一般而言，当边坡的稳定性受顺倾滑动面控制时，边坡高度对其稳定性的影响大于边坡坡度。另外，边坡坡度越大，坡顶与坡面拉应力带的范围越大，坡脚应力集中带的最大剪应力增加，不利于边坡稳定。

2.7.1.3 边坡断面形态

如图 2-15 所示，从垂直断面上看，边坡可分为平面边坡、凹边坡和凸边坡。

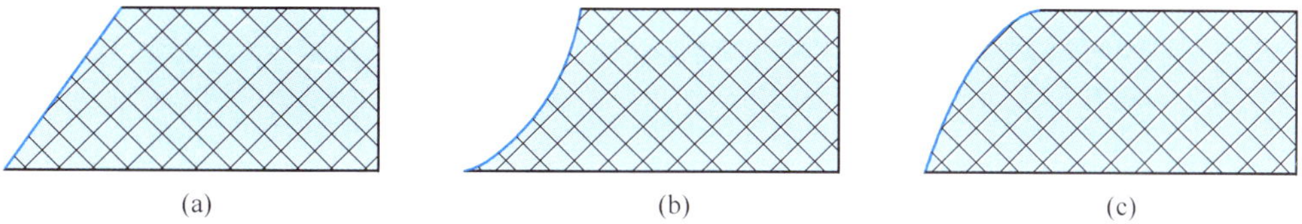

图 2-15 边坡断面形态分类示意图
(a) 平面边坡；(b) 凹边坡；(c) 凸边坡

(1) 平面边坡。平面边坡是坡顶至坡脚斜率一致的边坡，工程设计中经常采用。这种边坡断面的绘制和计算最为简单，通常按组成边坡岩土体的平均性质考虑。如果组成边坡岩土体的强度有强有弱，且彼此悬殊较大时，即使采用较大的安全系数，也难免会在软弱岩层中发生破坏。

(2) 凹边坡。凹边坡是根据松散介质力学计算出来的边坡形态，上陡下缓，有利于提高边坡稳定性。在很多情况下，由于风化作用导致岩土体性质弱化，可能需要把台阶上部的坡度放缓，而不是加陡。因此，此类边坡断面形式常见于道路路基填方边坡，而在岩体边坡工程中并不常见。

(3) 凸边坡。凸边坡具有上缓下陡的外形。此类边坡断面形式较符合露天矿山边坡形成的时间特点，因此常见于深凹露天矿山边坡。

2.7.2 人为因素

人为因素主要包括施工开挖、工程荷载和加固措施等。人为因素对边坡稳定性的影响很大，主要表现在以下方面：

(1) 施工开挖。施工开挖对边坡稳定性的影响，包括改变荷载和力学参数两方面。对于边坡浅表层的覆盖层、堆积体、强风化带等的开挖，一般只会引起坡体荷载的变化。对于开挖深度较大的边坡，施工开挖引起的应力释放，可能会引起岩土体内部裂隙的产生和扩展，从而使边坡岩土体力学参数降低，最终导致边坡失稳。如图 2-16 所示，2022 年 1 月 3 日，贵州省毕节市金海湖新区某在建工地，由于不适当开挖切脚，诱发山体滑坡，造成 14 名施工作业人员死亡、3 人受伤，直接经济损失 2856 万元。

(2) 工程荷载。工程荷载包括加载与卸载，均会直接影响边坡稳定性。加载包括布置构筑物、堆放建筑材料或建设外排土场等。在水利水电工程中，工程荷载对边坡稳定性的影响非常显著，例如，拱坝坝肩承受的拱端推力、边坡坡顶附近修建

2-6 毕节金海湖人工开挖诱发滑坡（视频）

图 2-16 毕节市金海湖新区“1·3”在建工地山体滑坡

大型水工建筑物引起的坡顶超载、压力隧洞内水压力传递给边坡的裂隙水压力、库水对库岸的浪击淘涮力等，可能导致边坡失稳破坏。此外，工程运行过程中，也可能间接影响边坡稳定性，如引水隧洞运行中的水锤作用，使隧洞围岩承受超静水荷载，从而引起出口边坡开裂变形等。

（3）加固措施。边坡加固措施可有效提高边坡的稳定性，常用的措施包括预应力锚杆（索）、抗滑桩、注浆、加筋、挡土墙等。预应力锚杆（索）能有效增加潜在滑动面上的法向应力，并通过控制边坡松弛变形来提高结构面的紧密程度和黏聚力；抗滑桩利用下伏岩土体的整体性和有效传力特点，通过桩体的抗弯和抗剪能力，有效增加边坡的抗滑力；注浆加固是向边坡裂隙或孔隙中注入浆液，以提高岩土体的物理力学性质；加筋边坡和加筋挡土墙，在边坡岩土体中加入加筋材料，从而提高岩土体强度，增强边坡稳定性。图 2-17 所示为小湾电站左岸边坡的加固工程，采用了预应力锚索、抗滑桩、网格梁等加固措施，确保了边坡稳定。

图 2-17 小湾电站左岸边坡加固工程

2.7.3 风化作用

风化作用对边坡稳定性也有较大影响，将弱化岩体及结构面的力学性质，从而引起边坡失稳，如图 2-18 所示。影响边坡岩体风化速度和风化程度的因素较为复杂，一般而言，风化速度与岩石本身的成分、结构和构造有关，同时也与温度、湿度、降雨等气候条件以及地下水、爆破振动、地震等因素有关。强度越小的岩石，风化速度越快；温度变化大，降雨量较多的地区，岩石风化速度也会加快。对于露天矿山而言，服务年限越长的采场边坡，岩体风化程度越严重；同一采场、同一岩性的边坡，其上部比下部的风化程度大，稳定条件相应较差。

2.7.4 植被影响

植被生长也会对边坡的稳定性产生影响。一方面，对于土质边坡，植物根系可通过吸收部分地下水使边坡保持干燥，有助于土质边坡的稳定。另一方面，对于岩质边坡，生长在裂隙中的树根有时会引起边坡局部崩滑。如图 2-19 所示，树根在原岩结构面中延伸穿插，产生根劈作用，可能对边坡稳定性产生不利影响。

图 2-18 风化作用对边坡稳定的影响

图 2-19 植被对边坡稳定的影响

由自然或人类造成的植被变化将导致植物根系的生长和腐烂。在植物被砍伐、火烧后的最初几年里，根系的加筋（草本类）、锚固和支撑（木本类）作用将大幅减弱，降雨诱发滑坡或泥石流的可能性增加。随着重新种植的树木生长，根系的上述作用逐年增加，但完全恢复可能需要 10 年或更长时间。

习题与思考题

2-1 名词解释

（1）崩落；（2）滑动；（3）侧向扩离；（4）地质构造；（5）地应力；（6）原生结构面；

(7) 构造结构面；(8) 次生结构面；(9) 结构面间距；(10) 结构面分级。

2-2 简答题

(1) 简述边坡破坏的基本类型。

(2) 简述岩浆岩、变质岩、沉积岩边坡的失稳破坏特征。

(3) 简述影响边坡失稳的最主要内部因素。

(4) 简述岩土体性质对边坡稳定性的影响。

(5) 简述振动对边坡稳定性的影响。

(6) 简述影响边坡岩土体稳定性的地质环境因素有哪些？

(7) 简述对边坡稳定性产生影响的人为因素主要包括哪些？

2-3 论述题

(1) 论述边坡岩体结构主要类型及其特征。

(2) 论述结构面对边坡稳定性的影响。

(3) 论述水对土质边坡与岩质边坡稳定性影响的差异。

(4) 论述地震横波与纵波对边坡稳定的危害作用。

3 边坡工程设计与分析方法

本章主要内容：

本章简要介绍边坡工程设计及其稳定性分析方法，主要内容包括边坡工程行业特征、边坡设计的基本流程与原则、稳定性评价指标的基本概念与选用，以及各类边坡稳定性分析方法。

学习目标及要求：

理解边坡设计的基本流程与原则，掌握稳定性评价指标的选用标准，了解各类边坡稳定性分析方法的基本原理与适用范围。

3.1 概述

边坡失稳的定义需结合实际行业特征，例如，在不影响生产安全的前提下，露天矿山边坡允许产生几米的位移，但对于一个桥基边坡而言却不允许产生微小位移。因此，边坡稳定性的设计需求与行业特征有较大关联。

在边坡工程设计或稳定性分析过程中，评价指标或设计计算方法主要包括以下几种形式：

（1）安全系数。通过极限平衡分析，将边坡稳定性量化，若安全系数大于1，则边坡稳定。基于极限平衡原理的安全系数已成为最常用的边坡稳定性评价指标，对于岩（土）质边坡具有较成熟的使用经验。

（2）允许变形。不稳定边坡定义为边坡产生足够大的变形且影响生产安全，或岩土体位移速度大于规定值。边坡变形计算是边坡稳定性评价的重要内容，目前，数值模拟法得到快速发展，已广泛应用于各类地质条件下的边坡变形与稳定性分析。

（3）失稳概率。通过描述抗滑力与下滑力概率分布的差异，将边坡稳定性量化。该方法中“5%的失稳概率”以及“失稳的结果表现为彻底失去使用寿命”等定义难以得到工程的直接验证，导致该方法在边坡稳定性分析中的使用经验相对较少。

（4）荷载抗力系数设计法（load and resistance factors design，LRFD）。稳定边坡定义为抵抗力与其对应的分项系数的乘积之和大于或等于荷载与其对应的分项系数的乘积之和。该方法起源于结构设计，为保证所设计的结构具有规定的可靠度而在设计表达式中采用的系数，包括作用分项系数和抗力分项系数两类，现已扩展到地基、边坡等相关工程领域。

本章从边坡工程的行业特征入手，探讨边坡工程的设计要求、基本流程与原则，介绍边坡稳定性的评价指标与设计标准，简介几种常用的边坡稳定性分析方法，并阐述不同分析方法的选用原则。

3.2 边坡工程的行业特征及设计要求

3.2.1 边坡工程的行业特征

各种工程都可能因为开挖岩土体而形成边坡。在土木工程领域，边坡可分为天然（自然）边坡和人工（工程）边坡，涉及水电、矿山、铁路、公路及城市建设等多个行业，边坡高度从数十米至千米以上；在采矿工程领域，边坡主要指人工边坡，目前露天矿产量占矿石总量的50%以上，露天矿山边坡设计高度不断增加，从百米到近千米。根据岩体质量的差异，边坡坡面角从小于30°到近乎垂直。不同行业的高边坡特点如表3-1所示。

表 3-1 不同行业的高边坡特点

行业	一般高度范围	边坡工程特点
水电	人工：100~700 m 天然：100~1000 m	边坡高度大，地质结构及环境条件复杂，工程对边坡质量要求高，须保证永久稳定
矿山	人工：100~500 m	边坡高度大，地质结构复杂，工程对边坡质量有一定的要求，但允许边坡产生一定程度的变形和破坏
铁路	人工：50~150 m 天然：100~300 m	边坡高度一般较大，地质结构及环境条件较复杂，对边坡质量要求高
公路	人工：30~80 m 天然：30~150 m	边坡高度一般较小，地质结构及环境条件相对简单，对边坡质量要求高
城建	人工：15~50 m 天然：15~100 m	边坡高度小，地质结构及环境条件相对简单，对边坡质量要求高

图3-1所示为两种典型的岩石边坡。图3-1（a）为小湾电站左岸边坡，采用预应力锚索、大型工程桩、喷射混凝土等多种工程手段进行加固，确保电站边坡的稳定；水的控制措施包括坡面排水沟、平台截排水沟、坡面封闭等地表排水工程以及排水洞（支洞汇于主洞）等地下排水工程。图3-1（b）为内蒙古白云鄂博铁矿东矿采场边坡，白云鄂博铁矿是我国重要的铁矿石原料基地，经过几十年的开采，东矿采场边坡失稳导致清扫平台中断、深部边坡难以安全靠界，对矿山生产安全产生了一定的影响。

3.2.2 边坡工程的设计要求

边坡工程设计是在研究边坡高度与坡角两者协调性的基础上，充分评估边坡安全性与经济性之间的平衡。一方面，设计坡角越陡，开挖工程量越小，占地面积越小，经济性更优，但安全性降低；另一方面，设计坡角陡的边坡往往需要采用不同

(a) (b)

图 3-1 两种典型的岩石边坡
(a) 水利岩石边坡；(b) 矿山岩石边坡

类型的工程加固措施，以减少运营期内总体边坡的失稳概率和落石风险等。

由于不同行业对边坡失稳后果的容忍度不同，导致土木工程和露天矿山边坡的工程特征和设计要素存在较大的差异，其中土木工程边坡属于服务年限较长的永久性工程，对边坡失稳、落石等的控制要求较为严格。例如，土木工程行业的高速铁路和高速公路等，车速快、交通流量大，总体边坡稳定和坡面防护均十分重要，设计安全系数要求高。但对于露天矿山而言，在矿山服务年限内允许边坡产生一定的变形甚至局部失稳，只要不产生大规模的边坡灾害导致矿山生产中断，一定程度的边坡变形破坏以及中等规模的落石灾害等均可以接受。因此，露天矿山边坡的设计安全系数一般介于 1.05~1.30 之间，且随着生产建设过程可以动态调整。

(1) 土木工程边坡。通常情况下，边坡稳定性主要取决于土体强度（土质边坡）或结构面强度（岩石边坡）。公路、铁路等土木工程行业的岩石边坡工程重点分析断层、层面和节理的产状、迹线长度、粗糙度和充填物等对边坡稳定性的影响。

在土木工程领域的边坡设计中，工程地质条件作为设计优化的重要因素之一，避开了可能的重大地质灾害对工程安全的潜在影响。边坡施工过程中可根据地质条件的变化，结合线型、工程等级、安全等级等因素，对边坡设计进行局部调整。对于因工程扰动诱发的重大滑坡灾害，可根据需要强化边坡的加固设计或局部调整工程线位。

(2) 露天矿山边坡。在矿山领域，露天矿山边坡设计是由矿体赋存条件决定的，必须充分考虑矿坑区域内的复杂工程地质与水文地质条件，对矿坑各端帮分别进行针对性设计。

矿山边坡除受地质结构因素影响外，在设计过程中应根据工程需求重点关注 3 类边坡尺度，其结构参数如图 3-2 所示。1）**总体边坡**：包括所有的平台和台阶，设计的总体边坡角主要与岩体强度相关；2）**路间边坡**：指两条相邻运输道路间的边坡，其高度与坡角取决于运输道间包括的台阶数量与平台宽度；3）**台阶边坡**：台阶边坡稳定性主要受外倾结构面及其组合形态控制，台阶高度主要取决于采装设备的技术参数。

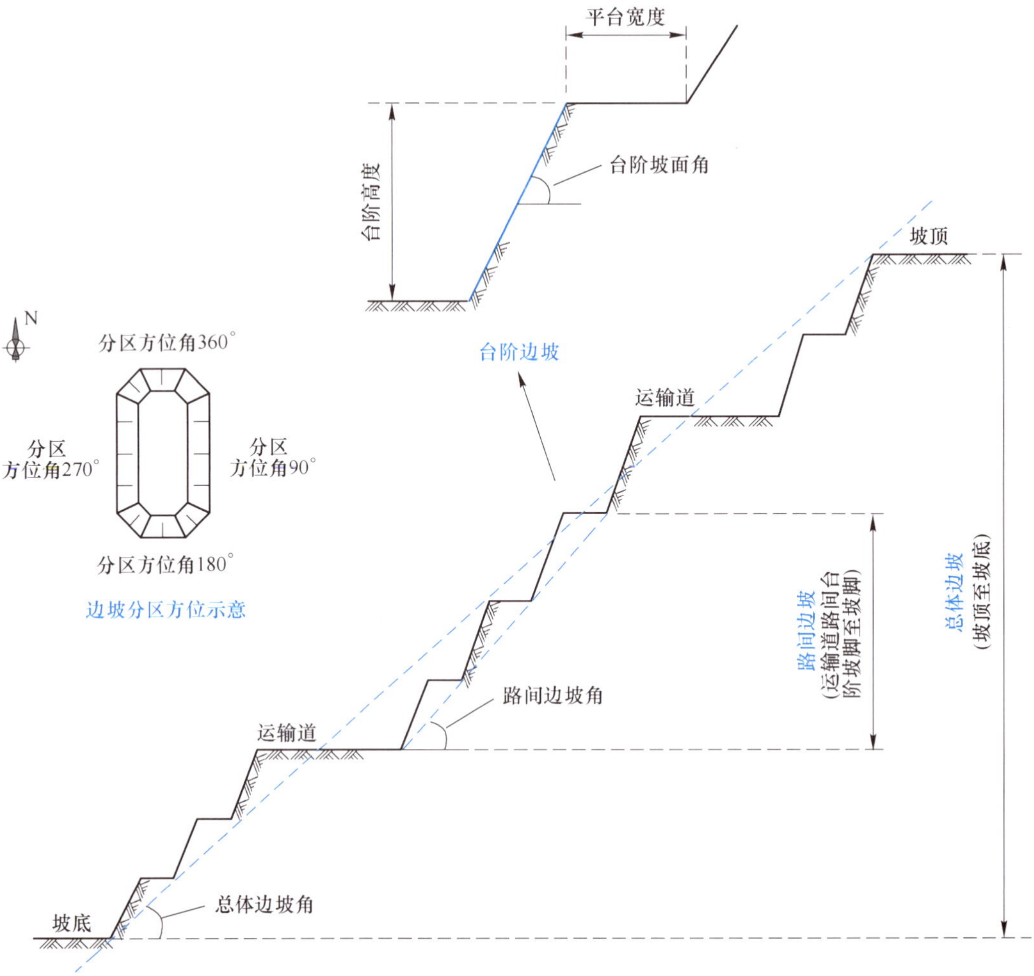

图 3-2 典型露天矿山边坡的结构参数

对于不同的边坡尺度，其稳定性的主控因素、设计过程及安全系数设计标准均具有显著差异。影响边坡结构参数设计的因素主要包括边坡高度、结构面特征、岩体强度、地下水压力、爆破对边坡岩体的影响、钻孔及运输设备等。

与土木工程边坡相比，露天矿山边坡设计主要体现如下不同：

（1）矿山边坡设计中一般不采用大规模的工程加固措施提高边坡稳定性，主要通过边坡结构参数和采矿工艺的调整，保证边坡稳定性满足规范要求。

(2) 在矿山生产阶段，由于地质条件变化及施工因素导致的边坡稳定性问题，可采用抗滑桩、锚固、注浆等手段改善边坡的稳定状态。

(3) 在地下水丰富、水压较大的露天矿山，如果采取降排水措施可以提高边坡稳定性，应考虑设计整体矿坑排水系统，包括排水孔网、排水平硐等。

(4) 除膨胀岩、易软化泥化等不良地质条件外，一般不采用坡面整体封闭的防护方式；对于存在的落石灾害风险，可采用主动或被动防护网保证采场的生产安全。

(5) 对于设计有运输道路、破碎站等重要工程设施的边坡段，设计安全系数要求较高，其他边坡段则允许一定程度的变形破坏和落石的发生，设计安全系数要求相对较低。

3.3 边坡工程设计的基本流程与原则

3.3.1 边坡工程设计的基本流程

在水电、矿山、交通、城建等各类工程边坡处治时，无论是总体边坡设计，还是局部边坡处理，大体都应遵循 3 个基本工作阶段，即工程勘察、工程设计和工程施工。边坡工程设计贯穿于这 3 个阶段中，基本流程可概括为：首先，在充分掌握工程水文地质条件、岩土体特征及工程环境的基础上，进行边坡设计或单体工程设计；其次，在边坡开挖及相关工程运营过程中，连续监测边坡工作状态；然后，收集有关资料，验证边坡工程设计，并将有关信息反馈到设计中，从而控制边坡稳定，实现边坡工程设计的不断优化。

因此，针对露天矿等大型边坡工程而言，其设计流程并非单向的传递过程，且随着技术水平的提高、服务对象的需求及开挖高度的增加，这将是一个分阶段的循环过程。在整个边坡工程建设过程中，不同工作阶段伴随着相应的设计研究内容及工作。

(1) 工程勘察阶段，根据工程、水文等地质勘察资料及数据，确定基本的地质模型、结构模型、岩体模型及水文地质模型，为边坡工程可行性研究与设计提供可靠依据。在地质勘探报告的基础上，进行边坡工程的规划，充分评估未来施工过程中可能出现的边坡稳定性问题，以及提出解决这些问题的相应措施。现以露天矿山边坡为例，概述各类模型的基本特点。

1) 地质模型。地质模型是表征露天矿边坡区域地质特征变化与分布的数据库及其模型。地质模型可表征边坡岩层的空间状况，其分布不仅与岩性相关，还受地质作用的变化程度及类型的影响，这种变化有积极作用（如硅化作用）也有消极作用（如黏土化作用）。

当露天矿边坡高度不断增加时，还需考虑地应力的潜在影响，尤其要考虑地应力在坡脚处产生的应力集中效应，因此地质模型还须包括地应力评价。

在部分热带沉积岩区域，地形地貌对边坡设计有较大影响，因此，了解区域地质背景和矿化作用的产生非常必要，同时边坡设计也须考虑沉积地质作用。

2) 结构模型。结构模型是表征岩体主要结构面（Ⅰ、Ⅱ、Ⅲ级）的产状、空间分布和力学性质的数据库及其模型，结构面分级标准详见第二章。针对断层等主要结构面，其间距一般较大，但沿走向或倾向可能是连续的，因此会较大程度地影响总体边坡设计；而节理等次要结构，通常只控制岩体的连续性，除小间距的次要结构外，应着重考虑其对台阶边坡设计的影响。

3）岩体模型。岩体模型是表征完整岩石强度、Ⅳ级结构面特性等岩体工程特性的数据库及其模型。岩体强度性质决定了边坡开挖方式及设计方法。在岩体强度相对较大的高边坡中，结构可能是边坡稳定性的主要控制因素；而在岩体强度相对较小的高边坡中，一般情况下岩体强度起控制作用，也可能与结构联合影响边坡稳定性。

在研究边坡岩体性质时，对于页岩类、泥岩类等（如蒙脱石、膨胀黏土），必须考虑时间效应的影响。这类材料在长时间暴露条件下，其强度及力学行为均会发生改变。此外，采矿等生产工作（如爆破设计）的重要参数，对岩体强度的影响也较为显著，因此在设计岩体力学性质测试试验时，不可忽视这些因素的影响。

在边坡可行性分析或初步设计阶段，岩体强度参数一般通过室内试验获取，可能存在较大误差，此时，可通过现场试验、稳定或失稳边坡的案例分析对其进行校正。例如，露天矿各台阶及总体边坡形成后，其初始工作状态的详细记录，对于岩体力学性质的评估与修正具有重要的参考价值。

4）水文地质模型。水文地质模型是表征露天矿边坡影响区域内的地下水分布、孔隙率及孔隙压力等特征的数据库及其模型。地下水压力和地面水流动力等因素，对边坡稳定性影响显著，必须深入研究。但在边坡设计中，因排水或降压措施需要额外的设计和工程处治，水文参数容易因人工干预被修改，无法真实反映边坡的水文条件，特别是大型露天矿山边坡，情况更是如此。

（2）工程设计阶段，结合勘察获得的地质模型、结构模型、岩体模型、水文地质模型等资料，以定性分析为基础，以定量计算为手段，开展边坡稳定性及设计方案研究。在边坡稳定性定性分析时，根据工程地质条件、可能的破坏模式及已经出现的变形破坏迹象对边坡的稳定性状态做出定性判断；在边坡稳定性定量计算时，根据边坡类型及可能的破坏形态，可分别采用极限平衡法、数值分析法、敏感性分析法等。针对定性与定量分析得到的边坡设计方案，结合工程经济评价，为工程推荐最佳边坡设计方案。

（3）工程施工阶段，严格按照边坡设计参数控制边坡空间形态，随边坡开挖高度的增加，继续收集相关地质资料，修正或补充原有边坡设计基础资料，并为未来可能的改造、设计提供新的依据；建立边坡位移、地下水压或爆破振动等监测系统，进行实时的边坡稳定性监测，并根据已形成边坡的形状及工作状态，预测未来几年的边坡稳定状况，以便为工程施工运营提供安全服务；针对具体边坡工程失稳或潜在失稳问题，可采取适当的工程加固措施。

总之，各阶段工作应按照相关规范或规定有序进行，完整的边坡工程设计基本流程如图 3-3 所示。

3.3.2 边坡工程设计的基本原则

进行边坡工程设计时，一般应按照下列原则进行：

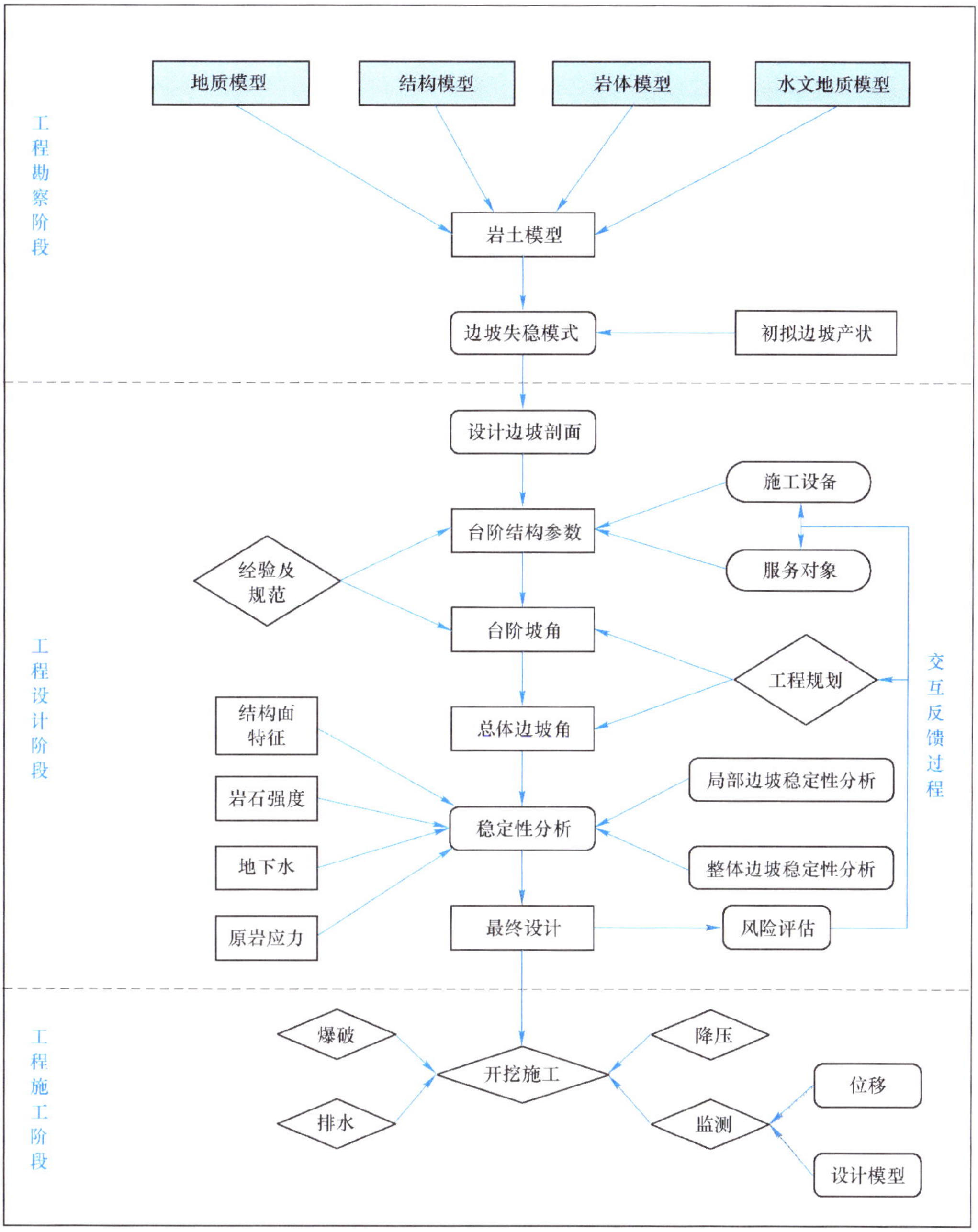

图 3-3 边坡工程设计基本流程图

（1）在进行边坡工程设计之前，应进行详细的工程地质勘察，对周围环境的危害性作出预测。将岩石边坡的结构面调查清楚，指出主要结构面的所在位置；提供边坡设计所需的各项参数，对边坡稳定性作出准确评价。

（2）工程设计时应依山就势，避免大挖大填。山区工程建设时宜根据地质、地形条件及工程要求利用或改造自然边坡，避免形成深挖高填的工程边坡；对于稳定性较差且较高的边坡，宜采用后仰放坡或分阶放坡；分阶放坡时，水平台阶应有足够的宽度，否则需考虑上部台阶边坡对下部台阶边坡形成的荷载影响。

（3）边坡设计时应保护和整治边坡环境。对于边坡水系应因势利导，设置截、排水设施，避免地表水及地下水大量渗入坡体；不应随意开挖坡脚，防止坡顶超载；在边坡施工和使用期间，应控制不利于边坡稳定因素的产生和发展，而对有利于边坡稳定的相关环境需进行有效保护。

（4）边坡的支挡结构应进行排水设计。对于可向坡外排水的支挡结构，应在支挡结构上设置排水孔。支挡结构后部应做好滤水层，必要时应设置排水暗沟；支挡结构后部有山坡时，应在支挡结构后部边坡设置截水沟。

（5）支挡结构后部的填土，应选择透水性强的填料。当采用黏性土作填料时，宜掺入适量的碎石；在季节性冻土地区，则应选择炉渣、碎石、粗砂等非冻胀性填料。

（6）边坡工程的平面布置和立面设计应考虑对周边环境的影响，满足美化环境、体现生态保护的要求。对于人类经常活动的边坡坡顶、坡面和坡脚，应采取有效的保护措施。

3.4 边坡稳定性评价指标与设计标准

3.4.1 边坡稳定性评价指标

（1）安全系数。在边坡稳定性分析中，安全系数是最常用的评价指标，是指某一滑面所能提供的抗滑力（抗滑力矩）与沿该滑面的实际下滑力（下滑力矩）的比值。边坡最危险滑面安全系数大于1，表明边坡稳定；小于1，表明边坡不稳定；等于1，则表明边坡处于临界稳定状态。

边坡安全系数的计算值与边坡稳定性分析方法的原理、合理性、可靠性及各项岩土体物理力学参数的取用、边坡的几何参数及服务年限等诸多因素有关。在处理工程问题时，常遇到边坡的实际状况与安全系数计算值不协调的情形。例如，有时按试验指标计算的安全系数小于1，而实际边坡处于稳定状态；有时安全系数计算值大于1，但实际边坡却发生了破坏；而且不同设计者根据各自经验，采用不同方法研究同一边坡问题往往也会得到不同的结果。这些现象的产生涉及多方面因素，例如计算模型的选用、试验方法的选择、测试数据的处理以及某些可变因素的影响等。

因此，边坡稳定性计算决不能脱离对上述各种因素的周密研究与合理确定。为了使安全系数能够真实地反映边坡实际稳定性状态，应正确评估其合理性并加以有效使用。

（2）失稳概率。边坡岩土体自然属性的复杂性和力学上的不确定性，使得沿用传统的力学方法进行边坡稳定性分析遇到很大困难，计算结果难以符合实际，因此，边坡稳定性概率评价方法得以发展。通过预测边坡失稳的可能性（即失稳概率），为边坡岩体行为定义一个有效区域，能够比较真实地反映边坡稳定性状态，其值愈高意味着边坡失稳的可能性愈大。

与安全系数一样，不同的工程类型也有不同的可接受失稳概率范围。图 3-4 给出了不同工程类型的年失稳概率与破坏后果（死亡人数）之间的关系。例如，水坝失稳可能导致数百人丧生，后果严重，其年失稳概率不应超过 10^{-4} ~ 10^{-5}；相比之下，对于露天矿山边坡而言，因失稳造成人员死亡的后果相对较小，其年失稳概率的可接受范围约为 10^{-1} ~ 10^{-2}。

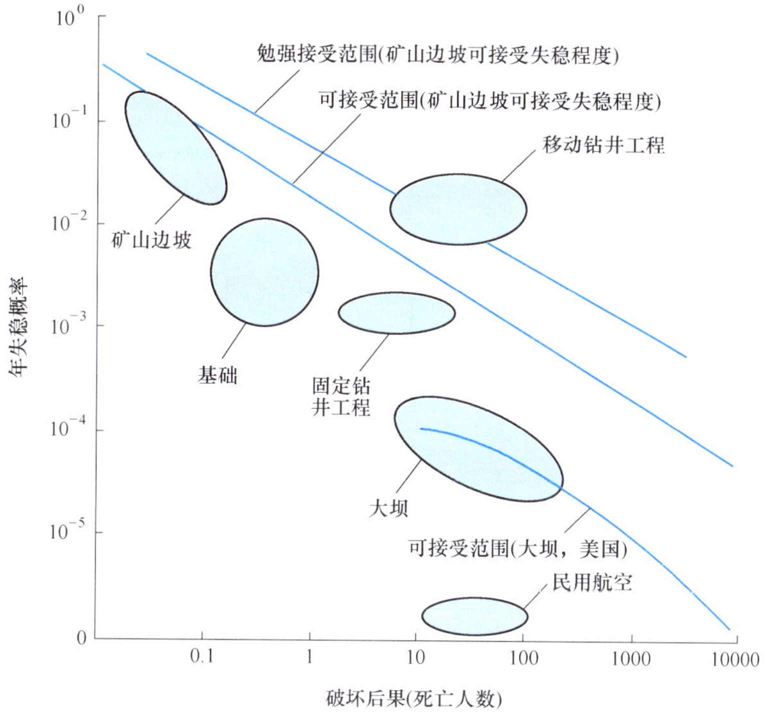

图 3-4　不同类型工程的年失稳概率与破坏后果关系示意图

3.4.2 边坡稳定性设计标准

3.4.2.1 设计安全系数

边坡稳定性计算含有若干不确定性因素，为保证设计的边坡处于稳定状态，应使计算得到的安全系数大于 1，确保边坡具有一定的安全储备，即规定一个设计限值，称之为设计安全系数。

由于不同边坡的类型、高度、破坏后危害程度等各不相同，边坡设计过程中应该根据边坡工程的实际情况，选用不同的设计安全系数。例如，对于大型水利水电工程与交通干线的边坡，边坡破坏后果比较严重，宜采用较大的设计安全系数。但对于露天矿山边坡而言，由于矿山服务年限一般较短，且允许局部破坏，采用的设计安全系数可相对较小。采矿工程中也可针对不同情况灵活调整，如在出入沟与破碎车间附近，采用的设计安全系数可较其他地段略高。

边坡稳定性评价过程中使用的设计安全系数、允许变形及失稳概率等指标均需与工程实际相适应，不同行业的相关规范对边坡设计安全系数的要求有一定差异，表 3-2、表 3-3、表 3-4 分别为《岩土锚杆与喷射混凝土支护工程技术规范》（GB

3-1　不同行业的边坡工程安全等级划分

50086)、《非煤露天矿边坡工程技术规范》(GB 51016)、《建筑边坡工程技术规范》(GB 50330) 规定的边坡设计安全系数。

表 3-2　锚固边坡设计安全系数（GB 50086）

边坡工程安全等级	边坡工况		
	持久工况（天然状态）	短暂工况（暴雨、连续降雨状态）	偶然工况（地震力作用状态）
一级	1.35~1.25	1.20~1.15	1.15~1.05
二级	1.25~1.20	1.15~1.10	1.10~1.05
三级	1.15~1.10	1.10~1.05	1.05

表 3-3　不同荷载组合下总体边坡的设计安全系数（GB 51016）

边坡工程安全等级	边坡工程设计安全系数		
	荷载组合Ⅰ	荷载组合Ⅱ	荷载组合Ⅲ
Ⅰ	1.25~1.20	1.23~1.18	1.20~1.15
Ⅱ	1.20~1.15	1.18~1.13	1.15~1.10
Ⅲ	1.15~1.10	1.13~1.08	1.10~1.05

注：1. 荷载组合Ⅰ为自重+地下水；荷载组合Ⅱ为自重+地下水+爆破振动力；荷载组合Ⅲ为自重+地下水+地震力。
2. 对台阶边坡和临时性工作帮，允许有一定程度的破坏，设计安全系数可适当降低。

表 3-4　边坡设计安全系数（GB 50330）

边坡类型		安全等级		
		一级	二级	三级
永久边坡	一般工况	1.35	1.30	1.25
	地震工况	1.15	1.10	1.05
临时边坡		1.25	1.20	1.15

注：1. 地震工况时，设计安全系数仅适用于塌滑区内无重要建（构）筑物的边坡；
2. 对地质条件很复杂或破坏后果极严重的边坡工程，其设计安全系数应适当提高。

3.4.2.2　失稳概率设计标准

目前，我国在建筑、铁路、公路、港口、水利等行业，先后编制并颁布了一系列可靠度（失稳概率）统一设计标准，有效指导了各行业的工程可靠性设计工作。需要说明的是，上述各领域的可靠度设计统一标准主要是针对各自领域的结构而言，而不是针对整体工程。同时，这些领域很多结构的介质属于人工材料，尤其是建筑结构和桥梁结构，可控性相对于边坡工程的岩土体材料要强很多。并且，这些结构大多属于永久性结构，涉及人员较多，如果发生事故，造成的人员伤亡多、经济损失大，因此失稳概率的容许标准很低。而露天矿山边坡位置一般较为偏僻，远离人群，设备稀少，如果对人身、生产安全等不造成危害，还允许边坡产生一定的变形与破坏，因此，露天矿山边坡失稳概率的容许标准相对较高。表 3-5 为《露天矿山岩质边坡工程设计规范》（T/CSRME 009）规定的边坡失稳概率设计标准。

表 3-5 边坡失稳概率设计标准（T/CSRME 009）

边坡尺度	边坡工程安全等级	容许标准
台阶边坡	Ⅰ、Ⅱ、Ⅲ	25%
路间边坡	Ⅲ	20%
	Ⅱ	15%
	Ⅰ	
总体边坡	Ⅲ	15%
	Ⅱ	10%
	Ⅰ	5%
重要生产设施边坡	Ⅰ、Ⅱ、Ⅲ	5%

另外，边坡工程不同于其他的工程结构，其稳定性受到岩体介质和内部结构面的影响，在不同的破坏模式下有不同的计算方法，对相同的边坡工程进行分析时会得到不同的结果。因此，在采用失稳概率评价指标时，还应综合考虑不同计算方法带来的不确定性。

3.5 边坡稳定性分析方法

边坡稳定性分析的目的是确定经济合理的边坡结构参数或评价既有边坡的稳定程度，为边坡处治措施的选择提供可靠依据。

边坡稳定性分析必须在工程地质勘察与岩土体物理力学试验的基础上进行，在具体分析时，首先应根据地质体结构特征确定边坡可能的破坏模式，然后针对不同破坏模式采用相应的分析方法。岩体结构与稳定性分析方法的关系可参见图 3-5。

根据相关规范或规定，大型或地质条件复杂的边坡稳定性分析一般分两个阶段进行：

第一阶段（定性分析）：对初勘所取得的地质资料进行研究，由于该阶段试验资料少，多用定性分析方法对边坡稳定性作出评估，分析时应按不同的构造区段及边坡的不同方位分别进行。定性分析方法主要包括工程地质类比法、坡率法、图解法、地质分析法及边坡稳定专家系统等。

第二阶段（定量分析）：对定性分析认为潜在不稳定或不满足设计安全系数要求的边坡进行详勘，取得包括岩土或软弱结构面强度、地下水流与水压等方面的资料后，采用定量分析方法对边坡稳定性作出判断。定量分析方法主要包括极限平衡法（含极限平衡条分法）、数值分析法、概率分析法等。

针对不同破坏模式的边坡，现已提出一种或多种分析方法，在具体应用中，应根据实际边坡工程地质条件，选取一种或多种方法进行综合分析。

3.5.1 工程地质类比法

工程地质类比法是指把所要研究的边坡与已取得勘察资料且地质条件类似的边

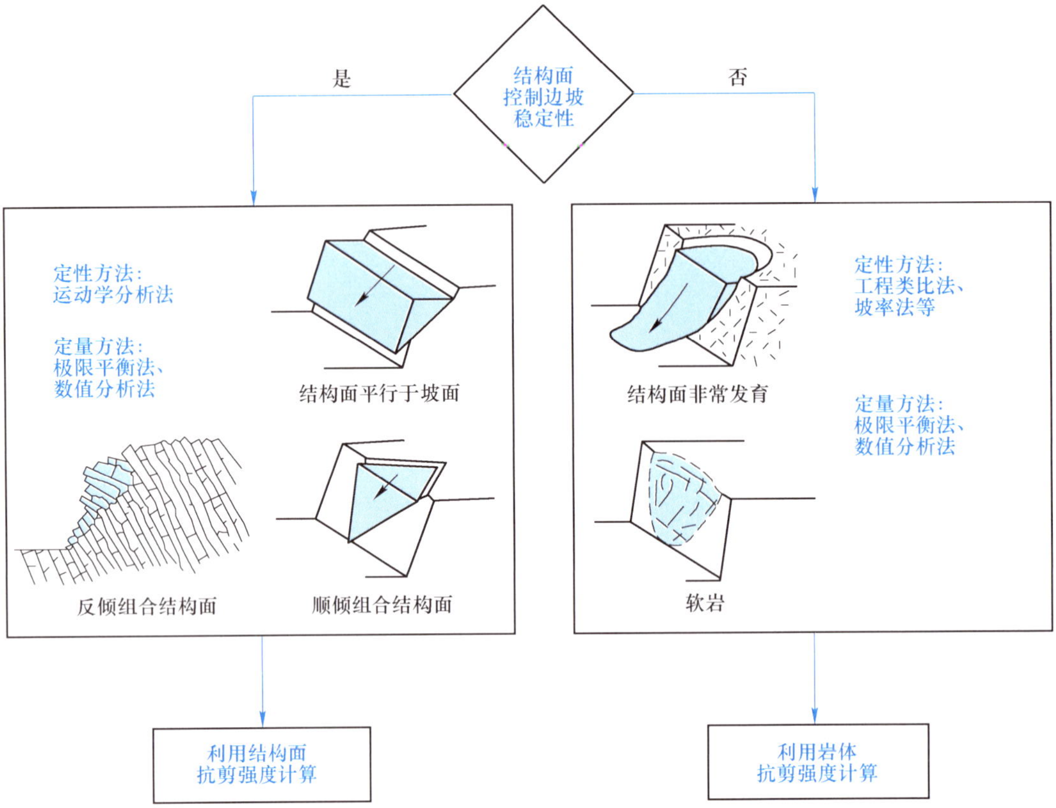

图 3-5 岩体结构与稳定性分析方法的关系

坡进行对比，作出工程地质评价的方法，又称**工程地质比拟法**、**经验类比法**。

工程地质类比法具有经验性和区域性的特点，应用时必须全面分析已有边坡与新研究边坡两者之间的地形地貌、地层岩性、结构、水文地质、自然环境、变形主导因素及发育阶段等方面的相似性与差异性，同时还应考虑工程的规模、类型及对边坡的特殊要求等。

该方法通过对拟建边坡进行长期观测并与邻近同类边坡的相似性进行对比，结合下列对边坡稳定性有不利影响的地质条件（失稳因素），确定其对边坡稳定的影响程度，从而作出边坡稳定性判断：

（1）边坡及邻近地段已有滑坡、崩塌、陷穴等不良地质现象；

（2）岩质边坡中有页岩、泥岩、片岩等易风化、软化岩层或软硬交互等不利岩层组合；

（3）土质边坡中裂隙发育、有软弱夹层，或边坡由膨胀土等不良土体构成；

（4）软弱结构面与坡面倾向一致且结构面倾角小于坡角，或基岩面倾向坡外且倾角较小；

（5）地层渗透性差异大，地下水在弱透水层或基岩面上积聚流动，断层及裂隙中有承压水出露；

（6）水流冲刷坡脚或因河水位急剧升降引起岸坡内动水压力的强烈作用；

(7) 边坡处于强震区或邻近地段采用大爆破施工。

由于工程地质类比法往往是设计人员凭借自身的经验选取边坡角，未进行定量分析，因此设计上是保守的。另外，也有个别人工边坡由于考虑不周，设计的边坡角过大，在使用过程中出现滑坡事故，需重新考虑边坡稳定性问题，进而修改边坡设计，使生产运营变得被动。因此，采用工程地质类比法难以准确确定边坡角，但其对地质条件简单的边坡工程仍较为实用。

3.5.2 坡率法

在边坡设计中，通过调整、控制边坡坡率维持边坡整体稳定和采取构造措施保证边坡及坡面稳定的边坡治理方法，称为坡率法，也属于经验类比法。坡率法应用方便且较为经济，当工程场地有放坡条件，且无不良地质作用时应优先采用。

采用坡率法设计边坡主要是在保证边坡稳定的条件下确定边坡的形状与坡度，其设计内容还包括坡面防护及边坡稳定性验算等。使用坡率法设计边坡之前，必须查明边坡的工程地质条件，包括边坡岩土类型与性质、软弱结构面产状、地质构造、岩土风化或密实程度、地下水与地表水特征等。

《建筑边坡工程技术规范》(GB 50330) 规定，对于土质边坡，在确定坡率时应根据工程经验，按工程类比的原则，参考同类边坡的稳定坡率进行确定。当无经验且土质均匀良好、地下水贫乏、无不良地质作用和地质环境条件简单时，边坡坡率允许值可按表 3-6 确定。但若存在下列情况：边坡高度大于 10 m、土层中地下水发育且不易排除、土层为软质土、有堆积荷载等，应通过边坡稳定性计算来确定边坡坡率。

表 3-6 土质边坡坡率允许值

边坡土体类别	状态	坡率允许值（高宽比）	
		$H<5$ m	5 m$\leqslant H\leqslant$10 m
碎石土	密实	1∶0.35~1∶0.50	1∶0.50~1∶0.75
	中密	1∶0.50~1∶0.75	1∶0.75~1∶1.00
	稍密	1∶0.75~1∶1.00	1∶1.00~1∶1.25
黏性土	坚硬	1∶0.75~1∶1.00	1∶1.00~1∶1.25
	硬塑	1∶1.00~1∶1.25	1∶1.25~1∶1.50

注：1. H 为边坡高度；

2. 碎石土的充填物为坚硬或硬塑状态的黏性土；

3. 对于砂土或充填物为砂土的碎石土，其边坡坡率允许值应按砂土或碎石土的自然休止角确定。

对于岩质边坡，在边坡保持整体稳定的条件下，开挖的坡率允许值应根据工程经验，按工程类比的原则结合已有稳定边坡的坡率值分析确定。对无外倾软弱结构面的边坡，坡率可按表 3-7 确定。

若边坡所在地层具有明显的外倾软弱结构面（如断层面、层面、节理面和其他软弱面），则此结构面的倾斜坡度及其黏聚力、摩擦角等将影响边坡稳定性。此时应通过稳定性计算来确定边坡的坡率，必要时还应采取其他相应加固措施。统计资料表明，当边坡仅在重力作用下且软弱结构面的倾角大于其摩擦角而小于边坡角时，以下几种情况的软弱结构面可能成为最危险滑动面：

表 3-7 岩质边坡坡率允许值

边坡岩体类型	风化程度	坡率允许值（高宽比）		
		$H<8$ m	8 m$\leqslant H<$15 m	15 m$\leqslant H<$25 m
Ⅰ类	未（微）风化	1∶0.00~1∶0.10	1∶0.10~1∶0.15	1∶0.15~1∶0.25
	中等风化	1∶0.10~1∶0.15	1∶0.15~1∶0.25	1∶0.25~1∶0.35
Ⅱ类	未（微）风化	1∶0.10~1∶0.15	1∶0.15~1∶0.25	1∶0.25~1∶0.35
	中等风化	1∶0.15~1∶0.25	1∶0.25~1∶0.35	1∶0.35~1∶0.50
Ⅲ类	未（微）风化	1∶0.25~1∶0.35	1∶0.35~1∶0.50	—
	中等风化	1∶0.35~1∶0.50	1∶0.50~1∶0.75	—
Ⅳ类	中等风化	1∶0.50~1∶0.75	1∶0.75~1∶1.00	—
	强风化	1∶0.75~1∶1.00	—	—

注：1. H 为边坡高度；

2. Ⅳ类强风化包括各类风化程度的极软岩；

3. 全风化岩体可按土质边坡坡率取值。

（1）黏土岩、黏土页岩、泥质灰岩、泥质板岩等泥化层面，滑动倾角可低至10°左右；

（2）砂岩层面或砾岩层面，滑动倾角大于30°；

（3）无泥质充填物结构面，滑动倾角为30°~75°（多在35°~60°范围内变化）。

另外，有下列情况之一的边坡不宜单独采用坡率法，须与其他边坡支护方法联合使用：

（1）放坡开挖对相邻建（构）筑物有不利影响的边坡；

（2）地下水发育的边坡；

（3）软弱土层等稳定性差的边坡；

（4）坡体内有外倾软弱结构面或深层滑动面的边坡；

（5）单独采用坡率法不能有效改善整体稳定性的边坡；

（6）地质条件复杂的一级边坡。

3.5.3 图解法

边坡稳定性分析图解法主要分为两大类：第一类是采用一定的曲线表征安全系数与边坡结构参数的关系，或者建立岩体质量指标与边坡结构参数的关系，如图3-6和图3-7所示；第二类是利用空间投影方法明确结构面产状的空间组合关系，采用运动学分析方法初判边坡变形破坏模式及失稳可能性。

常用的空间投影方法包括赤平极射投影和实体比例投影，可快速、直观地分辨出控制边坡稳定性的主要与次要结构面，确定边坡结构的潜在稳定类型。以下结合赤平极射投影法进行简要介绍。

赤平极射投影法是岩质边坡稳定性分析评价的常用方法。该方法既可确定边坡

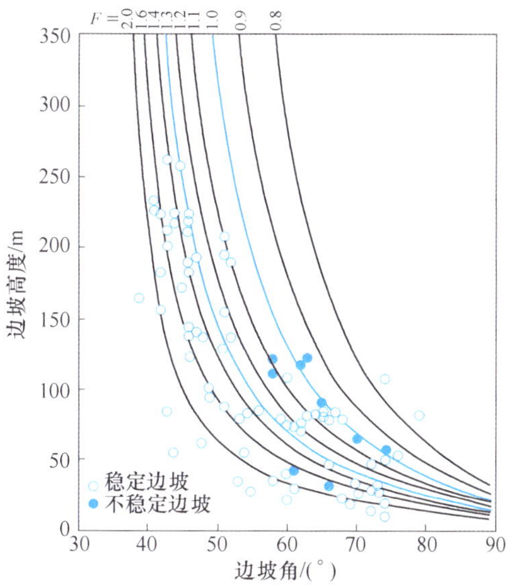

图 3-6 边坡角-坡高与安全系数的经验关系

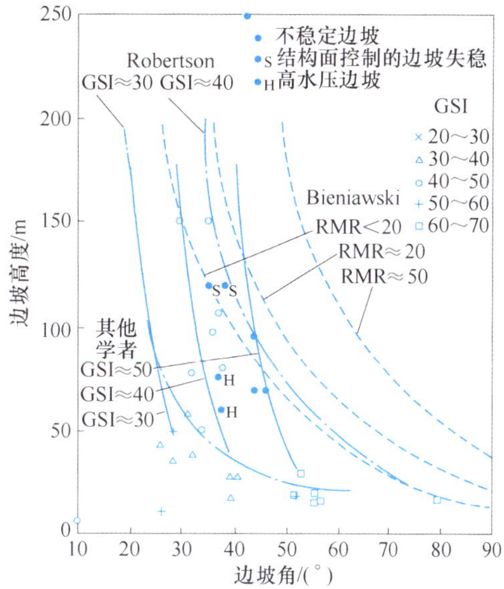

图 3-7 边坡角-坡高与岩体质量指标的经验关系

结构面（包括边坡临空面）的空间组合关系，给出潜在不稳定结构体的几何形态、规模大小及其空间分布位置，也可确定不稳定结构体可能的位移方向，作出边坡稳定状态的初步评价。

赤平极射投影法把岩体中结构面的空间几何信息表现在平面上，其特点是：只反映物体线（面）产状与角距的关系，而不涉及其具体位置、长短大小与距离远近。该方法以一个参考球作为投影工具，以参考球的中心作为比较物体几何要素（点、线、面）方向和角距的原点，以通过球心的一个水平面（通常称为赤道平面）作为投影平面。岩体结构面空间方位（产状）中的倾向和倾角可用一个大圆或一个极点表示，直观反映结构面的分布情况。

图 3-8 描述了平面滑动失稳模式与相应的结构面赤平投影图。当结构面的倾向与坡面倾向相反时，边坡为稳定状态；当结构面的倾向与坡面倾向基本一致但其倾角大于坡角时，边坡为基本稳定状态；当结构面的倾向与坡面倾向之间夹角小于30°且倾角小于坡角时，边坡为不稳定状态。采用赤平极射投影法分析边坡稳定问题将在第 6 章详细介绍。

3.5.4 极限平衡法

极限平衡法将边坡岩土体视为刚体，不考虑岩土体本身变形对边坡稳定性的影响，需进行许多简化假设（如极限平衡条分法中对条间作用力及方向的假设），由此会产生一定的计算误差。但该类方法能给出物理意义明确的边坡安全系数及潜在滑动面位置，因此被广泛应用于水电、矿山、交通及城建等各类边坡的稳定性分析。

极限平衡条分法早期以莫尔-库仑抗剪强度理论为基础，将坡体划分为若干条块（主要为垂直条分），直接对某些多余未知量作出假设，使得方程式的数量和未知数的数量相等，将问题变为静定可解，进而建立条块上的力（力矩）平衡方程，求解

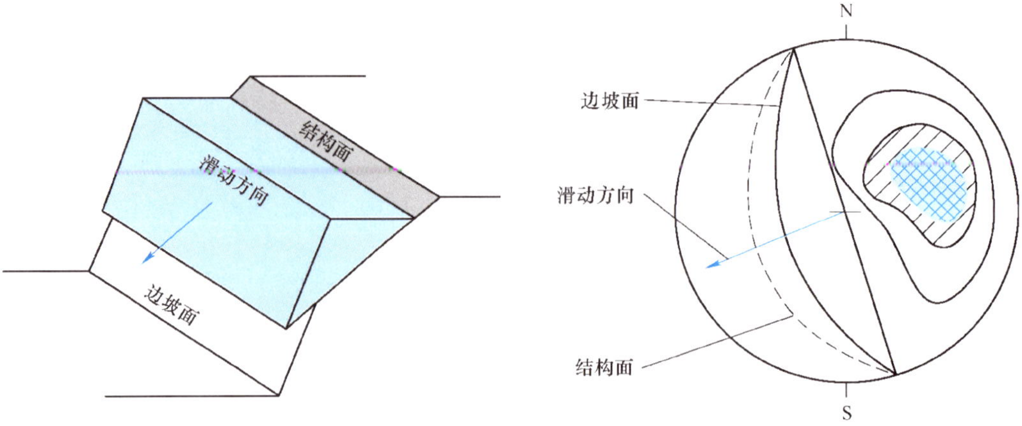

图 3-8 平面滑动失稳模式及其赤平极射投影

安全系数。目前，基于不同假设条件已形成多种极限平衡条分法，主要包括瑞典条分法（Ordinary/Fellenius）、简化毕肖普法（Bishop Simplified）、简化简布法（Janbu Simplified）、陆军工程师团法（Crops of Engineers）、罗厄法（Lowe-Karafiath）、斯宾塞法（Spencer）、摩根斯坦-普赖斯法（Morgenstern-Price）、通用条分法（General Limit Equilibrium）、萨尔玛法（Sarma）及不平衡推力传递法等。这些方法的主要区别在于条间力假设及其满足的平衡条件不同，采用极限平衡法分析边坡稳定问题将在第 7 章和第 8 章详细介绍。

3.5.5 数值分析法

3-2 边坡稳定性分析有限差分法及应用

3-3 边坡稳定性分析离散元法及应用

3-4 边坡稳定性强度折减法数值模拟算例（视频）

数值分析法是随着计算机技术发展而形成的一种计算方法，可在不同的边界条件下求出边坡的位移场、应力场、渗流场等，并可模拟不同工况下边坡的破坏及其演化过程。数值分析法一般可分为两大类：

（1）基于连续介质的应力应变分析方法。该类方法包括有限元（FEM）、边界元（BEM）、拉格朗日元（FLAC）等，具有强大的处理复杂几何边界条件和材料非线性特征的能力，同时也可模拟有限条数的岩体结构面。这些方法在固体和流体计算领域均有广泛应用，属于理论体系比较严格也比较成熟的一类方法。

（2）基于非连续介质的应力应变分析方法。岩体是由结构面切割的不连续介质，尽管有限元能够通过设置界面单元来模拟这些结构面，但当结构面较多时，会出现模拟大变形和收敛性能方面的问题。因此，出现了一系列非连续介质应力应变分析方法，如离散元（DEM）、界面元（IEM）、不连续变形分析法（DDA）、流形元（NMM）等，具有强大的处理非连续介质和大变形的能力，不仅能较真实地模拟结构加载破坏全过程的应力应变性状，而且可以再现边坡破坏后的塌落、崩解等过程，为研究岩体类非连续介质提供了有效手段。

数值分析法一般无法直接得到边坡安全系数，但结合极限平衡理论的数值分析法可消除这一不足，即边坡稳定性分析的强度折减法。通过不断降低边坡岩土体抗剪强度参数直至达到极限平衡状态，不仅可以得到边坡潜在滑动面，同时可以得到安全系数。关于安全系数的计算主要有两种方法：一种近似法是将强度参数的折减系数定义为安全系数，另一种严格法则是根据滑面抗滑力（抗滑力矩）与实际下滑力（下滑力矩）的比值求解安全系数。

强度折减法在理论体系上比传统的极限平衡法更为严格，全面满足了静力平衡、应变相容及岩土体的非线性应力应变关系。与传统极限平衡法相比，应用强度折减法分析边坡稳定性具有以下优势：

（1）能对具有复杂地貌、地质特征的边坡进行计算，不受边坡几何形状、边界条件及材料不均匀性的限制；

（2）求解安全系数时，不需提前假定滑动面的形状和位置，也无需进行条分，而是由程序自动求出滑动面，滑动破坏一般位于剪应变增量、塑性应变或位移突变的区域；

（3）可考虑填筑、开挖等施工过程对边坡稳定性的影响，能模拟岩土体与各种支挡结构的共同作用，计算支挡结构的变形、内力等；

（4）可求出在各种支挡结构作用下，边坡出现的新潜在滑动面与安全系数；

（5）能模拟边坡渐进破坏的全过程，提供应力、应变和位移等力与变形的全部信息。

3.5.6 概率分析法

概率分析法是检验边坡各参数变化对边坡稳定性影响的系统方法，其原理是通过计算安全系数的概率分布确定边坡破坏概率，并以概率形式表达边坡的失稳风险。这里的概率仅限于对基础参数、破坏事件、物理模型及数学模型置信程度的描述和表征，而无频率之意，因为边坡破坏和失稳过程是唯一的、不可重复的。

概率分析法起源于20世纪40年代，最先应用于结构和航空工程领域的复杂系统可靠性检验。在采矿工程中，概率分析法主要用于评估工程失稳风险的可接受程度，早期主要应用于露天矿的边坡设计。在土木工程领域，概率分析法多应用于交通运输工程的边坡稳定性分析、滑坡灾害研究及危险废物贮存设施的设计等方面。

在边坡稳定性分析过程中，若设计数据有限且不具有整体代表性时，一般不建议采用概率分析法，该条件下可利用主观评价方法从小样本中提取合理可靠的概率值。

3.5.6.1 分布函数

在概率分析法中，由于边坡岩土体参数均具有一定的不确定性，参数的取值范围通常由一个概率密度函数确定。岩土工程中常用的概率密度函数包括正态分布、beta分布、负指数分布和三角形分布等。其中，正态分布函数的应用最为广泛。如图3-9（a）所示，针对正态分布函数，均值为最可能值；数据的离散程度由标准偏差表示，标准偏差越大，表示数据越离散。该分布函数的重要性质为曲线与横轴围成的面积恒等于1，即参数的所有概率值均在曲线范围内。同时，横轴区间均值正负一个标准偏差（$\mu-\sigma$，$\mu+\sigma$）范围内的面积为0.68，两个标准偏差（$\mu-2\sigma$，$\mu+2\sigma$）范围内的面积为0.95。相反，也可以通过正态分布所定义参数的发生概率求出参数的值。如图3-9（b）所示，$\Phi(z)$ 为均值0、标准偏差1的正态分布累积函数。当参数值出现的概率等于总数的50%时，其参数值等于均值；参数值出现的概率等于总数的16%时，其参数值等于平均值减去一个标准偏差。

正态分布函数可在坐标横轴正负两个方向无限延伸，但其不能真实地表征岩土参数的上、下限，此时可采用beta分布函数进行分析；当数据分布的信息较少时，宜采用由最可能值、最小值和最大值3种数值定义的三角形分布函数。

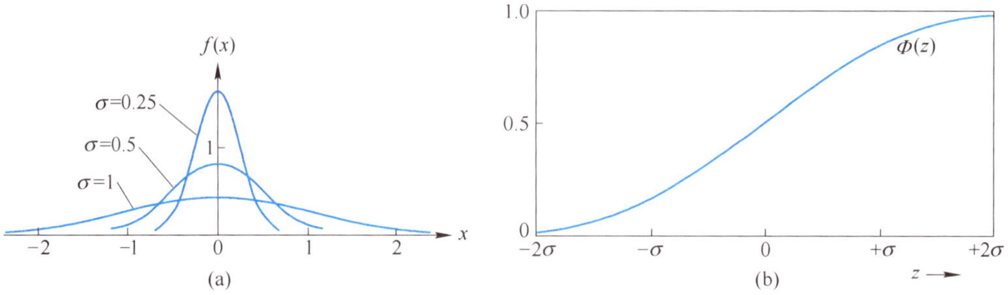

图3-9　正态分布函数的性质

（a）均值为0，标准偏差分别为0.25、0.5和1时的正态分布概率密度曲线；（b）0-1正态分布的累积函数 $\Phi(z)$

3.5.6.2　失稳概率

概率分析法中失稳概率的计算方式，与安全系数法中计算边坡抗滑力及下滑力的方式类似，主要包括安全余量法和蒙特卡罗法。

A　安全余量法

安全余量是指抗滑力与下滑力之差，若安全余量为负值，边坡可能表现为不稳定。定义抗滑力与下滑力的概率密度函数分别如图3-10（a）中 $f_D(r)$ 与 $f_D(d)$ 所示，可计算出安全余量的概率分布，若抗滑力概率密度函数 $f_D(r)$ 的下限小于下滑力概率密度函数 $f_D(d)$ 的上限，则边坡可能失稳，其失稳概率与阴影面积成正比，计算图中阴影面积的方法即计算安全余量的概率密度函数，该函数负数部分的面积为失稳概率，如图3-10（b）所示。若抗滑力与下滑力为正态分布函数，则安全余量也为正态分布函数，其均值和标准偏差可按下式计算：

$$\text{安全余量的均值} = \overline{f_r} - \overline{f_d} \tag{3-1}$$

$$\text{安全余量的标准偏差} = (\sigma_r^2 + \sigma_d^2)^{\frac{1}{2}} \tag{3-2}$$

式中，$\overline{f_r}$ 和 $\overline{f_d}$ 分别为抗滑力与下滑力正态分布的均值；σ_r 和 σ_d 分别为抗滑力与下滑力正态分布的标准偏差。对于确定性分析方法，安全系数的定义为 $\overline{f_r}/\overline{f_d}$；对于概率分析方法，在确定了安全余量的均值与标准偏差后，可根据正态分布函数的性质计算出边坡失稳概率。例如，当安全余量的均值为2000 MN，标准偏差为1200 MN时，在 $(2000-0)/1200$ 点或1.67倍标准偏差点的安全余量为0，参考图3-9（b）中安全余量的累积函数 $\Phi(z)$ 可知，此时边坡的失稳概率为5%。

以上讨论的安全余量概念，仅适用于边坡抗滑力和下滑力为独立变量的情况，即下滑力仅与滑体重量有关，而抗滑力仅与加固措施有关。但实际上，边坡抗滑力不仅与岩土体的抗剪强度有关，还与滑体的重量等参数有关，故二者并非独立变量，

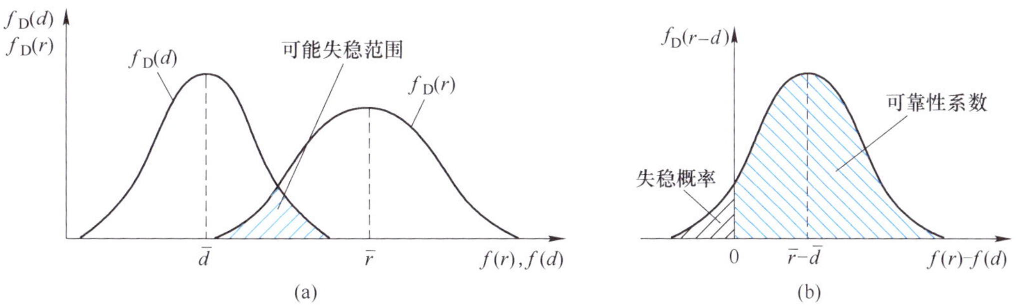

图 3-10 正态分布函数计算失稳概率的示意图

(a) 抗滑力与下滑力的概率密度函数；(b) 安全余量的概率密度函数

因此一般采用蒙特卡罗法进行分析。

B 蒙特卡罗法

相对安全余量法而言，蒙特卡罗法是一种更为灵活的边坡失稳概率计算方法，可避免复杂的积分计算及 beta 分布函数无法显式求解的问题。此外，蒙特卡罗法的特殊意义在于其能解决参数为混合分布类型及任意变量（无论变量是否为独立变量）的问题。

如图 3-11 所示，蒙特卡罗法为一个迭代过程，主要步骤包括：

（1）估计每个输入变量参数的概率分布；

（2）为每个参数生成随机值，描述了一个呈正态分布的随机数（0~1）与其概率值的关系；

（3）计算抗滑力与下滑力的值，并确定抗滑力是否大于下滑力；

（4）重复上述过程 N 次（$N>100$），然后根据下式确定失稳概率：

$$P_f = \frac{N-M}{N} \tag{3-3}$$

式中，M 为迭代过程中抗滑力大于下滑力（即安全系数大于 1）的次数。

3.5.7 荷载抗力系数设计法

荷载抗力系数设计法（load and resistance factor design，LRFD），为结构设计提供了合理的理论基础，最初在建筑工程领域得到应用，随后进一步推广到桥梁等结构设计领域，该方法的主要特点是考虑荷载与抗力的变异性，为工程稳定留有一定的安全余量。Meyerhof 早期将荷载抗力系数设计法应用于岩土工程，提出了“极限状态设计”概念，包括 2 种边坡极限状态类型：承载力极限状态和正常使用极限状态。其定义如下：

（1）承载力极限状态。结构或结构构件达到最大承载能力或不适于继续承载的变形状态。对于边坡来说，即边坡由于外力等作用产生失稳破坏的状态。因此，在设计服务年限内，边坡必须有足够的安全余量，以防在最大荷载作用下发生破坏。

（2）正常使用极限状态。结构或结构构件达到正常使用耐久性能的某项规定限

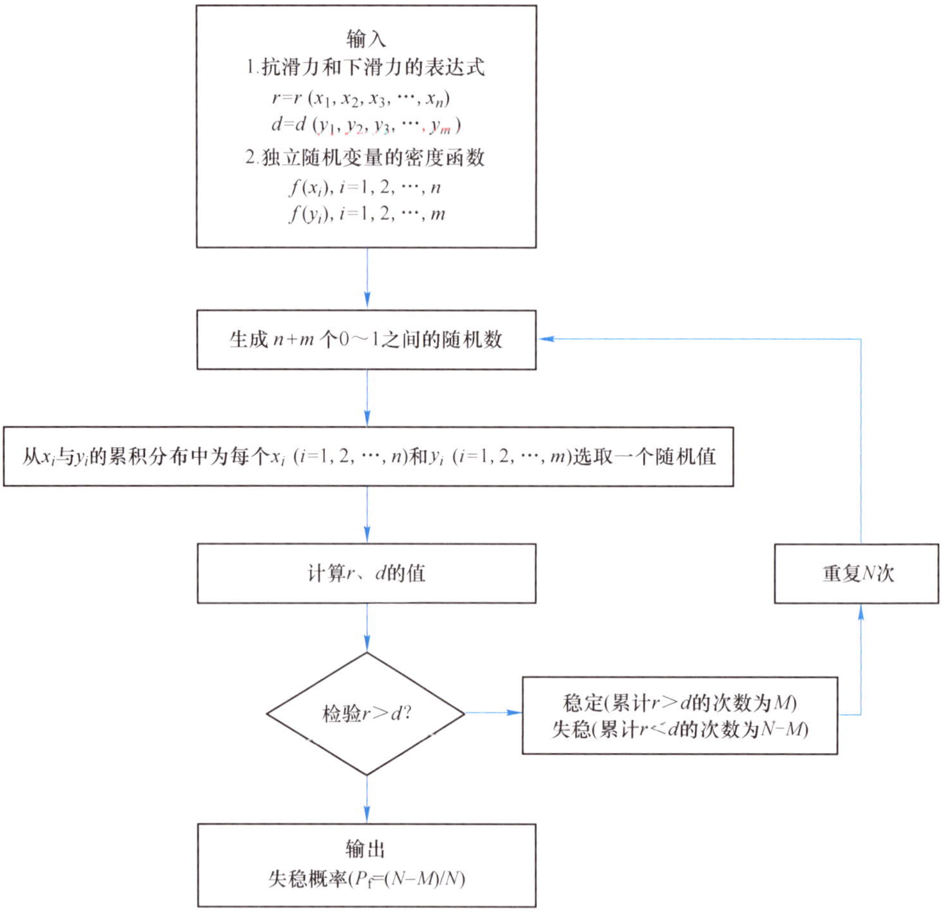

图 3-11　蒙特卡罗法计算边坡失稳概率流程图

值的状态。对于边坡来说，即边坡产生工程不可接受的变形或安全系数小于设计安全系数的状态。因此，边坡及其附属结构必须发挥应有的设计功能，不发生过大的变形或满足相关规范的要求。

荷载抗力系数设计法的基本原理是将抵抗力和荷载分别表示为其与表征各自参数不确定性及变异程度的分项系数的乘积，且需满足抵抗力与其对应的分项系数的乘积之和大于或等于不同荷载与其对应的分项系数的乘积之和，即：

$$\sum \phi_{ik} R_{ik} \geqslant \sum \gamma_{ik} S_{ik} \tag{3-4}$$

式中　ϕ_{ik}——第 i 个抗力的分项系数；

R_{ik}——第 i 个抗力的标准值；

γ_{ik}——第 i 个荷载的分项系数；

S_{ik}——第 i 个荷载的标准值。

需注意的是，上式中相关参数的取值和组合形式，在不同行业中有不同的要求。通常情况下，荷载分项系数大于 1（荷载有利于构件稳定时除外），而抗力分项系数小于 1，例如采用莫尔-库仑准则表示滑动面的抗剪强度时：

$$\tau = \phi_{ck}c + \sigma_n\phi_{\varphi k}\tan\varphi \tag{3-5}$$

式中，黏聚力 c、内摩擦角 φ 均需乘以小于 1 的抗力分项系数 ϕ_{ck} 和 $\phi_{\varphi k}$，而且抗力分项系数的实际值会随着工程施工、运营状态及外部荷载的变化而变化。

荷载抗力系数设计法一般仅适用于与结构相关的边坡设计，否则通常采用其他分析方法进行边坡稳定性计算。

3.5.8 边坡稳定性分析方法的选用原则

开展边坡稳定性初步判别时，一般采用工程地质类比法、图解法等定性分析方法。如果具有类似工程经验及区域特性的边坡工程案例，可优先采用工程地质类比法。

赤平极射投影法适用于规模小、结构面组合关系较复杂的岩质边坡稳定性的初步判别。在进行岩质边坡滑动破坏判别时，可采用大圆分析法或极点分析法，而进行岩质边坡倾倒破坏判别时可采用极点分析法。

进行边坡稳定性量化分析时，一般采用极限平衡法（含极限平衡条分法）、数值分析法、概率分析法等定量分析方法。

对于稳定性由确定的优势结构面控制的边坡，包括平面滑动（单平面和多平面）、楔形滑动和倾倒破坏 3 种模式，应优先采用极限平衡法进行分析，而对于工程地质条件和滑面较复杂的平面滑动，宜采用萨尔玛法、不平衡推力传递法等。

对于呈碎裂结构、散体结构的岩体，边坡稳定性由岩体强度控制，应采用极限平衡条分法进行分析，建议以摩根斯坦-普赖斯法、通用条分法等严格极限平衡条分法（力与力矩均平衡）为主。

因极限平衡条分法仅能计算出边坡潜在滑动面位置及相应滑动面的安全系数，如需考虑边坡变形对相关工程构筑物应力、变形的影响，或是开挖卸荷可能导致的边坡变形破坏等，则需结合数值分析法进行计算。

对于具有较高工程安全等级的边坡，一般需采用多种定量方法对边坡稳定性进行综合分析。

习题与思考题

3-1 名词解释

（1）总体边坡；（2）路间边坡；（3）台阶边坡；（4）地质模型；（5）结构模型；（6）岩体模型；（7）水文地质模型；（8）安全系数；（9）设计安全系数；（10）强度折减法；（11）工程地质类比法；（12）坡率法；（13）极限平衡法；（14）概率分析法；（15）荷载抗力系数设计法。

3-2 简答题

（1）简述边坡工程设计的基本流程及基本原则。

（2）简述边坡稳定性失稳概率评价指标的意义。

（3）简述边坡稳定性分析方法的分类。

（4）简述数值模拟法及强度折减法分析边坡稳定性的优点。

3-3 论述题

(1) 论述露天矿山边坡工程的行业特征。

(2) 论述边坡稳定性设计计算方法或指标包括哪些。

(3) 论述露天矿山与土木工程边坡设计的主要不同点。

(4) 论述安全系数在非煤露天矿边坡及建筑边坡设计中的选用。

(5) 论述如何运用工程地质类比法分析边坡稳定性问题。

(6) 论述安全余量法的计算过程。

(7) 论述蒙特卡罗法的迭代过程。

(8) 论述边坡稳定性分析方法的选用原则。

4 边坡工程地质勘察

本章主要内容：

本章主要介绍边坡工程勘察工作内容（包括边坡岩土体分类、边坡工程勘察等级、边坡工程勘察阶段等）、边坡工程地质调查与测绘、边坡工程勘探（包括钻探、井探、地球物理勘探、取样等）、边坡工程室内试验与原位测试，并介绍边坡工程勘察报告内容等。

学习目标及要求：

熟悉边坡工程岩土体分类、边坡工程勘察等级和边坡工程勘察阶段划分，掌握边坡工程勘察的主要内容，了解边坡工程地质调查与测绘、勘探与取样的内容与技术要求，了解边坡工程室内试验与原位测试方法，熟悉边坡工程勘察报告编写的内容与要求。

4.1 概述

随着土木、水利、交通、矿山等行业不断发展，边坡工程项目越来越多，规模越来越大，少量土质边坡高达上百米，岩质边坡则高达千余米。而岩土体具有复杂的地质构造体系和地应力场，物理力学性质表现出很强的离散性和不确定性，再叠加复杂的地下水、降雨、工程活动等作用，边坡工程的稳定性问题十分突出，严重危及人民生命和财产安全。以往人们对边坡的勘察不够重视或勘察工作严重不足，致使设计依据不足，施工开挖后边坡发生了变形与破坏，被迫进行补充勘察，需要追加高额的投资进行治理。因此，边坡工程必须遵循先勘察，后设计，再施工的原则。

边坡工程勘察是岩土工程勘察的重要内容之一，根据建设工程的要求，查明、分析、评价建设场地的地质环境条件（自然地理、经济状况、地形地貌、地层岩性、地质构造、水文地质、地震活动、气象水文及人类工程活动等）和岩土工程条件，分析自然斜坡的稳定性，以及人类工程活动作用后边坡稳定性可能发生的变化，继而提出治理措施和方案建议，编制勘察文件。通过边坡工程勘察，合理确定边坡岩土体物理力学参数，正确认识和掌握边坡稳定性、可能发生的变形破坏模式，提出设计和加固方案建议，完成勘察报告和图件，为边坡工程设计、施工提供依据。

目前，与边坡工程勘察相关的技术规范主要包括《岩土工程勘察规范》（GB 50021）、《建筑边坡工程技术规范》（GB 50330）、《边坡工程勘察规范》（YS/T 5230）、《水电工程边坡工程地质勘察规程》（NB/T 10513）、《非煤露天矿边坡工程技术规范》(GB 51016)、《露天矿山岩质边坡工程设计规范》(T/CSRME 009) 等。需要说明的一点是,“对规范不能过分依赖,规范只能规定带有普遍性的问题,大量问题还需由岩土工程师自己酌情处置,仅仅满足规范绝不是一个优秀工程师”(国家工程勘察大师顾宝和)。

本章从边坡工程勘察主要内容入手,介绍边坡岩土体分类、边坡工程勘察等级、边坡工程勘察阶段等,分析边坡工程地质调查与测绘、勘探与取样、室内试验与原位测试等内容,最后介绍边坡工程勘察报告的编写要求与内容。

4.2 边坡工程勘察的内容

边坡工程勘察是工程安全的保证,也为工程方案设计提供重要支撑。土质边坡的主要控制因素是土的强度,岩质边坡的主要控制因素一般是岩体的结构面,土质边坡和岩质边坡在进行勘察时各有侧重。合理确定岩土体的强度指标,是边坡稳定性分析和边坡设计成败的关键,勘察过程中须采用有效方法获取强度指标值。需要注意的是,无论何种边坡,地下水活动的调查与评价都需要引起重视。

边坡工程勘察主要包括以下内容:

(1) 边坡工程勘察工作大纲(包括勘察目的、任务要求、技术标准、边坡勘察等级、边坡概况、勘察方法、工作量布置和质量评述等);

(2) 边坡工程地质调查与测绘;

(3) 边坡工程地质勘探与取样;

(4) 边坡岩土体的室内试验、原位测试与边坡动态监测;

(5) 边坡岩土体类型划分和可能的变形破坏模式;

(6) 地震效应和地下水腐蚀性评价;

(7) 边坡的稳定性评价及支护建议;

(8) 结论与建议。

4.2.1 边坡岩土体分类

岩土体的工程分类是边坡工程勘察和设计的基础。根据工程地质性质的相似性把自然界中的岩土分类,以便人们根据同类岩土一致的工程地质性质评价其物理力学特性,或提供一个比较确切的描述岩土体的方法。

4.2.1.1 土的分类和鉴定

根据土的工程特性,土可分为黄土、红黏土、软土、膨胀岩土、冻土、盐渍土、污染土、混合土等;根据地质成因,可划分为残积土、坡积土、洪积土、冲积土、淤积土、冰积土和风积土等。晚更新世 Q_3 及以前沉积的土应定为老沉积土,第四纪全新世中近期沉积的土应定为新近沉积土。

(1) 碎石土的分类。粒径大于 2 mm 的颗粒质量超过总质量 50%的土,应定名为碎石土。其他的进一步分类见表 4-1。

(2) 砂土的分类。粒径大于 2 mm 的颗粒质量不超过总质量 50%,粒径大于 0.075 mm的颗粒质量超过总质量 50%的土,应定名为砂土,并按表 4-2 作进一步分类。

表 4-1 碎石土的分类（GB 50021）

土的名称	颗粒形状	颗粒级配
漂石	圆形及亚圆形为主	粒径大于 200 mm 的颗粒质量超过总质量 50%
块石	棱角形为主	
卵石	圆形及亚圆形为主	粒径大于 20 mm 的颗粒质量超过总质量 50%
碎石	棱角形为主	
圆砾	圆形及亚圆形为主	粒径大于 2 mm 的颗粒质量超过总质量 50%
角砾	棱角形为主	

注：定名时，应根据颗粒级配由大到小以最先符合者确定。

表 4-2 砂土分类（GB 50021）

土的名称	颗粒级配
砾砂	粒径大于 2 mm 的颗粒质量占总质量 25%~50%
粗砂	粒径大于 0.5 mm 的颗粒质量超过总质量 50%
中砂	粒径大于 0.25 mm 的颗粒质量超过总质量 50%
细砂	粒径大于 0.075 mm 的颗粒质量超过总质量 85%
粉砂	粒径大于 0.075 mm 的颗粒质量超过总质量 50%

注：定名时，应根据颗粒级配由大到小以最先符合者确定。

（3）粉土和黏性土的分类。粒径大于 0.075 mm 的颗粒质量不超过总质量 50%，且塑性指数小于或等于 10 的土，定名为粉土。塑性指数大于 10 的土应定名为黏性土。黏性土根据塑性指数又分为粉质黏土和黏土。塑性指数大于 10，且小于或等于 17 的土，定名为粉质黏土；塑性指数大于 17 的土应定名为黏土。其中，塑性指数应由相应于 76 g 圆锥仪沉入土中深度为 10 mm 时测定的液限计算得出。

需要时，也可用目力鉴别土的光泽反应、摇振反应、干强度和韧性，按表 4-3 区分粉土和黏性土。

表 4-3 目力鉴别粉土和黏性土（GB 50021）

土的类型 鉴别项目	摇振反应	光泽反应	干强度	韧性
粉土	迅速、中等	无光泽反应	低	低
黏性土	无	有光泽、稍有光泽	高、中等	高、中等

4.2.1.2 岩石的分类和鉴定

岩石分类包括地质分类和工程分类。地质分类的主要依据是岩石地质成因、矿物成分、结构构造和风化程度，工程分类的主要依据是岩石的工程性状。

（1）岩石按成因可划分为岩浆岩、沉积岩、变质岩等类型。

（2）岩石质量指标（RQD），定义为用直径 75 mm 的金刚石钻头和双层岩芯管在岩石中钻进，连续取芯，回次钻进所取岩芯中，长度大于或等于 10 cm 的岩芯段长度之和与该回次进尺的比值，以百分数表示。岩石质量的划分见表 4-4。

（3）岩石按风化程度可划分为 6 个级别，见表 4-5。

（4）岩石按坚硬程度的定性和定量分类分别见表 4-6 和表 4-7。

（5）岩体按完整性程度的定性和定量分类分别见表 4-8 和表 4-9。

（6）根据《建筑边坡工程技术规范》（GB 50330），岩质边坡的岩体分类见表 4-10。

表 4-4 岩体质量的划分（GB 50021）

岩体质量	好	较好	较差	差	极差
RQD 值	> 90	75～90	50～75	25～50	< 25

表 4-5 岩石按风化程度分类（GB 50021）

风化程度	野外特征	风化程度参数指标	
		波速比 K_v	风化系数 K_f
未风化	岩质新鲜，偶尔见风化痕迹	0.9～1.0	0.9～1.0
微风化	结构基本未变，仅节理面有渲染或略有变色，有少量风化裂隙	0.8～0.9	0.8～0.9
中等风化	结构部分破坏，沿节理面有次生矿物，风化裂隙发育，岩体被切割成岩块，用镐难挖，岩芯钻机方可钻进	0.6～0.8	0.4～0.8
强风化	结构大部分破坏，矿物成分显著变化，风化裂隙很发育，岩体破碎，用镐可挖，干钻不易钻进	0.4～0.6	< 0.4
全风化	结构基本破坏，但尚可确认，有残余结构强度，可用镐挖，干钻可钻进	0.2～0.4	—
残积土	组织结构全部破坏，已风化成土状，锹镐易挖掘，干钻易钻进，具可塑性	< 0.2	—

注：1. 波速比 K_v 为风化岩石与新鲜岩石压缩波速之比；
2. 风化系数 K_f 为风化岩石与新鲜岩石饱和单轴抗压强度之比；
3. 岩石风化强度，除可按表列野外特征和定量指标划分外，也可根据当地经验划分；
4. 花岗岩类岩石，可采用标准贯入试验划分，$N \geqslant 50$ 为强风化，$50 > N \geqslant 30$ 为全风化，$N < 30$ 为残积土；
5. 泥岩和半成岩，可不进行风化程度划分。

表 4-6 岩石坚硬程度的定性划分（GB 50021）

名称		定性鉴定	代表性岩石
硬质岩	坚硬岩	锤击声清脆，有回弹，震手，难击碎，基本无吸水反应	未风化—微风化的花岗岩、闪长岩、辉绿岩、玄武岩、安山岩、片麻岩、石英岩、石英砂岩、硅质砾岩、硅质石灰岩等
	较硬岩	锤击声较清脆，有轻微回弹，稍震手，较难击碎，有轻微吸水反应	微风化的坚硬岩；未风化—微风化的大理岩、板岩、石灰岩、白云岩、钙质砂岩等

续表 4-6

名称		定性鉴定	代表性岩石
软质岩	较软岩	锤击声不清脆，无回弹，较易击碎，浸水后指甲可刻出印痕	中等风化—强风化的坚硬岩或较硬岩；未风化—微风化的凝灰岩、千枚岩、泥灰岩、砂质泥岩等
	软岩	锤击声哑，无回弹，有凹痕，易击碎，浸水后手可掰开	强风化的坚硬岩或较硬岩；中等风化—强风化的较软岩；未风化—微风化的页岩、泥岩、泥质砂岩等
极软岩		锤击声哑，无回弹，有较深凹痕，手可捏碎，浸水后手可捏成团	全风化的各种岩石；各种半成岩

表 4-7　岩石坚硬程度定量分类（GB 50021）

坚硬程度	坚硬岩	较硬岩	较软岩	软岩	极软岩
饱和单轴抗压强度/MPa	$f_r>60$	$60\geqslant f_r>30$	$30\geqslant f_r>15$	$15\geqslant f_r>5$	$f_r\leqslant 5$

注：1. 当无法取得饱和单轴抗压强度数据时，可用点荷载试验强度换算，换算方法按现行国家标准《工程岩体分级标准》（GB 50218）执行；

2. 当岩体完整程度为极破碎时，可不进行坚硬程度分类。

表 4-8　岩体完整程度的定性分类（GB 50021）

完整程度	结构面发育程度		主要结构面的结合程度	主要结构面类型	相应结构面类型
	组数	平均间距/m			
完整	1~2	> 1.0	结合好或结合一般	裂隙、层面	整体状或巨厚层状结构
较完整	1~2	> 1.0	结合差	裂隙、层面	块状或厚层状结构
	2~3	1.0~0.4	结合好或结合一般		块状结构
较破碎	2~3	1.0~0.4	结合差	裂隙、层面、小断层	裂隙块体或中厚层状结构
	≥3	0.4~0.2	结合好		镶嵌碎裂结构
			结合一般		中、薄层状结构
破碎	≥3	0.4~0.2	结合差	各种类型的结构面	裂隙块状结构
		≤0.2	结合一般或结合差		碎裂状结构
极破碎	无序	—	结合很差	—	散体状结构

注：平均间距指主要结构面（1~2 组）间距的平均值。

表 4-9　岩体完整程度的定量分类（GB 50021）

完整程度	完整	较完整	较破碎	破碎	极破碎
完整性指数	> 0.75	0.75~0.55	0.55~0.35	0.35~0.15	< 0.15

注：完整性指数为岩体压缩波速与岩块压缩波速之比的平方，选定岩体和岩块测试波速时，应注意其代表性。

表 4-10　岩质边坡的岩体分类（GB 50330）

边坡岩体类型	岩体完整程度	结构面结合程度	结构面产状	直立边坡自稳能力
Ⅰ	完整	结构面结合良好或一般	外倾结构面或外倾不同结构面的组合线倾角>75°或<27°	30 m 高的边坡长期稳定，偶有掉块
Ⅱ	完整	结构面结合良好或一般	外倾结构面或外倾不同结构面的组合线倾角 27°~75°	15 m 高的边坡稳定，15~30 m 高的边坡欠稳定
	完整	结构面结合差	外倾结构面或外倾不同结构面的组合线倾角>75°或<27°	
	较完整	结构面结合良好或一般	外倾结构面或外倾不同结构面的组合线倾角>75°或<27°	边坡出现局部落块
Ⅲ	完整	结构面结合差	外倾结构面或外倾不同结构面的组合线倾角 27°~75°	8 m 高的边坡稳定，15 m 高的边坡欠稳定
	较完整	结构面结合良好或一般	外倾结构面或外倾不同结构面的组合线倾角 27°~75°	
	较完整	结构面结合差	外倾结构面或外倾结构面的组合线倾角>75°或<27°	
	较破碎	结构面结合良好或一般	外倾结构面或外倾结构面的组合线倾角>75°或<27°	
	较破碎（镶嵌碎裂）	结构面结合良好或一般	结构面无明显规律	
Ⅳ	较完整	结构面结合差或很差	外倾角结构面以层面为主，倾角多为 27°~75°	8 m 高的边坡不稳定
	较破碎	结构面结合一般或差	外倾角结构面或外倾不同结构面的组合线倾角为 27°~75°	
	破碎或极破碎	碎块间结合很差	结构面无明显规律	

注：1. 结构面指原生结构面和构造结构面，不包括风化裂隙；
2. 外倾结构面系指倾向与坡向的夹角小于 30°的结构面；
3. 不包括全风化基岩，全风化基岩可视为土体；
4. Ⅰ类岩体为软岩，应降为Ⅱ类岩体，Ⅰ类岩体为较软岩且边坡高度大于 15 m 时，可降为Ⅱ类；
5. 当地下水发育时，Ⅱ、Ⅲ类岩体可根据具体情况降低一档；
6. 强风化岩应划为Ⅳ类，完整的极软岩可划为Ⅲ类或Ⅳ类；
7. 当边坡岩体较完整、结构面结合差或很差、外倾结构面或外倾不同结构面的组合线倾角 27°~75°，结构面贯通性差时，可划为Ⅲ类；
8. 当有贯通性较好的外倾结构面时应验算沿该结构面破坏的稳定性。

4.2.2 边坡工程勘察等级

边坡工程勘察等级划分的主要目的是实现勘察工作的布置及确定勘察工作量等。

显然，规模较大或较重要、场地地质条件及岩土体分布和性状较复杂的工程，所投入的勘察工作量较大，反之则较小。按《建筑边坡工程技术规范》(GB 50330) 的规定，边坡工程勘察等级应根据边坡工程安全等级和地质环境复杂程度（见表 4-11）综合分析确定。

表 4-11 边坡工程勘察等级表 (GB 50330)

边坡工程安全等级	边坡地质环境复杂程度		
	复杂	中等复杂	简单
一级	一级	一级	二级
二级	一级	二级	三级
三级	二级	三级	三级

边坡工程安全等级的划分详见第 3 章，地质环境复杂程度可根据场地主要特征按表 4-12 划分。满足场地条件主要特征指标之一即可判定为相应的复杂程度等级。

表 4-12 场地复杂程度主要特征表 (YS/T 5230)

场地条件主要特征	复杂程度等级		
	复杂	中等复杂	简单
地形地貌	地形起伏大，坡面破碎不连续	地形起伏较大，坡面不平整	地形平缓，坡面平整
地层	岩土种类多于 3 种，性质变化大	岩土种类 2～3 种，性质变化较大	岩土种类单一，性质变化小
弱结构面	裂隙多于 5 组，且延伸长度超过 15 m，张开或夹泥，岩体结构面组合属不稳定类型	规则裂隙 3～5 组，延伸长度 10～15 m，张开但无填充或填充岩脉，岩体结构面组合属基本稳定类型	裂隙少于 3 组，延伸长度小于 10 m，闭合，岩体结构面组合属稳定类型
水文地质条件	地下水埋藏浅	地下水埋藏较深	地下水埋藏深
不良地质条件	地质灾害或不良地质作用强发育	地质灾害及不良地质作用中等发育	地质灾害及不良地质作用不发育

注：本表根据《边坡工程勘察规范》(YS/T 5230) 3.0.6 条款修改。

4.2.3 边坡工程勘察阶段

目前，关于边坡工程勘察阶段的划分还没有统一的标准，但基本原则是一致的，一般包括初步勘察、详细勘察和施工勘察。《建筑边坡工程技术规范》(GB 50330) 规定地质条件和环境条件复杂的一级边坡工程、边坡附近有重要建筑物的边坡工程或超出规范适用范围的边坡工程应进行专门性边坡工程地质勘察；其余边坡工程可与建筑工程地质勘察一并进行，但应满足边坡勘察的深度和要求，勘察报告应有边坡稳定性评价内容。大型和地质环境复杂的边坡工程宜分阶段勘察，即可行性研究勘察、初步勘察、详细勘察，以对应不同的设计阶段。当地质环境复杂、施工过程中发现地质环境与原勘察资料不符且可能影响边坡治理效果或因设计、施工原因变更边坡支护方案时，尚应进行施工勘察。《边坡工程勘察规范》（YS/T 5230）将勘察阶段分为可行性研究勘察、初步勘察、详细勘察和施工勘察4个阶段，而《非煤露天矿边坡工程技术规范》（GB 51016）将勘察阶段划分为可行性研究阶段勘察、设计阶段勘察、开采阶段勘察。对于工程规模较小或设计要求进行一次性勘察的工程，勘察阶段允许合并或简化。

边坡工程勘察前除应收集边坡及邻近边坡的工程地质资料外，尚应取得以下资料：

（1）附有坐标和地形的拟建边坡支挡结构的总平面布置图。

（2）边坡高度、坡底高程和边坡平面尺寸。

（3）拟建场地的整平高程和挖方、填方情况。

（4）拟建支挡结构的性质、结构特点及拟采取的基础形式、尺寸和埋置深度。

（5）边坡滑塌区及影响范围内的建（构）筑物的相关资料。

（6）边坡工程区域的地质灾害调查资料和相关气象资料。

（7）场地区域最大降雨强度和二十年一遇及五十年一遇最大降雨量；河、湖历史最高水位和二十年一遇及五十年一遇的水位资料；可能影响边坡水文地质条件的工业和市政管线、江河等水源因素，以及相关水库水位调度方案等资料。

（8）对边坡工程产生影响的排水坡度和长度、汇水面积和植被等情况。

（9）边坡周围山洪、冲沟和河流冲淤等情况。

4.2.3.1 可行性研究勘察

可行性研究勘察也称选址勘察，目的是强调在可行性研究时勘察工作的重要性，对一些重大工程更为重要。勘察的主要任务是对拟选址的稳定性和适宜性作出评价，进行技术、经济论证和方案比较，满足确定场地方案的要求。可行性研究勘察除应收集前述资料外，还应进行以下工作：

（1）收集并研究下列资料：

1）区域地质、地震、气象、水文资料；

2）场地的工程地质、水文地质、气象水文资料等；

3）类似边坡的工程设计及治理经验；

4）现场踏勘调查边坡地层、岩性、边坡特征及地下水等工程地质、水文地质条件；

5）对于勘察等级为一级的边坡工程，应布置控制性钻孔，在有条件时宜收集遥感影像资料。

（2）对收集到的资料进行现场校核。

（3）当工程地质条件复杂、收集资料不能满足要求时，应根据工程情况进行工程地质调查和物探、钻探、井探或槽探工作，采取样品进行室内试验。

（4）可行性研究勘察的边坡稳定性评价应符合场地的要求，并应着重调查分析是否存在对边坡总体稳定性有重大影响的不良地质条件，不能避让时，应建议另行专题研究。

可行性研究勘察还应包括：

（1）对边坡的总体稳定性进行定性评价；

（2）对人工边坡的坡角提出初步推荐值；

（3）评价人工边坡对周围环境的影响，提出加固措施建议。

4.2.3.2 初步勘察

初步勘察在可行性研究勘察工作基础上，结合边坡工程初步设计的要求，提出边坡工程设计方案，应包括下列内容：

（1）收集场地工程地质、水文地质资料；

（2）进行工程地质测绘及勘探、测试和试验工作，范围应包括工程区域和对边坡有影响的区域；

（3）查明场地的工程地质、水文地质条件；

（4）提出初步设计所需的岩土参数，定性、定量评价边坡的稳定性；

（5）预测工程活动对边坡稳定性的影响；

（6）提出设计方案建议。

工程地质条件应按下列要求或内容查明：

（1）场地地形和地貌单元；

（2）场地岩土种类、成因、类型、覆盖层厚度、岩石风化程度，并应按工程特性进行单元层的划分；

（3）场地地质构造、结构面，特别是软弱结构面的分布、类型、产状、发育特征、充填状况、组合关系等；

（4）岩土体的物理力学性质；

（5）不良地质作用的分布范围和性状及对边坡稳定性的影响；

（6）对高地应力地区的安全等级为一级的边坡，宜调查地应力分布情况；

（7）坡顶存在建筑物时，应调查建筑荷载、基础形式及埋深、地下设施等。

水文地质条件应按下列要求或内容查明：

（1）调查气象、水文条件及地表水对坡面和坡脚的冲刷作用；

（2）调查地下水的类型、埋深、变化幅度及补、径、排条件；

（3）分析含水层的特征、分布规律、渗透性、各含水层之间的水力联系；

（4）分析场地水文地质条件与地形、岩性、地质构造之间的联系；

（5）研究水对岩土体浸泡产生的软化作用。

4.2.3.3 详细勘察

详细勘察的目的是对边坡工程进行计算与评价，以满足施工图设计要求。详细勘察时应对不稳定或基本稳定的地段进行专门勘察，应包括下列内容：

（1）查明边坡工程地质环境条件，确定边坡类型及可能破坏形式；

（2）确定边坡潜在滑动面的位置，提供工程设计所需的岩土工程参数；

（3）分析评价边坡稳定性，提出稳定性结论；

（4）提出边坡工程治理和监测方案建议。

工程地质、水文地质条件应按下列要求或内容查明：

(1) 勘察区的地质构造，地形和地貌特征；

(2) 岩土成因、类型、性质及分布，岩石风化特征和完整程度；

(3) 岩土体的物理力学性质；

(4) 结构面特别是软弱结构面的空间分布、组合关系及结构面的工程地质特征；

(5) 地下水的类型、埋藏条件、补给来源、排泄条件、地下水位、变化幅度及与地表水体的关系，岩土的渗透性；

(6) 不良地质作用的范围、成因、性质、发展趋势，判定对边坡稳定性的影响；

(7) 判定水、土对支挡结构材料的腐蚀性。

4.2.3.4 施工勘察

施工勘察不作为一个固定的勘察阶段，应视工程的设计和施工需要而定。对条件复杂或有特殊施工要求的大型边坡工程，需进行施工勘察。施工勘察应包括下列内容：

(1) 查明对施工有影响地段的工程地质、水文地质条件；

(2) 确定开挖后不稳定区域的破坏模式，计算、反演设计所需的岩土抗剪强度指标；

(3) 调查已形成边坡的稳定性，标绘出潜在不稳定区域并预测变形发展趋势，提出治理措施和监测建议。施工勘察时，尽量利用原有勘探线加密或延伸。

4.3 边坡工程地质调查与测绘

边坡工程地质调查与测绘是边坡工程勘察最基本、最主要的工作，是认识场地工程地质条件最经济、最有效的方法。边坡工程地质调查与测绘可以从宏观上掌握边坡所在地段的地层岩性、坡体结构和构造格局；判断边坡是否可能发生整体失稳还是局部变形，以及变形的类型、机制和规模大小；提出勘探线、点的布设位置、数量和深度，以及是否需要进行动态监测等。边坡工程地质调查与测绘，目前尚无公认的统一方法，一般仍采用普遍适用的工程地质调查与测绘方法。

4.3.1 工程地质调查与测绘内容

工程地质调查与测绘一般包括以下内容：

(1) 自然山坡形态特征和稳定状况调查。自然山坡的坡形、坡率和坡高，如直线坡、凹形坡、凸形坡、台阶状坡，每一坡段的高度、坡度及横向展布长度。山坡形态调查中还应区分出不同岩土类型的稳定坡、不稳定坡和极限稳定坡。稳定坡表现为坡面平直、形态圆顺，岩性单一或为均匀互层等；不稳定坡表现为坡面凹凸不平，坡面冲沟分布不均且不顺直等；极限稳定坡表现为坡面基本平顺，有少量或局部不平顺，有少量裂缝出现，无大的变形迹象，坡率达到或接近岩土体的最大休止角。

(2) 地层岩性调查测绘。岩土体的成因和性质决定了边坡能稳定的坡率和高度。由于不同成因土的颗粒组成、含水状态、密实程度和强度特征等存在差异，所以土坡的稳定坡率也存在差别。岩层层面和不同成因、不同时代岩层的接触面（如风化界面、整合面与不整合面）是坡体结构上的软弱面，常常控制边坡的稳定性。调查时要在边坡体周围稳定地层中逐层测量岩层产状，查明岩体中各种软弱夹层厚度、含水状况、延展范围、有无错动痕迹等特性，结合环境条件推断可能滑动的层位。

（3）构造结构面调查测绘。对岩质坡体的稳定性起控制性作用的主要是构造结构面，因此这项调查测绘是非常重要的。尺度大的区域性断裂带常造成岩体碎裂，形成陡坡中的缓坡段；若铁路、公路等线状建筑物平行穿过该断裂带时，常发生线状分布的一连串边坡变形，如宝鸡-天水铁路沿渭河断裂带、成昆铁路沿石棉-普雄断裂带，滑坡、崩塌灾害严重，且规模巨大，治理困难。尺度小的构造面（层面、片理面、节理面、断层面等）若贯通性、延伸性、隔水性好，常常不利于边坡稳定，宜采用测线法、测窗法或摄影测量法等进行结构面调查，获取结构面迹线长度、产状、连续性、密度、张开度、形态、粗糙度、充填物、风化程度、蚀变程度和含水状态等，查明构造面相互切割关系及其与临空面空间关系。测绘时要特别注意含有软弱夹层的结构面产状、规模、延伸方位及其在临空面上的出露位置，在数据采集基础上，有条件时宜采用专业建模软件构建结构面模型。

构建结构面模型所需采集的数据资料主要包括：1）边坡区域航拍图片，露头测绘（见图4-1），边坡地质地形剖面图；2）结构面类型和特征，包括结构面形态、粗糙度、厚度、结合状态、充填物质组成、结构面两侧结构体的岩性及其软硬差异；3）结构面力学特性；4）结构面空间分布状况，包括结构面产状及其变化等。

（4）水文地质条件调查。水是边坡失稳变形的重要影响因素。由降雨、渗水和泉（见图4-2）形成的地表水聚集是易滑地区地形变化的明显标志。除调查边坡汇水条件外，还应重视地下水出露情况的调查，包括地下水露头（泉点）位置、形态、流量、水温、水质等，在数据采集基础上，有条件时宜构建水文地质模型，分析地下水对边坡稳定影响。

图4-1 野外出露结构面人工测量

图4-2 岩溶泉点

4-1 地质罗盘的使用及产状测量

水文地质模型应包括：1）边坡赋存的水文地质单元；2）水文地质单元地下水

的流动性质；3）水文地质单元水平和垂直方向的渗透性；4）钻孔水平和垂直方向的水力梯度；5）主要结构面组合影响下地下水流量的方向和大小。

构建水文地质模型所需采集的数据资料主要包括：1）区域性气候资料，包括年降雨量、蒸发量及其变化和对地下水位的影响，地下水类型和赋存状态，主要含水层分布规律；2）地下水补给排泄条件、地表水与地下水的补排关系及其对地下水位的影响、含水层和隔水层的分布及其相互关系；3）溶洞、地下暗河等与地下水的补排关系及其对地下水位的影响；4）平均地下水位、历史最高地下水位、近3~5年最高地下水位、水位变化趋势和主要影响因素等。

（5）坡体结构调查。坡体结构是坡体内岩土体及结构面的分布和排列顺序、位置、产状及其与临空面之间的关系。坡体结构是影响边坡稳定的地质基础，通过分析边坡坡体结构类型，可预测边坡开挖后可能出现的变形类型和部位。

4.3.2 工程地质调查与测绘技术要求

工程地质调查与测绘的范围应包括场区和邻近地段，必要时可扩大到相邻地区。调查所用地形比例尺应符合下列要求：

（1）可行性研究勘察时宜采用1∶2000~1∶5000。

（2）初步勘察时应采用1∶1000~1∶2000。

（3）详细勘察和施工勘察应采用1∶500~1∶1000，对边坡稳定性产生影响的地段应采用1∶200。

影像资料的比例尺应符合下列要求：

（1）航片宜采用1∶25000~1∶100000。

（2）卫片宜采用不同时间各个波段的1∶25000~1∶500000黑白和假彩色合成片或其他增强处理的图像。

（3）热红外图像不宜小于1∶50000。

（4）低空数字航空摄影相片精度宜为1∶500~1∶2000。

工程地质调查应根据不同的目的采用以下方法：

（1）调查整个场区的工程地质、水文地质条件时，宜采用线路穿越法，选择有代表性、垂直于构造线和岩层走向的线路布置观测点进行调查；测线间距应按边坡投影宽度的1/2布置；勘察等级为一级的边坡，测线间距应加密；

（2）调查与稳定性评价有关的节理裂隙和不良地质现象时，宜采用界线追踪法，沿地质界线、不连续面和构造形迹等布置，进行追踪测绘。在第四系大部分覆盖区，宜采用露头标绘法将所有露头观察成果和已有地质资料绘制于测绘底图上。

观测点的布置应符合下列要求：

（1）观测点应布置在地质构造线、地层接触线、岩性分界线、标准层位、地质单元体、地貌分界线、不良地质体分界线、地质灾害体及环境破坏的边界线等各种地质界线和主要结构面上，观测点的密度应根据场地地形、地貌、地质条件、成图比例尺及工程特点等因素综合确定；

（2）观测点的定位宜采用目测法或半仪器法；

（3）对于观测点的精度，在图上的误差不应超过±2 mm。

人类活动调查宜包括人类活动对边坡环境影响及既有建（构）筑物工程调查。其中人类活动对边坡环境的影响调查应包括下列内容：

（1）工程区人类活动的类型、强度、规模、分布及对边坡环境的影响；

（2）工程区人类活动诱发的地质灾害类型以及危害程度。

既有建（构）筑物工程条件调查应包括下列内容：

（1）边坡工程所处的城镇、乡村、工矿区及自然保护区社会经济概况；

（2）边坡工程影响范围内公路、铁路、露天采场、水库、大坝、堤防、弃渣等分布、规模、稳定状态及与边坡工程的位置关系；

（3）边坡工程场地周边地下管线（廊）、人工洞穴、地下采空区、抽排水情况及与边坡工程的空间位置和相互影响关系；

（4）边坡工程影响范围内的已有建（构）筑物的荷载、结构类型、基础形式及与边坡工程的空间位置关系；

（5）已有边坡工程类型、防治工程措施及效果。

工程地质调查与测绘、人类活动调查的范围，一般包括对边坡稳定有影响及受边坡影响的所有地段。

进行工程地质调查成果汇编时，应在综合研究和分析原始资料的基础上编制有关图件与文字说明。调查成果应纳入勘察报告，并包括下列内容：

（1）工程地质调查与测绘说明书；

（2）有条件时应提供工程地质实际材料图、综合工程地质图、综合工程地质分区图、综合地质柱状图、工程地质剖面图、节理裂隙统计图、各种素描图、照片及统计分析图表等。

4.4 边坡工程勘探与取样

勘探是指采取某种方法揭示地下岩土体的空间分布及变化情况。有时仅通过工程地质调查与测绘难以查明边坡的工程地质条件，如地层埋藏情况、风化界线、埋藏构造、软弱面和潜在滑动面的性状及埋深、地下水的含水层、隔水层等，需通过勘探予以查明。边坡工程勘探的目的主要是证实调查与测绘的推论是否正确，并进一步揭露边坡的内部结构特征，为治理工程设计提供资料。边坡工程的勘探方法应根据勘察目的及岩土体特性确定，勘探以钻探为主，同时可采用井探、槽探、洞探和物探。对钻孔、探槽及探洞，在勘察结束后应妥善回填。

在可行性勘察阶段，只需进行少量物探、槽探等，勘探点应布置在需要的部位。根据《建筑边坡工程技术规范》（GB 50330）详细勘察的勘探工作量布置应符合下列要求：

（1）勘探线、点的布置。1）勘探线应以垂直边坡走向或平行主滑方向布置为主，在拟设置支挡结构的位置应布置平行和垂直的勘探线。成图比例尺应大于或等于 1∶500，剖面的纵横比例应相同。2）详细勘察的勘探线、点间距可按表 4-13 或地区经验确定，每一单独边坡段勘探线不应少于 2 条，每条勘探线不应少于 2 个勘探点。3）勘探点分为一般性勘探点和控制性勘探点。控制性勘探点宜占勘探点总数的 1/5~1/3，地质环境条件简单、大型的边坡工程取 1/5，地质环境条件复杂、小型的边坡工程取 1/3，并应满足统计分析的要求。

表 4-13 详细勘察的勘探线、点间距（GB 50330）

边坡工程安全等级	勘探线间距/m	勘探点间距/m
一级	≤20	≤15
二级	20~30	15~20
三级	30~40	20~25

注：初步勘察的勘探线、点间距可适当放宽，点间距可为 30~50 m。

（2）勘探点的深度。勘探深度取决于地面调查后推测的需要查明的地质界限深度及可能发生变形的深度。勘探点深度的控制主要以能控制最低滑动面为原则，边坡工程勘探点深度应进入最下层潜在滑面 2.0~5.0 m，控制性钻孔取大值，一般性钻孔取小值；支挡位置的控制性勘探孔深度应根据可能选择的支护结构形式确定。对于重力式挡墙、扶壁式挡墙和锚杆挡墙可进入持力层不小于 2.0 m；对于悬臂桩进入嵌固段的深度，土质时不宜小于悬臂长度的 1.0 倍，岩质时不小于 0.7 倍。

4.4.1 钻探

钻探是边坡地质勘探最主要的手段，如图 4-3 所示。其主要目的是查明控制边坡稳定的软弱地层、构造结构面的位置和地下水情况。选择钻探方法时应考虑的原则是：了解地层特点及钻探方法的有效性；保证以一定的精度鉴别地层，并了解地下水的情况；尽量避免或减轻对取样段的扰动。

4-2 常用的钻探方法

图 4-3 边坡工程钻探

边坡工程钻探应符合下列规定：

（1）钻孔孔径。1）一般性钻孔应符合岩芯鉴定要求，宜为 76~150 mm；2）测试钻孔应符合测试要求，宜为 110~200 mm；3）取未扰动土样钻孔不宜小于

110 mm；4）取岩样钻孔不宜小于 76 mm。

（2）钻探方法。1）土层宜采用干法岩芯钻进，套管护壁；2）岩层宜采用合金或金刚石钻头钻进，当钻进到软弱层土（面）顶部 1 m 位置时，应采用干法岩芯钻进；3）定向取芯时应采用双重岩芯管；4）取软弱土层、滑动带原状样宜采用对开式双重或三重岩芯管连续取芯。

（3）岩芯采取率。非软弱土层应达到 100%，软弱土层不应小于 95%，完整岩石不应小于 80%，破碎岩石不应小于 65%。

（4）当采用定向取芯确定构造破碎带和岩层产状时，定向段岩芯采取率应达到 100%，定向成功率应达到 95%以上。

钻探时应及时测量地下水初见水位和静止水位。当有一层以上地下水时，应分别测定分层水位，经常观察钻孔水位变化，记录冲洗液渗漏情况。

4-3 钻探地质编录（视频）

钻探岩芯应按规定内容进行描述，计算、编录岩石质量指标 RQD，量测轴心角和地质编录，并应按顺序摆放于岩芯箱中，采用垂直摄影法拍摄彩照。

根据钻探结果，岩体描述应包括结构面、结构体、岩层厚度和结构类型，并宜符合下列规定：

（1）结构面的描述包括类型、性质、产状、组合形式、发育程度、延展情况、闭合程度、粗糙程度、充填情况和充填物性质以及充水性质等。

（2）结构体的描述包括类型、形状、大小和结构体在围岩中的受力情况等。岩层厚度分为巨厚层（$h>1.0$ m）、厚层（1.0 m$\geq h>$0.5 m）、中厚层（0.5 m$\geq h>$0.1 m）、薄层（$h\leq$0.1 m）。

（3）对软岩和极软岩，应注意是否具有可软化性、膨胀性、崩解性等特殊性质；对极破碎岩体，应说明破碎的原因，如断层、全风化等和开挖后是否有进一步风化的特性。

土体描述应符合下列规定：

（1）碎石土宜描述颗粒级配、颗粒形状、颗粒排列、母岩成分、风化程度、充填物的性质和充填程度、密实度等。

（2）砂土宜描述颜色、矿物组成、颗粒级配、颗粒形状、细粒含量、湿度、密实度等。

（3）粉土宜描述颜色、包含物、湿度、密实度等。

（4）黏性土宜描述颜色、状态、包含物、土的结构等。

（5）特殊性土除应描述上述相应土类规定的内容外，还应描述其特殊成分和特殊性质，如淤泥应描述臭味，填土应描述物质成分、堆积年代、密实度和均匀性等。

（6）对有互层、夹层、夹薄层特征的土，还应描述各层厚度和层理特征。

（7）需要时，可用目力鉴别描述土的光泽反应、摇振反应、干强度和韧性。

4.4.2 井探、槽探和洞探

4-4 槽探地质编录（视频）

当探查深度不大于 20 m 时，可采用井探，探井尺寸应便于操作、描述、取样。当地层为软弱土、井壁易坍塌时，应采取支护措施。

当探查深度小于 3 m 时，可采用槽探，探槽开挖方向应垂直于岩性分界线、构造线、破碎带、软弱结构面、变形裂缝走向或滑坡周界，探槽的长度应根据地质条件确定，宽度和深度应根据覆盖层性质和厚度需要确定。

勘察等级为一级的边坡工程，需要详细查明深部岩土性质、构造特征及潜在滑动面的位置时，可采用洞探，探洞的深度、长度及断面应根据工程需要确定。对于探井、探槽、竖井或平硐，除文字描述记录地层岩性、软弱面（带）、地质构造等外，还应以剖面图、展开图等反映井、槽、洞壁及底面的岩性、地层分界、构造特征、取样及测试位置，并宜采用数字图像记录。

绘制探井剖面展开图时应将4个侧面连续展开，底面在第二个侧面底部向下展开（根据情况有时底面可以不画），并应标识方向标、比例尺、图例等，见图4-4。

(a)

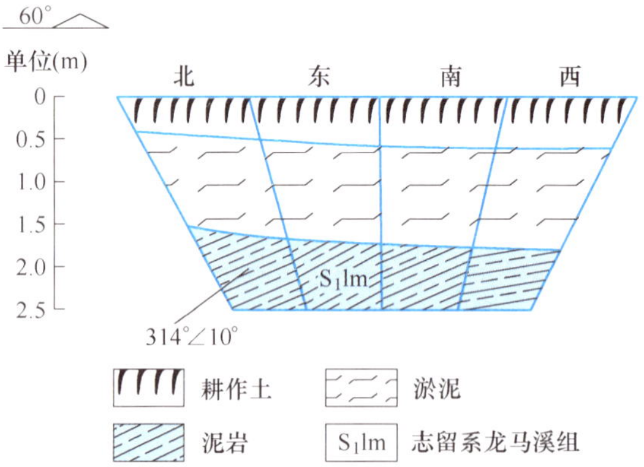

(b)

图4-4 探井绘制示意图

(a) 现场测量；(b) 剖面展开图

绘制探槽剖面展开图时应以底面为中心，将4个侧面分别按上、下、左、右展开，并应标识方向标、比例尺、图例等，见图4-5。绘制探洞剖面展开图时应以底（顶）面为轴心，将两个侧面分别按上、下展开，并应标识方向标、比例尺、图例等。

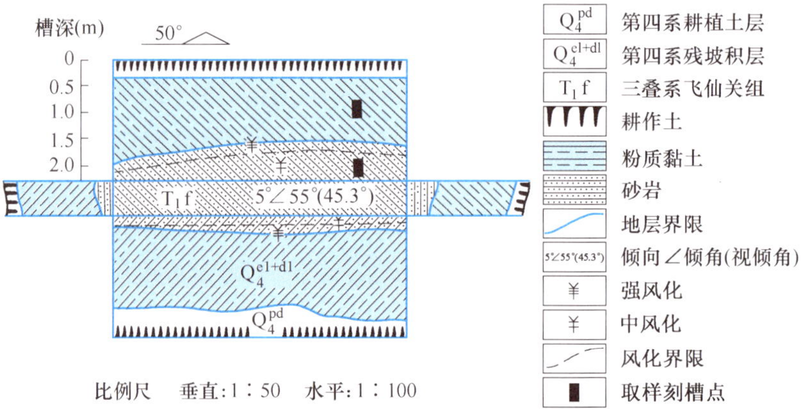

图4-5 探槽剖面展开图

4.4.3 地球物理勘探

地球物理勘探（物探）是利用专门的仪器来探测各种地质体物理场的分布情况，并对其数据及绘制的曲线进行分析、解释，从而划分地层，判定地质构造、水文地质条件及各种不良地质现象的勘探方法。

随着科学技术的发展，地球物理勘探发展很快，不断有新的技术出现。在边坡工程勘察中，应根据勘察阶段的技术要求、场地岩土体性状和物理特征等，综合采用多种物探方法来解决相关工程地质问题。常用的边坡工程物探技术方法有：瞬态瑞利面波法、高密度电阻率法、地质雷达、电磁波层析成像。图 4-6 所示为瞬态瑞利面波法原理，图 4-7 和图 4-8 为高密度电阻率法原理与反演图。

4-5 高密度电阻率法数据采集与处理（视频）

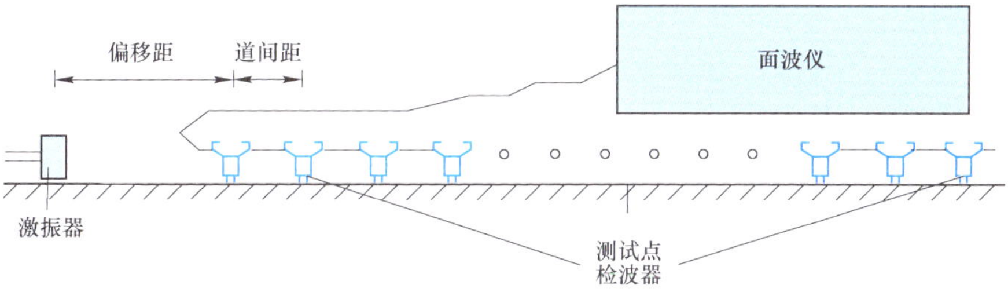

图 4-6 瞬态瑞利面波观测系统示意图

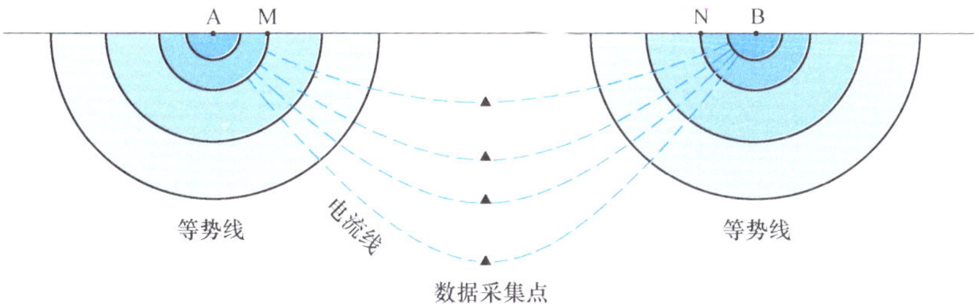

图 4-7 高密度电阻率法测试的电场分布示意图

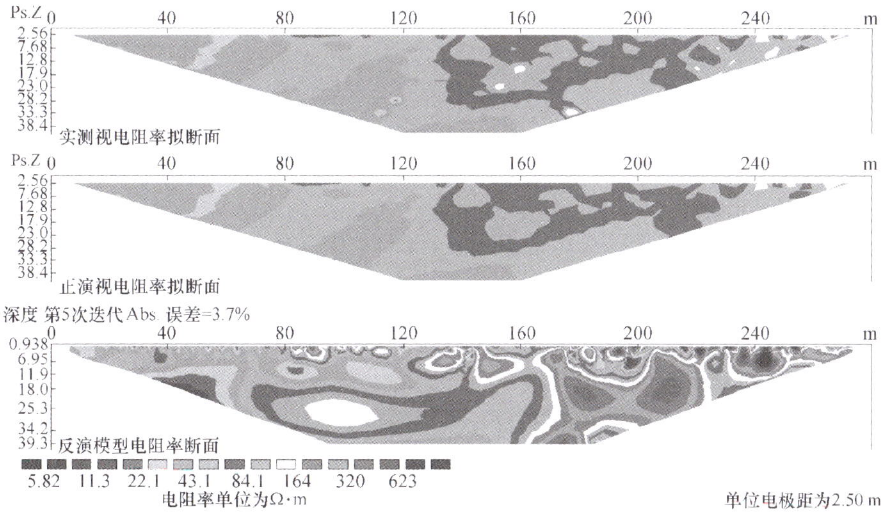

图 4-8 高密度电阻率法反演断面图

4.4.4 边坡工程勘察取样

取样是边坡工程勘察中必不可少的经常性工作。通过采取岩土样，进行土类鉴别，测定岩土的物理、力学性质指标，可为定量评价边坡稳定性提供技术指标。岩土试样的数量应符合下列要求：

（1）一般的物理、力学指标宜在钻孔内取样并进行室内岩土试样试验，土层不少于6组，对于现场大剪试验，每组不应少于3个试件；岩样抗压强度不应少于9件，岩石抗剪强度不少于3组。

（2）软弱面（带）土应取不扰动试样，对勘察等级为一、二级的边坡工程，每一软弱面（带）的试样数不宜少于6件。

4-6 土样质量等级与取样工具和方法

土样的采取应符合下列要求：

（1）土样可在钻孔、探井及探槽中采取；

（2）软弱土层应连续取样；

（3）土样应及时、妥善密封送交实验室，运输中不得扰动。

岩样的采取应符合下列要求：

（1）岩石试样可由钻探岩芯采取，或在探井、探槽、竖井、平硐中刻取；

（2）毛样尺寸应满足试样加工要求，数量应满足试验项目的要求；

（3）安全等级为一级的边坡试样宜标注可能的滑移方向，软质岩石试样应密封；

（4）有特殊要求的试样形状、尺寸和剪切方向应按岩石力学试验要求确定。

4.5 边坡工程室内试验与原位测试

4.5.1 室内试验

室内试验主要包括土工试验、岩石试验两项内容，试验项目和试验方法应根据工程要求和岩土体性质确定。需要时应考虑岩土体的原始应力场和应力历史、工程活动引起的新应力场和新边界条件，使试验条件尽可能接近实际，并应注意岩土体的非均匀性、非等向性和不连续性以及由此产生的岩土体与岩土试样在工程性状上的差别。

4.5.1.1 土工试验

（1）土的物理性质试验。土的物理性质试验是土工试验中最基本的试验项目，试验成果反映了土的基本属性。土的物理性质试验包括含水量试验、密度试验、相对密度试验、颗粒分析试验、界限含水量试验、砂的相对密度试验、土的透水性试验、击实试验和承载比试验等。土的物理性质指标的应用见表4-14。

（2）土的力学性质试验。土的力学性质试验主要包括土的压缩固结试验、土的抗剪强度试验和无侧限抗压强度试验等。土的力学性质应用见表4-15。

表 4-14 土的物理性质指标的应用

<table>
<tr><th rowspan="2" colspan="2">指标</th><th rowspan="2">实际应用</th><th colspan="2">适用土类</th></tr>
<tr><th>黏性土</th><th>砂土</th></tr>
<tr><td colspan="2">密度
重度
水下浮重度</td><td>计算干密度、孔隙比等其他物理性质指标；
计算土的自重应力；
计算地基的稳定性和地基土的承载力；
计算斜坡的稳定性；
计算挡土墙的压力</td><td>+
+
+
+
+</td><td>+
+
+
+
+</td></tr>
<tr><td colspan="2">相对密度（比重）</td><td>计算孔隙比等其他物理性质指标</td><td>+</td><td>+</td></tr>
<tr><td colspan="2">含水量</td><td>计算孔隙比等其他物理力学性质指标；
评价土的承载力；
评价土的冻胀性</td><td>+
+
+</td><td>+
+
+</td></tr>
<tr><td colspan="2">干密度</td><td>计算孔隙比等其他物理性质指标；
评价土的密度；
控制填土地基质量</td><td>+
−
+</td><td>+
+
−</td></tr>
<tr><td colspan="2">孔隙比
孔隙率</td><td>评价土的密实度；
计算土的水下浮重度；
计算压缩系数和压缩模量；
评价土的承载力</td><td>−
+
+
+</td><td>+
+
−
+</td></tr>
<tr><td colspan="2">饱和度</td><td>划分砂土的湿度；
评价土的承载力</td><td>−
−</td><td>+
+</td></tr>
<tr><td rowspan="2">可塑性</td><td>液限
塑限
塑性指标
液性指标</td><td>黏性土的分类；
划分黏性土的状态；
评价土的承载力；
估计土的最优含水量；
估算土的力学性质</td><td>+
+
+
+
+</td><td>−
−
−
−
−</td></tr>
<tr><td>含水比</td><td>评价老黏性土和红黏土的承载力</td><td>+</td><td>−</td></tr>
<tr><td>颗粒组成</td><td>有效粒径
平均粒径
不均匀系数
曲率系数</td><td>砂土的分类和级配情况；
大致估计土的渗透性；
计算过滤器孔径或计算反滤层；
评价砂土和粉土液化的可能性</td><td>−
−
−
+</td><td>+
+
+
+</td></tr>
<tr><td colspan="2">最大孔隙比
最小孔隙比
相对密实度</td><td>评价砂土密度；
估计砂土体积的变化；
评价砂土液化的可能性</td><td>−
−
−</td><td>+
+
+</td></tr>
<tr><td colspan="2">渗透系数</td><td>计算基坑的涌水量；
设计排水构筑物；
计算沉降所需时间；
人工降低水位的计算</td><td>+
+
+
+</td><td>+
+
−
+</td></tr>
</table>

注：+表示适用，−表示不适用。

表 4-15 土的力学性质的应用

指标		实际应用	适用土类	
			黏性土	砂土
压缩性	压缩系数 压缩模量 压缩指数 体积压缩系数	计算地基变形； 评价土的承载力	+ +	- -
抗剪强度	内摩擦角 黏聚力	评价地基的稳定性，计算承载力； 计算斜坡的稳定性； 计算挡土墙的土压力	+ + +	+ + +
无侧限抗压强度		估计土的承载力； 估计土的抗剪强度	+ +	- -
灵敏度		评价土的结构性	+	-

注：+表示适用，-表示不适用。

（3）土的动力学性质试验。土的动力学性质试验是将土样按照要求的湿度、密度、结构和应力状态制备完成后，施加不同形式和不同强度的动荷载作用，测出试样在动荷载作用下应力和应变等参数，得到动弹性模量、阻尼比、动强度等动力学性质指标。当工程设计要求测定土的动力学性质时，可采用动三轴试验、动单剪试验或共振柱试验。在选择试验方法和仪器时，应注意动应变的适用范围。土的动力学性质应用见表 4-16。

表 4-16 土的动力学性质应用

指标	实际应用	适用土类	
		黏性土	砂土
动弹性模量 动剪切模量 阻尼比	进行土体动力反应分析； 进行土体振动时分析	+ +	+ +
动强度	计算地层动承载力； 评价土体动力稳定性； 判定饱和土及粉土液化势	+ + -	+ + +

注：+表示适用，-表示不适用。

4.5.1.2 岩石试验

（1）岩石成分鉴定和物理性质试验。岩石成分鉴定和物理性质试验可根据工程需要采用下列测试项目：岩矿鉴定，相对密度和重度试验，吸水率和饱和吸水率试验，耐崩解试验，膨胀试验，冻融试验，渗透系数试验等。

（2）岩石力学性质试验。岩石力学性质试验包括抗压强度试验、抗拉强度试验、抗剪强度试验等，其对于岩体边坡稳定性评价及加固处理非常重要。确定抗剪强度的方法可分为室内和现场两大类。室内试验常用直接剪切仪（直接剪切试验）、楔形剪切仪、变角板剪切仪、三轴压缩仪（三轴压缩试验）测定岩石的抗剪强度指标。现场试验以直接剪切试验为主，有时也可做三轴压缩试验。

常用的岩石物理力学性质指标应用见表4-17。

表4-17 常用的岩石物理力学性质指标应用

指　标	实际应用
相对密度 容重	计算其他物理性质指标； 计算岩体初始地应力； 评价岩石的力学性质和岩体稳定性
吸水率 饱和吸水率	评价岩石孔隙情况； 评价岩石的抗冻性； 评价岩石的力学性质
抗压强度	确定岩石地基承载力； 确定嵌岩桩极限承载力； 进行强度指标分类； 进行风化分类
抗拉强度	验算岩体强度； 计算岩体稳定性
抗剪强度	评价边坡稳定性； 进行岩基抗滑稳定性分析

4.5.2 原位测试

边坡岩土体原位测试包括土体静力载荷试验、土体动力触探试验、十字板剪切试验、岩体变形试验、岩体强度试验、岩体应力测试、岩石强度简易测试等。

（1）土体静力载荷试验。土体静力载荷试验是确定地基土体容许承载力、测定地基土体变形模量、研究地基土体变形范围及应力分布情况的试验，是一种现场静载试验。

（2）土体动力触探试验。土体动力触探试验是利用一定的锤击动能，将一定规格的探头打入土中，根据每打入土中一定深度的锤击数来判断土的性质，并对其进行粗略力学分层的一种原位测试方法。土体动力触探试验可分为圆锥动力触探试验和标准贯入试验，圆锥动力触探又可根据穿心锤的重量将其分为轻型、重型及超重型动力触探试验。

（3）十字板剪切试验。十字板剪切试验是用插入软黏土中的十字板头，以一定的速率旋转，在土层中形成圆柱形破坏面，测出土的抵抗力矩，然后换算成土的抗剪强度。十字板剪切在软土地区得到广泛应用，主要用于测定饱和软黏土的不排水抗剪强度，但该方法不适用于较硬的黏性土和含有砾石、杂物的土。

4-7 承压板法试验（视频）

（4）岩体变形试验。岩体变形试验可分为承压板法试验、狭缝试验及钻孔变形试验等，其基本原理都相同。承压板法一般是在预先挖好的平硐中进行，用千斤顶施压，通过有足够刚性的承压板将压力传递到岩体上，测量岩体变形，按弹性理论计算岩体变形模量。

4-8 结构面和岩体原位抗剪试验（视频）

（5）岩体强度试验。岩体强度试验可分为岩体的抗剪强度试验和岩体三轴试验。岩体的抗剪强度试验可分为岩体本身的抗剪强度试验、岩体沿软弱结构面的抗剪强度试验和混凝土与岩体胶结面的抗剪强度试验三类。一般在平硐里用两个千斤顶平推法进行，根据试样面积计算出作用于剪切面上的法向应力和剪应力，绘制各阶段的剪应力和法向应力关系曲线，确定相应的抗剪强度参数。原位岩体三轴试验一般是在边坡工程现场加工试件，并施加三向压力，然后根据莫尔理论求岩体的抗压强度以及弹性模量、泊松比等参数。

4-9 应力解除法和水压致裂法（视频）

（6）岩体应力测试。岩体应力不能直接获得，目前国内外使用的所有应力测量，均是在平硐壁或地表露头面上打钻孔或刻槽，引起岩体中应力扰动，然后用各种探头量测由于应力扰动而产生的各种物理量变化值的方法来实现。常用的应力测量方法主要有：应力解除法、应力恢复法和水压致裂法等。

（7）岩石强度简易测试。岩石强度简易测试方法主要有点荷载试验和岩体回弹锤击试验。在现场测定不规则岩石的强度时，通常是将试件置于两个球状加荷器之间，施加集中荷载直至其破坏，据此求得岩石点荷载强度指数，适用于难以取样和无法进行岩样加工的软岩和严重风化的岩石。岩体回弹锤击试验是根据刚性材料的抗压强度与冲击回弹高度在一定条件下存在某种关系的原理，利用岩体受冲击后的反作用使弹性锤回跳的数值，即为回弹值（R）。此值越大，表明岩体越坚硬；反之，说明岩体软弱，强度低。据研究，岩体回弹值（R）和岩体重度（γ）的乘积与岩体抗压强度呈线性关系，因此只要测得回弹值和重度，即可求得抗压强度。

4.6 边坡工程勘察报告

边坡工程勘察工作结束后应递交边坡工程勘察报告，有时也称为边坡岩土工程勘察报告。边坡工程勘察报告应在对资料收集，工程地质调查、测绘、勘探、测试等一系列勘察成果进行逐项检查、分析鉴定、参数处理、综合分析的基础上编写。成果内容应与工程勘察等级、勘察阶段相对应。

边坡工程勘察报告应包括文字、图表和附件，其内容应符合下列要求：

（1）文字部分。要求文字简练，条理清晰，论证有据，结论明确。

（2）图表部分。要求比例尺选择合理，图面整洁、美观、清晰，数据准确无误，表格简明实用，与文字部分相符。

（3）附件部分。应包括建设、设计单位对勘察工作的要求以及有关设计更改文件。

勘察工作的原始资料应分项整理验收，与报告书一并归档。原始资料是岩土工程分析评价和编写成果报告的基础，加强原始资料的编录工作是保证成果报告质量的基本条件。

文字部分应包括下列内容：

（1）任务来源及技术要求，包括边坡勘察目的、任务要求和依据的技术标准；

（2）边坡工程概况和有关的设计参数、勘察等级、勘察方法及工作量布置；

（3）区域和场区的气象、水文、地形、地貌、地层、岩性、构造及地震等自然和地质概况；

（4）边坡工程地质条件，包括：各岩组的工程性质、赋存状态、构造特征及影响边坡稳定的软弱结构面的产状、性质和分布规律，自然边坡和人工边坡的稳定状况，影响边坡稳定的不良地质作用和不利因素；

（5）边坡水文地质条件，包括：地表水特征及对边坡的影响，含水层的基本特征（地下水渗流、补给及排泄条件），地下水对边坡稳定性的影响；

（6）水和土腐蚀性评价；

（7）边坡稳定性评价，包括：边坡工程类型分析，稳定性影响因素分析，边坡分区及破坏模式确定，稳定性计算的边界条件及参数确定，边坡稳定性分析与评价；

（8）边坡防护与加固措施分析论证，边坡监测措施建议，支护施工可能造成的环境影响评价，地质条件可能造成的工程风险；

（9）结论与建议。

图表部分可包括下列内容：

（1）边坡工程平面布置图宜包括：勘探点平面布置图，工程地质分区或边坡分区图，基岩面、地下水位、岩层厚度等值线图；

（2）边坡工程地质剖面图；

（3）勘探点数据一览表、室内试验土工试验成果表、原位测试成果图表、地质描述表等；

（4）钻孔柱状图或综合柱状图、探井、探槽、竖井、平硐等展开图；

（5）边坡稳定性计算断面图及计算成果表；

（6）边坡监测成果表（非必须）；

（7）其他有关资料宜包括：岩体节理裂隙玫瑰图、等密图，赤平极射投影图，边坡监测平面图。

附件部分可包括下列内容：

（1）边坡勘察任务书（或委托书）和勘察大纲；

（2）会议纪要、任务变更通知等；

（3）设计更改文件；

（4）人工边坡、自然边坡、滑坡的调查资料及图片、影像资料；

（5）资质证书等。

习题与思考题

4-1 名词解释

（1）边坡工程勘察；（2）岩石质量指标（RQD）；（3）可行性勘察；（4）详细勘察；（5）勘

探；(6) 地球物理勘探；(7) 原位测试；(8) 边坡工程勘察报告。

4-2 简答题

(1) 边坡工程勘察分级时应考虑哪些因素，勘察阶段是如何划分的？

(2) 边坡工程主要的勘察方法有哪些？

(3) 每个等级的土样对取样方法和工具有何要求？

(4) 岩质边坡按哪些指标进行分类？

(5) 构建结构面模型所需采集的数据资料主要包括哪些？

(6) 边坡工程勘探线、点的布置有哪些要求？

(7) 土样描述应符合哪些规定？

(8) 常用的边坡工程物探技术方法有哪些？

(9) 原位测试包括哪些试验？

(10) 边坡勘察报告正文包括哪些内容？

4-3 论述题

(1) 论述工程地质调查与测绘的一般调查内容。

(2) 论述边坡工程勘察报告的内容与要求。

(3) 论述边坡工程勘察土工试验和岩石试验的内容。

(4) 论述可行性研究勘察包括的工作内容。

(5) 论述详细勘察包括的工作内容。

(6) 论述人类活动调查包括的内容。

5 岩土体力学参数确定

本章主要内容：

本章针对土质边坡，介绍土体抗剪强度参数（黏聚力和内摩擦角）及其他参数的测定方法，并结合土质边坡稳定性分析阐述参数的选取原则；针对岩质边坡，介绍结构面和节理岩体的强度特性，重点阐述结构面和节理岩体力学参数的确定方法，包括经验折减法、经验关系法和数值模拟法等。

学习目标及要求：

了解土体抗剪强度参数及其他参数的测定方法，重点掌握主要参数的选用原则，熟悉规范中土体抗剪强度参数的选用规定，了解土体强度参数的经验值；了解节理岩体强度特性，重点掌握结构面抗剪强度和岩体强度确定方法，熟悉结构面抗剪强度经验确定法，了解岩体变形模量估算方法。

5.1 概述

边坡岩土体力学参数选取的合理性是边坡稳定性分析的前提，直接影响到工程设计的可靠性与投资成本。在边坡稳定性分析中，一般需要考虑的岩土体力学参数包括：岩土体强度参数（抗压强度、抗剪强度等）和变形参数（变形模量、泊松比等）；另外还要考虑重要的物理与几何参数，如岩土体天然容重、含水量、边坡的坡高和坡面倾角等。目前，实际工程中对岩土体力学参数的选取方法已开展了较多研究，主要包括室内外试验、工程类比、经验强度准则、反演分析、数值模拟5类方法，其中，室内外试验是获取岩土体力学参数的常用手段，包含室内试验和原位试验两大部分；采取原位试验获取岩土体力学参数能相对较好地体现岩土体的天然特征，比室内试验结果更为合理，但原位试验一般受到许多因素（如耗时长、花费高等）的限制，且试验成果具有较大的离散性，通常只在重要或较大型的工程中应用。

需要注意的是，边坡工程参数远不如结构工程严密、完善和成熟，这是由于岩土工程充满着条件的不确定性、参数的随机性和测试条件的不完善性等所致，因此，需要岩土工程师在分析、评价的基础上，做出综合判断。优秀的岩土工程师需要具备很强的分析能力、概括能力和洞察力，而为了培养这方面的能力往往需要数年甚至数十年的积累。

本章从岩土体力学参数确定方法入手，介绍确定土体强度参数的基本原理、测定方法、选用原则与相关规范的规定等；同时系统阐述结构面抗剪强度、节理岩体强度参数确定的常用方法以及岩体变形模量的估算方法。

5.2 土体力学参数确定

5.2.1 土的抗剪强度

土是一种摩擦材料，工程中常用黏聚力和内摩擦角描述土体的抗剪强度，即土体的天然强度参数。Coulomb（1776）基于砂土直接剪切试验，提出了土的抗剪强度定律，通常表示为：

$$\tau_f = \sigma\tan\varphi \tag{5-1}$$

推广到黏性土，有：

$$\tau_f = c + \sigma\tan\varphi \tag{5-2}$$

式中 τ_f——土的抗剪强度；

σ——剪切面上的法向应力；

c，φ——黏聚力和内摩擦角，也称为抗剪强度指标或强度参数。

针对更一般的情况，Mohr（1900）提出材料的抗剪强度 τ_f 与法向应力 σ 之间存在函数关系，即：

$$\tau_f = f(\sigma) \tag{5-3}$$

此函数即为 Mohr 强度包络线，通常是一条曲线，可采用常规三轴试验的方法确定。如果 Mohr 强度包络线是直线，尽管其与 Mohr 公式的物理背景不同，但二者是等价的。

式（5-1）和式（5-2）中的 σ 为总应力，c 和 φ 称为土体的总应力强度指标。由于水不能承受剪应力，故作用于剪切面上的水压力不影响土的强度。换句话说，抗剪强度的摩擦分量只能由作用于土骨架上的应力提供。根据有效应力原理，Terzaghi 将饱和土的 Coulomb 强度公式写成：

$$\tau_f = c' + \sigma'\tan\varphi' \tag{5-4}$$

式中 σ'——作用于剪切面上的法向有效应力；

c'，φ'——有效应力强度指标。

此外，工程中进行土压力计算或边坡稳定性分析时，为简化计算，常用到等效内摩擦角的概念。土体的等效内摩擦角是考虑黏聚力在内的假想“内摩擦角”，也称为似内摩擦角或综合内摩擦角。等效内摩擦角如何确定，其可靠性如何，目前尚有争议。常见的确定方法主要包括 3 种：

（1）半经验法（使用中较为方便）：

$$\varphi_d = 30° \sim 35° \tag{5-5}$$

（2）根据边坡潜在滑动面土体抗剪强度相等的原理计算：

$$\tan\varphi_d = \tan\varphi + c/\sigma = \tan\varphi + 2c/(\gamma H\cos^2\theta)$$

即：

$$\varphi_d = \arctan[\tan\varphi + 2c/(\gamma H\cos^2\theta)] \tag{5-6}$$

式中 φ_d——等效内摩擦角；

θ——边坡潜在滑动面破裂角，$\theta = 45° + \tan\varphi/2$；

H——边坡垂直高度；

γ——边坡土体重度；

c，φ——土体黏聚力和内摩擦角。

也有学者根据在填土深度为墙高 H 处（取 $\sigma=\gamma H$）抗剪强度相等的原则进行换算，得

$$\varphi_{\mathrm{d}}=\arctan[\tan\varphi+c/(\gamma H)] \tag{5-7}$$

（3）根据土压力相等原理计算。为计算方便，φ_{d} 可按地面水平、墙背竖直、光滑的简单边界条件确定。假定黏性土土压力与换算后的砂性土土压力相等，即：

$$\begin{aligned}E_{\mathrm{a}}&=\frac{1}{2}\gamma H^2\tan^2\left(45°-\frac{\varphi}{2}\right)-2cH\tan\left(45°-\frac{\varphi}{2}\right)+2c^2/\gamma\\&=\frac{1}{2}\gamma H^2\tan^2\left(45°-\frac{\varphi_{\mathrm{d}}}{2}\right)\end{aligned} \tag{5-8}$$

按上式即可求出 φ_{d} 的值。

边坡稳定性分析结果是否可靠很大程度上取决于土体抗剪强度参数的正确选用。例如，如果使用过高的强度指标值进行边坡设计分析，就有发生滑坡的可能。

此外，土体抗剪强度指标测量值随试验方法的不同而呈现较大的差异。研究表明，当强度指标相同时，采用不同方法计算得到的安全系数最小仅差 10%，如瑞典条分法和毕肖普法；而对同一土坡按毕肖普法进行计算时，采用不同试验方法得到的强度指标，却可能导致土坡安全系数的差异达到 60%。表 5-1 为某软黏土边坡采用不同试验方法得到的抗剪强度指标及安全系数，按固结快剪强度指标计算得到的安全系数比快剪高约 58%，说明抗剪强度指标对安全系数的影响大于计算方法的影响。

表 5-1　某软黏土边坡的抗剪强度指标及安全系数

项　目	不排水剪	快剪	固结快剪	有效强度指标
$\varphi/(°)$	0	5	19	30
c/kPa	26.7	11	7	0
F_{s}	1.13（123%）	0.92（100%）	1.45（158%）	1.54（167%）

因此，在分析边坡稳定性时，应尽可能结合边坡实际加载情况、土体物理力学性质和排水条件等，合理地选用土体的抗剪强度指标。理论上，采用有效强度指标计算安全系数更合理，故在重要工程中应采用有效强度指标值进行核算。目前，限于试验设备及技术条件，我国还未普遍采用有效应力法。此外，由于对有效应力和总应力法的评价仍存在较大分歧，工程实践中，部分单位仍平行使用这两种分析方法，也有些单位根据自己的具体条件和经验而有所侧重和选择。

5.2.2 土体强度参数测定方法

土的抗剪强度指标黏聚力 c 和内摩擦角 φ，通常在实验室内采用直剪试验和三轴试验测定。需要注意的是，在不同的试验条件、不同的应力应变状态下，抗剪强度指标值通常都是不同的。在实际工程分析与研究中，应尽量选择与实际加载条件、

力学状态相近的抗剪强度指标值。

（1）总应力指标与有效应力指标。按是否考虑孔隙水压力，土的抗剪强度指标可分为总应力指标和有效应力指标两种。根据有效应力原理，土的抗剪强度是由土的有效应力决定的，孔隙水压力不会对土的抗剪强度产生贡献。有效应力是真正作用在土骨架上的应力，有效内摩擦角是真实反映土体内摩擦特性的指标。因此，理论上有效应力法才能真正反映土体抗剪强度的实质，使用有效应力强度指标最为合理。但是采用有效应力法分析时，需要同时掌握总应力和孔隙水压力的情况，而在实际工程中孔隙水压力难以得到，因此有效应力法并不能完全取代总应力法。

（2）剪切试验强度指标。在测定土的抗剪强度指标时，直剪试验分为慢剪、固结快剪和不固结快剪3种。3种试验条件下测得的抗剪强度指标分别为 c_s 和 φ_s、c_{cq} 和 φ_{cq} 以及 c_q 和 φ_q，对应的试验方法及指标见表5-2。一般而言，3种试验条件下测定的强度指标满足 $c_q > c_{cq} > c_s$、$\varphi_q < \varphi_{cq} < \varphi_s$。

表5-2　直剪试验方法和强度指标

试验类型	试验方法	强度指标
慢剪（slow shear）	施加正应力充分固结，充分排水情况下慢速剪切，保证无超静孔压	c_s、φ_s
固结快剪（consolidated quick shear）	施加正应力充分固结，快速剪切，3~5 min内破坏	c_{cq}、φ_{cq}
不固结快剪（unconsolidated quick shear）	施加正应力后不固结，立即快速剪切，3~5 min内破坏	c_q、φ_q

（3）三轴试验条件下的强度指标。在测定土的强度指标时，三轴试验按是否排水和固结分为固结排水（CD）、固结不排水（CU）和不固结不排水（UU）3种，测得的抗剪强度分别为 c_d 和 φ_d、c_{cu} 和 φ_{cu}、c_u 和 φ_u，主要的试验指标列于表5-3中。通常认为三轴试验指的是三轴压缩试验，或称三轴剪切试验。一般情况下，$\varphi_u < \varphi_{cu} < \varphi_d$，$c$ 值各不相同。

表5-3　三轴试验的试验条件、孔压变化和强度指标

试验条件	孔隙水压力 u 的变化		剪切破坏时的应力		指标
	剪切前	剪切过程中	总应力	有效应力	
CD试验	$u_1 = 0$	$u = u_2 = 0$（任意时刻）	$\sigma_{1f} = \sigma_3 + \Delta\sigma$ $\sigma_{3f} = \sigma_3$	$\sigma'_{1f} = \sigma_3 + \Delta\sigma$ $\sigma'_{3f} = \sigma_3$	c_d φ_d
CU试验	$u_1 = 0$	$u = u_2 \neq 0$（不断变化）	$\sigma_{1f} = \sigma_3 + \Delta\sigma$ $\sigma_{3f} = \sigma_3$	$\sigma'_{1f} = \sigma_3 + \Delta\sigma - u_f$ $\sigma'_{3f} = \sigma_3 - u_f$	c_{cu} φ_{cu}
UU试验	$u_1 > 0$	$u = u_1 + u_2 \neq 0$（不断变化）	$\sigma_{1f} = \sigma_3 + \Delta\sigma$ $\sigma_{3f} = \sigma_3$	$\sigma'_{1f} = \sigma_3 + \Delta\sigma - u_f$ $\sigma'_{3f} = \sigma_3 - u_f$	c_u φ_u

注：u_1 为土样初始孔隙水压力（kPa）；u_2 为剪切过程中任意时刻土样孔隙水压力（kPa）；σ_3 为径向应力，又称小主应力（kPa）；$\Delta\sigma$ 为围压不变条件下施加的大、小主应力之差，即附加轴向压力（kPa）；σ_{1f} 为剪切破坏时大主应力（kPa）；σ_{3f} 为剪切破坏时小主应力（kPa）；σ'_{1f} 为土样剪破时的有效大主应力（kPa）；σ'_{3f} 为土样剪破时的有效小主应力（kPa）；u_f 为土样剪破时的孔隙水应力（kPa）。

5.2.3 土体强度参数的选用原则

前述简单介绍了土的总应力指标与有效应力指标，以及不同试验条件下的土体直剪试验强度指标和三轴试验强度指标。需要说明的是，土体抗剪强度指标的选用是一个很复杂的问题，既与理论上的合理性有关，又与使用习惯有关，且涉及试验技术条件与使用者的经验。对于一般的土坡稳定性分析，选用抗剪强度参数时应遵循以下几个基本原则：

（1）凡是可以确定孔隙水压力时，都应使用有效应力指标；当同时采用有效应力指标和总应力指标时，应根据现场土体可能的固结排水情况，选用不同的试验强度指标。

（2）由于三轴仪有诸多优点，尤其在重要的工程中应优先选用三轴仪。直剪试验设备简单，操作方便，在应用其进行抗剪强度试验时，应根据土类及固结排水条件合理选择强度指标。

（3）对总应力强度指标的选用，原则上验算正常使用情况宜采用固结不排水或固结快剪强度指标；施工期间土坡稳定性验算，宜采用不排水或快剪强度指标，但其又与土坡的受力情况、土层渗透性、土层厚度及施工速度等因素有关。

（4）对于正常固结状态的天然边坡，原则上采用快剪或固结快剪试验均可得到符合天然条件的强度指标，但快剪试验易受取样、切样等扰动的影响，而不排水或快剪在固结过程中可部分抵消扰动的影响，所以宜采用固结不排水或固结快剪强度指标。

（5）对于填方土坡，当其渗透系数小、土层厚、施工速度快时，多采用不排水或快剪强度指标；反之则多采用固结不排水或固结快剪强度指标。对于挖方土坡，因挖方的卸荷作用，坡内土体会逐渐膨胀，强度随之降低，该情况则与填方土坡相反。

（6）对于土坡的动力稳定性分析，其抗剪强度指标应优先通过动力试验测定。若动力试验给出的动态强度高于相应的静态强度，取静态强度值。无试验条件时，黏性土和紧密砂砾等非液化土建议采用有效应力强度指标；堆石、砂砾石等粗粒无黏性土则采用对数函数或指数函数表达的非线性静态抗剪强度指标。

综上，各类强度指标的适用情况分述如下：

（1）固结排水（慢剪）强度指标。如果边坡土体在现有的应力状态下平衡并固结完成，上部填方或结构的施工速度较慢，或处于正常运行期，坡体可以正常排水，此时可采用固结排水强度指标，常用三轴固结排水试验测定土体的有效应力指标。图 5-1 所示的工况适合采用 CD 试验强度指标，其中图 5-1（a）是黏土地基上慢速填方的边坡工程，土层不仅有充足的时间固结稳定，而且孔隙水压力也能有效消散，图 5-1（b）是处于稳定渗流期的土坝。

5-1 考虑渗流条件边坡土体抗剪强度参数选用

（2）固结不排水（固结快剪）强度指标。如果边坡土体在现有的应力状态下平衡并固结完成，然后快速施加荷载或进行施工，此时可采用固结不排水强度指标。对于饱和粉细砂边坡可能产生液化和流滑的情况，也应采用固结不排水强度指标进行工程分析与计算。图 5-2 所示工况适合采用 CU 试验强度指标，其中图 5-2（a）

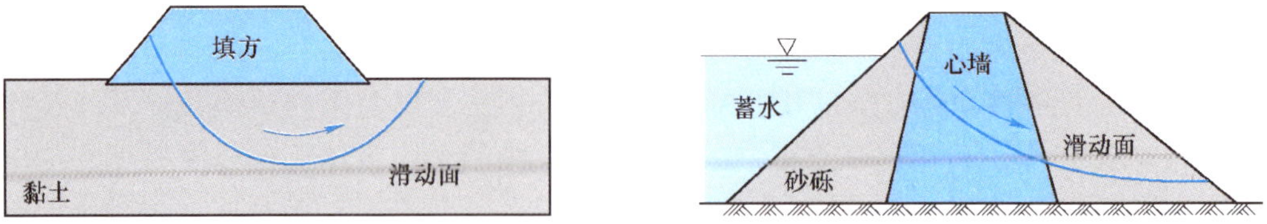

(a) (b)

图 5-1 CD 试验强度指标的适用工况

（a）黏土地基上分层慢速填方；（b）稳定渗流期的土坝

是在填方或地基固结稳定后迅速施工新填方的情况，图 5-2（b）是土坝竣工后正常使用很长时间并蓄水后，库水位突然下降时的情况，图 5-2（c）是在天然土坡上快速施工填方的情况。

5-2 填方和挖方边坡土体抗剪强度参数选用

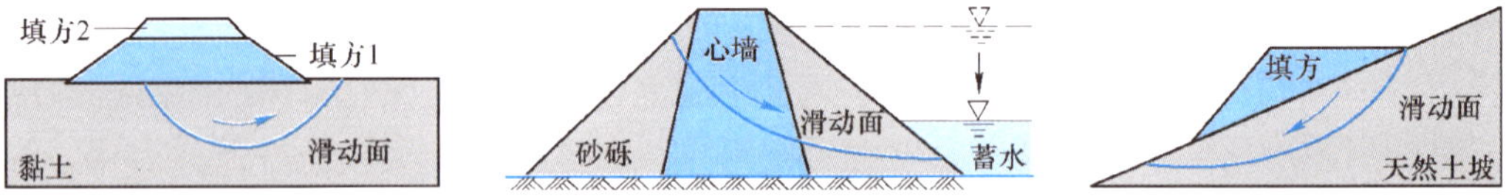

(a) (b) (c)

图 5-2 CU 试验强度指标的适用工况

（a）填土固结后快速施工上层填方；（b）土坝水位骤降；（c）天然土坡上快速填方

（3）不固结不排水（快剪）强度指标。在黏土边坡工程问题中，若施工或施加荷载的速度很快，引起的超静孔隙水压力来不及消散，土体也不能固结，此时可采用不固结不排水强度指标。图 5-3 所示工况适合采用 UU 试验强度指标，其中图 5-3（a）是在软土地基上快速进行填方的情况，图 5-3（b）是土坝快速施工，竣工后心墙未固结时的情况。

5-3 土坡稳定性数值分析中物理力学参数选用

实际上，快速施工条件下大多数土体都处于部分固结状态，采用不固结不排水强度指标进行分析偏于安全。

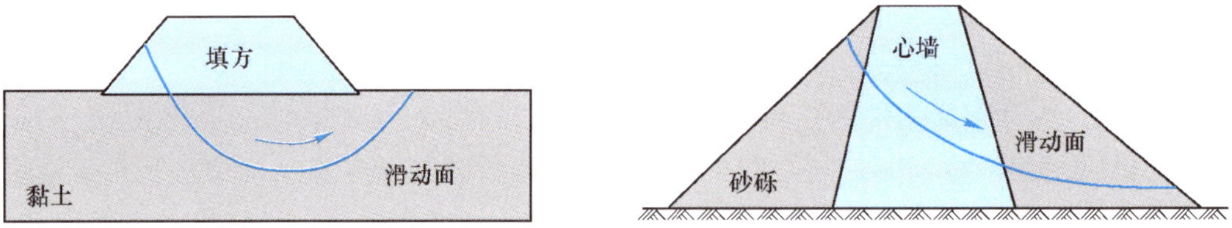

(a) (b)

图 5-3 UU 试验强度指标的适用工况

（a）软土地基上快速填方；（b）土坝快速施工心墙未固结

5.2.4 规范中土体抗剪强度参数的选用规定

5.2.4.1 《岩土工程勘察规范》（GB 50021）的规定

滑坡勘察时，土的强度试验宜符合下列要求：

（1）采用室内、野外滑面重合剪，滑带宜作重塑土或原状土多次剪试验，并求出多次剪和残余剪的抗剪强度。

（2）采用与滑动受力条件相似的方法。

（3）采用反分析方法检验滑动面的抗剪强度指标。

《岩土工程勘察规范》（GB 50021）条文说明：采用室内或野外滑面重合剪，或取滑带土作重塑土或原状土多次重复剪，求取抗剪强度。试验宜采用与滑动条件相类似的方法，如快剪、饱和快剪等。当采用反分析方法检验时，应根据滑动后的实测主断面计算。对正在滑动的滑坡，安全系数可取 0.95~1.00，对处在暂时稳定的滑坡，安全系数可取 1.00~1.05。然后根据经验，给定 c、φ 中的一个值，反求另一值。

5.2.4.2 《碾压式土石坝设计规范》（SL 274）的规定

（1）土石坝各种计算工况，土体的抗剪强度均应采用有效应力法按式（5-9）计算：

$$\tau_f = c' + (\sigma - u)\tan\varphi' = c' + \sigma'\tan\varphi' \tag{5-9}$$

黏性土施工期应同时采用总应力法按式（5-10）计算：

$$\tau_f = c_u + \sigma\tan\varphi_u \tag{5-10}$$

黏性土库水位降落期应同时采用总应力法按式（5-11）计算：

$$\tau_f = c_{cu} + \sigma'_c\tan\varphi_{cu} \tag{5-11}$$

式中 σ'_c——库水位降落前的法向有效应力。

粗粒土非线性抗剪强度指标可按式（5-12）计算：

$$\varphi = \varphi_0 - \Delta\varphi\lg\left(\frac{\sigma_3}{p_a}\right) \tag{5-12}$$

式中 φ——滑动面土体摩擦角；

φ_0——1 个大气压力下的摩擦角；

$\Delta\varphi$——σ_3 增加一个对数周期下 φ 的减小值；

σ_3——土体滑动面的小主应力；

p_a——大气压力。

（2）有关边坡稳定性分析的规定如下：

抗剪强度的确定：直剪和三轴压缩试验应按照《土工试验规程》（SL 237）的规定进行，抗剪强度指标的测定和应用方法可按表 5-4 选用。

稳定渗流期应采用有效应力法，施工期和库水位降落期应同时采用有效应力法和总应力法，以较小的安全系数为准。如果填土施工期孔隙压力消散和强度增长时，只需采用有效应力法确定。

表 5-4 抗剪强度指标的测定和应用

控制稳定的时期	强度计算方法	土类		使用仪器	试验方法	强度指标	试样起始状态
施工期	有效应力法	无黏性土		直剪仪	慢剪	c'、φ'	填土用填筑含水率和填筑容重的土，坝基用原状土
				三轴仪	固结排水剪		
		黏性土	饱和度小于 80%	直剪仪	慢剪		
				三轴仪	不固结不排水剪		
			饱和度大于 80%	直剪仪	慢剪		
				三轴仪	固结不排水剪		
	总应力法	黏性土	渗透系数小于 10^{-7} cm/s	直剪仪	快剪	c_u、φ_u	
			任何渗透系数	三轴仪	不排水剪		
稳定渗流期和库水位降落期	有效应力法	无黏性土		直剪仪	慢剪	c'、φ'	同上，但要预先饱和，而浸润线以上的土不需饱和
				三轴仪	固结排水剪		
		黏性土		直剪仪	慢剪		
				三轴仪	固结不排水剪，或固结排水剪		
库水位降落期	总应力法	黏性土	渗透系数小于 10^{-7} cm/s	直剪仪	固结快剪	c_{cu}、φ_{cu}	
			任何渗透系数	三轴仪	固结不排水剪		

注：施工期总应力法抗剪强度指标适用于坝体填土非饱和土，对于坝基饱和土，抗剪强度指标应改为 c_{cu} 和 φ_{cu}。

5.2.4.3 《滑坡防治工程勘查规范》（GB/T 32864）的规定

滑带土抗剪强度指标的确定，应根据试验成果结合经验反演和类比，推荐合理的设计参数。岩土体抗剪强度指标的标准值取值时应根据滑坡所处变形滑动阶段及含水状态分别选用峰值强度指标、残余强度指标或两者之间的强度指标，以及天然强度指标、饱和强度指标或两者之间的强度指标。

5-4 滑坡防治工程分级

（1）当滑带土中粗颗粒含量较高时，其抗剪强度指标宜以原位大面积直剪试验测试值为主，并参考室内试验值确定。若未进行原位大面积直剪试验，其综合取值时应将室内快剪试验得出的内摩擦角乘以 1.15~1.25 的增大系数。

（2）大型及以上规模，且防治等级为一级的滑坡，应进行不少于 2 组的滑带原位大面积直剪强度试验。

（3）采用井探、洞探、槽探揭露的滑带宜进行原位大面积直剪试验，可在天然含水状态和人工浸水状态下进行剪切，原位大面积直剪试验的推力方向应与滑体的滑动方向一致。

（4）滑带抗剪强度参数反演是通过给定黏聚力或内摩擦角反求另一值。黏聚力计算见式（5-13），内摩擦角计算见式（5-14）：

$$c=\frac{F_s\sum W_i\sin\alpha_i-\tan\varphi\sum W_i\cos\alpha_i}{L}\tag{5-13}$$

$$\varphi=\arctan\left(\frac{F_s\sum W_i\sin\alpha_i-cL}{\sum W_i\cos\alpha_i}\right)\tag{5-14}$$

式中 φ——滑带土内摩擦角；

c——滑带土黏聚力；

W_i——第 i 条块的重量；

α_i——第 i 条块滑面倾角；

L——滑带长度；

F_s——不同状态下的设计安全系数，暂时稳定~变形状态：$F_s=1.05\sim1.00$，变形~滑动状态：$F_s=1.00\sim0.95$，加速变形状态：$F_s=0.95\sim0.90$。

5.2.5 土体强度参数的经验值

不同矿物成分、不同成因的黏性土以及不同类型土的抗剪强度指标经验值，如表 5-5~表 5-8 所示。

表 5-5 砂土的内摩擦角与矿物成分和粒径的关系

矿物成分	具有下列粒径时的内摩擦角 φ/(°)				
	2~1 mm	1~0.5 mm	0.5~0.25 mm	0.25~0.1 mm	0.06~0.01 mm
云母	28	26	17.5	19	27
长石	—	—	39	—	17
棱角石英	66	56	46	27	15
浑圆石英	61	—	27	28	18.5

表 5-6 不同成因黏性土的抗剪强度指标值

土　类	下蜀系黏性土	一般黏性土	新近沉积黏性土	淤泥或淤泥质土	云贵黏性土
内摩擦角/(°)	22~30	15~22	7~15	4~10	5~10
黏聚力/kPa	40~100	10~50	10~20	5~15	30~80

表 5-7 土的常用抗剪强度指标值（计算值）

土　类	砂　性　土				粉土	黏　性　土	
	粗砂	中砂	细砂	粉砂		粉质黏土	黏土
内摩擦角/(°)	38~42	35~40	32~38	28~36	23~30	17~24	15~18
黏聚力/kPa	0	0	0	2~5	2~7	5~40	25~65

注：此表根据《工程地质手册》修改，原表中密度、天然含水量和孔隙比不同，抗剪强度指标值也不同。

表 5-8 我国不同成因类型软土抗剪强度指标值

成因类型	滨海沉积软土	湖泊沉积软土	河滩沉积软土	沼泽沉积软土
内摩擦角/(°)	1~7	0~10	0~11	0
黏聚力/kPa	2~20	5~30	5~25	5~19

5.3 岩体力学参数确定

工程岩体指岩石工程影响范围内的岩体，是由完整岩块和分布于其内部的结构面共同组成的复杂地质体，其力学性质与岩体中的结构面、结构体及其赋存环境密切相关。由于岩体结构的原因，岩体强度、变形模量等参数不是固定不变的，而是随试件尺寸增大而降低。此外，岩体变形破坏等特征也受岩体结构产状与工程开挖空间关系的影响，并随环境因素的变化而变化。

自然界中构成边坡的岩体被断层、层面、挤压带和节理裂隙等一系列结构面切割。当滑坡发生时，失稳岩体将沿结构面或由结构面与岩桥组合形成的滑面滑动。不同滑面区域，对应不同的强度指标，相应的参数确定方法也不相同。鉴于此，本节将系统阐述结构面、节理岩体的强度等参数的常用确定方法。

5.3.1 结构面抗剪强度计算方法

结构面是地质历史发展过程中，在岩体内形成的具有一定结构延伸方向和长度、厚度相对较小的地质界面或地质带，包括断层、裂隙、节理、层理、劈理等，工程中也称为“不连续面”。规模大、强度低、易变形的结构面也称为软弱结构面，其对工程岩体的完整性、渗透性、物理力学性质及应力传递等具有显著影响。结构面的存在，使岩体呈现出构造上的不连续性和不均质性，岩体力学性质也与结构面的特性密切相关。结构面的力学特点包括：垂直于结构面方向，不能受拉，但能承受较大的压力；平行于结构面方向，能抵抗一定的剪应力作用。因此，实际工程中结构面一般不承受拉应力，岩体破坏以沿某些软弱结构面的滑移破坏为主。

试验研究表明，结构面在剪切过程中的力学机制比较复杂，影响结构面抗剪强度的因素是多方面的，主要根据抗剪试验确定结构面的抗剪强度指标。稳定性受结构面控制的边坡，宜采用现场原位试验、室内试验、经验折减等方法确定结构面抗剪强度。

结构面抗剪强度 τ_j 一般可用库仑准则表示：

$$\tau_j = c_j + \sigma_n \tan\varphi_j \tag{5-15}$$

式中 σ_n ——作用在结构面上的法向应力；

c_j ——结构面黏聚力；

φ_j ——内摩擦角，可表示成 $\varphi_j = \varphi_b + i$，$\varphi_b$ 是岩石平坦表面基本摩擦角，i 是结构面粗糙度角。

式（5-15）适用于平直无充填结构面或有充填的软弱结构面；当为有充填的软弱结构面时，可用充填物的抗剪强度代替结构面的抗剪强度，将充填物的黏聚力和内摩擦角代入式（5-15）进行计算。

试验表明，低法向应力剪切时，结构面存在剪切位移和剪胀效应；高法向应力剪切时，凸台被剪断，结构面抗剪强度最终变成残余抗剪强度。在剪切过程中，凸台起伏形成的粗糙度以及岩石强度对结构面的抗剪强度起着重要作用。考虑到上述3个基本因素（法向应力 σ_n 、粗糙度系数 JRC、结构面壁面岩石抗压强度 JCS）的影响，Barton 和 Choubey（1977）提出粗糙起伏无充填结构面抗剪强度计算公式：

$$\tau_j = \sigma_n \tan\left[\varphi_b + \text{JRC}\lg\left(\frac{\text{JCS}}{\sigma_n}\right)\right] \tag{5-16}$$

式中，JRC 为结构面粗糙度系数，取值一般介于 0~20 之间，粗糙起伏结构面为 20，平坦起伏结构面为 10，平坦近平滑结构面取 5，其具体描述见图 5-4。JCS 是结构面附近岩石的抗压强度，如结构面附近的岩石未风化，则 JCS 取岩石的单轴抗压强度 σ_c ；如结构面附近岩石风化，则 JCS 可以根据风化程度在 $\left(\frac{\sigma_c}{4} \sim \sigma_c\right)$ 内取值。

式（5-16）中，$\left[\text{JRC}\lg\left(\frac{\text{JCS}}{\sigma_n}\right)\right]$ 相当于结构面上的粗糙度角 i，当法向应力等于 JCS 时，即 $\text{JCS}/\sigma_n = 1$，$i = \left[\text{JRC}\lg\left(\frac{\text{JCS}}{\sigma_n}\right)\right] = 0$，表明结构面凸台剪断；当法向应力较低时，$\text{JCS}/\sigma_n$ 较大，粗糙度角 i 在结构面剪切强度中占较大比重。一般情况下，Barton 公式适用于中-高应力状态下的结构面抗剪强度计算。

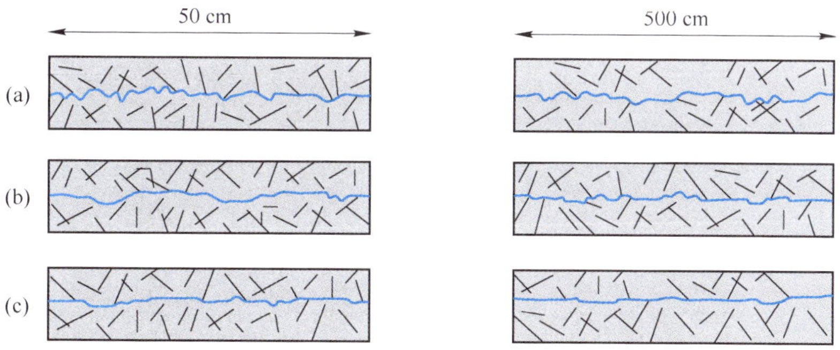

图 5-4 结构面状态及 JRC 取值

（a）粗糙起伏结构面 JRC = 20；（b）平坦起伏结构面 JRC = 10；（c）平坦近平滑结构面 JRC = 5

非贯通结构面由结构面和岩桥组成，且一般认为剪切面通过的结构面和岩桥都提供抗剪能力。假设沿整个剪切面上的应力分布均匀，则结构面的抗剪强度宜按式（5-17）和式（5-18）计算。

$$\tau_j = [nc_j + (1-n)c_i] + \sigma_n[n\tan\varphi_j + (1-n)\tan\varphi_i] \tag{5-17}$$

$$n = l_j/(l_j + l_i) \tag{5-18}$$

式中 n——结构面贯通率，无量纲；

l_j——结构面长度，m；

l_i——岩桥长度，m；

c_i——完整岩石的黏聚力，MPa；

φ_i——完整岩石的内摩擦角，(°)；

其余符号含义同前。

5.3.2 结构面抗剪强度经验确定法

岩体结构面抗剪强度指标一般根据室内不连续面剪切试验、现场原位试验等方法综合确定，试验方法应符合《工程岩体试验方法标准》（GB/T 50266）的有关规定。当不具备试验条件时，对于二、三级边坡可按表 5-9 和折算后的室内试验指标按经验方法综合确定。

表 5-9　边坡岩体结构面抗剪强度标准值

结构面类型		结构面结合程度	内摩擦角 φ/(°)	黏聚力 c/MPa
硬性结构面	1	结合好	>35	>0.13
	2	结合一般	35~27	0.13~0.09
	3	结合差	27~18	0.09~0.05
软弱结构面	4	结合很差	18~12	0.05~0.02
	5	结合极差	<12	<0.02

注：1. 除第 1 项和第 5 项外，结构面两壁岩性为极软岩、软岩时取较低值；
2. 取值时应考虑结构面的贯通程度；
3. 结构面浸水时取较低值；
4. 未考虑施工期和运行期结构面参数受其他因素影响发生的变化，当判定为不利因素时，可进行适当折减。

岩体结构面的结合程度可按表 5-10 确定。

表 5-10　结构面的结合程度

结合程度	结合状况	起伏粗糙程度	结构面张开度/mm	充填情况	岩体状况
结合良好	铁硅钙质胶结	起伏粗糙	≤3	胶结	硬岩或较软岩
结合一般	铁硅钙质胶结	起伏粗糙	3~5	胶结	硬岩或较软岩
	铁硅钙质胶结	起伏粗糙	≤3	胶结	软岩
	分离	起伏粗糙	≤3（无填充时）	无充填或岩块、岩屑充填	硬岩或较软岩
结合差	分离	起伏粗糙	≤3	干净无充填	软岩
	分离	平直光滑	≤3（无填充时）	无充填或岩块、岩屑充填	各种岩层
	分离	平直光滑	—	岩块、岩屑夹泥或附泥膜	各种岩层
结合很差	分离	平直光滑、略有起伏	—	泥质或泥夹岩屑充填	各种岩层
	分离	平直很光滑	≤3	无充填	各种岩层
结合极差	结合极差	—	—	泥化夹层	各种岩层

注：1. 起伏度：当 $R_A \leqslant 1\%$，平直；当 $1\% < R_A \leqslant 2\%$ 时，略有起伏；当 $2\% < R_A$ 时，起伏。其中 $R_A = A/L$，A 为连续结构面起伏幅度，cm；L 为连续结构面取样长度，cm；测量范围 L 一般为 1~3 m。
2. 粗糙度：很光滑，感觉非常细腻如镜面；光滑，感觉比较细腻，无颗粒感觉；较粗糙，可以感觉到一定的颗粒状；粗糙，明显感觉到颗粒状。

5.3.3 岩体强度确定方法

岩体强度是指岩体抵抗外力破坏的能力，包括抗压强度、抗拉强度和抗剪强度，是岩体工程设计的重要参数。但对于节理岩体而言，其抗拉强度很小，同时岩体抗拉强度测试技术难度大，所以目前对岩体抗拉强度的研究较少，本节主要讨论岩体抗压强度和抗剪强度的确定方法。

岩体是由岩块和结构面组成的地质体，一般情况下，岩体的强度不同于岩块的强度，也不同于结构面的强度。节理岩体的强度介于岩块强度和结构面强度之间，其受岩石材料性质的影响及结构面特征（数量、方向、间距、性质等）和赋存条件（地应力、水、温度等）的控制。如果岩体中结构面不发育，呈完整结构，则岩体强度大致等于岩块强度；如果岩体将沿某一结构面滑动时，则岩体强度完全受该结构面强度控制。上节已对结构面强度的确定方法进行了简单介绍，本节着重讨论被各种节理、裂隙切割的节理岩体强度参数的确定问题。

岩体强度指标是岩体工程设计的重要参数，而由于受现场试验规模、仪器、试样扰动等因素影响，岩体的真实强度难以完全通过试验获取。常用的岩体力学参数估算方法主要包括经验折减法、经验关系法和数值试验法等。

5.3.3.1 经验折减法

该方法的实质是用某种简单的试验或结构面统计指标对岩块强度进行修正，作为岩体强度的估算值。

A 岩体抗剪强度参数折减法

根据《建筑边坡工程技术规范》（GB 50330），当无试验资料和缺少当地经验时，结合边坡岩体完整程度，天然状态或饱和状态岩体内摩擦角标准值可根据相应状态的岩块内摩擦角标准值按表 5-11 中的系数折减确定。

表 5-11 边坡岩体内摩擦角折减系数

边坡岩体完整程度	内摩擦角折减系数
完整	0.95~0.90
较完整	0.90~0.85
较破碎	0.85~0.80
破碎	0.80~0.75

注：1. 全风化层可按成分相同的土层考虑；
2. 强风化基岩可根据地方经验适当折减；
3. 岩体完整程度宜参照 GB/T 50218 的规定。

通过对节理岩体的统计研究，发现岩体与岩块的内摩擦角相差较小，而黏聚力差别较大，岩体黏聚力折减法主要包括：

（1）M. Gergi 黏聚力折减法：

$$c_m = c_i[0.114e^{-0.48(i-2)} + 0.02] \tag{5-19}$$

式中 c_m——岩体黏聚力，MPa；

c_i——岩石黏聚力，MPa；

i—— 结构面密度，条/m。

（2）费辛柯黏聚力折减法：

$$c_m = \frac{c_i}{1 + \alpha \ln \frac{h}{l}} \tag{5-20}$$

式中 h—— 岩体破坏高度，在边坡分析中可采用边坡高度，m；

l—— 结构面间距，m；

α—— 岩石特征系数，取决于岩石强度和岩体结构面分布特征，按表 5-12 选取。

表 5-12 岩石特征系数 α 取值建议

岩石类别和裂隙特征	岩块黏聚力/MPa	岩石特征系数 α
不密实或含轻微裂隙的砂-黏土质沉积岩，强风化、全高岭土化岩浆岩	0.4~0.9	0.5
密实砂-黏土质岩石，主要为直交裂隙	1.0~2.0	2
强高岭土化的岩浆岩	3.0~8.0	2
密实的砂-黏土质岩石，发育有斜交裂隙的高岭土化岩浆岩	3.0~8.0	3
中硬的层状岩石，主要是直交裂隙	10~15 15~17 17~20	3 4 5
坚硬的岩石，主要是直交裂隙	20~30 >30	6 7
坚硬的岩浆岩，主要是直交裂隙	>20	10

（3）地方规范法。《贵州建筑岩土工程技术规范》（DB 22/46）规定，当利用岩块抗剪强度指标折减获取岩体抗剪强度指标时，内摩擦角取值按 0.80 折减，岩块黏聚力折减系数取 0.05~0.2。

另外，岩体等效内摩擦角也是边坡工程设计中常用的强度参数，其值可按当地经验确定，当缺乏当地经验时，可按表 5-13 取值。

表 5-13 边坡岩体等效内摩擦角标准值

边坡岩体类型	Ⅰ	Ⅱ	Ⅲ	Ⅳ
等效内摩擦角 φ_d/(°)	$\varphi_d > 72$	$62 < \varphi_d \leqslant 72$	$52 < \varphi_d \leqslant 62$	$42 < \varphi_d \leqslant 52$

注：1. 适用于高度不大于 30 m 的边坡，当高度大于 30 m 时，应作专门研究；

2. 边坡高度较大时宜取较小值，高度较小时宜取较大值，当边坡岩体变化较大时，同等高度段应分别取值；

3. 已考虑时间效应，对于Ⅱ、Ⅲ、Ⅳ类岩质临时边坡可取上限值，Ⅰ类岩质临时边坡可根据岩体强度及完整程度取大于 72°的数值；

4. 适用于完整、较完整的岩体，破碎、较破碎的岩体可根据地方经验适当折减。

B 岩体抗拉、抗压强度参数折减法

节理、裂隙等结构面是影响岩体强度的主要因素，其发育程度可通过弹性波测试来判断。弹性波穿过岩体时，遇到结构面发生绕射或被吸收，传播速度将有所降低。结构面越多，波速降低幅度越大，而小尺寸试件含结构面少，传播速度较大。因此，可根据弹性波在岩体和岩石试块中的传播速度比，判断岩体中结构面发育程度，此比值的平方即为岩体完整性系数，以 K_v 表示：

$$K_v = \left(\frac{V_{pm}}{V_{pr}}\right)^2 \tag{5-21}$$

式中 V_{pm}——岩体纵波速度，m/s；

V_{pr}——完整岩石纵波速度，m/s。

进而可据此计算岩体抗压、抗拉强度：

$$\sigma_{mc} = K_v\sigma_c \tag{5-22}$$

$$\sigma_{mt} = K_v\sigma_t \tag{5-23}$$

式中 σ_{mc}，σ_{mt}——岩体的单轴抗压、抗拉强度，MPa；

σ_c，σ_t——岩石的单轴抗压、抗拉强度，MPa。

5.3.3.2 经验关系法

工程中常采用岩体分级方法确定岩体内摩擦角和黏聚力等参数的经验值，并用试验的方法加以校正。经验关系法是通过建立岩体力学参数与岩体分类指标之间的经验关系来估算岩体强度和变形参数的一种方法，常用的岩体分类方法如表 5-14 所示。

表 5-14 常用岩体分类方法汇总表

分类法	提出者
RQD 分类法（Rock Quality Designation）	D. U. Deere（1964）
Q 分类法（Rock Mass Quality）	Barton, et al（1974）
RMR 分类法（Rock Mass Rating）	Bieniawski（1976）
MRMR 法（Mining Rock Mass Rating）	Laubscher（1977）
RMS 分类法（Rock Mass Strength）	Selby（1980）
SMR 分类法（Slope Mass Rating）	Romana（1985）
SRMR 法（Slope Rock Mass Rating）	Robertson（1988）
BQ 分类法（Index of Rock Mass Basic Quality）	林韵梅（1988）
GSI 分类法（Geologic Strength Index）	Hoek（1994）
CSMR 分类法（Chinese System for SRMR）	陈祖煜（1995）
RMi 分类法（Rock Mass index）	Palmström（1995）
M-RMR 法（Modified Rock Mass Classification）	Unal（1996）

以下介绍几种综合性与影响较广的岩体质量评价分级方法，包括岩体地质力学分级（RMR）、岩体基本质量指标分级（BQ）、巴顿岩体质量分级（Q）以及地质强度指标分级（GSI）等。

A 岩体地质力学分级（RMR）

岩体地质力学分级（Rock Mass Rating，RMR）是应用最广泛的岩体分级方法之一，该方法由 Z. T. Bieniawski 在 1976 年建立，目前众多改进的分级方法均是基于 RMR 建立的。

岩体地质力学分级指标 RMR 由岩块强度、RQD 值、节理间距、节理状态及地下水 5 种因素的分值组成，1979 年进行了修订（1989 年再版），主要修改内容包括 RQD、节理间距和节理状态等指标的评分值。采用 RMR 方法进行岩体分级时，5 种指标按表 5-15A 的标准评分，求 RMR 总分；对于隧道、地基、边坡工程按表 5-15B 对总分进行折减修正，进一步强调节理、裂隙对岩体稳定性产生的不利影响。最后按总分对照表 5-15C 和表 5-15D 得到岩体级别及相应的岩体强度指标（c、φ）建议值。

表 5-15 RMR 指标取值及岩体分级表（1979 年、1989 年）

<table>
<tr><th colspan="10">A 指标参数和评分</th></tr>
<tr><th colspan="3">指标</th><th colspan="7">指标取值及其评分值</th></tr>
<tr><td rowspan="3">1</td><td rowspan="2">完整岩石强度/MPa</td><td>点荷载强度</td><td>≥10</td><td>4~10</td><td>2~4</td><td>1~2</td><td colspan="3">点荷载强度较低时宜用单轴抗压强度</td></tr>
<tr><td>单轴抗压强度</td><td>≥250</td><td>100~250</td><td>50~100</td><td>25~50</td><td>5~25</td><td>1~5</td><td><1</td></tr>
<tr><td colspan="2">评分值</td><td>15</td><td>12</td><td>7</td><td>4</td><td>2</td><td>1</td><td>0</td></tr>
<tr><td rowspan="2">2</td><td colspan="2">岩芯质量 RQD/%</td><td>90~100</td><td>75~90</td><td>50~75</td><td>25~50</td><td colspan="3"><25</td></tr>
<tr><td colspan="2">评分值</td><td>20</td><td>17</td><td>13</td><td>8</td><td colspan="3">3</td></tr>
<tr><td rowspan="2">3</td><td colspan="2">节理间距/cm</td><td>≥200</td><td>60~200</td><td>20~60</td><td>6~20</td><td colspan="3"><6</td></tr>
<tr><td colspan="2">评分值</td><td>20</td><td>15</td><td>10</td><td>8</td><td colspan="3">5</td></tr>
<tr><td rowspan="2">4</td><td colspan="2">节理状态</td><td>节理面很粗糙、不连续，张开宽度为零，未风化</td><td>节理面稍粗糙，张开宽度小于1 mm，微风化</td><td>节理面稍粗糙，张开宽度小于1 mm，强风化</td><td>镜面或夹泥厚度小于5 mm或张开宽度1~5 mm，节理连续</td><td colspan="3">夹泥厚度大于5 mm或张开宽度大于5 mm，节理连续</td></tr>
<tr><td colspan="2">评分值</td><td>30</td><td>25</td><td>20</td><td>10</td><td colspan="3">0</td></tr>
<tr><td rowspan="4">5</td><td rowspan="3">地下水状态（选择一项评价即可）</td><td>每 10 m 长的隧道涌水量/L·min^{-1}</td><td>0</td><td><10</td><td>10~25</td><td>25~125</td><td colspan="3">≥125</td></tr>
<tr><td>裂隙水压力与最大主应力比值</td><td>0</td><td><0.1</td><td>0.1~0.2</td><td>0.2~0.5</td><td colspan="3">≥0.5</td></tr>
<tr><td>表现状态</td><td>完全干燥</td><td>潮湿</td><td>湿</td><td>可形成水滴</td><td colspan="3">可形成水流</td></tr>
<tr><td colspan="2">评分值</td><td>15</td><td>10</td><td>7</td><td>4</td><td colspan="3">0</td></tr>
</table>

续表 5-15

B 按节理产状修正评分值						
节理走向和倾向		非常有利	有利	一般	不利	非常不利
评分值	隧道和地下矿山	0	−2	−5	−10	−12
	地基	0	−2	−7	−15	−25
	边坡	0	−5	−25	−50	−60
C 按总评分确定岩体级别						
评分值		100~81	80~61	60~41	40~21	≤20
分级		Ⅰ	Ⅱ	Ⅲ	Ⅳ	Ⅴ
质量描述		非常好	好	一般	差	非常差
D 岩体质量评价						
分级		Ⅰ	Ⅱ	Ⅲ	Ⅳ	Ⅴ
平均稳定时间		15 m 跨度、20 a	10 m 跨度、1 a	5 m 跨度、7 d	2.5 m 跨度、10 h	1 m 跨度、30 min
岩体黏聚力/kPa		≥400	300~400	200~300	100~200	<100
岩体内摩擦角/(°)		≥45	35~45	25~35	15~25	<15

B 岩体基本质量指标分级（BQ）

岩体基本质量指标分级是我国《工程岩体分级标准》（GB/T 50218）中采用的方法，适用于各种类型岩石工程的岩体分级需要，采用两步分级方法：先确定岩体的基本质量，再结合具体工程的特点（地应力、地下水和结构面产状等）确定岩体级别。

该分级标准采用了定性与定量相结合的方法，认为岩体的基本质量由岩石的坚硬程度和岩体的完整程度两个主要因素确定，同时考虑地下水状态、初始地应力、工程轴线或走向的方位与主要结构面产状的组合关系，进行岩体基本质量的修正。

（1）岩体基本质量指标 BQ 的计算：

$$BQ = 100 + 3R_c + 250K_v \tag{5-24}$$

式中 R_c——岩石饱和单轴抗压强度，MPa；

K_v——岩体完整性指数。

注意使用上式时，应遵循下列限制条件：

1）当 $R_c>90K_v+30$ 时，应以 $R_c=90K_v+30$ 和 K_v 代入计算 BQ 值；

2）当 $K_v>0.04R_c+0.4$ 时，应以 $K_v=0.04R_c+0.4$ 和 R_c 代入计算 BQ 值。

岩石坚硬程度的定量指标，应采用岩石饱和单轴抗压强度 R_c，R_c 应采用实测值。当无条件取得实测值时，也可采用实测的岩石点荷载强度指数 $I_{s(50)}$ 的换算值。

$$R_c = 22.82 I_{s(50)}^{0.75} \tag{5-25}$$

岩体完整程度的定量指标，应采用岩体完整性指数 K_v，K_v 也应采用实测值。当无条件取得实测值时，也可根据岩体体积节理数 J_v，按表 5-16 确定。

表 5-16 采用岩体体积节理数 J_v 确定 K_v 值及岩体完整程度

J_v/条·m^{-3}	<3	3~10	10~20	20~35	≥35
K_v	>0.75	0.75~0.55	0.55~0.35	0.35~0.15	≤0.15
岩体完整程度	完整	较完整	较破碎	破碎	极破碎

注：数据范围包括上限，不包括下限。

（2）按 BQ 值进行岩体基本质量分级，具体见表 5-17。

表 5-17 岩体基本质量分级表

岩体基本质量级别	岩体基本质量的定性特征	岩体基本质量指标（BQ）
Ⅰ	坚硬岩，岩体完整	>550
Ⅱ	坚硬岩，岩体较完整； 较坚硬岩，岩体完整	550~451
Ⅲ	坚硬岩，岩体较破碎； 较坚硬岩，岩体较完整； 较软岩，岩体完整	450~351
Ⅳ	坚硬岩，岩体破碎； 较坚硬岩，岩体较破碎~破碎； 较软岩，岩体较完整~较破碎； 软岩，岩体完整~较完整	350~251
Ⅴ	较软岩，岩体破碎； 软岩，岩体较破碎~破碎； 全部极软岩及全部极破碎岩	≤250

注：数据范围表达表示包括上限，不包括下限。

（3）岩体基本质量指标 BQ 值的修正。对工程岩体进行初步定级时，可按表 5-17 确定的岩体基本质量级别作为岩体级别。但对岩石边坡工程详细定级时，则应根据控制边坡稳定性的主要结构面类型与延伸性、边坡内地下水发育程度以及结构面产状与坡面间的关系等影响因素，对岩体基本质量指标 BQ 进行修正，并根据获得的边坡工程岩体质量修正指标［BQ］值再按表 5-17 确定岩体级别。

边坡工程岩体质量修正指标［BQ］，可按式（5-26）计算：

$$[BQ] = BQ - 100(K_4 + \lambda K_5) \tag{5-26}$$

$$K_5 = F_1 \times F_2 \times F_3 \tag{5-27}$$

式中 λ —— 边坡工程主要结构面类型与延伸性修正系数，可按表 5-18 确定；

K_4 —— 边坡工程地下水影响修正系数，可按表 5-19 确定；

K_5 —— 边坡工程主要结构面产状影响修正系数，可按表 5-20 确定；

F_1 —— 反映主要结构面倾向与边坡倾向间关系影响的系数；

F_2—— 反映主要结构面倾角影响的系数；

F_3—— 反映边坡倾角与主要结构面倾角间关系影响的系数。

表 5-18 边坡工程主要结构面类型与延伸性修正系数 λ

结构面类型与延伸性	修正系数 λ
断层、夹泥层	1.0
层面、贯通性较好的节理和裂隙	0.9~0.8
断续节理和裂隙	0.7~0.6

表 5-19 边坡工程地下水影响修正系数 K_4

边坡地下水发育程度	BQ				
	>550	550~451	450~351	350~251	≤250
潮湿或点滴状出水，$p_w<0.2H$	0	0	0~0.1	0.2~0.3	0.4~0.6
线流状出水，$0.2H<p_w\leq0.5H$	0~0.1	0.1~0.2	0.2~0.3	0.4~0.6	0.7~0.9
涌流状出水，$p_w>0.5H$	0.1~0.2	0.2~0.3	0.4~0.6	0.7~0.9	1.0

注：1. p_w 为边坡坡内潜水或承压水头（m）；

2. H 为边坡高度（m）。

表 5-20 边坡工程主要结构面产状影响修正系数 K_5

序号	条件与修正系数	影响程度划分				
		轻微	较小	中等	显著	很显著
1	结构面倾向与边坡坡面倾向间的夹角/(°)	>30	30~20	20~10	10~5	≤5
	F_1	0.15	0.40	0.70	0.85	1.0
2	结构面倾角/(°)	<20	20~30	30~35	35~45	≥45
	F_2	0.15	0.40	0.70	0.85	1.0
3	结构面倾角与边坡坡面倾角之差/(°)	>10	10~0	0	0~10	≤-10
	F_3	0	0.2	0.8	2.0	2.5

注：表中负值表示结构面倾角小于坡面倾角，在坡面出露。

工程岩体的级别确定后，可按表 5-21 选用岩体的物理力学参数。

表 5-21 不同质量级别岩体物理力学参数建议取值

岩体基本质量级别	重度/$kN \cdot m^{-3}$	内摩擦角/(°)	黏聚力/MPa	变形模量/GPa	泊松比
Ⅰ	>26.5	>60	>2.1	>33	<0.20
Ⅱ		50~60	1.5~2.1	16~33	0.20~0.25

续表 5-21

岩体基本质量级别	重度/kN·m^{-3}	内摩擦角/(°)	黏聚力/MPa	变形模量/GPa	泊松比
Ⅲ	24.5~26.5	39~50	0.7~1.5	6~16	0.25~0.30
Ⅳ	22.5~24.5	27~39	0.2~0.7	1.3~6	0.30~0.35
Ⅴ	<22.5	<27	<0.2	<1.3	>0.35

C　巴顿岩体质量分级（Q）

1974 年，巴顿（N. Barton）在分析挪威水电站厂房变形问题时，根据 212 个隧道案例建立了 **Q（Rock Mass Quality）系统**，形成了根据 Q 值确定工程支护措施的完整体系。与 RMR 法相比，Q 系统还考虑了节理粗糙度、节理蚀变程度、裂隙水状态和应力/强度折减系数等因素。2015 年，N. Barton 和 N. Bar 提出了边坡稳定性评价的 Q_{slope} 系统，给出了高度 30 m 以内的长期稳定无支护边坡角和 Q_{slope} 值的关系式；2017 年，N. Barton 和 N. Bar 拓展了 Q_{slope} 系统，讨论了 Q_{slope} 系统对高度 5~250 m 边坡工程的适用性；2019 年，N. Barton 补充了在断裂带岩体中应用 Q_{slope} 的工程案例。

（1）Q 系统。Q 系统是一类为工程制定的专门性分级方法，分级指标 Q 值从 0.001 到 1000，可按下式计算：

$$Q = \frac{\mathrm{RQD}}{J_n} \cdot \frac{J_r}{J_a} \cdot \frac{J_w}{\mathrm{SRF}} \tag{5-28}$$

式中　RQD —— 岩石质量指标；

J_n —— 节理组数指标；

J_r —— 最不利节理或节理组的粗糙度指标；

J_a —— 最不利节理或节理组的蚀变状态指标；

J_w —— 裂隙水状态指标；

SRF —— 断层、硬岩强度应力比、挤压、膨胀等相关指标。

式（5-28）中 6 个参数的组合，反映了岩体质量的 3 个方面：$\frac{\mathrm{RQD}}{J_n}$ 表示结构体尺寸，即岩体的完整性；$\frac{J_r}{J_a}$ 表示结构面的形态、充填物特征及其次生变化过程，体现了结构面强度；$\frac{J_w}{\mathrm{SRF}}$ 表示地下水、强度应力比等因素对岩体质量的影响。

按 Q 值大小将工程岩体分为 9 级，如表 5-22 所示。

表 5-22　岩体质量 Q 值分级表

Q 值	<0.01	0.01~0.1	0.1~1.0	1.0~4.0	4.0~10	10~40	40~100	100~400	≥400
岩体质量	极差	非常差	很差	差	一般	好	很好	非常好	极好

（2）Q 系统在边坡工程中的应用。Q_{slope} 是一种用于野外评价开挖岩体边坡稳定性的经验型方法，是 Q 系统在边坡工程领域中拓展应用的岩体分级方法。Q_{slope} 一般

用于无加固的公路、铁路或露天矿山岩体边坡的稳定性判别或边坡角确定，当施工过程中岩体条件产生明显变化时，可通过 Q_{slope} 方法及时修正边坡角。

Q_{slope} 分级过程中使用与 Q 系统相同的 6 个基础参数，即 RQD、J_n、J_r、J_a、J_w 和 SRF。结合边坡工程的特殊环境因素，对 Q 系统的参数进行适当调整，其中 RQD、J_n、J_r、J_a 取值保持不变，对 $\frac{J_r}{J_a}$ 综合考虑组成楔形体的 2 个结构面的产状系数（O-factor），具体参数如表 5-23 所示；将 J_w 替换为 J_{wice}，相应参数取值也进行相应调整，具体参数如表 5-24 所示；对于 SRF，建立了考虑岩体物理状态 SRF_a、应力强度比 SRF_b、主要结构面 SRF_c 的折减因子 SRF_{slope}（取 SRF_a、SRF_b 和 SRF_c 中的最不利条件或最大值），具体参数取值如表 5-25～表 5-27 所示。

Q_{slope} 值采用下式进行计算：

$$Q_{slope}=\frac{RQD}{J_n}\left(\frac{J_r}{J_a}\right)_o\frac{J_{wice}}{SRF_{slope}} \tag{5-29}$$

表 5-23　结构面产状系数（O-factor）

产状系数描述	节理组 A	节理组 B
非常有利的产状	2.00	1.5
较有利的产状	1.00	1.0
不利的产状	0.75	0.9
非常不利的产状	0.50	0.8
不支护会产生失稳	0.25	0.5

注：对于平面破坏，控滑的节理组 A 表示为 J_1，则 $\left(\frac{J_r}{J_a}\right)_o=\left(\frac{J_r}{J_a}\right)_1\times(\text{O-factor})_A$；对于楔形破坏，控滑的节理组 A、B 分别表示为 J_1 和 J_2，则 $\left(\frac{J_r}{J_a}\right)_o=\left(\frac{J_r}{J_a}\right)_1\times(\text{O-factor})_A\times\left(\frac{J_r}{J_a}\right)_2\times(\text{O-factor})_B$。

表 5-24　地质环境条件系数（J_{wice}）

地质环境条件描述	干燥	湿	热带风暴	冰冻楔裂
稳定结构，硬岩	1.0	0.7	0.50	0.9
稳定结构，软岩	0.7	0.6	0.30	0.5
不稳定结构，硬岩	0.8	0.5	0.10	0.3
不稳定结构，软岩	0.5	0.3	0.05	0.2

注：如果边坡实施排水措施，取 1.5 倍 J_{wice}；如果边坡采取加固措施，取 1.3 倍 J_{wice}；如果同时实施排水与加固，取 1.5×1.3 倍 J_{wice}。

表 5-25　岩体物理状态折减因子（SRF_a）

岩体物理状态描述	SRF_a
由于爆破或开挖而引起的边坡表面轻微扰动	2.5
岩块松动，出现张拉裂缝和剪切裂缝迹象，易风化，严重的爆破扰动	5.0
同上，且极易风化侵蚀	10.0

续表 5-25

岩体物理状态描述	SRF_a
由于周期性的水蚀/冰冻楔裂作用，边坡处于侵蚀或疏松的发展阶段	15.0
已失稳的边坡	20.0

表 5-26 应力强度比折减因子（SRF_b）

应力强度比描述	σ_c/σ_1	SRF_b
中等应力强度比	50~200	2.5~1
高应力强度比	10~50	5~2.5
局部完整岩石破裂	5~10	10~5
破碎或塑性屈服	2.5~5	15~10
应变软化材料的塑性流动	1~2.5	20~15

注：σ_c 为岩石单轴抗压强度（UCS），σ_1 为最大主应力。

表 5-27 主要结构面折减因子（SRF_c）

主要结构面描述	有利	不利	非常不利	无支护时边坡产生破坏
未充填或少量黏土充填的主要结构面	1	2	4	8
充填黏土或碎石，$RQD_{100}=0$ 的主要结构面	2	4	8	16
充填黏土或碎石，$RQD_{300}=0$ 的主要结构面	4	8	12	24

注：RQD_{100}、RQD_{300} 分别是长度为 1 m、3 m 垂直于结构面的连续取芯采样。

巴顿给出了边坡无加固措施条件下的最陡坡角计算公式：

$$\beta = 20\lg Q_{slope} + 65° \tag{5-30}$$

Q_{slope} 经验方法可用于边坡稳定性预测分析或者回顾性分析，分析过程中可以不考虑岩石强度、破裂程度、风化程度等，但不能应用于土体、岩石充填物或滑坡岩屑等散体介质类边坡。

D 地质强度指标（GSI）

E. Hoek 认为岩体质量评价的主要依据是岩体结构特征和结构面状态，于 1994 年提出了地质强度指标 GSI。E. Hoek 等先后多次修改完善了 GSI 指标体系，在工程适用范围及量化评分等方面取得长足发展，广泛应用于岩石和地质工程领域。

地质强度指标（Geological Strength Index，GSI）是判断岩体强度的量化指标，理论上并非岩体分级方法，但 GSI 作为 Hoek-Brown 强度准则的一个重要参数，实现了岩体强度参数的定量计算，与其他分级方法相比，是唯一可直接确定岩体力学参数的方法，GSI 取值见图 5-5。

确定地质强度指标 GSI 值后，结合 Hoek-Brown 强度准则进行岩体力学参数分析的具体应用过程见图 5-6。但在实际工程应用中，GSI 的准确取值常依赖于使用者的经验丰富程度。

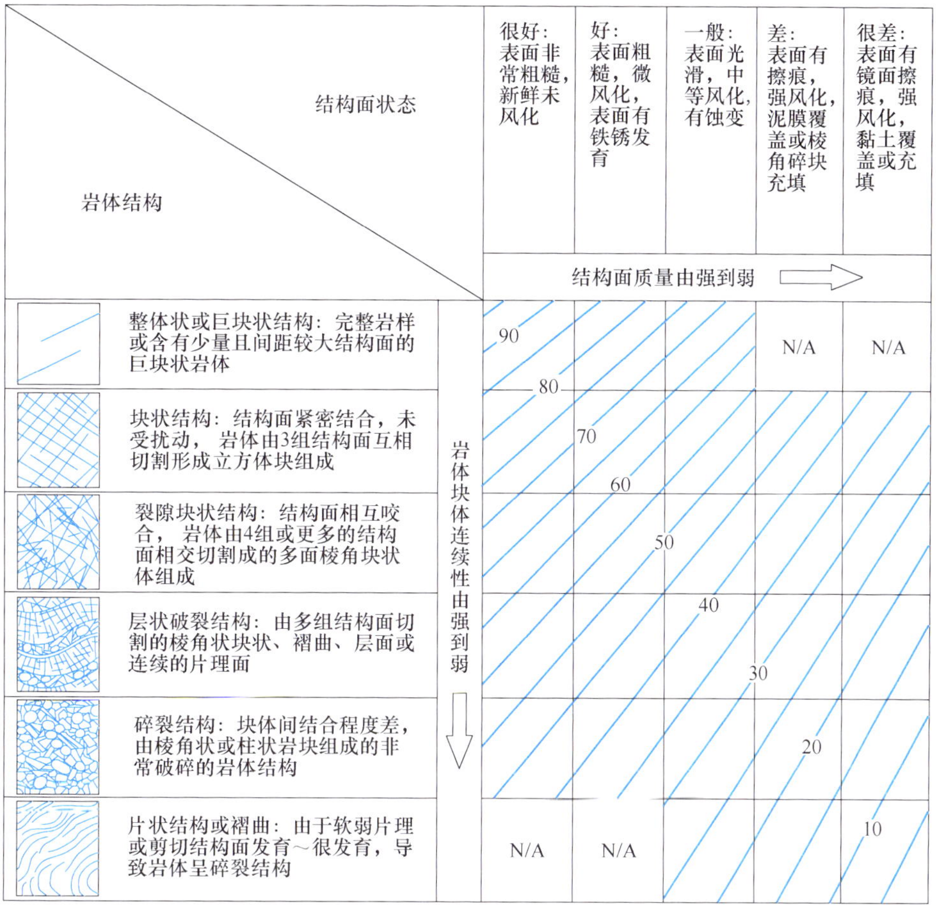

图 5-5　基本 GSI 取值图（Hoek 和 Marinos，2002）

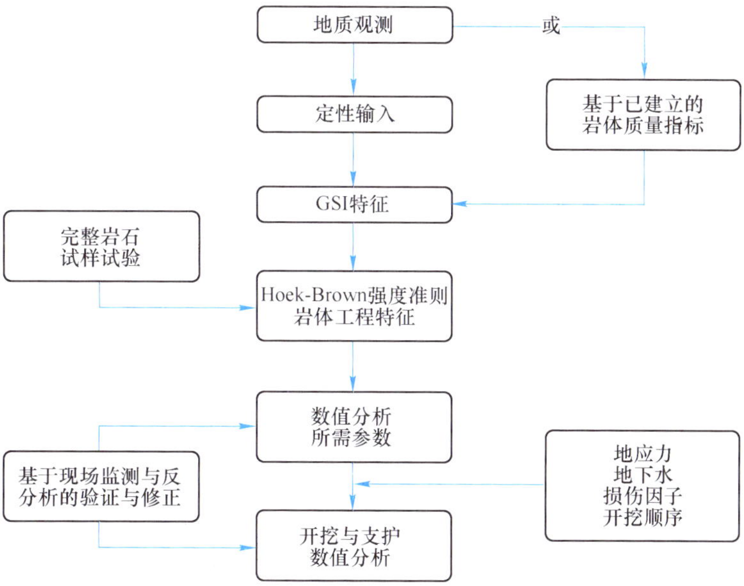

图 5-6　基于 GSI 和 Hoek-Brown 强度准则的岩体力学参数确定及应用流程

2013 年，E. Hoek 量化了地质强度指标，如图 5-7 所示。采用数据拟合等手段，建立了 GSI 与节理状态 $JCond_{89}$（Z. T. Bieniawski，1989）、岩石质量指标 RQD（D. U. Deere，1963）的关系式：

$$GSI = 1.5JCond_{89} + RQD/2 \tag{5-31}$$

式（5-31）中，$JCond_{89}$参数主要考虑节理迹长、节理张开宽度（隙宽）、粗糙度、充填类型以及风化程度 5 个指标，综合评价节理状态，取值可参照表 5-28。

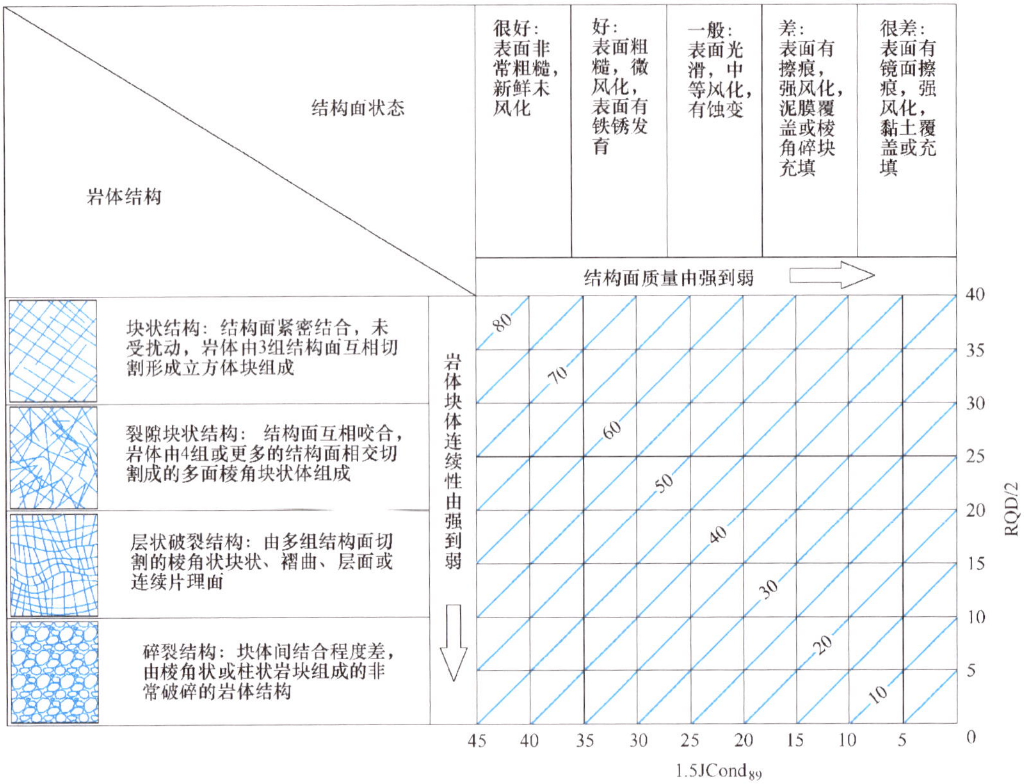

图 5-7　根据结构面状态 $JCond_{89}$和 RQD 指标确定 GSI（E. Hoek，2013）

表 5-28　结构面状态 $JCond_{89}$取值

节理状态	节理面很粗糙，节理不连续，宽度为0，节理面附近岩体未风化	节理面稍粗糙，节理张开宽度小于1 mm，节理面附近岩体轻微风化	节理面稍粗糙，节理张开宽度小于1 mm，节理面附近岩体强风化	节理面光滑或含厚度小于5 mm的软弱夹层或含节理张开宽度1～5 mm的连续节理	含厚度大于5 mm的软弱夹层或含节理张开宽度大于5 mm的连续节理
分值	30	25	20	10	0
不连续节理面分类取值					
迹长 分值	<1 m 6	1～3 m 4	3～10 m 2	10～20 m 1	≥20 m 0
节理张开宽度（隙宽） 分值	无 6	<0.1 mm 5	0.1～1.0 mm 4	1～5 mm 1	≥5 mm 0

续表 5-28

节理面粗糙度 分值	很粗糙 6	粗糙 5	稍粗糙 3	光滑 1	非常光滑 0
节理充填物 分值	无 6	硬质充填物 厚度<5 mm 4	硬质充填物 厚度>5 mm 2	软质充填物 厚度<5 mm 2	软质充填物 厚度>5 mm 0
围岩风化程度 分值	未风化 6	微风化 5	中风化 3	强风化 1	全风化 0

在地质强度指标 GSI 应用方面，需重点关注以下问题：

（1）GSI 指标的应用前提是假定岩体包括足够多的节理组和随机走向的不连续面，此时可将岩体视为由连锁块体组成的均质各向同性体，岩体的破坏是沿着不连续面滑动或块体旋转的结果。经结构面切割的块体大小与工程尺度的比例，是决定能否有效使用 GSI 的重要因素，建议应满足 1∶20 的关系。与工程结构尺寸相比，如果不连续面间距较大，则不能使用 GSI 指标和 Hoek-Brown 强度准则。

（2）由若干节理组合切割而成的互锁角状岩块，可采用 GSI 评价岩体质量与强度。最优适用范围为高度小于 20 m 的边坡，对于更大尺度的边坡工程，考虑到块体连续性递减，应适当减小 GSI 取值。

（3）对于 GSI>75 的完整或块状岩石，需注意岩体脆性剥落的可能；对于 GSI>75 的含少量节理的岩体，岩体稳定性一般由结构面控制，失稳主要受控于关键块体或楔形体；上述条件下不宜采用 GSI 指标评价岩体质量与强度。

（4）对于几乎完全失去结构形式的构造变形沉积物、层状沉积岩中的复杂折叠结构，GSI 可能存在较大误差，应谨慎使用 GSI 指标。

确定地质强度指标 GSI 值后，可借助 Hoek-Brown 强度准则进行岩体力学参数分析。Hoek-Brown 强度准则与 Mohr-Coulomb 强度准则关系曲线示意图见图 5-8，其中 Hoek-Brown 强度准则为：

$$\sigma_1 = \sigma_3 + \sigma_{ci}\left(m_b\frac{\sigma_3}{\sigma_{ci}} + s\right)^a \tag{5-32}$$

式中，σ_{ci} 为岩块单轴抗压强度，MPa；m_b、s、a 为表示岩体特性的半经验参数，可表示为地质强度指标 GSI 的函数：

$$\begin{cases} m_b = m_i\exp\left(\dfrac{\text{GSI} - 100}{28 - 14D}\right) \\ s = \exp\left(\dfrac{\text{GSI} - 100}{9 - 3D}\right) \\ a = \dfrac{1}{2} + \dfrac{1}{6}\left(e^{-\text{GSI}/15} - e^{-20/3}\right) \end{cases} \tag{5-33}$$

式中，GSI 取值参照图 5-7；m_i 为岩石材料常数，由完整岩石三轴压缩试验获取，也可按岩石类型、结构确定完整岩石常数 m_i；D 为考虑岩体受人为因素或自然因素扰动的弱化因子，对于一般岩质边坡，机械开挖宜取 0.2，控制爆破或光面爆破宜取 0.5，生产爆破宜取 1.0，对于软弱岩体边坡，机械开挖、控制爆破或光面爆破宜取 0.7，生产爆破宜取 1.0。

5-5 完整岩石常数 m_i 与弱化因子 D 的取值

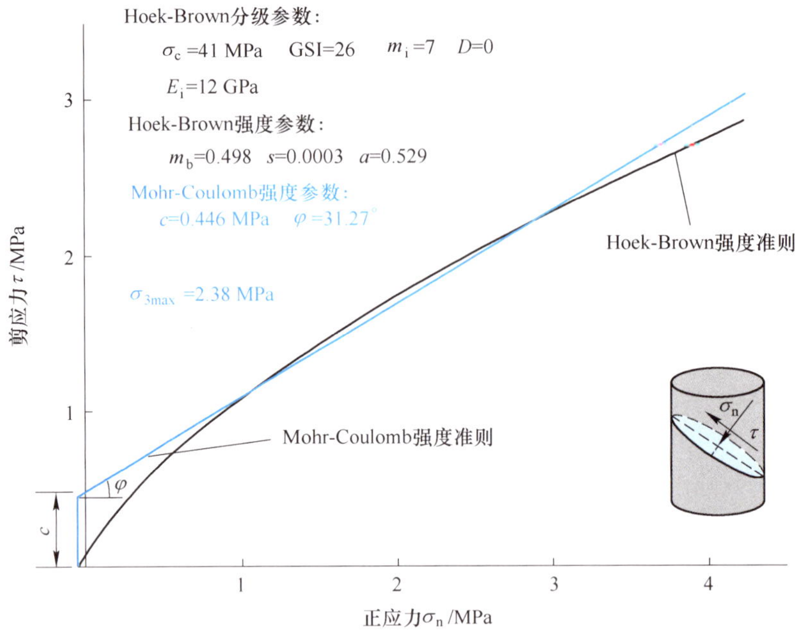

图 5-8 Hoek-Brown 强度准则与 Mohr-Coulomb 强度准则关系曲线示意图

Hoek-Brown 强度准则对应的等效内摩擦角和等效黏聚力计算公式：

$$\varphi = \arcsin\left[\frac{6am_b(s+m_b\sigma_{3n})^{a-1}}{2(1+a)(2+a)+6am_b(s+m_b\sigma_{3n})^{a-1}}\right] \tag{5-34}$$

$$c=\frac{\sigma_{ci}[(1+2a)s+(1-a)m_b\sigma_{3n}](s+m_b\sigma_{3n})^{a-1}}{(1+a)(2+a)\sqrt{1+[6am_b(s+m_b\sigma_{3n})^{a-1}]/[(1+a)(2+a)]}} \tag{5-35}$$

式中，$\sigma_{3n}=\sigma_{3max}/\sigma_{ci}$，其中 σ_{3max} 为最小主应力上限值，与岩体工程类型有关，对于边坡工程岩体，可由下式确定：

$$\frac{\sigma_{3max}}{\sigma_{cm}}=0.72\left(\frac{\sigma_{cm}}{\gamma H}\right)^{-0.91} \tag{5-36}$$

式中，H 为坡高；γ 为岩体重度；σ_{cm} 为节理岩体的整体强度，当 $\sigma_t<\sigma_3<\frac{\sigma_{ci}}{4}$ 时，可由下式确定：

$$\sigma_{cm}=\sigma_{ci}\cdot\frac{[m_b+4s-a(m_b-8s)](m_b/4+s)^{a-1}}{2(1+a)(2+a)} \tag{5-37}$$

5-6 等效岩体技术确定岩体物理力学参数

5.3.3.3 数值试验法

数值试验法是近年发展的确定节理岩体力学参数的一种有效途径，该方法的基本思路为：首先建立岩体结构模型，在考虑岩块和结构面力学行为的基础上，利用数值方法在模型上施加荷载模拟力学试验的过程，以此来确定节理岩体的物理力学参数。其中最为典型的是利用等效岩体技术确定岩体物理力学参数。

5.3.4 岩体变形模量估算方法

变形模量是描述岩体变形特性的重要参数，可通过现场荷载试验确定。但由于现场荷载试验周期长、费用高，一般只在重要或大型工程中采用。因此，在岩体质量评价和大量试验资料的基础上，建立岩体分类指标、纵波波速等参数与变形模量之间的关系，是高效、经济地估算岩体变形模量的重要手段。

（1）由岩体分类指标估算。研究表明，用地质力学分类系统对岩体评分，根据评分结果可近似估算岩体变形模量，国内外很多学者在研究岩体变形模量实测资料的基础上，提出多种变形模量 E_m 与岩体分类指标间的经验关系式，如表 5-29 所示。

表 5-29　E_m 与岩体分类指标间经验关系式汇总表

序号	经验关系式	提出者
1	$E_m = 2RMR - 100$	Bieniawski（1978）
2	$E_m = 10^{(RMR-10)/40} = (10 \sim 40)\lg Q$	Serafim and Pereira（1983）
3	$E_m = E_i/100[0.0028\,RMR^2 + 0.9\exp(RMR/22.82)]$, $E_i = 50\text{ GPa}$	Nicholson and Bieniawski（1990）
4	$E_m = E_i\{0.5[1-\cos(\pi \cdot RMR/100)]\}$, $E_i = 50\text{ GPa}$	Mitri 等（1994）
5	$E_m = 0.1(RMR/10)^3$	Read 等（1999）
6	$E_m = 10Q_c^{1/3}$, $Q_c = Q\sigma_{ci}/100$, $\sigma_{ci} = 100\text{ MPa}$	Barton（2002）
7	$E_m = (1-D/2)\sqrt{\sigma_{ci}/100} \times 10^{(GSI-10)/40}$, $\sigma_{ci} \leqslant 100\text{MPa}$ $E_m = (1-D/2) \times 10^{(GSI-10)/40}$, $\sigma_{ci} > 100\text{MPa}$	Hoek 等（2002）
8	$E_m = E_i(s^a)^{0.4}$, $E_i = 50\text{ GPa}$, $s = \exp[(GSI-100)/9]$, $a = 1/2 + 1/6[\exp(-GSI/15) - \exp(-20/3)]$	Sonmez 等（2004）
9	$E_m = E_i s^{1/4}$, $E_i = 50\text{ GPa}$, $s = \exp[(GSI-100)/9]$	Carvalho（2004）
10	$E_m(\text{MPa}) = 100000\left[\dfrac{1-D/2}{1+e^{(75+25D-GSI)/11}}\right]$ $E_m = E_i\left[0.02 + \dfrac{1-D/2}{1+e^{(60+15D-GSI)/11}}\right]$	Hoek and Diederichs（2006）

2006 年，Hoek 和 Diederichs 通过对中国 494 组岩体变形模量实测数据的统计分析，建立了岩体变形模量与地质强度指标的回归关系式：

1）简化 Hoek-Diederichs 关系式：

$$E_m(\text{MPa}) = 100000\left[\frac{1-D/2}{1+e^{(75+25D-GSI)/11}}\right] \tag{5-38}$$

2）通用 Hoek-Diederichs 关系式：

$$E_m = E_i\left[0.02 + \frac{1-D/2}{1+e^{(60+15D-GSI)/11}}\right] \tag{5-39}$$

5-7 模量比 MR 的取值

式中，E_i 为完整岩石变形模量（MPa），无完整岩石变形模量实测数据时，可用 $E_i = MR \cdot \sigma_{ci}$ 进行估算，其中 MR 为模量比。

简化 Hoek-Diederichs 关系中仅包含 GSI 和 D 两个变量，适用于缺乏完整岩石力学参数的情况，当扰动系数 $D=0$ 时拟合效果较好；而通用关系式包含了完整岩石的变形模量参数，计算精度较高，适用范围广。

（2）由纵波波速估算。由于声波测试技术对岩体扰动程度低，可真实反映岩体的赋存环境特征，并可由纵波波速 V_p 直接估算岩体变形模量 E_m。

为了获取岩体纵波波速 V_p 与 Q 指标之间更普遍、更一般的关系，1993 年 N. Barton 通过对挪威、瑞典、中国等国家大量工程数据的分析，总结出以下关系：

$$Q = 10^{\frac{V_p - 3500}{1000}} \tag{5-40}$$

联立上式与表 5-29 中的关系式 2 可得 V_p 与 E_m 之间的关系式：

$$E_m = \frac{V_p - 3500}{40} \tag{5-41}$$

另将 V_p 与 RMR 之间的关系式：

$$\mathrm{RMR} = 14.9688V_p - 3.7838 \quad (\mathrm{SRF} = 1) \tag{5-42}$$

$$\mathrm{RMR} = 14.0458V_p + 4.2398 \quad (\mathrm{SRF} \neq 1) \tag{5-43}$$

代入表 5-29 中的关系式 2，可得 V_p 与 E_m 之间的关系式如下：

$$E_m = 10^{0.3742V_p - 0.3446} \quad (\mathrm{SRF} = 1) \tag{5-44}$$

$$E_m = 10^{0.3512V_p - 0.1440} \quad (\mathrm{SRF} \neq 1) \tag{5-45}$$

式中，SRF 为岩体质量指标 Q 中的应力折减系数。

事实上，岩体密度及受扰动程度等是影响纵波波速的重要因素，进而影响变形模量的取值。因此，今后采用更合理的方法测定纵波波速是求取准确岩体变形模量的关键。

5-8 波速测试试验（视频）

习题与思考题

5-1 名词解释

（1）固结排水试验；（2）等效内摩擦角；（3）工程岩体；（4）结构面；（5）岩体强度。

5-2 简答题

（1）土的抗剪强度指标可以分成哪些种类？

（2）边坡稳定性分析中，选取土体强度参数时应遵循哪些基本原则？

（3）简述直剪试验的类型与方法。

（4）简述结构面抗剪强度计算的常用方法。

（5）主要依据哪些指标确定结构面结合程度？

（6）常用的岩体分级（类）方法有哪些？

（7）岩体地质力学分级指标 RMR 的计算主要考虑哪些因素？

（8）简述 Q_{slope} 分级的主要作用。

（9）简述常用的岩体变形模量经验确定方法。

5-3 论述题

（1）论述三轴试验条件下的三种强度指标的适用情况。

（2）论述 Hoek-Brown 强度准则及其岩体强度估算流程。

（3）论述岩体基本质量指标分类法（BQ 法）确定边坡岩体质量的流程。

5-4 计算题

（1）某边坡内部存在一结构面，倾角 $\beta = 35°$，平均埋深 $h = 20$ m，结构面长度 $l = 10$ m，岩体容重 $\gamma = 26$ kN/m^3，现场测得 JRC = 5，JCS = 8600 kPa，试求该结构面上的粗糙度角 i。

（2）某粉砂岩边坡，未受扰动，坡高 $H = 100$ m，岩体重度 $\gamma = 23$ kN/m^3，$m_i = 10$，GSI = 45，单轴抗压强度 $\sigma_c = 50$ MPa，试按 Hoek-Brown 经验公式计算岩体内摩擦角和黏聚力。

6 赤平极射投影与边坡稳定性运动学分析

本章主要内容：

本章主要介绍赤平极射投影在岩质边坡稳定性分析中的应用，重点讲述赤平极射投影的基本原理、读图与作图方法等，并结合实例详细介绍如何使用 Dips 软件解决岩质边坡稳定性运动学分析问题。

学习目标及要求：

熟练掌握赤平极射投影法的基本原理、读图与作图方法，学会利用赤平极射投影法分析岩质边坡稳定性，并会使用 Dips 软件解决工程问题。

6.1 概述

赤平极射投影法是边坡稳定性分析图解法的一种，是岩质边坡稳定性分析中的重要方法和工具，应用赤平极射投影法可使复杂问题简单化、抽象问题形象化。

在工程地质领域，主要采用倾向（走向）、倾角描述结构面产状，如图 6-1 所示。赤平极射投影法不仅可以将倾向（走向）、倾角等空间信息同时表示在一个平面上，还可以确定多个结构面交线的产状、边坡面与结构面的空间关系等，实现结构面空间参数统计以及弱面控制型边坡的稳定性分析。

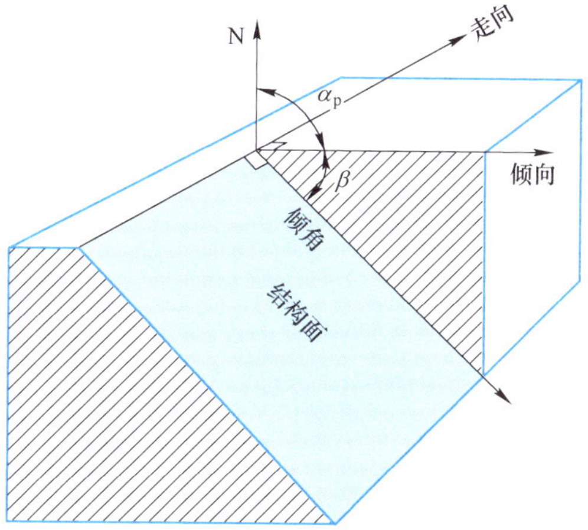

图 6-1　结构面的空间表达（产状）

本章从赤平极射投影基本概念入手，详细介绍赤平极射投影读图与作图的基本方法，重点介绍如何利用赤平极射投影法判断岩质边坡失稳模式，并阐述 Dips 软件分析岩质边坡稳定性的操作流程。

6.2 赤平极射投影基本原理

6.2.1 基本概念

赤平极射投影简称赤平投影，是描绘物体三维空间几何要素（点、线、面）的空间方向和它们之间角距关系的一种平面投影。该方法是一种简便、直观的定性图解方法，能够解决边坡结构面空间关系分析等方面的诸多实际问题，是研究岩质边坡稳定性的一种实用方法。如图 6-2 所示，赤平极射投影主要包括以下 4 个投影要素：

（1）投影球。以任意长为半径作成的球，投影球的表面称为球面。

（2）赤道平面。过投影球球心的水平面，即赤平投影面。

（3）基圆。赤道平面与投影球面相交的大圆（*NESW*），或称赤道大圆，圆内标有东西和南北直径线。

（4）极射点。投影球上、下两极射线的发射点。

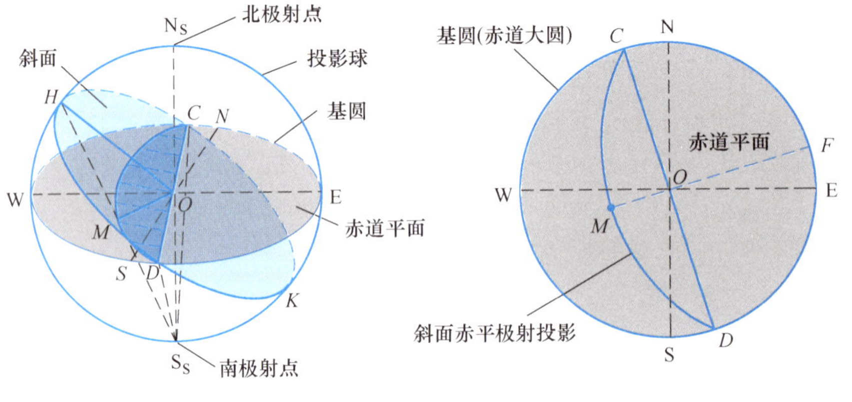

(a) (b)

图 6-2 赤平极射投影基本要素

6-1 上下半球投影原理及过程（视频）

赤平极射投影法的实质是把物体界面的形心与球心重合，将其几何要素（点、线、面）投影到赤道平面上，化立体为平面的一种投影方法。其中，物体界面与投影球的交线为一圆弧，称为该物体界面的球面投影。由球体的南极或北极为视点发出与球面投影相交的射线，在赤道平面上的交点相连构成一圆弧，即为此物体界面的赤平极射投影。

以投影球的南极 S_S 为视点发出射线，得到的赤平极射投影为上半球投影；以投影球的北极 N_S 为视点发出射线，得到的赤平极射投影为下半球投影。如无特殊说明，本章均采用上半球投影。

如图 6-2（a）所示，从南极 S_S 向斜面 *DHCK* 与上半球球面的交点 *D*、*H*、*C* 作

射线 S_SD、S_SH、S_SC，称为极射线，它们与赤道平面 *NESW* 的交点 *D*、*M*、*C* 所形成的圆弧 *DMC* 即为斜面 *DHCK* 的上半球赤平极射投影。

如图 6-2（b）所示，圆 *NESW* 为赤平大圆，其上、下、左、右分别代表北（N）、南（S）、西（W）、东（E）方位，圆弧 *DMC* 为斜面 *DHCK* 的赤平极射投影。*C*、*D* 两点连线代表该斜面走向线，其方位由 *C* 点（或 *D* 点）在赤平大圆上借助投影网读出。圆弧 *DMC* 凹部所指方向代表该斜面的倾向方向，其中 *M* 点与圆心 *O* 的连线即为该斜面的倾向线，延长 *MO* 与赤平大圆交于 *F* 点，*F* 点在赤平大圆上的方位，即为该斜面的倾向。

6.2.2 投影网

为了迅速准确地作图，判断平面或直线的空间方向及它们之间的角距关系，需使用一个按照赤平极射投影原理绘制的赤平投影网。目前应用较为广泛的赤平投影网有两种：一种是吴尔福（Wulff）创造的赤平极射等角度投影网，简称吴氏网；另一种是施密特（Schmidt）提出的赤平极射等面积投影网，简称施氏网。两种投影网各有特点，但用法基本相同。吴氏网具有等角度性，作图方便，在旋转操作方面具有优越性，多用于探讨结构体的组合特征及结构面与坡面或开挖面的组合关系等；而施氏网具有等面积性，广泛用于地质力学分析中统计结构面的分布密度，找出优势结构面，为边坡稳定性分析提供地质依据。

6.2.2.1 吴氏网

吴氏网由基圆和经纬网组成，并将基圆按 360°方位角分度。经纬网是由一系列南北走向的经向大圆弧和一系列东西走向的纬向小圆弧交织而成。标准基圆直径为 20 cm，投影网网格由 2°分格的一系列经纬线组成，如图 6-3 所示。

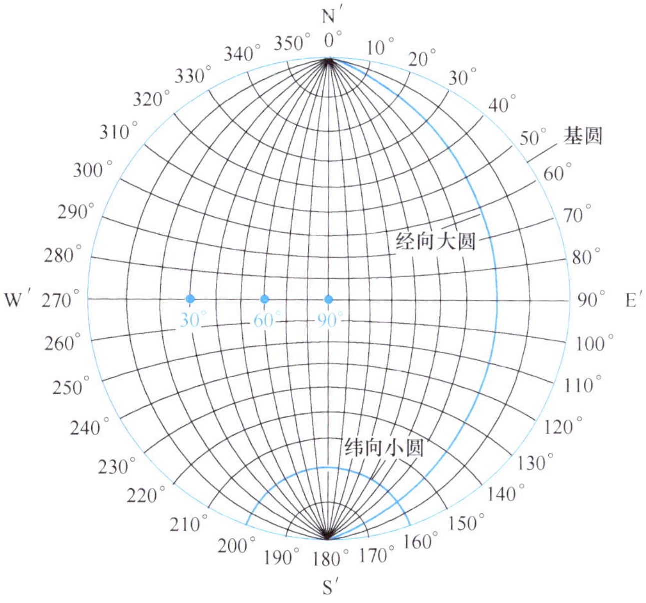

图 6-3 吴氏赤平极射等角度投影网

（1）经线的绘制。经线为通过投影球心的一组平面（走向南北、倾向东或倾向西、倾角为0~90°）的赤平极射投影，是直径各不相同的圆弧。如图6-4所示，绘制时，首先将投影网外圆弧 $N'W'$ 分度（每格2°或5°），并将分度所得各点与点 S' 直线相连，这些直线在线段 $W'O$ 上有一系列交点。作交点与点 S' 连线的垂直平分线，其与线段 OE'（或其延长线）相交，得到一系列交点 D，再分别以这些交点为圆心，以交点到点 S' 的距离为半径，作一系列通过 $N'S'$ 的圆弧，这些圆弧即为投影网西半部的经线。同理，将弧 $N'E'$ 分度，可作出东半部的经线。图6-4所示为一条倾向东、倾角50°的经线作图示意。

6-2　经线和纬线的绘制（视频）

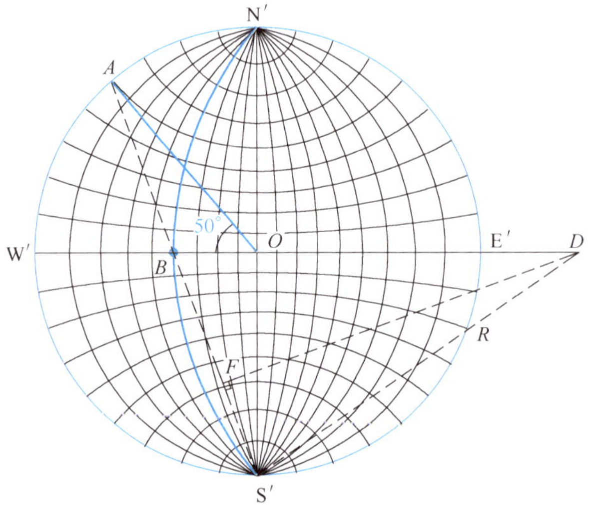

图6-4　吴氏网经线绘制示意图

（2）纬线的绘制。纬线为不通过投影球球心，走向东西，纬度（球面法线与赤道平面的夹角）为南纬0~90°和北纬0~90°的一组垂直平面的赤平极射投影。如图6-5所示，绘制时首先将弧 $N'E'$ 分度（每格2°或5°），再将所得各点（如图中点 A 和点 C）与圆心 O 相连，然后自各点作切线，与经线 $S'N'$ 的延长线相交得到一系列交点。以这些交点为圆心，以交点至弧 $N'E'$ 上各相应分度点的切线段为半径作圆弧，这些圆弧即为北半部的纬线。同理，将弧 $S'W'$ 分度可作出南半部的纬线，图6-5所示为北纬30°和50°的纬线作图示意。

6.2.2.2　施氏网

施氏网是一种等面积投影网，即投影球球面上任一给定面积的球缺面，不论此球缺面位于球的任何位置，其赤平投影图形的面积均相等，如图6-6所示。

施氏网作图仍以投影球为投影工具，但投影面不是通过球心的赤道平面，而是将投影球上部（或下部）与投影球极点相切的水平面（见图6-7）作为赤平投影面，该水平面称为等面积投影平面。设结构面 R 产状通过球心，其法线 OP 与球面交于点 P。以球顶点 S_S 为圆心，以 S_SP 为半径，作一圆弧与等面积投影平面 S_SS' 交于点 P'，此点即为线段 OP 的等面积投影点，而 R_n（线段 PN_S 与等角投影平面的交点）为 OP 的等角投影点。

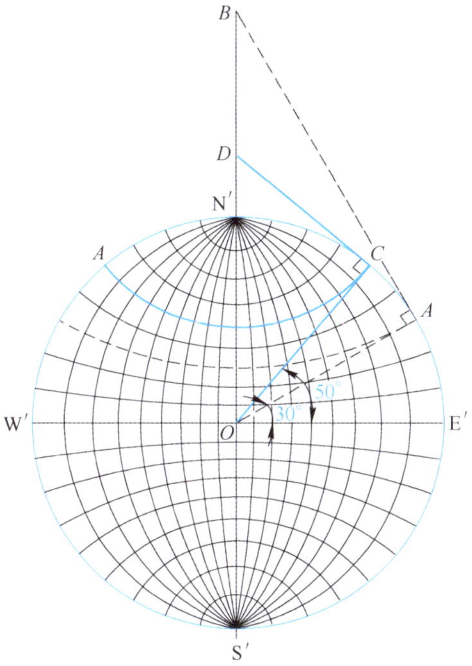

图 6-5 吴氏网纬线绘制示意图

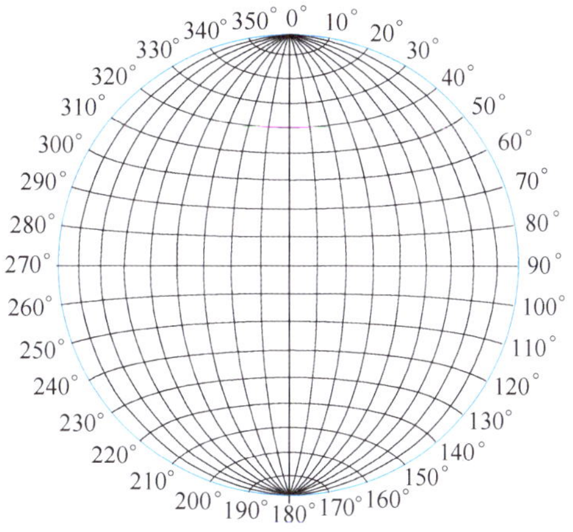

图 6-6 施氏赤平极射等面积投影网

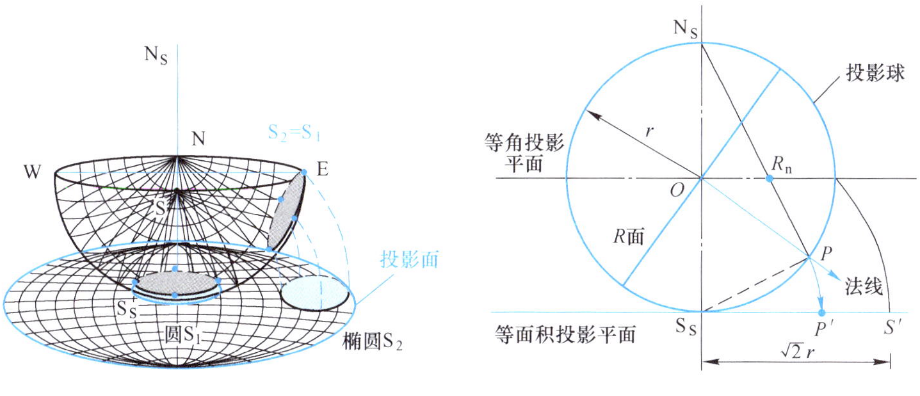

(a) (b)

图 6-7 等面积赤平投影示意图

(a) 三维示意图；(b) 二维示意图

按照上述方法绘制的投影整体扩大为原来的$\sqrt{2}$倍，即可得到等面积赤平极射投影图。

6.3 赤平极射投影读图与作图基本方法

赤平极射投影的应用主要包括两个方面：(1) 根据已绘出的空间点、线、面等几何要素的赤平极射投影图测读其空间方位和产状；（2）根据几何要素的空间方位和产状作出其赤平极射投影图。

对已绘制好的投影图进行测读时，如果有透明的投影网，可将投影网覆于投影图上进行测读（投影网大小应与投影图一致）；如果没有透明的投影网，则要将描在透明纸上的投影图覆于投影网上进行。作所需的投影图时，一般将透明纸覆于投影网上进行操作。在读图和作图时都必须使投影图、透明纸与投影网的圆心重合。

6.3.1 赤平极射投影基本读图法

6-3 赤平极射投影基本读图法演示（视频）

6.3.1.1 极点的测读

应用赤平投影进行边坡稳定性分析时，极点常用来代表结构面的产状，每一个极点代表一个结构面法线的赤平投影，即代表了该结构面，极点的测读方法如下：

如图 6-8 所示，投影图上已知极点 *A*，测读时，将透明的投影图覆于投影网（吴氏网）上，使二者的圆心重合。转动投影网，直至 *A* 点落在投影网的 *E′W′* 线上，连接 *OA*，*OA* 所指的方位（40°）为结构面的倾向。由 *A* 点向投影网的圆心方向按经线的分度数 90°，得 *P* 点。*P* 点所在的经线即为极点 *A* 所代表的结构面投影大圆。该经线端点在投影图基圆上的方位为结构面的走向方位，经线所代表的角度为结构面的倾角。图中极点 *A* 代表走向 N50°W、倾向 NE、倾角 70°的结构面。

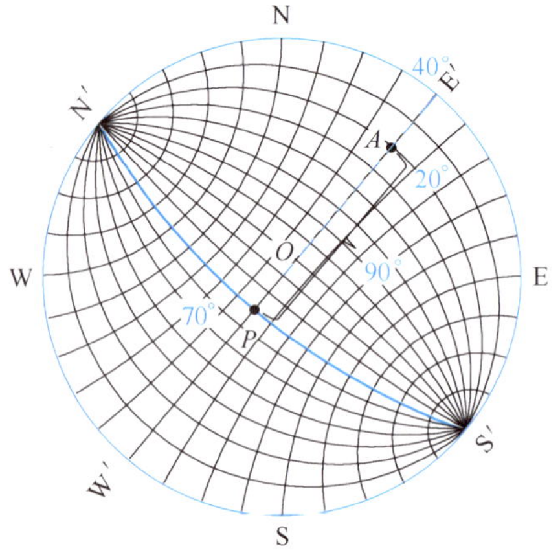

图 6-8 极点的测读

若极点 *A* 代表空间中一直线的投影，则连接 *AO*，按图 6-9 所示的读图法可读出该直线的产状。

6.3.1.2 直线产状的测读

如图 6-9 所示，投影图上直线 *AO*，表示空间一直线的赤平极射投影，读图时将透明的投影图覆于投影网上，转动投影网，使投影网的 *E′W′* 与 *AO* 重合。延长 *OA* 到基圆，得 *B* 点。读 *BA* 线段所包括的经线分度值，或 *A* 点处经线所代表的角度即为该直线的倾角（30°）。*AO* 所指的方位，或延长 *AO* 至基圆，得 *C* 点，*C* 点的方位分度值即为该直线的倾向（40°）。

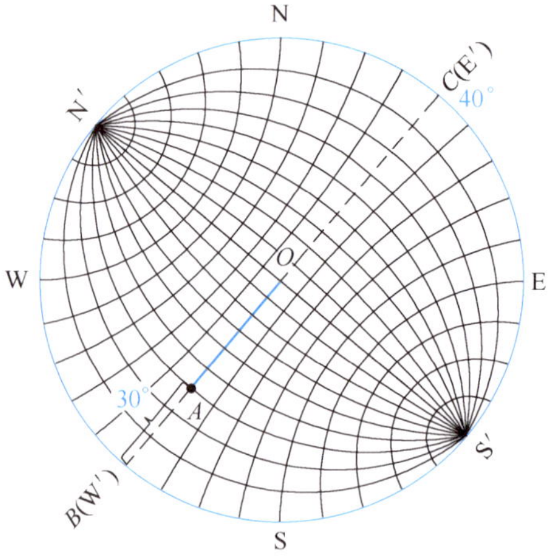

图 6-9 直线产状的测读

6.3.1.3 平面产状的测读

如图 6-10 所示，大圆 *ABC* 为一平面的上半球赤平极射投影，读图时将透明的投影图覆于投影网上，转动投影网，使投影网的 N'、S' 与 A、C 两点重合，即使平面的走向线 AC 与投影网的 $N'S'$ 线重合。连接 BO，为平面的倾向线，所指方位为平面的倾向（310°）。A 点（或 C 点）所在的方位为平面的走向方位。与大圆 ABC 重合的经线所代表的角度，为该平面的倾角。由图 6-10 读得大圆 ABC 所代表的平面产状为走向 N40°E、倾向 NW、倾角 30°。

6.3.1.4 平面上两直线夹角的测读

如图 6-11 所示，大圆 ABC 为已绘制的平面投影，GO 和 HO 为该平面上的两条直线，G 点和 H 点都在大圆 ABC 上。读图时，将透明的投影图覆于投影网上，转动投影网，使投影网的 N'、S' 与 A、C 两点重合。在大圆 ABC 上按投影网的网格读取 GH 弧段所包含的纬度线的纬度数，即为直线 GO 和 HO 的夹角（60°）。

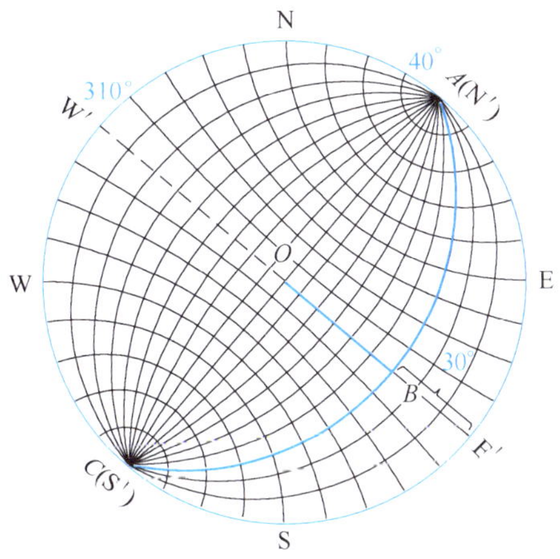

图 6-10 平面产状的测读

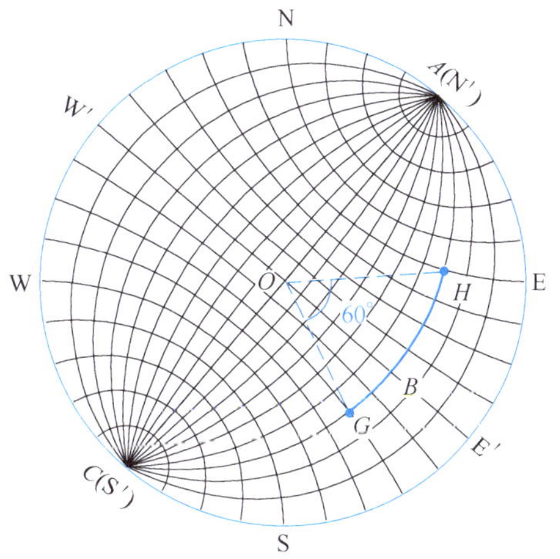

图 6-11 平面上两直线夹角的测读

平面上两直线相交（除垂直相交外），有两个不等的夹角，二者为互补关系。投影图只表示上半球投影，读得的夹角为两直线同时位于上半球或同时位于下半球时的夹角 60°；当两直线中一条位于上半球，另一条位于下半球时，其夹角为 180°－60°＝120°。

6.3.2 赤平极射投影基本作图法

6.3.2.1 产状已知的直线投影作图

如图 6-12 所示，已知直线产状为倾向 N50°W、倾角 40°，其赤平极射投影作图步骤如下：

（1）在透明纸上作一基圆，直径等于投影网直径，O 为圆心，在基圆上标出 N、S、W、E 方位和方位角分度；

（2）在基圆上根据已知直线倾向（N50°W）标出 A 点，并连接 AO；

（3）将透明投影图覆于投影网上，转动投影网使 $E'W'$ 线与 AO 重合，延长 AO，找到与已知直线倾角（40°）一致的经线，将其与投影网 $E'W'$ 线的交点绘于投影图上，为 P 点；

（4）连接 PO，即为已知直线的赤平投影。

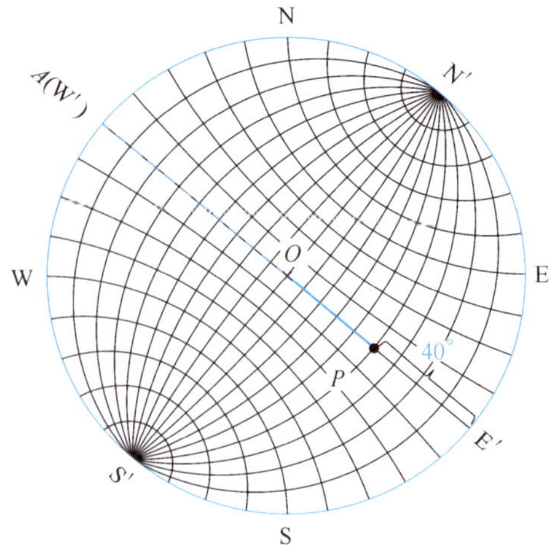

图 6-12 直线的赤平投影作图

6.3.2.2 产状已知的平面投影作图

如图 6-13 所示，已知平面的产状为走向 N50°E、倾向 NW、倾角 40°，其赤平极射投影作图步骤如下：

（1）如基本作图法第 6.3.2.1 节，在透明纸上作好基圆，并标出已知平面的走向方位点 A（N50°E）和倾向方位点 D（N40°W）；

（2）将透明投影图覆于投影网上，转动投影网，使 A 点与投影网的 N' 点重合，此时 W' 点也与 D 点重合；

（3）在与倾向方位点 D 相对的半圆内，找出与已知平面倾角一致的经线（40°），将其描在投影图上，得到大圆 ABC，即为该平面赤平投影。

6.3.2.3 已知直线产状，垂直于该直线的平面投影作图

如图 6-14 所示，已知直线产状为倾向 N50°E、倾角 50°，垂直于此直线的平面赤平极射投影作图步骤如下：

（1）按基本作图法第 6.3.2.1 节，将已知直线绘于透明的投影图上，为直线 PO；

（2）自 P 点沿投影网的 $E'W'$ 线，向圆心方向按经线的分度数 90° 延长，得 B 点；

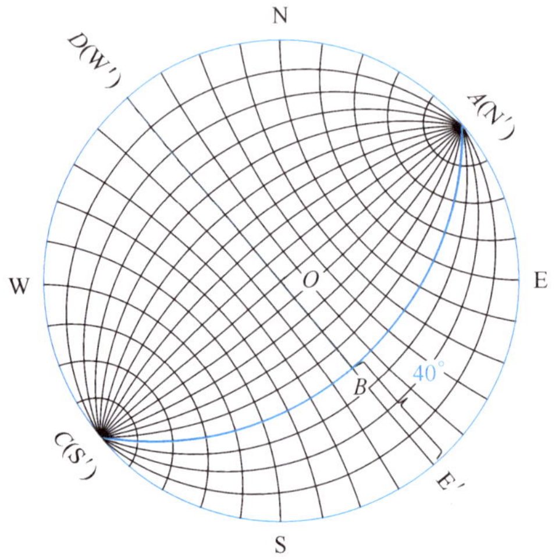

图 6-13 平面的赤平投影作图

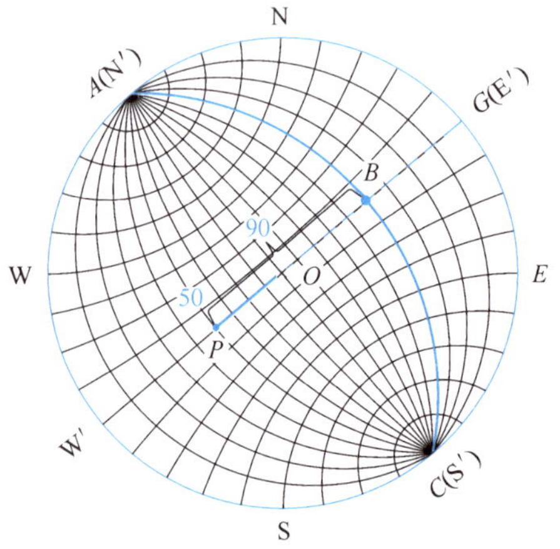

图 6-14 垂直于已知直线的平面赤平投影作图

（3）将 B 点所在经线描绘在投影图上，得大圆 ABC，即为所求平面投影，其产状为走向 N40°W、倾向 SW、倾角 40°。

根据该作图法，若已知极点（平面法线），也可作出其所代表的结构面赤平极射投影。

6-4 其他线面关系的赤平极射投影作图法

6.3.2.4 已知平面的法线或极点投影作图

如图 6-15 所示，已知平面产状为走向 N50°E、倾向 NW、倾角 40°，其法线赤平极射投影作图步骤如下：

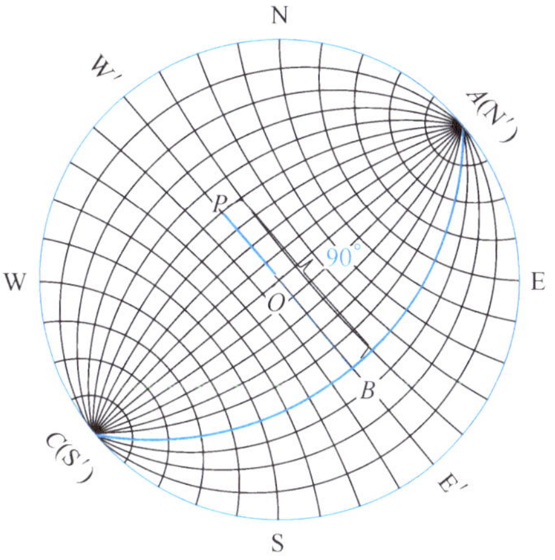

图 6-15 已知平面的法线赤平投影作图

（1）按基本作图法第 6.3.2.2 节，将已知平面绘于透明的投影图上，为大圆 ABC；

（2）连接 BO，为已知平面的倾向线。自 B 点沿投影网的 $E'W'$ 线，向圆心方向按经线的分度数 90°延长，得到 P 点，即为已知平面的极点；

（3）连接 PO，即为所求法线的赤平极射投影，其产状为倾向 S40°E、倾角 50°。

6.4 岩质边坡稳定性运动学分析

赤平极射投影在岩质边坡（包括自然边坡和人工边坡）稳定性分析中的应用非常广泛，不仅能通过统计分析给出边坡优势结构面组，而且能确定不稳定结构体潜在滑动方向，分析边坡稳定条件及初步评价稳定状态。目前专业的赤平极射投影软件可以替代人工完成岩质边坡稳定性分析工作，对岩体结构面进行统计分析，结合结构面强度条件等计算不稳定滑动面的具体参数，并且具有投影图绘制精度高、分析速度快、操作简单等优势。常用软件包括 Dips、RockPack 和理正岩土等，本节将以 Dips 软件为例，介绍其在边坡稳定性分析中的应用。

6.4.1 岩质边坡结构类型及失稳模式

大量工程地质实践表明，岩质边坡失稳破坏多数是沿岩体中软弱结构面发生，即岩体在自重力和工程力作用下发生的破坏，主要是由结构面切割构成的结构体沿结构面发生剪切位移，或拉裂，或整体累积变形和破裂等。因此，岩质边坡的稳定性主要取决于：

（1）结构面的物理力学性质及其空间分布和组合关系；

（2）结构体的物理力学性质；

（3）岩体受力的大小和方向。

前两项构成岩体本身的结构和强度，是岩体发生变形破坏的内因和物质基础，因此在对岩质边坡的稳定性进行分析评价时，必须首先对边坡结构做出正确分析。

岩质边坡结构在自然界中存在的类型十分复杂，按照不同的工程要求，可划分为若干种类。而结合边坡稳定问题，可将其划分为均质或似均质体边坡、层状体边坡、块状体边坡和软弱基座体边坡，详见第 2 章。其中，层状体边坡和块状体边坡可采用赤平极射投影法分析结构面对边坡稳定性的影响。

（1）层状体边坡。层状体边坡是由相互平行的结构面切割而成，结构体为层状，以沉积岩最为典型。此类结构面的连续性较强，并且往往因存在软弱夹层而导致边坡失稳破坏。层状结构边坡的变形破坏主要表现为顺层滑动，断面上的滑动线为直线形，见图 6-16（a）。该类边坡的稳定性主要取决于结构面的产状及其抗剪强度。

（2）块状体边坡。块状体边坡是由两组或多组不同产状的结构面切割而成，结构体为多面体。结构面成因类型包括两种：一种属于原生的，如火成岩中的原生节理，在岩体中分布比较均匀，有一定连续性；另一种属于构造节理，是岩体受构造力作用发生变形破裂形成的，系统性较分明，连续性也较好。无论是原生节理或构造节理，它们在岩体中往往是两组或多组相互交叉出现，具有一定的组合规律。因此，该类边坡的变形破坏也明显受结构面控制，表现为由结构面和临空面围成的结构体沿某一结构面滑动，或同时沿某两个甚至多个结构面滑动，断面上的滑动线呈直线或折线形，见图 6-16（b）。

需要说明的是，在层状体或块状体边坡中，当主控结构面的倾角较陡，且倾向坡内时，在与平缓结构面共同作用下，还可能发生倾倒破坏，见图 6-16（c）。

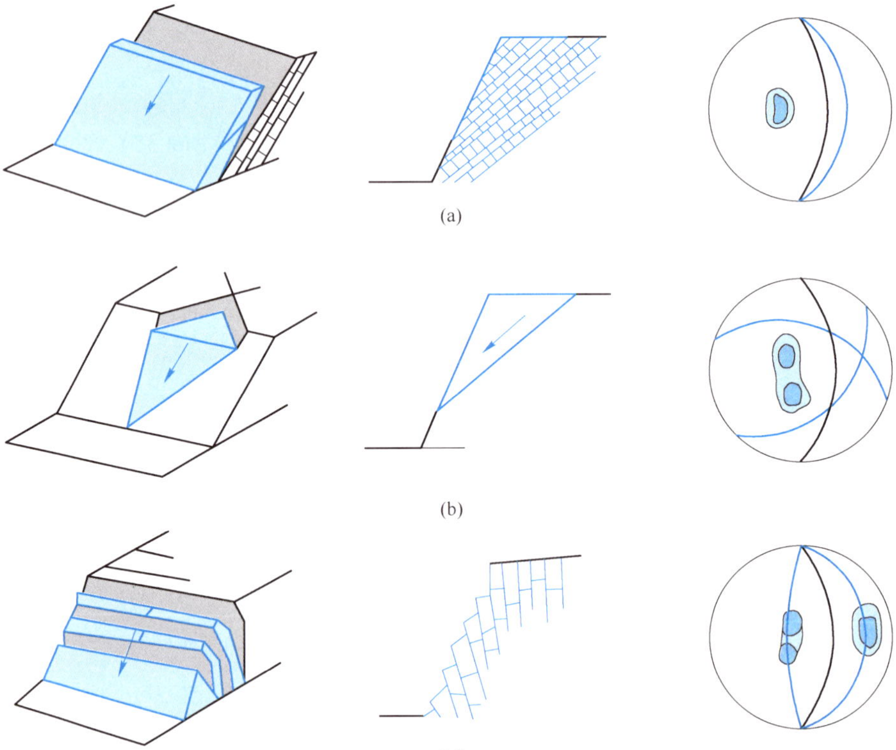

(a)

(b)

(c)

图 6-16 岩体结构、失稳模式及其赤平投影

6.4.2 边坡滑动方向分析

单结构面控制或层状体边坡只受自重作用时，沿结构面倾向方向的滑移势能最大，即重力在结构面倾向方向上的滑动分量最大，因此对于单结构面控制或层状体边坡，结构面的倾向方向即为其潜在滑动方向，如图 6-17 所示。

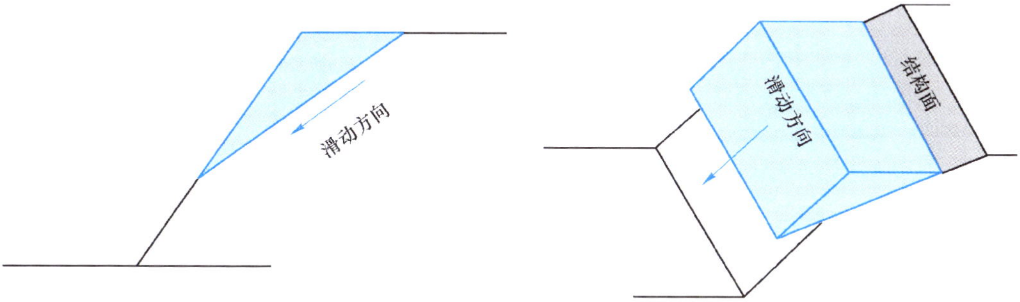

图 6-17 单结构面控制边坡滑动示意图

块状体边坡被两个相交的结构面切割时，构成的潜在滑移体多数为楔形体，在重力作用下的滑动方向，一般由两个结构面组合交线的倾斜方向控制，但也有例外。根据结构面赤平极射投影图判断该类边坡滑动方向的一般步骤为：在赤平极射投影图上作出坡面和两个结构面 J_1、J_2 的投影，绘出结构面的倾向线 AO 和 BO，以及两结构面的组合交线 IO，如图 6-18 所示，则边坡的滑动方向包括以下几种情况：

（1）当两结构面的组合交线 IO 位于结构面倾向线 AO 和 BO 之间时，IO 的倾斜方向即为滑体的滑动方向，两结构面均为滑动面，如图 6-18（a）所示。

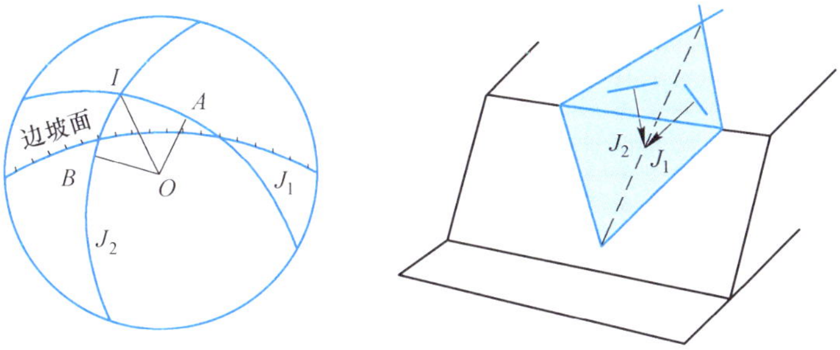

(a)

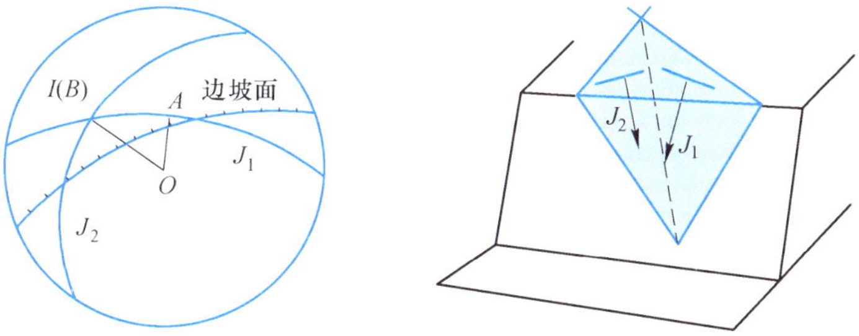

(b)

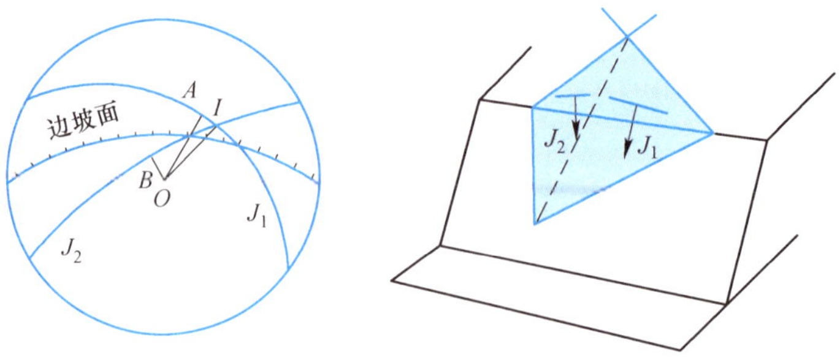

(c)

图 6-18 楔形体滑动示意图

(a) *IO* 位于 *AO* 与 *BO* 之间；(b) *IO* 与 *BO* 重合；(c) *IO* 位于 *AO* 与 *BO* 的外侧

(2) 当两结构面的组合交线 *IO* 与某一结构面的倾向线重合时，如图 6-18 (b) 中 *IO* 与结构面 J_2 的倾向线 *BO* 重合，*IO* 的倾斜方向代表滑体的滑动方向，此时结构面 J_2 为主要滑动面，结构面 J_1 为次要滑动面。

(3) 当两结构面的组合交线 *IO* 位于结构面倾向线 *AO* 和 *BO* 的外侧时，则位于中间的那条倾向线的倾斜方向为滑体滑动方向。如图 6-18 (c) 所示，结构面 J_1 的倾向线 *AO* 为滑动方向，滑体为只沿结构面 J_1 滑动的单滑面滑体，结构面 J_2 仅为侧向切割面。

6.4.3 边坡滑动可能性初步判断

利用赤平极射投影对边坡结构面进行分析，可以初步判断边坡产生滑移的可能性。

6.4.3.1 层状体边坡的稳定条件分析

图 6-19 为层面（结构面）走向与坡面走向基本一致的情况，此时，层状体边坡的稳定条件可分为以下 4 种情况：

(1) 不稳定条件。层面与坡面倾向相同，且层面倾角 β 缓于边坡角 $\alpha(\beta<\alpha)$，如图 6-19 (a) 所示，边坡处于不稳定状态。剖面图中 *ABC* 为有可能沿层面 *AB* 滑动的不稳定体。但在只有一个结构面条件下，如图 6-19 (a) 中的 *EF*，虽然其倾角较边坡角缓，但未在坡面上出露，外部岩体对其产生一定支撑作用，此时边坡岩体的稳定条件将得到一定程度的改善。

(2) 基本稳定条件。如图 6-19 (b) 所示，层面倾角等于边坡角 ($\beta=\alpha$)，沿层面不易出现滑动，边坡处于基本稳定状态。此时的边坡角即为从岩体结构分析的观点推断得到的稳定边坡角。

(3) 稳定条件。如图 6-19 (c) 所示，层面倾角大于边坡角 ($\beta>\alpha$)，边坡处于稳定状态。此时的边坡角可提高到虚线 *AB* 位置，使 $\beta=\alpha$，更为经济合理。

(4) 最稳定条件。如图 6-19 (d) 所示，当层面与边坡面的倾向相反，即层面倾向坡内时，无论层面的倾角陡或缓，对于滑动破坏而言，边坡均处于最稳定状态。但从变形观点来看，反倾向边坡也可能发生变形破坏，只是多数情况下没有明确的滑动面。

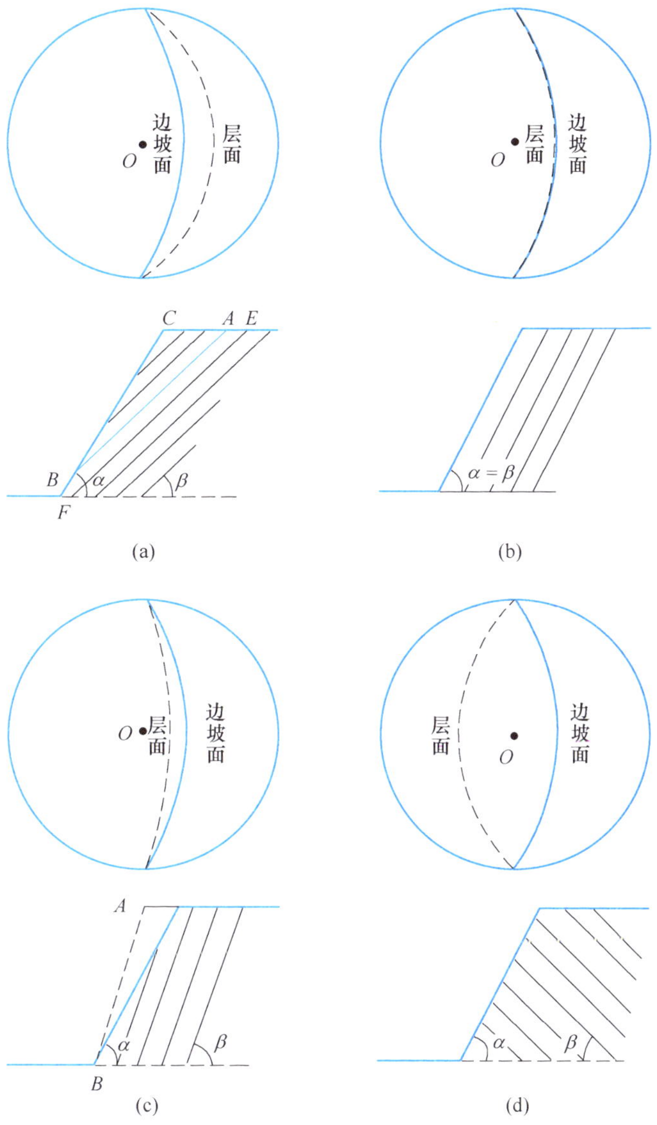

图 6-19 层状体边坡稳定条件分析

(a) $\beta<\alpha$；(b) $\beta=\alpha$；(c) $\beta>\alpha$；(d) 反倾边坡

6.4.3.2 块状体边坡的稳定条件分析

图 6-20 所示为两个结构面组合切割而成的双滑面边坡稳定条件分析，分为以下 5 种情况：

(1) 不稳定条件。如图 6-20（a）所示，两结构面 J_1 和 J_2 投影大圆的交点 I，位于开挖边坡面投影大圆 S_c 与自然边坡面投影大圆 S_n 之间，即两结构面组合交线的倾角比边坡开挖面倾角缓，而比自然边坡角陡。如果组合交线 IO 在开挖坡面和坡顶面上均有出露，则边坡处于潜在不稳定状态。但需要注意的是，如结构面的组合交线在坡顶面上的出露点距开挖边坡面很远，以致组合交线未在边坡面上出露，而是位于坡脚以下，此时相对于前述情况边坡的稳定条件将得到一定程度改善。

（2）**较不稳定条件**。如图6-20（b）所示，两结构面 J_1 和 J_2 投影大圆的交点 I，位于自然边坡面投影大圆 S_n 外侧，表明两结构面的组合交线虽然缓于开挖边坡面，也缓于自然边坡面，但其在坡顶面上无出露点，因此在坡顶面上没有纵向（边坡走向）切割面条件下，边坡可能处于稳定状态。如果存在纵向切割面，则边坡易出现滑动。

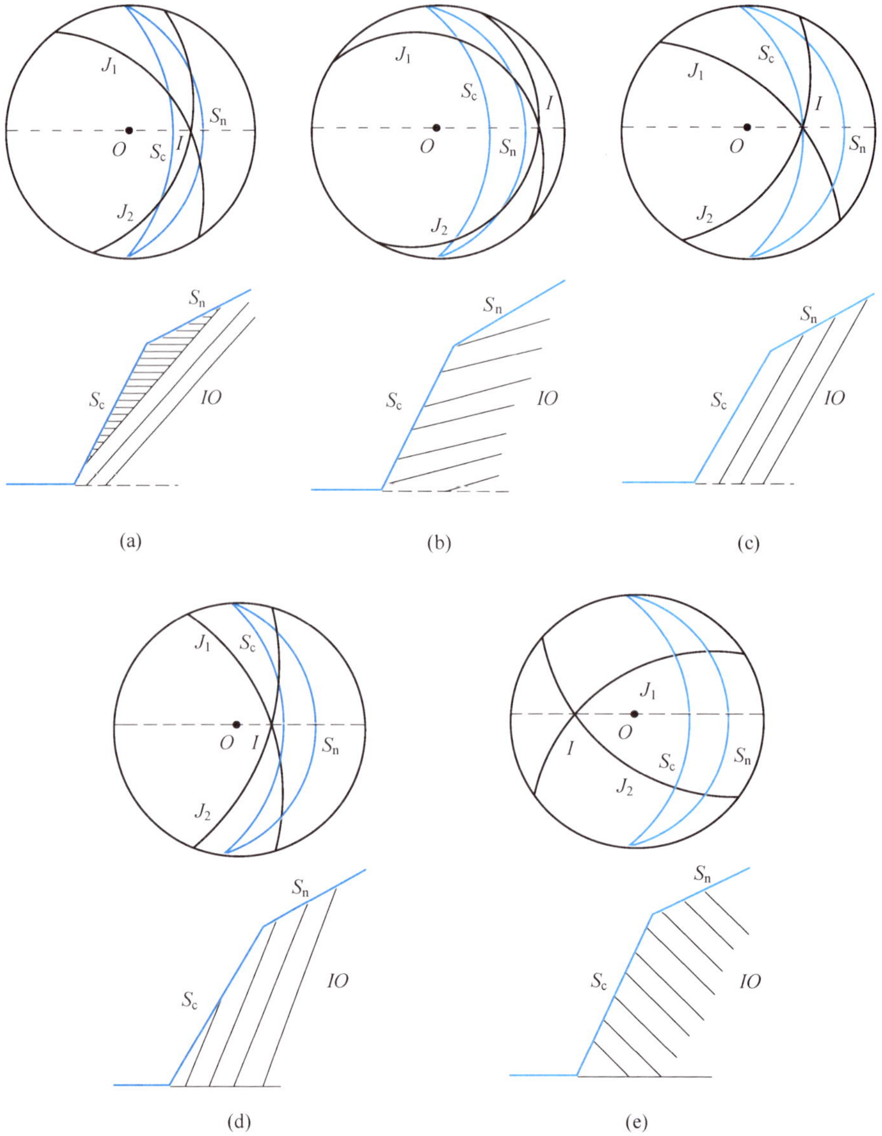

图6-20 双滑面边坡的稳定条件分析

（a）I 位于 S_c 和 S_n 之间；（b）I 位于 S_n 外侧；（c）I 位于 S_c 上；（d）I 位于 S_c 内侧；（e）I 位于 S_c 相对的半圆内（反倾边坡）

（3）基本稳定条件。如图6-20（c）所示，两结构面 J_1 和 J_2 投影大圆的交点 I，位于开挖边坡面投影大圆 S_c 上，表明两结构面的组合交线 IO 的倾角等于边坡开挖面的倾角，边坡处于基本稳定状态，此时的开挖边坡角，即为根据岩体结构分析推断的稳定边坡角。

（4）稳定条件。如图6-20（d）所示，两结构面 J_1 和 J_2 投影大圆的交点 I，位于开挖边坡面投影大圆 S_c 的内侧，即两结构面的组合交线 IO 的倾角陡于边坡开挖面的倾角，边坡处于稳定状态。

（5）最稳定条件。如图6-20（e）所示，两结构面 J_1 和 J_2 投影大圆的交点 I，位于与开挖边坡面投影大圆 S_c 相对的半圆内，表明两结构面的组合交线 IO 倾向坡内，边坡处于最稳定状态。

图6-20表示的是两结构面组合交线倾向与边坡面倾向平行时的特殊情况，当结构面组合交线倾向与边坡面倾向不同时，分析方法基本相同，即在绘有结构面和边坡面的赤平极射投影图上，可根据结构面投影大圆交点的位置，作出边坡稳定状态的初步判断。

该方法对于多组结构面切割时，初步判断不同组合形式下边坡的稳定条件是十分方便的。例如，已知边坡发育4组结构面，赤平极射投影如图6-21所示，可知4组结构面互相组合，共有6个交点（A、B、C、D、E、F），这些交点中只有结构面 J_1 和 J_2 的交点 A 位于开挖边坡面大圆 S_c 和自然边坡面大圆 S_n 之间，属于不稳定条件。因此，在对边坡稳定性进行分析计算时，可仅针对结构面 J_1、J_2 和由其组合切割形成的结构体进行，而不必考虑其他结构面及其组合。

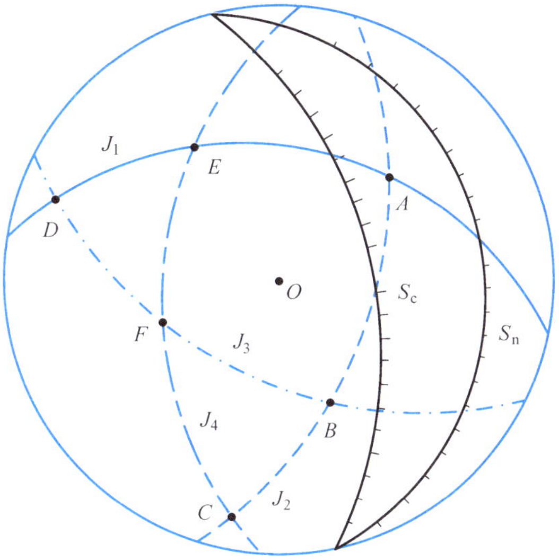

图6-21 4组结构面切割的边坡稳定条件分析

6.4.4 稳定边坡角的初步判断

根据赤平极射投影得出的稳定边坡角具有两方面作用：一是在边坡不高、地质条件比较简单的情况下，推断的稳定边坡角可直接作为工程边坡的设计依据；二是在边坡较高、地质条件较为复杂的情况下，推断的稳定边坡角可作为力学分析计算的基础。

对于结构面走向与边坡走向一致的层状结构边坡，其稳定边坡角可直接根据结构面倾角确定，但自然边坡的结构面走向与边坡走向一般具有一定的交角，该情况下边坡发生滑动破坏须同时满足两个条件：（1）滑动破坏一定沿结构面发生；（2）必须存在一个潜在剪断面，该面在滑体作用下具有最小的抗剪强度和摩擦阻力。不难证明，剪断面走向与结构面走向垂直，并垂直于结构面，如图 6-22 中的 *IKO* 面。在滑体重力作用下沿该面剪断和滑动时，滑体重力在该面上的法向分力等于零，且重力在结构面上的下滑力与该面平行。因此，潜在剪断面上仅有黏聚力发挥作用，而摩擦力等于零，称该面为最小剪切面。

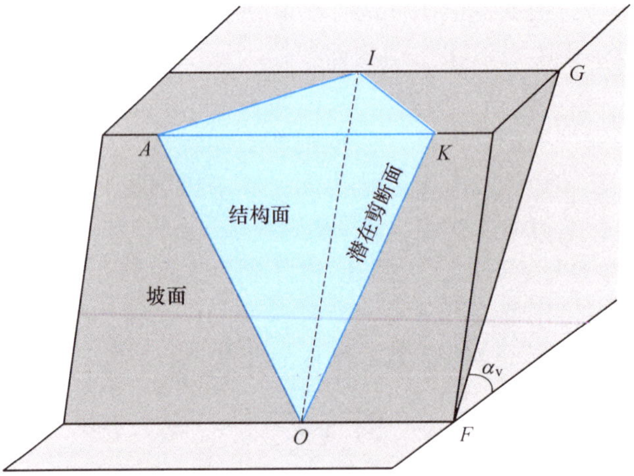

图 6-22 结构面与坡面斜交的边坡示意图

由图 6-22 可知，结构面与最小剪切面 *IKO* 组合构成了边坡的不稳定体 *AIKO*，为确保边坡稳定将该不稳定体挖除，即可得到稳定边坡角，如图 6-22 中的开挖线 *GF* 与水平面夹角 α_v，此时结构面与最小剪切面的交线 *IO* 必定在稳定边坡面上。因此，根据图 6-22 中各面的空间关系，若已知结构面产状和边坡面走向，可用赤平极射投影法确定稳定边坡角。需要说明的是，该稳定边坡角是偏安全的，在边坡不高或层面（结构面）走向与边坡面走向交角较大的情况下更是如此。

已知两组结构面的产状和设计边坡的走向、倾向，如表 6-1 所示，确定稳定边坡角的图解步骤如下：

（1）根据结构面产状作赤平极射投影图，如图 6-23 所示，分别为 J_1 大圆和 J_2 大圆，相交于 *I* 点；

（2）根据设计边坡的走向方位，在投影图上作边坡走向线 *A*—*A′*；

（3）将投影图覆于投影网上，使 *A*—*A′* 与投影网的 *S′N′* 线重合，将 *I* 点所在的经线绘于投影图上，即得稳定边坡面的赤平极射投影，读得其倾角为 52°。

表 6-1 结构面与边坡面产状

结构面/边坡面	走向	倾向	倾角/(°)
J_1	N30°W	SW	60
J_2	N70°E	SE	50
边坡面	N50°W	SW	—

应当指出的是，以上关于边坡稳定条件分析和稳定边坡角的推断，没有考虑结构面（滑动面）的抗剪强度，即假定其 c、φ 值均很小，认为滑动面以上的岩体为不稳定体，得到的稳定边坡角偏于安全。在滑动面倾角较陡时，这种分析误差不大，但滑动面倾角越平缓，分析结果将越不合理。另外，实际边坡稳定或破坏的影响因素是比较复杂的，而赤平极射投影法仅考虑岩体结构面产状这一单一条件，因此其得到的仅为初步或定性结果。

边坡岩体往往由多组结构面切割而成，组合形式复杂，而且在规模、力学性质、延展性、充填状态等方面各有不同，对于此类边坡，也可采用赤平极射投影法计算结构面不同组合条件下的安全系数，确定稳定边坡角，步骤详见媒体文件。

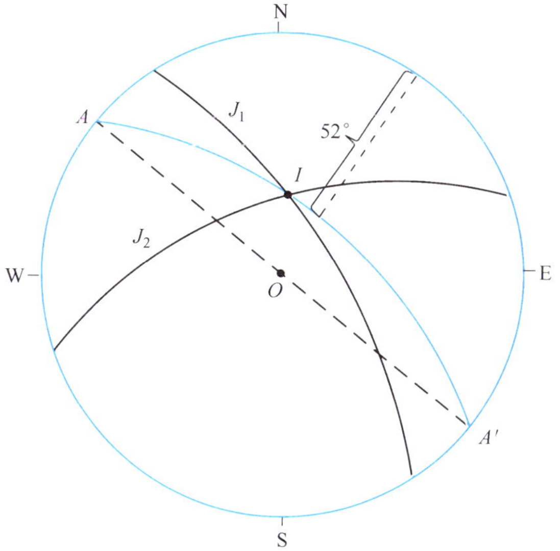

图 6-23 双滑面边坡稳定坡角的图解示意

6-5 多组结构面条件下稳定边坡角的确定方法

6.4.5 赤平极射投影软件及应用

6-6 Dips 软件分析边坡稳定性的详细步骤

Rocscience 公司的 Dips 软件是一款基于赤平极射投影法进行岩质边坡稳定性分析的专业软件。该软件可将现场测得的结构面参数（倾向、倾角等）在投影网上以极点的方式表示，并根据极点云图确定优势结构面组，从而对边坡的平面滑动破坏、倾倒破坏及楔体破坏等失稳模式进行分析，为边坡稳定性研究提供依据。该软件分析快速、操作便捷、输出图形美观，本节以某露天矿边坡工程为例，剖面如图 6-24 所示。台阶坡面产状为走向 N14°W、倾向 NE、倾角 52°，工作帮坡角 52°，最终边帮角 45°。采用 Dips 软件对该岩质边坡稳定性进行分析，详细步骤见媒体文件。

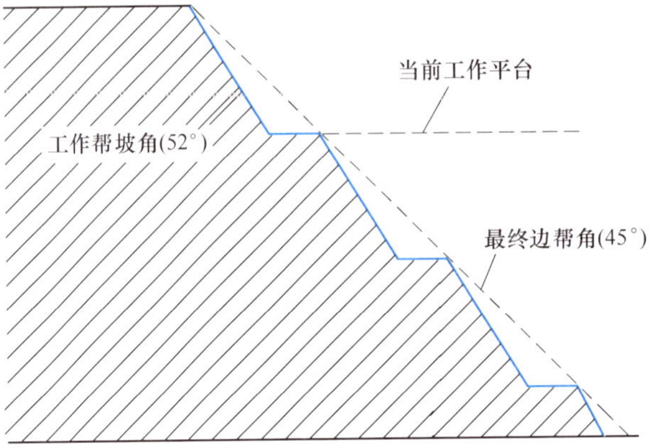

图 6-24 某露天矿岩质边坡剖面示意图

计算结果如图 6-25～图 6-27 所示。

（1）平面滑动破坏分析。由图 6-25 可知，落入平面滑动破坏区的结构面极点占总极点数目的 3.14%，此边坡产生平面滑动破坏的可能性很低，但实际工程中不可忽视其危害，应在潜在危险区域采取一定的工程措施进行防护。

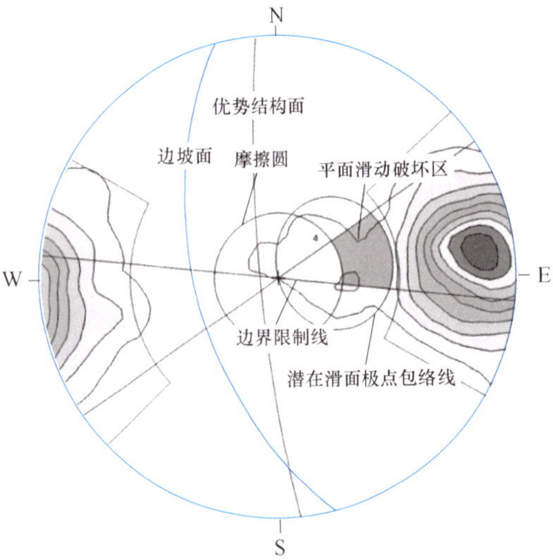

坡面产状	走向N14°W、倾向NE、倾角52°		
摩擦角	30°		
边界限制线	±20°		
平面滑动破坏	临界点	总共	占比/%
	162	5160	3.14

图 6-25 平面滑动破坏分析结果示意图

（2）弯曲倾倒破坏分析。图 6-26 中的弯曲倾倒破坏区是由边界限制线、滑动限制面及投影网界限所围成的区域，任何落入该区域内的结构面极点均可能产生弯曲倾倒破坏，其极点数占总极点数的 11.59%，占节理组 1 中极点总数的 18.83%，表明该边坡发生弯曲倾倒破坏的可能性较大，危险性较高，工程中应引起足够重视。

（3）楔体滑动破坏分析。由图 6-27 可知，代表交线的投影点大多集中于楔体滑动破坏区之外，统计表明，落入楔体滑动破坏区的结构面交线占总交线数目的 5.75%，可见此边坡发生楔体滑动破坏的可能性较小。

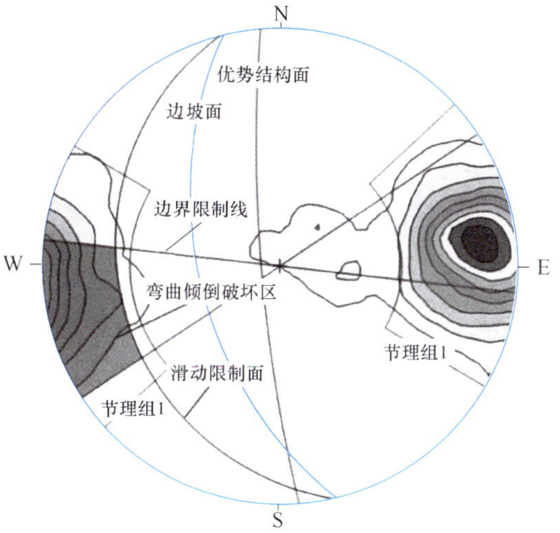

坡面产状	走向N14°W、倾向NE、倾角52°		
摩擦角	30°		
边界限制线	±30°		
弯曲倾倒破坏（全部）	临界点	总共	占比/%
	598	5160	11.59
弯曲倾倒破坏（节理组1）	临界点	总共	占比/%
	598	3177	18.83

图 6-26　弯曲倾倒破坏分析结果示意图

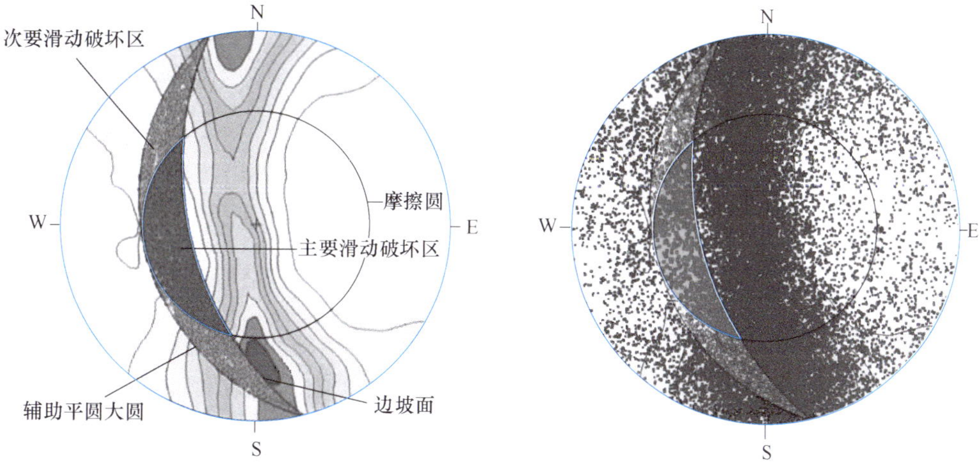

(a)　(b)

坡面产状	走向 N14°W、倾向 NE、倾角 52°		
摩擦角	30°		
楔体滑动破坏	临界点	总共	占比/%
	764602	13301309	5.75

图 6-27　楔体滑动破坏分析结果示意图

实例分析表明，赤平极射投影是岩质边坡稳定性分析的重要工具，采用图解方法分析评价边坡稳定性，可避免繁杂的公式推算。随着软件国产化进程逐渐加快，如理正岩土、SlopeAnalysis（共享软件）等软件的出现，节省了大量的手工作图及统计分析时间，同时能保证统计数据的精确度，结果可靠性较高，为岩质边坡分析提供了便捷高效的辅助工具，同时有效推动了我国边坡稳定性分析自主软件的进步。

6-7　岩质边坡稳定性分析工具——SlopeAnalysis（视频）

习题与思考题

6-1 名词解释

（1）赤平极射投影；（2）投影球；（3）赤道平面；（4）基圆；（5）极射点；（6）球面投影；（7）上半球投影；（8）下半球投影；（9）吴氏网；（10）施氏网。

6-2 简答题

（1）简述赤平极射投影法的基本原理。

（2）简述投影网的使用方法。

（3）简述边坡岩体主要结构类型、失稳破坏形式及其赤平极射投影图特点。

6-3 读图与作图题

（1）试读出图6-28所示直线 *OA*、平面投影大圆 *KPQ* 的产状。

（2）如图6-29所示，投影图中已绘一平面投影大圆 *ABC*，以及该平面上的两条直线 *OD*、*OF*，试读出两直线的夹角。

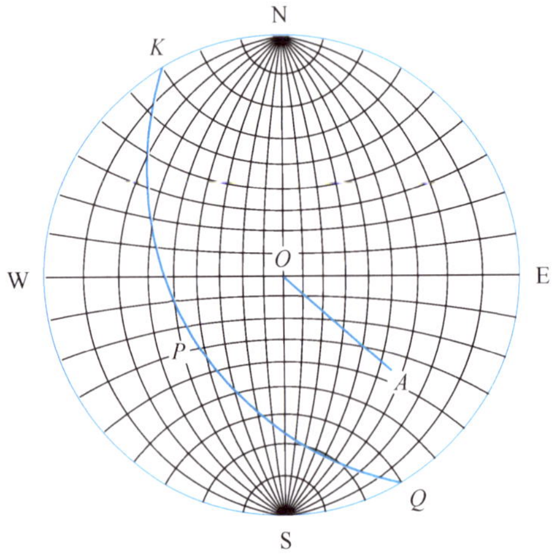

图6-28 题6-3（1）图

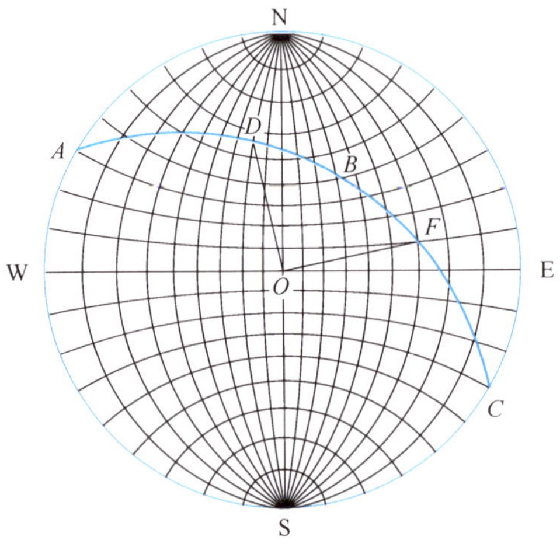

图6-29 题6-3（2）图

（3）在投影网上绘制产状为走向N50°E、倾向NW、倾角30°平面的法线。

6-4 计算题

（1）已知两相交直线的产状分别为走向N10°E、倾向NW、倾角30°和走向N70°E、倾向NW、倾角50°，求包含两直线的平面产状及两直线的夹角。

（2）已知两岩层的产状分别为走向S30°E、倾向NE、倾角30°和走向N40°W、倾向SW、倾角60°，求两平面交线的产状。

（3）下表为两组结构面的产状和设计边坡走向、倾向，求边坡的稳定坡角。

结构面	走向	倾向	倾角/(°)
J_1	N60°E	SE	40
J_2	N30°W	NE	30
边坡面	N40°E	NW	—

7 边坡稳定性极限平衡条分法

本章主要内容：

本章简要介绍极限平衡条分法的发展历史、基本原理与假设，详细介绍工程中较为常用的4类极限平衡条分法，即瑞典条分法（Fellenius法）、简化Bishop法（Bishop Simplified法）、美国陆军工程师团法（Corps of Engineers法（#1、#2））和通用条分法（GLE法），包括这4类方法的基本假设、公式推导过程、计算实例与结果对比。

学习目标及要求：

理解4类常用极限平衡条分法的基本原理和公式推导过程，熟悉各方法的优缺点及其共性和差异，熟悉4类方法的基本假设、平衡条件及其计算公式的区别，掌握极限平衡条分法的具体应用。

7.1 概述

边坡稳定性分析是边坡工程的核心工作内容，所得分析结果的合理性将直接影响后续边坡处治方案的确定。边坡稳定性分析主要包括两个阶段，即定性分析阶段与定量分析阶段。定性阶段采用的分析方法主要包括工程地质类比法、坡率法、图解法、地质分析法及边坡稳定专家系统等。定量阶段采用的分析方法主要包括极限平衡条分法、数值分析法、概率分析法等。针对具体工程，应当遵循定性分析与定量计算相结合的理念，采用以定性分析为基础、定量计算为依据的综合评价方法进行边坡稳定性分析。定性分析与定量计算二者相辅相成，相互验证和补充，以满足边坡工程处治所需的全过程评价要求。

本章主要对定量分析方法中的极限平衡条分法进行介绍，从边坡稳定性极限平衡条分法的发展历史入手，对边坡稳定性分析中常用的4类极限平衡条分法的假设条件、计算模型与计算实例等进行详细介绍。

7.2 发展历史

边坡稳定性极限平衡条分法（简称条分法）起源于20世纪初期，由瑞典学者Petersson提出，后经过Fellenius等修正后在世界各国得到普遍推广。至20世纪70年代，条分法在工程实践中已积累了大量成功案例，其理论体系也日趋完善。目前，常用的二维条分法包括：

(1) 瑞典条分法（Fellenius 法），是条分法中最原始、最简单的分析方法。该方法由 Petersson（1916 年）首次提出，后经 Fellenius（1936 年）和 Taylor（1937 年）进一步发展完善。该方法忽略了条间力，主要适用于具有圆弧滑动面的边坡安全系数计算。

(2) 简化 Bishop 法（Bishop Simplified 法）是英国著名土力学专家 Bishop 于 1955 年提出的边坡稳定性计算方法，主要适用于圆弧滑动面。由于该方法计算过程较为简单，计算精度较高，故在工程中得到了广泛应用。该方法提出初期，Bishop 曾考虑条间剪力的作用，但发现有无条间剪力作用以及条间剪力分布形式对边坡安全系数影响均不是很大，所以最终选择了不考虑条间剪力作用的简化模式。

(3) 简布法（Janbu 法），又称通用 Janbu 法，1957 年由挪威土力学家 Janbu 提出。区别于瑞典条分法与简化 Bishop 法，Janbu 法是一种基于任意形状滑动面，且考虑所有平衡条件的边坡安全系数计算方法。该方法通过假设滑体推力线位置并考虑条块的力矩平衡，推导出条块间法向力与切向力的关系，再根据条块力平衡条件迭代导出边坡安全系数。Janbu 法因其严谨、简明的特性，一经提出即受到国际岩土工程界的广泛关注和迅速推广。然而，随着实际工程应用的深入，该方法被证明存在较为严重的不收敛问题。

(4) 美国陆军工程师团法（Corps of Engineers 法（#1、#2））于 1970 年被提出。Corps of Engineers 法（#1、#2）在名义上是两种不同的方法，但就其本质而言，只是选择了不同条间力比值（X/E）的同一种方法。该方法满足条块力平衡，不满足整体力矩平衡，适用于具有任意形状滑动面的边坡安全系数计算。

(5) 罗厄法（Lowe-Karafiath 法，简称 L-K 法）于 20 世纪 60 年代提出，略早于 Corps of Engineers 法（#1、#2）。该方法计算原理与 Corps of Engineers 法（#1、#2）基本相同，同样适用于具有任意滑动面的边坡安全系数计算，但区别在于该方法假定条间合力方向为条块顶部倾角和底部倾角的均值。

(6) 斯宾塞法（Spencer 法）在 1967 年被首次提出，随后于 1973 年被进一步优化改进。该方法假定所有条块间作用合力相互平行，并利用整体力平衡和力矩平衡求解安全系数，适用于具有任意滑动面的边坡安全系数计算。针对 Spencer 法中条间水平力的非均匀分布特征，我国学者吴顺川等（2019 年）对该方法进行了改进，提高了该方法安全系数计算的准确度，详见媒体文件 7-2。总体而言，Spencer 法是一种目前公认比较精确的方法，其可推广至三维边坡稳定性问题的分析中。

(7) 摩根斯坦-普莱斯法（Morgenstern-Price 法，简称 M-P 法）于 1965 年提出，是一种在滑动面形状、静力平衡要求等多方面均不作任何假定的严格条分法。M-P 法计算中，首先需要对复杂形状滑动面进行分析，导出满足力平衡及力矩平衡条件的方程式，然后假定两相邻条块切向力和法向力之比与水平坐标间的函数形式，最后根据整个滑体的边界条件求取边坡安全系数。

(8) 通用条分法（General Limit Equilibrium 法，简称 GLE 法），是由非饱和土力学之父、萨斯克彻温大学的 Fredlund 教授于 1977 年提出。该方法的条间力方程采用的是 Morgenstern 和 Price 在 1965 年提出的 $X = \lambda f(x)E$。因此，某种程度上讲，GLE 法是 M-P 法的扩展。扩展后的 GLE 法通过定义函数 $f(x)$ 的不同形式，可以将其转化为基于力矩平衡或力与力矩均平衡的方法，如瑞典条分法、简化 Bishop 法、Janbu 法、Spencer 法、M-P 法等，以及各种仅基于力平衡的方法，如 Corps of Engineers法、L-K 法等，这些条分法均可看作是 GLE 法的特殊情况。

（9）萨尔玛法（Sarma 法）于 1979 年由英国学者 Sarma 提出，是一种满足条块间力平衡与力矩平衡条件、可任意条分且适用于任意形状滑动面的方法。该方法的提出者 Sarma 认为，一般边坡工程中，除非滑体是沿着一个理想的平面或者弧形面滑动，否则滑体必然会先破裂成多个可以相对滑动的块体，此类滑动为工程中常见的情况，据此进行假设的边界条件才更为合理。

（10）不平衡推力传递法（传递系数法），是我国独创的边坡稳定性分析方法，由以徐邦栋、张苏民等为代表的科研工作者在长期工程实践中提出。20 世纪 50 年代，我国在修建宝鸡-成都铁路时，沿线出现了很多复杂的滑坡地质灾害。当时，铁路建设者还未意识到工程地质和岩土工程的重要性，对地质勘测工作也较为陌生。此时，虽然欧美国家已提出一些边坡稳定性分析方法，但此类方法主要适用于黏性土边坡的稳定性分析。在亚洲，日本虽然也开展了同类研究，但相关成果也主要集中在分析地震对于滑坡的影响上。对于我国西部山区的铁路工程建设而言，鉴于区域地质条件之复杂、滑坡滑面形态之多变，显然无法简单套用西方或日本的经验。在这种情况下，我国科技工作者勇攀科学高峰，敢为人先，以“咬定青山不放松”的韧劲开展技术攻关，最终经过不断摸索，首创了适用于复杂滑面形式的传递系数法。该方法计算简单，且能为滑坡治理设计提供推力计算值，有效解决了我国西部山区铁路工程建设面临的重大挑战。后经过数十年的工程实践，该方法在我国水利、铁路等部门均已得到广泛应用，相应的国家规范、行业规范均将其列为推荐方法。

随着二维极限平衡条分法的发展，越来越多的工程实践证明，针对边坡的稳定性应该从三维而不仅是二维的角度来进行分析。三维稳定性分析能提高计算精度，使得边坡处治设计更为合理。截至目前，三维极限平衡条分法的研究已取得一些成果。例如，Hovland（1977 年）在瑞典条分法基础上提出了三维普遍条分法；Hungr 等（1987—1989 年）将 Janbu 法和 Bishop 法扩展到三维；Zhang（1988 年）提出了不考虑条块非滑动方向侧面作用力影响的三维 Spencer 法；陈祖煜等（2001 年）在 Zhang（1988 年）提出的三维 Spencer 法基础上，提出了考虑条块侧面法向作用力的三维 Spencer 法；谢谟文等（2002 年）等结合改进的 Hovland 三维边坡稳定分析模型，提出一个基于 GIS 空间数据库的三维边坡稳定分析方法；朱大勇和钱七虎（2007 年）分别推导了满足 6 个平衡条件和 5 个平衡条件的三维边坡严格极限平衡解与准严格极限平衡解；Zhou 等（2013 年）在 6 个平衡条件的基础上，建立了考虑柱间力相互作用的三维严格极限平衡法。关于三维极限平衡条分法的具体介绍详见媒体文件 7-1。

7-1 三维极限平衡条分法

7.3 基本原理与假设

虽然条分法种类繁多，但基本原理是一致的：

（1）均以极限平衡理论为基础，先假定若干可能的滑动面，采用“化整为零”

的思想，将滑动土体划分成 n 个条块；

（2）基于一定假设条件，对作用于各条块上的力进行力或力矩的平衡分析，求出在极限平衡状态下边坡的安全系数；

（3）通过一定数量的试算，找出最危险滑动面位置及相应的（最低的）安全系数。

以下是各条分法均须遵循的通用假设条件：

（1）所有条块无变形，具有刚体性质；

（2）滑动面上所有点的安全系数相同；

（3）所有条块在滑动面上同时达到极限平衡状态；

（4）滑动面岩土体的抗剪强度符合莫尔-库仑准则。

在边坡条分模型中，第 i 个条块及其受力情况如图 7-1 所示。对于划分出的 n 个条块而言，在极限平衡状态下，需求解的未知量共有 $6n-2$ 个，具体包括：

（1）边坡安全系数 F，1 个。其中，力平衡条件下的边坡安全系数记为 F_f，力矩平衡条件下的边坡安全系数记为 F_m。

（2）所有条块底面上的法向力 N_i，切向力 T_i 及合力作用点，共 $3n$ 个。

（3）所有相互接触条块之间作用的法向力 E_i，切向力 X_i 及合力作用点，共 $3n-3$ 个。

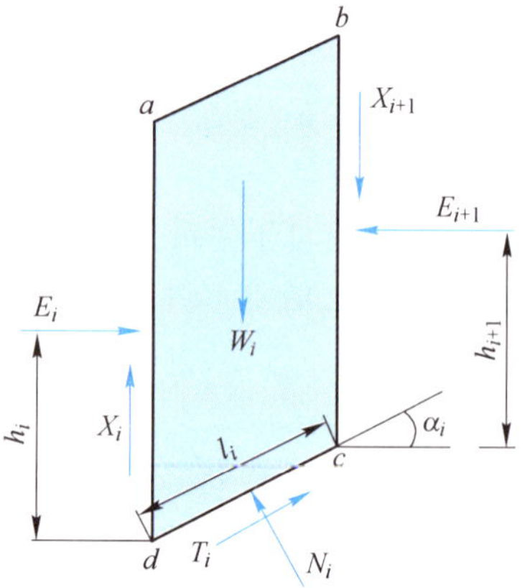

图 7-1 边坡第 i 个条块受力示意图

在进行平衡求解时，可利用的平衡方程分别为水平力 x_i 平衡、垂直力 y_i 平衡、力矩 $M_{i(o)}$ 平衡：

$$\sum x_i = 0 \tag{7-1}$$

$$\sum y_i = 0 \tag{7-2}$$

$$\sum M_{i(o)} = 0 \tag{7-3}$$

考虑坡体（滑动面）的抗剪性质，假设其符合莫尔-库仑准则，有：

$$T_i = N_i \frac{\tan\varphi_i}{F} + \frac{c_i}{F} l_i \tag{7-4}$$

显然，在利用条分法进行边坡稳定性分析时，可利用的方程数共有 $3n + n = 4n$ 个，则未知数的数量 N_u 为：

$$N_u = 6n - 2 - 4n = 2n - 2 \tag{7-5}$$

可见，基于条分法的边坡稳定性分析问题在本质上属于超静定问题。为求解此种超静定问题，目前可采取的解决办法有以下 3 种：

（1）引入变形协调条件，增加方程数；

（2）引入未知量之间的关系式，增加方程数；

（3）对边坡模型进行部分简化，忽略次要影响因素，减少未知变量数。

在实践过程中，绝大多数条分法主要通过上述办法（2）和（3），对不同的平衡条件（表7-1）和假设条件（表7-2）进行约束，以达到减少未知量（见表7-3）的目的，从而将超静定问题转化为静定问题进行求解。

表 7-1 各类极限平衡条分法的平衡条件

方法	平衡条件		
	力矩平衡	静力平衡	
		水平力	垂直力
瑞典条分法	是	否	否
简化 Bishop 法	是	否	是
简化 Janbu 法	否	是	是
通用 Janbu 法	是	是	是
Corps of Engineers 法#1	否	是	是
Corps of Engineers 法#2	否	是	是
L-K 法	否	是	是
Spencer 法	是	是	是
M-P 法	是	是	是
GLE 法	是	是	是
Sarma 法	是	是	是
不平衡推力传递法	否	是	是

表 7-2 各类极限平衡条分法的假设条件（条间力及滑动面）

方法	是否考虑条间法向力（E）	是否考虑条间切向力（X）	X/E 的结果或 X-E 的关系	滑动面假定
瑞典条分法	否	否	无条间力	圆弧
简化 Bishop 法	是	否	仅水平力	圆弧
简化 Janbu 法	是	否	仅水平力	任意
通用 Janbu 法	是	是	应用推力线	任意
Corps of Engineers 法#1	是	是	从坡顶到坡脚直线的斜率	任意
Corps of Engineers 法#2	是	是	条块顶部地面的斜率	任意
L-K 法	是	是	条块顶部和底部倾角平均值的正切值	任意
Spencer 法	是	是	常数	任意
M-P 法	是	是	变量，用户函数	任意
GLE 法	是	是	可采用各方法的假设条件	任意
Sarma 法	是	是	$X = ch + E\tan\varphi$	任意
不平衡推力传递法	是	是	上一条块底面的斜率	任意

表 7-3 各类条分法未知量减少数量

序号	方 法	未知量减少个数	序号	方 法	未知量减少个数
1	瑞典条分法	$4n-3$	7	L-K 法	$2n-2$
2	简化 Bishop 法	$2n-1$	8	Spencer 法	$2n-2$
3	简化 Janbu 法	$2n-1$	9	M-P 法	$2n-2$
4	通用 Janbu 法	$2n-1$	10	GLE 法	$2n-2$
5	Corps of Engineers 法#1	$2n-2$	11	Sarma 法	$2n-2$
6	Corps of Engineers 法#2	$2n-2$	12	不平衡推力传递法	$2n-1$

目前，根据条分法满足的平衡条件，可将条分法分为 4 类：

（1）**M 类方法**。此类方法仅考虑对选定求矩中心的力矩平衡，属于**非严格条分法**，其代表性方法为瑞典条分法。

（2）**VM 类方法**。此类方法仅考虑垂直方向力的平衡和对选定求矩中心的力矩平衡，属于**非严格条分法**，其代表性方法为简化 Bishop 法。

（3）**HV 类方法**。此类方法仅考虑水平方向力的平衡和垂直方向力的平衡，属于**非严格条分法**，其代表性方法有简化 Janbu 法、Corps of Engineers 法（#1、#2）、L-K 法及不平衡推力传递法。

（4）**HVM 类方法**。此类方法考虑所有平衡条件，属于**严格条分法**，其代表性方法有通用 Janbu 法、Spencer 法、M-P 法、GLE 法及 Sarma 法。

其中，M 类有显式解，VM 类有隐式的安全系数表达式，迭代并不困难，而 HV 类和 HVM 类的求解过程相对较为复杂。在后文中，将逐一对这 4 类方法中的代表性方法，即瑞典条分法、简化 Bishop 法、Corps of Engineers 法和 GLE 法进行详细介绍，而关于其他条分法的具体介绍详见媒体文件 7-2。此外，我国特有的不平衡推力传递法将在第 8 章进行单独介绍。

7.4 力矩平衡类——瑞典条分法

7.4.1 假设条件

瑞典条分法的基本假设主要包括 7 点，其中前 4 点为通用假设条件（见 7.3 节），后 3 点为瑞典条分法的特殊假设条件与平衡条件，具体如下：

（1）不考虑条间力，条块受到滑动面提供的切向力与法向力合力作用点位于条块底部中心；

（2）滑动面为圆弧滑动面；

（3）边坡安全系数定义为滑动面所能提供的最大抗滑力矩与滑体所受到的最大下滑力矩之比，力矩的矩心均为滑动圆弧对应的圆心。

7.4.2 计算模型

图 7-2（a）为某一简单黏性土边坡，滑动面为圆弧形，O 为滑弧圆心，半径为

R。将滑动土体分成 n 个条块，第 i 个条块的受力情况如图 7-2（b）所示。结合瑞典条分法的假设条件与力平衡条件，即仅考虑条块自身重力及滑面提供的切向力和法向力，未知量个数将由 $6n-2$ 减少至 $2n+1<4n$（方程数）。此时，超静定问题转变为静定问题。

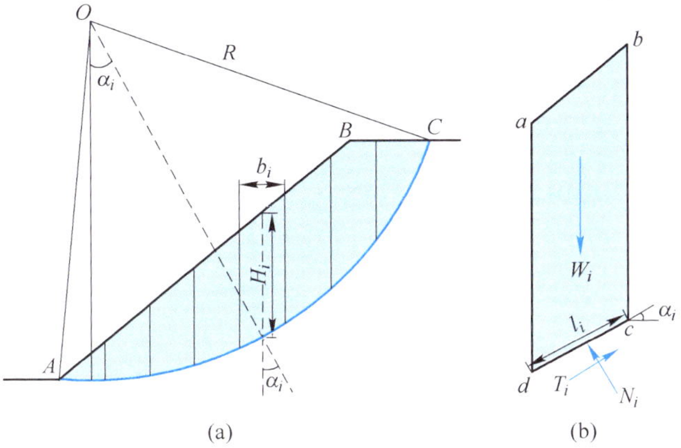

图 7-2 瑞典条分法计算模型与条块受力情况示意图

（a）边坡条分示意图；（b）第 i 个条块受力示意图

对条块底面的法向力 N_i 与切向力 T_i 进行受力分析，可得：

$$N_i = W_i\cos\alpha_i \tag{7-6}$$

$$T_i = W_i\sin\alpha_i \tag{7-7}$$

在未受到其他外力作用下条块有向下滑动的趋势，条块所受到的最大下滑力矩为：

$$M_{id} = T_iR = W_i\sin\alpha_iR \tag{7-8}$$

最大抗滑力矩由莫尔-库仑准则得到：

$$\begin{aligned} M_{if} &= \tau_{if}A_iR = (c_i + \sigma_i\tan\varphi_i)\cdot l_i\cdot R \\ &= \left(c_i + \frac{W_i\cos\alpha_i}{l_i}\tan\varphi_i\right)\cdot l_i\cdot R \\ &= (c_il_i + W_i\cos\alpha_i\tan\varphi_i)\cdot R \end{aligned} \tag{7-9}$$

故边坡安全系数为：

$$\begin{aligned} F_m &= \frac{\sum M_{if}}{\sum M_{id}} = \frac{\sum(c_il_i + W_i\cos\alpha_i\tan\varphi_i)}{\sum(W_i\sin\alpha_i)} \\ &= \frac{\sum(c_il_i + \gamma_ib_iH_i\cos\alpha_i\tan\varphi_i)}{\sum(\gamma_ib_iH_i\sin\alpha_i)} \end{aligned} \tag{7-10}$$

需说明的是，若边坡设计安全系数为 K_f，还可根据瑞典条分法计算第 i 个条块的剩余下滑力 ΔE_i：

$$\Delta E_i = (K_f - F_m)\sum_{n=1}^{i}(T_n\cos\alpha_n)$$

$$= (K_f - F_m)\sum_{n=1}^{i}(W_n\sin\alpha_n\cos\alpha_n) \quad (7\text{-}11)$$

如图 7-3 所示，若考虑地震水平作用力影响，G_Z 为综合修正系数（一般取 0.25），K_h 为水平地震系数（烈度为Ⅶ、Ⅷ和Ⅸ时，K_h 分别取 0.1、0.2 和 0.4），则第 i 个条块所受到的地震水平作用力可表示为：

$$Q_i = G_Z K_h W_i = \alpha_w W_i \quad (7\text{-}12)$$

式中，α_w 为地震水平作用力系数或边坡综合水平地震系数。

此时，边坡安全系数式(7-10)可表示为：

$$F_m = \frac{\sum M_{if}}{\sum M_{id}} = \frac{\sum[c_i l_i + \gamma_i b_i H_i(\cos\alpha_i - \alpha_w\sin\alpha_i)\tan\varphi_i]}{\sum[\gamma_i b_i H_i(\sin\alpha_i + \alpha_w\cos\alpha_i)]} \quad (7\text{-}13)$$

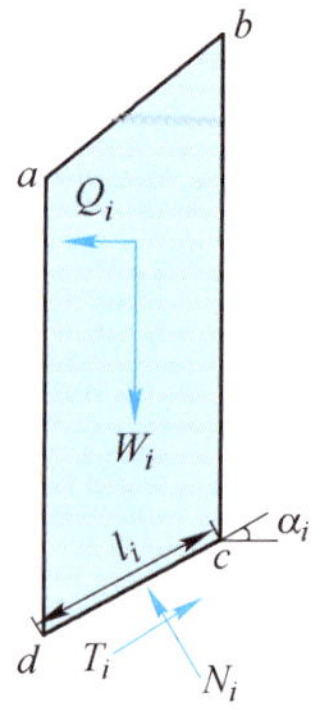

图 7-3 考虑地震水平作用力时第 i 个条块受力情况示意图

如图 7-4 所示，考虑地下水影响，对应的 c_i、φ_i 值均取其有效强度指标 c_i'、φ_i'，若条块 i 在滑动面上的孔隙水压力为 u_i，且作用方向垂直于条块底部，则边坡安全系数式(7-10)可表示为：

$$F_m = \frac{\sum M_{if}}{\sum M_{id}} = \frac{\sum[c_i' l_i + (W_i\cos\alpha_i - u_i l_i)\tan\varphi_i']}{\sum(W_i\sin\alpha_i)}$$

$$= \frac{\sum[c_i' l_i + (\gamma_i b_i H_i\cos\alpha_i - u_i l_i)\tan\varphi_i']}{\sum(\gamma_i b_i H_i\sin\alpha_i)} \quad (7\text{-}14)$$

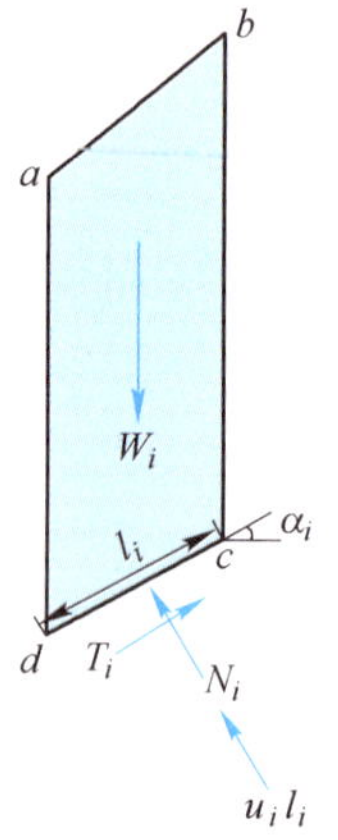

图 7-4 考虑地下水影响时第 i 个条块受力情况示意图

在采用瑞典条分法进行边坡稳定性计算时，最大的困难是准确寻找最危险滑动面。由于计算量大，手算通常难以实现最危险滑动面的准确搜索。因此，对于包含瑞典条分法、简化 Bishop 法等在内的传统极限平衡条分法而言，往往需要依靠计算机强大的计算能力，通过枚举法实现最危险滑动面的搜索。即通过不断改变计算圆心坐标和滑弧深度的值，逐一找到相应的安全系数，最终通过大量运算找到最小的安全系数，其对应的圆弧滑动面即为最危险滑动面。另外，也可通过经验方法初步确定最危险滑动面位置，如 4.5H 法、36°法、图解法等。

7.4.3 计算实例

【例题 7-1】 图 7-5 为某一简单黏性土边坡，坡度 1∶2，坡高 7.5 m，γ = 20 kN/m^3，c = 20 kPa，φ = 20°，条块数量取 7，采用瑞典条分法，求图示指定滑动面的安全系数及该边坡的最小安全系数。

解：

采用表格法，对指定滑面进行稳定性计算，结果如表 7-4 和表 7-5 所示。

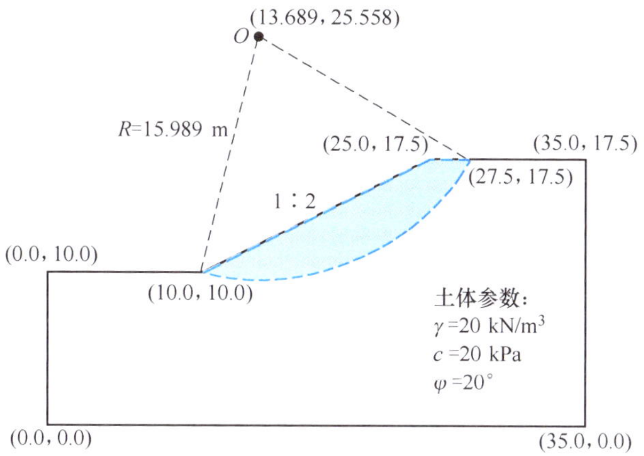

图 7-5 边坡示意图（单位：m）

表 7-4 瑞典条分法计算汇总表（1）

条块	b_i	H_i	α_i	$W_i = b_i H_i \gamma_i$	$\sin\alpha_i$
1	2.5	0.8	-9	40	-0.15643
2	2.5	2.3	0.5	115	0.008727
3	2.5	3.3	9	165	0.156434
4	2.5	3.9	18.5	195	0.317305
5	2.5	4.1	28	205	0.469472
6	2.5	3.6	39	180	0.62932
7	2.5	1.65	52	82.5	0.788011

表 7-5 瑞典条分法计算汇总表（2）

条块	$\tan\varphi_i$	$\cos\alpha_i$	$W_i\sin\alpha_i$	$c_i l_i$	$N_i\tan\varphi_i$
1	0.36397	0.987688	-6.2574	50.623	14.37955
2	0.36397	0.999962	1.00355	50.002	41.85496
3	0.36397	0.987688	25.8117	50.623	59.31565
4	0.36397	0.948324	61.8744	52.725	67.30649
5	0.36397	0.882948	96.2417	56.629	65.88015
6	0.36397	0.777146	113.278	64.338	50.91441
7	0.36397	0.615661	65.0109	81.213	18.48678

指定滑面的安全系数为：

$$F_m = \frac{\sum M_{if}}{\sum M_{id}} = \frac{\sum (c_i l_i + \gamma_i b_i H_i \cos\alpha_i \tan\varphi_i)}{\sum (\gamma_i b_i H_i \sin\alpha_i)} = 2.023$$

采用 Slide 软件，对边坡指定滑面进行稳定性计算，结果如图 7-6（a）和（b）所示。

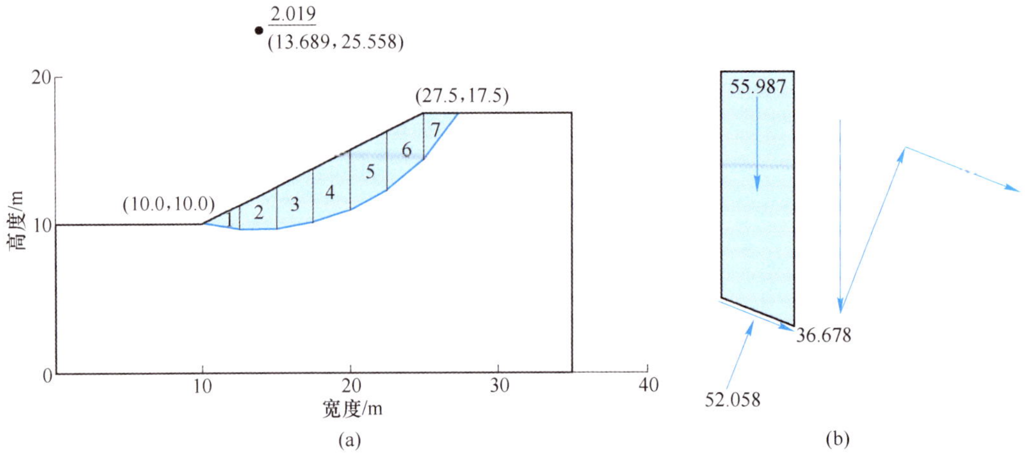

图 7-6 边坡指定滑面瑞典条分法稳定性计算结果

（a）边坡稳定性计算结果；（b）1 号条块受力情况（kN）

由图 7-6（a）可知，该指定滑面的安全系数为：

$$F_m = 2.019$$

此外，在 Slide 软件中，采用不同圆心、不同半径对应的滑面计算出该边坡的最小安全系数（$F_m = 1.990$）以及对应滑动面如图 7-7（a）所示，力多边形图 7-7（b）表明条块水平力、垂直力均不平衡。

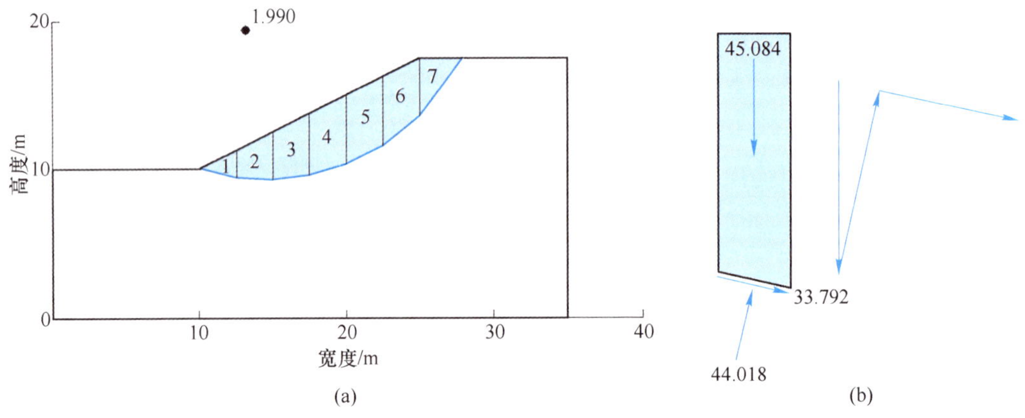

图 7-7 边坡自动搜索滑面瑞典条分法稳定性计算结果

（a）边坡稳定性计算结果；（b）1 号条块受力情况（kN）

7.4.4 计算方法评价

瑞典条分法忽略了条间作用力的影响，假设滑动面为圆弧形，只满足圆弧滑动面上滑体整体力矩平衡的条件，不满足条块个体的静力平衡，力多边形不闭合。其中，忽略条块间作用力后，将会导致边坡安全系数偏小，而假设滑动面为圆弧形则会使得安全系数偏大。在上述两种情况的共同影响下，通过该方法得到的安全系数

F_m 总体偏小，且 φ 越大 F_m 越偏小。一般情况下，F_m 偏小的幅度约为 10%。

此外，理论研究发现，在边坡比较平缓或存在较高孔隙水压力条件下，该方法计算得到的安全系数误差较大，甚至超出允许的误差范围，此时应选择其他方法进行边坡安全系数计算。

7.5 垂直方向力平衡与力矩平衡类——简化 Bishop 法

7.5.1 假设条件

简化 Bishop 法的基本假设与瑞典条分法差别不大，主要包括 7 点，前 4 点同样为通用假设条件（见 7.3 节），后 3 点为简化 Bishop 法的特殊假设条件与平衡条件，具体如下：

（1）考虑条块间法向力作用，不考虑切向力，条块受到滑面提供的切向力与法向力合力作用点位于条块底部中心；

（2）滑动面为圆弧滑动面；

（3）边坡安全系数定义为滑动面所能提供的最大抗滑力矩与滑体受到的下滑力矩之比，力矩的矩心均为滑动圆弧对应的圆心。

7.5.2 计算模型

图 7-8（a）为某一简单黏性土边坡，滑动面为圆弧形，O 为滑弧圆心，半径为 R。对滑动土体进行条分，假设分成 n 个条块，第 i 个条块的受力情况如图 7-8（b）所示。

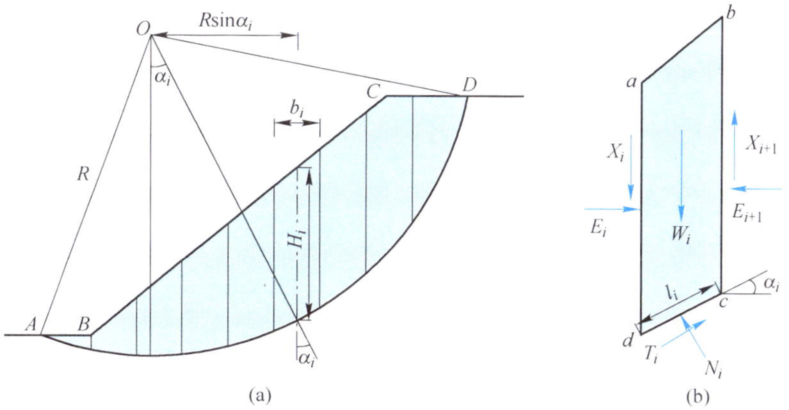

图 7-8 简化 Bishop 法计算模型与条块受力情况示意图
（a）边坡条分示意图；（b）第 i 个条块受力示意图

分析可得，极限平衡条分模型中共有未知量 $6n-2$ 个，平衡方程及滑面强度方程共 $4n$ 个。简化 Bishop 法假定不考虑条块间切向力，仅考虑法向力，同时假定滑面上切向力和法向力的作用点，未知量减少 $2n-1$ 个。因此，未知量还有 $6n-2-(2n-1)=4n-1<4n$（方程数），超静定问题转变为静定问题。

根据简化 Bishop 法求解的特殊假设条件，垂直方向力的平衡为：

$$W_i = N_i\cos\alpha_i + T_i\sin\alpha_i \tag{7-15}$$

根据滑面极限平衡条件，可得：

$$T_i = \frac{c_i l_i + N_i\tan\varphi_i}{F_m} \tag{7-16}$$

联立式（7-15）与式（7-16），可得：

$$N_i = \frac{W_i - \dfrac{c_i l_i}{F_m}\sin\alpha_i}{m_{\alpha i}} \tag{7-17}$$

$$T_i = \frac{1}{F_m}\cdot\frac{c_i b_i + W_i\tan\varphi_i}{m_{\alpha i}} \tag{7-18}$$

式中，$m_{\alpha i} = \cos\alpha_i + \dfrac{\sin\alpha_i\tan\varphi_i}{F_m}$。

结合图 7-9，由于简化 Bishop 法满足整体力矩平衡，故整体滑动力矩可表示为：

$$M_S = \sum(W_i\sin\alpha_i R) + \sum(E_{i+1}x_{i+1}) \tag{7-19}$$

整体抗滑力矩可表示为：

$$M_R = \sum(T_i R) + \sum(E_i x_i) \tag{7-20}$$

由于条块间法向作用力矩相互抵消，故根据 $M_S = M_R$，可得：

$$\sum(W_i\sin\alpha_i) = \sum T_i \tag{7-21}$$

将式（7-18）代入式（7-21），可得：

$$F_m = \frac{\sum\left[\dfrac{1}{m_{\alpha i}}(c_i b_i + W_i\tan\varphi_i)\right]}{\sum(W_i\sin\alpha_i)} \tag{7-22}$$

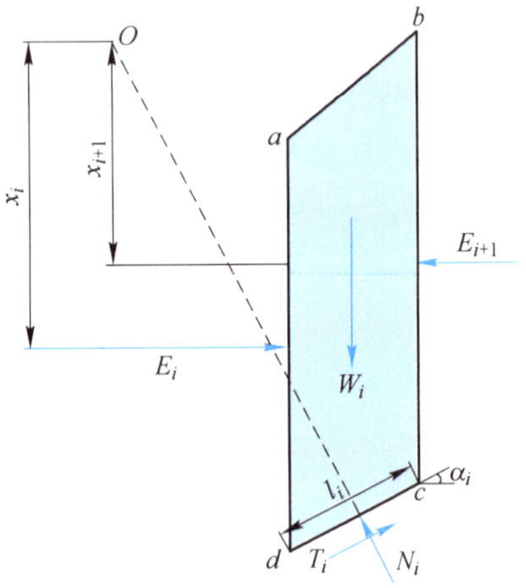

图 7-9 简化 Bishop 法第 i 个条块受力分析图

此时，第 i 个条块的剩余下滑力 ΔE_i 为：

$$\Delta E_i = \Delta E_{i-1} - T_i\cos\alpha_i + N_i\sin\alpha_i \tag{7-23}$$

应当注意的是，当 ΔE_i 不大于 0 时，第 i 个条块的剩余下滑推力取 0。但在计算其他条块剩余下滑力时，该条块的剩余下滑推力不按 0 取值，需按实际计算值进行计算。在式（7-23）中，当 T_i 指向坡向方向时取负值，否则为正，T_i 的正负的具体判据表达式为：

$$T_i = \Delta E_{i-1} + N_i\sin\alpha_i \tag{7-24}$$

考虑地下水影响，对应的 c_i、φ_i 值均取其有效强度指标 c_i'、φ_i'，若条块 i 在滑动面上的孔隙水压力为 u_i，且作用方向垂直于条块底部，则式（7-15）可表示为：

$$W_i = (N_i' + u_i l_i)\cos\alpha_i + T_i\sin\alpha_i \tag{7-25}$$

则式（7-16）可表达为：

$$T_i = \frac{c_i' l_i + N_i' \tan\varphi_i'}{F_m} = \frac{1}{F_m} \cdot \frac{1}{\cos\alpha_i} \cdot [c_i' l_i \cos\alpha_i + (W_i - T_i \sin\alpha_i - u_i l_i \cos\alpha_i)\tan\varphi_i']$$

即：

$$T_i = \frac{c_i' l_i \cos\alpha_i + (W_i - u_i l_i \cos\alpha_i)\tan\varphi_i'}{F_m \cos\alpha_i + \sin\alpha_i \tan\varphi_i'} = \frac{1}{F_m} \cdot \frac{c_i' b_i + (W_i - u_i b_i)\tan\varphi_i'}{m_{\alpha i}'} \tag{7-26}$$

此时，安全系数计算式（7-22）可表示为：

$$F_m = \frac{\sum \left\{ \frac{1}{m_{\alpha i}'}[c_i' b_i + (W_i - u_i b_i)\tan\varphi_i'] \right\}}{\sum (W_i \sin\alpha_i)} \tag{7-27}$$

式中，$m_{\alpha i}' = \cos\alpha_i + \frac{\sin\alpha_i \tan\varphi_i'}{F_m}$。

在简化 Bishop 法中，因为 $m_{\alpha i}$ 中包括安全系数 F_m，所以在求 F_m 时要进行试算。在计算时，一般可以先假定 $F_m = 1$，求出 $m_{\alpha i}$（或者假定 $m_{\alpha i} = 1$，求出 F_m），再反求 F_m。如此反复迭代，直至前后两次迭代计算得到的 F_m 差值在允许的误差范围内（一般取 0.01 或 0.001）为止。根据经验，通常只要迭代 3~4 次即可满足精度要求，而且迭代通常是收敛的。具体迭代计算流程见图 7-10。

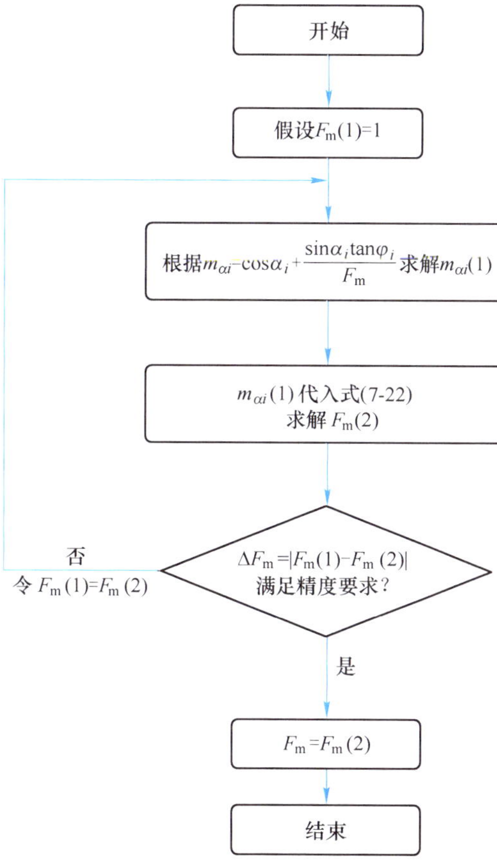

图 7-10 简化 Bishop 法迭代计算流程图

在式 $m_{\alpha i}=\cos\alpha_i+\dfrac{\sin\alpha_i\tan\varphi_i}{F_m}$ 中，对于 α_i 为负值的条块，要注意判断其是否会导致 $m_{\alpha i}$ 趋于零。如果 $m_{\alpha i}$ 趋于零，则简化 Bishop 法不适用；当任意条块 $m_{\alpha i}<0.2$ 时，会使得求出的 F_m 出现较大误差。此时，应考虑条间切向力 X_i 的影响，或采用其他方法计算边坡安全系数。

7.5.3 计算实例

【例题 7-2】　边坡几何及物理力学参数同例题 7-1，采用简化 Bishop 法，求图示指定滑动面的安全系数及该边坡的最小安全系数。

解：

根据式（7-22），假设 $F_m(1)=1$ 为初始值，采用表格法，对指定滑面进行稳定性计算。经过第一次迭代计算，结果见表 7-6 和表 7-7。

表 7-6　简化 Bishop 法第一次迭代计算数据汇总表（1）

代号	①	②	③	④	⑤	⑥	⑦	⑧
条块	b_i	H_i	α_i	$W_i=b_iH_i\gamma$	$\sin\alpha_i$	$W_i\sin\alpha_i$	c_il_i	④-(⑦×⑤)/F
1	2.5	0.8	-9	40	-0.15643	-6.2574	50.623	41.583844
2	2.5	2.3	0.5	115	0.008727	1.00355	50.002	114.91273
3	2.5	3.3	9	165	0.156434	25.8117	50.623	163.41616
4	2.5	3.9	18.5	195	0.317305	61.8744	52.725	191.65405
5	2.5	4.1	28	205	0.469472	96.2417	56.629	199.68291
6	2.5	3.6	39	180	0.62932	113.278	64.338	171.90216
7	2.5	1.65	52	82.5	0.788011	65.0109	81.213	69.700584
Σ	—	—	—	—	—	356.9625	—	—

表 7-7　简化 Bishop 法第一次迭代计算数据汇总表（2）

代号	⑨	⑩	⑪	⑫	⑬	⑭	⑮
条块	$\tan\varphi_i$	$\cos\alpha_i$	⑨× $\tan\alpha_i$	⑩×(1+⑪/F)	N_i =⑧/⑫	$N_i\tan\varphi_i$	⑦+⑭
1	0.36397	0.987688	-0.057647	0.9763008	42.59327	15.5027	66.12594
2	0.36397	0.999962	0.0031763	1.0005972	114.8442	41.7999	91.80176
3	0.36397	0.987688	0.0576472	0.9990758	163.5673	59.5336	110.1569
4	0.36397	0.948324	0.1217827	0.9714215	197.2924	71.8085	124.5332
5	0.36397	0.882948	0.1935264	0.9171223	217.7277	79.2464	135.8749
6	0.36397	0.777146	0.2947373	0.8229567	208.8836	76.0274	140.3654
7	0.36397	0.615661	0.4658607	0.673024	103.5633	37.694	118.9074
Σ	—	—	—	—	—	—	787.76545

计算可得，$F_m(2)=\Sigma$⑮/Σ⑥=2.2068577，将 $F_m(2)$ 代入式（7-22），进行第二次迭代计算，结果见表 7-8 和表 7-9。

表 7-8 简化 Bishop 法第二次迭代计算数据汇总表（1）

代号	①	②	③	④	⑤	⑥	⑦	⑧
条块	b_i	H_i	α_i	$W_i = b_iH_i\gamma$	$\sin\alpha_i$	$W_i\sin\alpha_i$	c_il_i	④-(⑦×⑤)/F
1	2.5	0.8	-9	40	-0.15643	-6.2574	50.623	43.588461
2	2.5	2.3	0.5	115	0.008727	1.00355	50.002	114.80228
3	2.5	3.3	9	165	0.156434	25.8117	50.623	161.41154
4	2.5	3.9	18.5	195	0.317305	61.8744	52.725	187.41919
5	2.5	4.1	28	205	0.469472	96.2417	56.629	192.95325
6	2.5	3.6	39	180	0.62932	113.278	64.338	161.65301
7	2.5	1.65	52	82.5	0.788011	65.0109	81.213	53.500813
Σ	—	—	—	—	—	356.9625	—	—

表 7-9 简化 Bishop 法第二次迭代计算数据汇总表（2）

代号	⑨	⑩	⑪	⑫	⑬	⑭	⑮
条块	$\tan\varphi_i$	$\cos\alpha_i$	⑨×$\tan\alpha_i$	⑩×(1+⑪/F)	N_i=⑧/⑫	$N_i\tan\varphi_i$	⑦+⑭
1	0.36397	0.987688	-0.057647	0.9618881	45.31552	16.4935	67.11676
2	0.36397	0.999962	0.0031763	1.0014012	114.6416	41.7261	91.72805
3	0.36397	0.987688	0.0576472	1.0134886	159.2633	57.9671	108.5904
4	0.36397	0.948324	0.1217827	1.0006557	187.2964	68.1703	120.8949
5	0.36397	0.882948	0.1935264	0.9603761	200.9143	73.1268	129.7553
6	0.36397	0.777146	0.2947373	0.8809378	183.501	66.7889	131.1269
7	0.36397	0.615661	0.4658607	0.7456257	71.75291	26.1159	107.3294
Σ	—	—	—	—	—	—	756.54168

计算可得，$F_m(3)$ = Σ⑮/Σ⑥=2.119387，将 $F_m(3)$ 代入式（7-22），进行第三次迭代计算，结果见表 7-10 和表 7-11。

表 7-10 简化 Bishop 法第三次迭代计算数据汇总表（1）

代号	①	②	③	④	⑤	⑥	⑦	⑧
条块	b_i	H_i	α_i	$W_i=b_iH_i\gamma$	$\sin\alpha_i$	$W_i\sin\alpha_i$	c_il_i	④-(⑦×⑤)/F
1	2.5	0.8	-9	40	-0.15643	-6.2574	50.623	43.736562
2	2.5	2.3	0.5	115	0.008727	1.00355	50.002	114.79412
3	2.5	3.3	9	165	0.156434	25.8117	50.623	161.26344
4	2.5	3.9	18.5	195	0.317305	61.8744	52.725	187.10632
5	2.5	4.1	28	205	0.469472	96.2417	56.629	192.45606
6	2.5	3.6	39	180	0.62932	113.278	64.338	160.8958
7	2.5	1.65	52	82.5	0.788011	65.0109	81.213	52.303966
Σ	—	—	—	—	—	356.9625	—	—

表 7-11　简化 Bishop 法第三次迭代计算数据汇总表（2）

代号	⑨	⑩	⑪	⑫	⑬	⑭	⑮
条块	$\tan\varphi_i$	$\cos\alpha_i$	⑨×$\tan\alpha_i$	⑩×(1+⑪/F)	N_i=⑧/⑫	$N_i\tan\varphi_i$	⑦+⑭
1	0. 36397	0. 987688	−0. 057647	0. 9608233	45. 51988	16. 5679	67. 19114
2	0. 36397	0. 999962	0. 0031763	1. 0014606	114. 6267	41. 7207	91. 72261
3	0. 36397	0. 987688	0. 0576472	1. 0145534	158. 9502	57. 8531	108. 4764
4	0. 36397	0. 948324	0. 1217827	1. 0028156	186. 581	67. 9099	120. 6345
5	0. 36397	0. 882948	0. 1935264	0. 9635717	199. 732	72. 6965	129. 325
6	0. 36397	0. 777146	0. 2947373	0. 8852215	181. 7577	66. 1544	130. 4924
7	0. 36397	0. 615661	0. 4658607	0. 7509895	69. 64673	25. 3493	106. 5628
Σ	—	—	—	—	—	—	754. 40483

计算可得，$F_m(4)=\sum$⑮/$\sum$⑥$=2.1134008$，将 $F_m(4)$ 代入式（7-22），进行第四次迭代计算，结果见表 7-12 和表 7-13。

表 7-12　简化 Bishop 法第四次迭代计算数据汇总表（1）

代号	①	②	③	④	⑤	⑥	⑦	⑧
条块	b_i	H_i	α_i	$W_i=b_iH_i\gamma$	$\sin\alpha_i$	$W_i\sin\alpha_i$	c_il_i	④−(⑦×⑤)/F
1	2. 5	0. 8	−9	40	−0. 15643	−6. 2574	50. 623	43. 747146
2	2. 5	2. 3	0. 5	115	0. 008727	1. 00355	50. 002	114. 79353
3	2. 5	3. 3	9	165	0. 156434	25. 8117	50. 623	161. 25285
4	2. 5	3. 9	18. 5	195	0. 317305	61. 8744	52. 725	187. 08396
5	2. 5	4. 1	28	205	0. 469472	96. 2417	56. 629	192. 42053
6	2. 5	3. 6	39	180	0. 62932	113. 278	64. 338	160. 84168
7	2. 5	1. 65	52	82. 5	0. 788011	65. 0109	81. 213	52. 218436
Σ	—	—	—	—	—	356. 9625	—	—

表 7-13　简化 Bishop 法第四次迭代计算数据汇总表（2）

代号	⑨	⑩	⑪	⑫	⑬	⑭	⑮
条块	$\tan\varphi_i$	$\cos\alpha_i$	⑨×$\tan\alpha_i$	⑩×(1+⑪/F)	N_i=⑧/⑫	$N_i\tan\varphi_i$	⑦+⑭
1	0. 36397	0. 987688	−0. 057647	0. 9607472	45. 5345	16. 5732	67. 19646
2	0. 36397	0. 999962	0. 0031763	1. 0014648	114. 6256	41. 7203	91. 72222
3	0. 36397	0. 987688	0. 0576472	1. 0146295	158. 9278	57. 845	108. 4683
4	0. 36397	0. 948324	0. 1217827	1. 0029699	186. 53	67. 8914	120. 616
5	0. 36397	0. 882948	0. 1935264	0. 9638001	199. 6478	72. 6658	129. 2943
6	0. 36397	0. 777146	0. 2947373	0. 8855276	181. 6337	66. 1093	130. 4472
7	0. 36397	0. 615661	0. 4658607	0. 7513728	69. 49737	25. 295	106. 5084
Σ	—	—	—	—	—	—	754. 25294

计算可得，$F_m(5)=\sum$⑮/$\sum$⑥$=2.1129753$，此时 $\Delta F_m(5)=|F_m(5)-F_m(4)|=0.00043$，因此可取：

$$F_m=F_m(5)=2.113$$

采用 Slide 软件，对图 7-5 边坡指定滑面的稳定性进行计算，结果如图 7-11 所示，表明简化 Bishop 法的条块垂直力平衡、水平力不平衡。

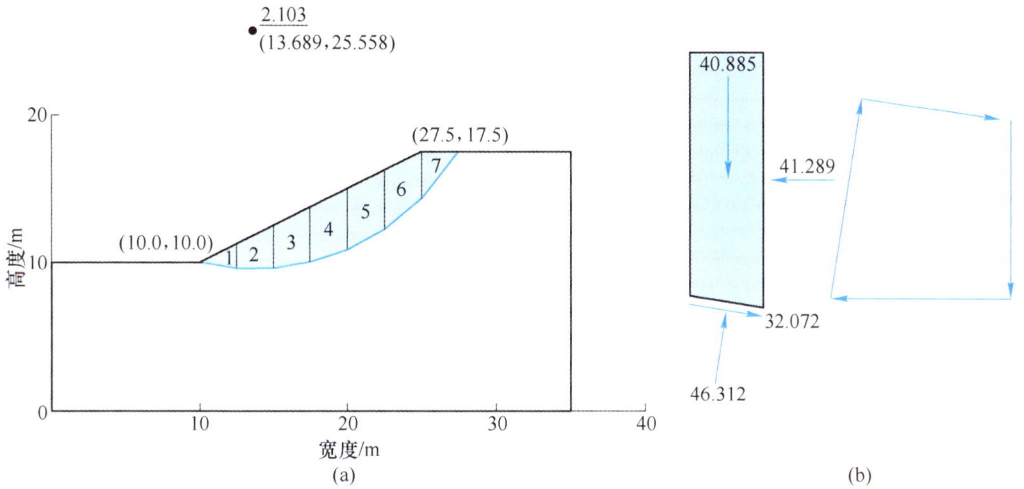

图 7-11 边坡指定滑面简化 Bishop 法稳定性计算结果

（a）边坡稳定性计算结果；（b）1 号条块受力情况（kN）

由图 7-11 可知，该指定滑面的安全系数：

$$F_m = 2.103$$

此外，在 Slide 软件中，采用不同圆心、不同半径对应的滑面计算该边坡的最小安全系数（$F_m = 2.094$）以及力多边形，如图 7-12 所示。

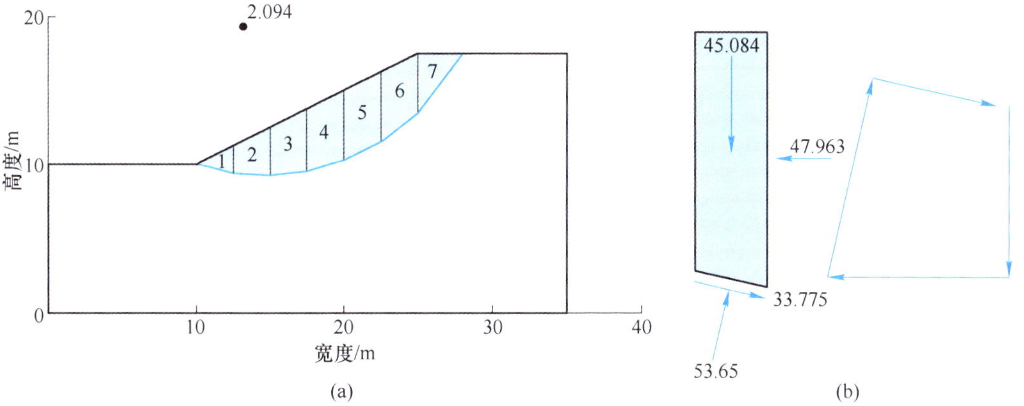

图 7-12 边坡自动搜索滑面简化 Bishop 法稳定性计算结果

（a）边坡稳定性计算结果；（b）1 号条块受力情况（kN）

7.5.4 计算方法评价

简化 Bishop 法只考虑条间法向力，满足垂直方向力的平衡及整体力矩平衡，力多边形基本闭合。该方法虽然是一种非严格条分法，但国内外大量的边坡稳定性计算工程实例表明：通过该方法算出的边坡安全系数与 Morgenstern-Price 法、Spencer

法等严格条分法的计算结果较为接近，一般只相差 3%~4%。同时，该方法计算过程相对简单，因此，简化 Bishop 法在工程中的应用比较广泛。

7.6 垂直水平方向力平衡类—— Corps of Engineers 法

7.6.1 假设条件

针对条块间合力方向问题，Corps of Engineers 法（#1、#2）分别对应两种基本假设。Corps of Engineers 法#1 假设其为从滑面顶部到底部（即滑面的进出口）连线的斜率（见图 7-13）。Corps of Engineers 法#2 假设其为条块顶面的斜率（见图 7-14）。两种方法的假设主要包括 7 点，前 4 点为通用假设条件（见 7.3 节），后 3 点为 Corps of Engineers 法的特殊假设条件与平衡条件，具体如下：

（1）同时考虑条间法向力 E 和切向力 X，条间合力作用方向平行于滑面进出口连线（适用于 Corps of Engineers 法#1）或条块顶面倾角（适用于 Corps of Engineers 法#2）；

（2）条块满足垂直与水平方向力平衡，不考虑整体力矩平衡；

（3）边坡安全系数定义为沿整个滑动面的抗剪强度与实际产生的剪应力之比。

7.6.2 计算模型

7.6.2.1 Corps of Engineers 法#1

某一简单黏性土边坡，滑动面形状为圆弧形，对滑体进行条分，边坡条分示意图及第 i 个条块受力示意图见图 7-13。

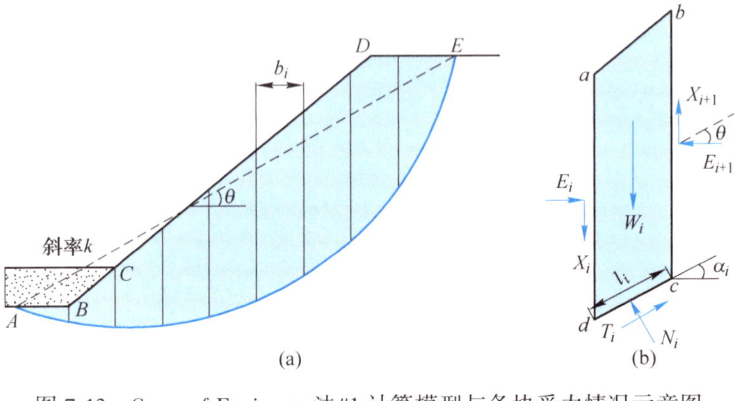

图 7-13 Corps of Engineers 法#1 计算模型与条块受力情况示意图

（a）边坡条分示意图；（b）第 i 个条块受力示意图

根据条块水平方向受力平衡，可得：

$$N_i\sin\alpha_i + E_{i+1} = T_i\cos\alpha_i + E_i \tag{7-28}$$

根据条块垂直方向受力平衡，可得：

$$W_i + X_i = N_i\cos\alpha_i + T_i\sin\alpha_i + X_{i+1} \tag{7-29}$$

式中，$\Delta E_i = E_{i+1} - E_i$；$\Delta X_i = X_{i+1} - X_i$。

联立式（7-28）和式（7-29），可得：

$$\Delta E_i = T_i\cos\alpha_i - N_i\sin\alpha_i \tag{7-30}$$

$$N_i = \frac{W_i - \Delta X_i - T_i\sin\alpha_i}{\cos\alpha_i} \tag{7-31}$$

联立式（7-30）和式（7-31），可得：

$$\Delta E_i = \frac{T_i}{\cos\alpha_i} - (W_i - \Delta X_i)\tan\alpha_i \tag{7-32}$$

对于整个滑体，条块间法向力之和为零，即 $\sum \Delta E_i = 0$。

所以

$$\sum \Delta E_i = \sum \left[\frac{T_i}{\cos\alpha_i} - (W_i - \Delta X_i)\tan\alpha_i\right] = 0 \tag{7-33}$$

又由于：

$$T_i = \frac{c_i l_i + N_i\tan\varphi_i}{F_f} \tag{7-34}$$

将式（7-34）代入式（7-33），可得：

$$F_f = \frac{\sum \dfrac{c_i l_i + N_i\tan\varphi_i}{\cos\alpha_i}}{\sum[(W_i - \Delta X_i)\tan\alpha_i]} \tag{7-35}$$

将式（7-34）代入式（7-31），可得：

$$N_i = \frac{W_i - \Delta X_i - \dfrac{c_i l_i}{F_f}\sin\alpha_i}{\cos\alpha_i + \dfrac{\sin\alpha_i\tan\varphi_i}{F_f}} \tag{7-36}$$

将式（7-36）代入式（7-35），可得：

$$F_f = \frac{\sum \dfrac{c_i b_i + (W_i - \Delta X_i)\tan\varphi_i}{m_{\alpha i}\cdot\cos\alpha_i}}{\sum[(W_i - \Delta X_i)\tan\alpha_i]} \tag{7-37}$$

其中，$m_{\alpha i} = \cos\alpha_i + \dfrac{\sin\alpha_i\tan\varphi_i}{F_f}$。

联立式（7-32）、式（7-34）和式（7-36），可以求出：

$$\Delta E_i = \frac{1}{F_f\cos\alpha_i}\cdot\frac{c_i b_i + (W_i - \Delta X_i)\tan\varphi_i}{m_{\alpha i}} - (W_i - \Delta X_i)\tan\alpha_i \tag{7-38}$$

对于 Corps of Engineers 法#1 有：

$$X_i = \tan\theta\cdot E_i \tag{7-39}$$

$$X_i + \Delta X_i = \tan\theta\cdot(E_i + \Delta E_i) \tag{7-40}$$

故：

$$\Delta X_i = \tan\theta\cdot\Delta E_i \tag{7-41}$$

联立式（7-37）、式（7-38）和式（7-41）即可求得边坡安全系数 F_f。

7.6.2.2 Corps of Engineers 法#2

Corps of Engineers 法#2 与 Corps of Engineers 法#1 的区别主要在于条块间合力的倾角假设不同，对于 Corps of Engineers 法#2，其计算模型如图 7-14 所示。

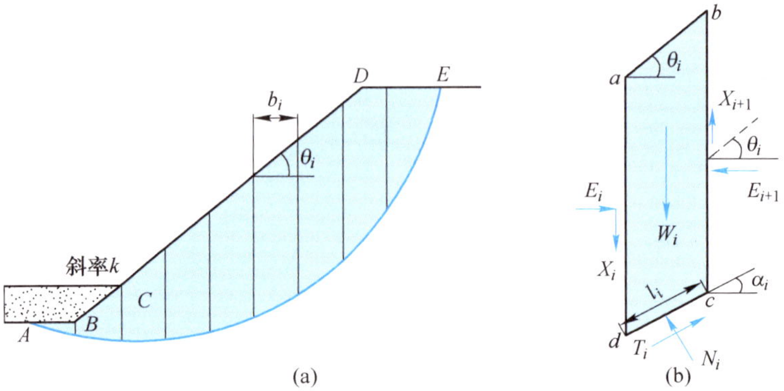

图 7-14 Corps of Engineers 法#2 计算模型与条块受力情况示意图

（a）边坡条分示意图；（b）第 i 个条块受力示意图

在 Corps of Engineers 法#2 计算中，式（7-39）变为：

$$X_i = \tan\theta_i \cdot E_i \tag{7-42}$$

故：

$$\Delta X_i = \tan\theta_i \cdot \Delta E_i \tag{7-43}$$

联立式（7-37）、式（7-38）和式（7-43）可以求得边坡安全系数 F_f。

7.6.3 计算实例

【例题 7-3】 图 7-15 为某一黏性土边坡，坡度 1∶2，坡高 7.5 m，$\gamma = 20\ \text{kN/m}^3$，$c = 20\ \text{kPa}$，$\varphi = 20°$，条块数量取 7，采用 Corps of Engineers 法#1、Corps of Engineers 法#2 分别求该边坡的最小安全系数。

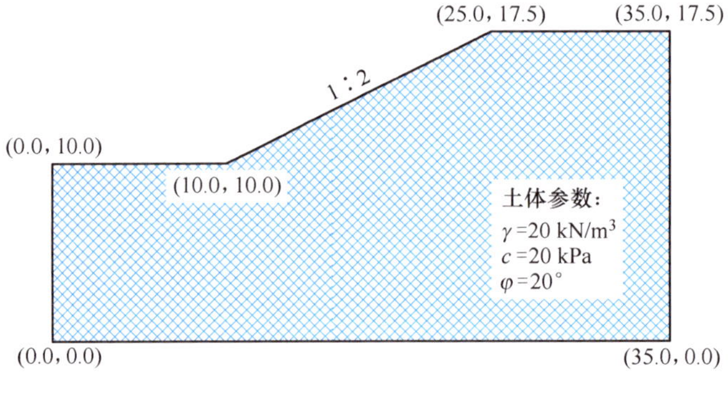

图 7-15 边坡示意图（单位：m）

解：

基于 Corps of Engineers 法#1，在 Slide 软件中，采用不同圆心、不同半径对应的滑面计算出该边坡的最小安全系数（F_f = 2.129）及力多边形，分别如图 7-16（a）和图 7-16（b）所示，力多边形闭合表明条块水平力、垂直力均平衡。

基于 Corps of Engineers 法#2，采用不同圆心、不同半径对应的滑面计算出该边坡的最小安全系数（F_f = 2.170）及力多边形，分别如图 7-17（a）和图 7-17（b）所示，力多边形闭合，表明条块水平力、垂直力均平衡。

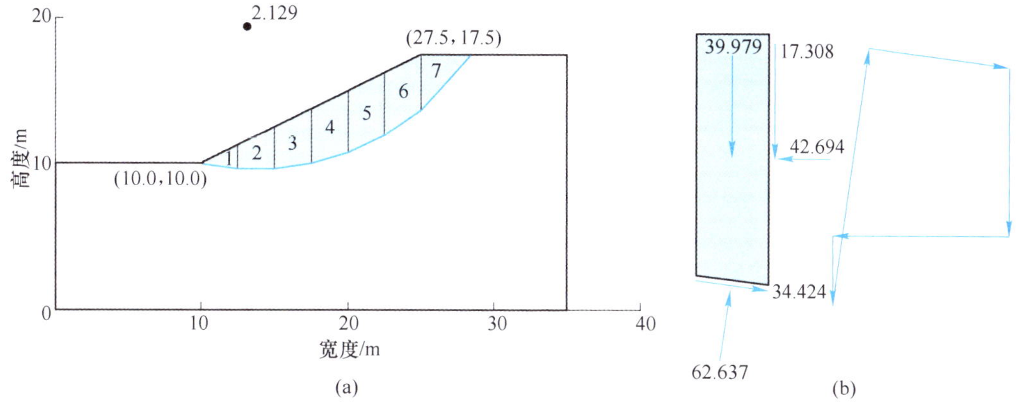

图 7-16 Corps of Engineers 法#1 自动搜索滑面稳定性计算结果
（a）边坡稳定性计算结果；（b）1 号条块受力情况（kN）

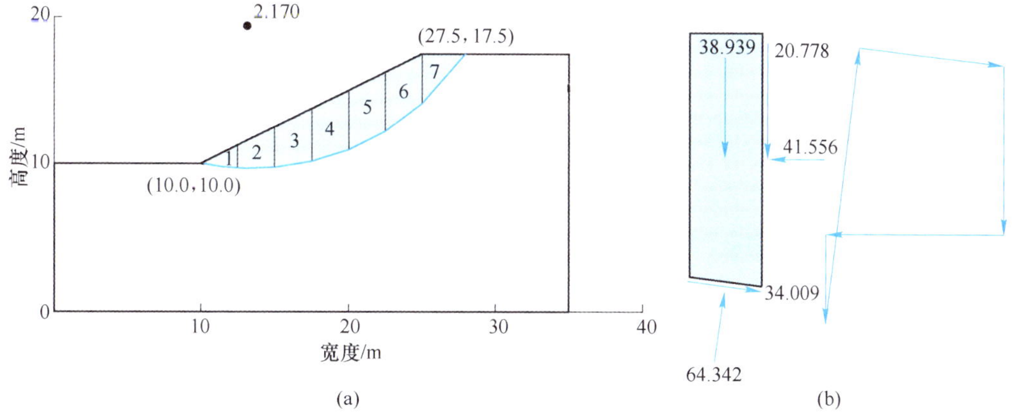

图 7-17 Corps of Engineers 法#2 自动搜索滑面稳定性计算结果
（a）边坡稳定性计算结果；（b）1 号条块受力情况（kN）

计算结果表明，Corps of Engineers 法#1 与 Corps of Engineers 法#2 得到的边坡最小安全系数较为接近。

7.6.4 计算方法评价

Corps of Engineers 法（#1、#2）均考虑条间法向力和切向力，并分别对合力的倾角做出不同假设（分别假设条间合力作用方向平行于滑面进出口连线、条块顶面倾角），条块满足条间力平衡条件，不满足整体力矩平衡，力多边形闭合。Corps of

Engineers 法的主要特点是：所定义的条间力函数与滑面或边坡的几何形状有关，适用于各种滑动面。

由于实际工程边坡几何形态复杂，因此该方法会产生一定的计算误差，但大量的工程案例表明，采用该方法能基本满足规范要求，故其应用也较为广泛。

7.7 垂直水平方向力平衡与力矩平衡类——通用条分法

7.7.1 假设条件

通用条分法（GLE 法）的假设主要包括 7 点，前 4 点为通用假设条件（见 7.3 节），后 3 点为 GLE 法的特殊假设条件与平衡条件，具体如下：

（1）条块切向力 X 和法向力 E 存在函数关系式 $X=\lambda f(x)E$，λ 为 0~1 之间的任意常数，$f(x)$ 为待定函数；

（2）条块满足垂直与水平方向力平衡，且整体满足力矩平衡；

（3）边坡安全系数定义为沿整个滑动面的抗剪强度与实际产生的剪应力之比。

7.7.2 计算模型

GLE 法可用于分析如图 7-18 所示的任意形状滑动面。

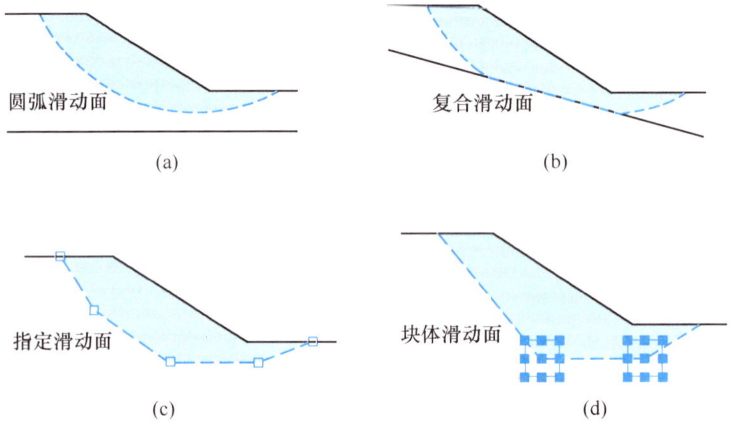

图 7-18 典型边坡滑动面形状

图 7-19 的滑动面形状为复合形，采用 GLE 法对两个安全系数 F_m 和 F_f 进行推导，具体过程如下：

根据莫尔-库仑准则：

$$T_i=\frac{1}{F}[c_i'l_i+(N_i-u_il_i)\tan\varphi_i'] \tag{7-44}$$

由力矩平衡方程：

$$\sum(W_ix_i)-\sum(T_iR_i)-\sum(N_if_i)+\sum(\alpha_W W_ie_i)+\sum(D_id_i)=0 \tag{7-45}$$

式中，D_i 为外部荷载。

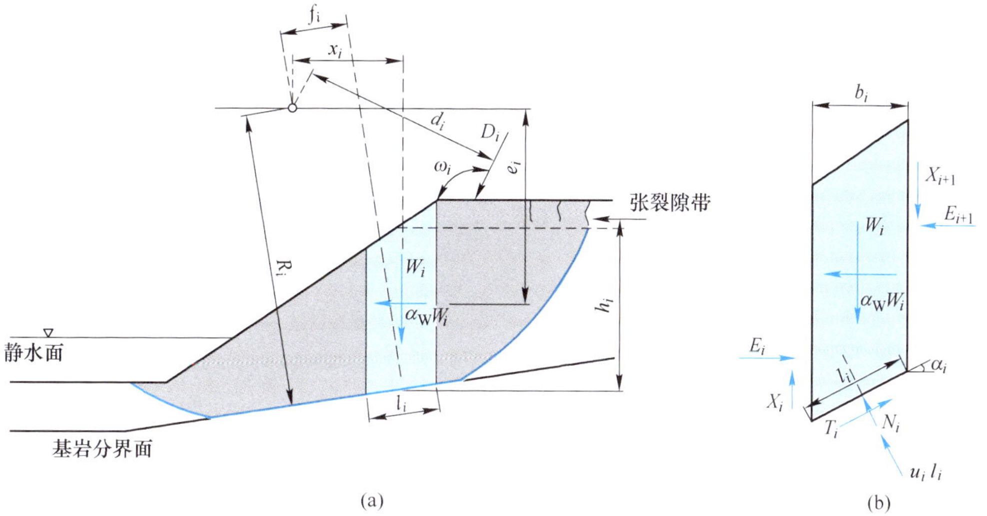

图 7-19 GLE 法计算模型与条块受力情况示意图

（a）边坡条分示意图；（b）第 i 个条块受力示意图

联立式（7-44）和式（7-45）解出对应于力矩平衡方程的安全系数 F_m：

$$F_m = \frac{\sum[c'_i l_i R_i + (N_i - u_i l_i) R_i \tan\varphi'_i]}{\sum(W_i x_i) - \sum(N_i f_i) + \sum(\alpha_W W_i e_i) + \sum(D_i d_i)} \tag{7-46}$$

由单个条块水平力平衡方程可以得到：

$$E_{i+1} - E_i + N_i \sin\alpha_i - T_i \cos\alpha_i + \alpha_W W_i - D_i \cos\omega_i = 0 \tag{7-47}$$

对于整个边坡而言，有：

$$\sum(N_i \sin\alpha_i) - \sum(T_i \cos\alpha_i) + \sum(\alpha_W W_i) - \sum(D_i \cos\omega_i) = 0 \tag{7-48}$$

联立式（7-44）和式（7-48）解出对应于力平衡方程的安全系数 F_f：

$$F_f = \frac{\sum[c'_i b_i + (N_i - u_i l_i)\cos\alpha_i \tan\varphi'_i]}{\sum(N_i \sin\alpha_i + \alpha_W W_i - D_i \cos\omega_i)} \tag{7-49}$$

式中，N_i 可通过对条块竖向力求和得到：

$$N_i = \frac{W_i + (X_{i+1} - X_i) - (c'_i l_i \sin\alpha_i - u_i l_i \sin\alpha_i \tan\varphi'_i)/F}{\cos\alpha_i + \sin\alpha_i \tan\varphi'_i / F} \tag{7-50}$$

假设 X_i 与 E_i 满足下列关系：

$$X_i = \lambda f(x) E_i \tag{7-51}$$

式中，$f(x)$ 可以是常量、半正弦函数、梯形函数、自定义函数等，如图 7-20 所示。

条间力函数的选择问题仅涉及 Spencer 法、M-P 法及 GLE 法。其中，Spencer 法的条间力函数为常量，即假设所有条块切向力和法向力之比为常数，一般在软件中（如 Geo-slope 软件）使用该方法时，该常数由软件自动计算确定。而 M-P 法和 GLE 法可以指定任何形式的条间力函数，其中常量和半正弦函数较为常用。基于常量条间力函数的 M-P 法、GLE 法与 Spencer 法的分析结果是一致的。半正弦函数的特点主要是剪切力集中于坡体中间部位的条块，并向坡顶和坡底逐渐减小。部分工程案

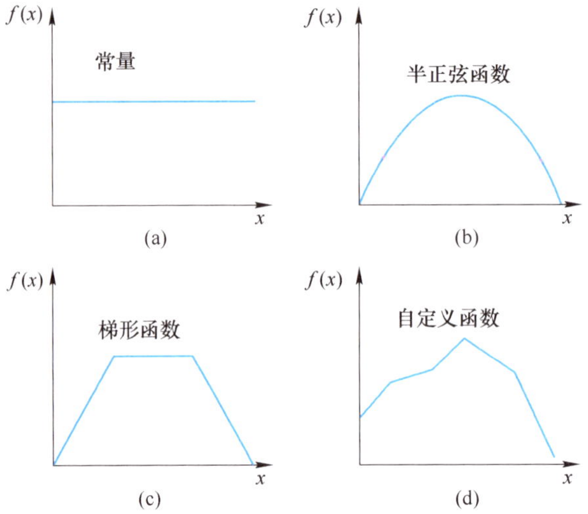

图 7-20　典型条间力函数$f(x)$

例计算表明：安全系数对条间力函数形式的选择并不敏感，不同的条间力函数计算结果比较接近。满足所有静力平衡条件也是采用条间力函数假定的一个特点，但计算过程均比较复杂，所以一般采用软件进行计算，所得结果与工程实际较为接近。

联立式（7-47）、式（7-50）和式（7-51）可得 N_i 和 F 的关系式，将该关系式代入式（7-46）可得 F 与 F_m 的关系式；将该关系式代入式（7-49）可得 F 与 F_f 的关系式，最后通过不断调整 λ 值，经过迭代求得 $F=F_f=F_m$ 。

综上，对 GLE 法的计算步骤归纳如下：

（1）假定条间力函数$f(x)$。

（2）设定安全系数 F 的迭代初值及 λ 值。按式（7-46）求出力矩平衡所对应的安全系数 F_m ，再按式（7-49）求出力平衡所对应的安全系数 F_f 。通常，F_m 和 F_f 并不相等。注意本步骤中 λ 值不变，由此可得到力矩平衡点（λ ，F_m）和力平衡点（λ ，F_f）。

（3）改变 λ ，按步骤（2）再进行求解，得到一组新的力矩平衡点（λ ，F_m）和力平衡点（λ ，F_f）。

（4）求一系列 λ 值（一般 5 个以上）对应的力矩平衡点及力平衡点，在 λ-F 坐标系中连接对应的点，得到力矩平衡和力平衡曲线。两曲线交点的纵坐标即为同时满足力平衡及力矩平衡的边坡安全系数 F 。

按照上述步骤，在假定$f(x)$为已知函数后，GLE 法根据不同 λ 值求得不同的（λ ，F_m）和（λ ，F_f），如图 7-21 所示。

通过对式（7-51）中不同形式 $\lambda f(x)$ 的定义，可得到不同的条分法，根据图 7-21，可建立 GLE 与其他条分法的关系，并据此将其分为 3 类：

（1）令 E_i 和 X_i 均为 0，直接求解 N_i。此类方法只有在力矩平衡条件下求解安全系数的瑞典条分法，由于其无法考虑 $\lambda f(x)$，所以在图 7-21 中无法体现。

（2）只考虑 E_i，令 $\lambda=0$，通过迭代求解 N_i。此类方法考虑力平衡的有简化

Janbu 法，其求解结果在图 7-21 中表现为力平衡关系曲线在 $\lambda=0$ 时对应的安全系数值。考虑力矩平衡的有简化 Bishop 法，其求解结果在图 7-21 中表现为力矩平衡关系曲线在 $\lambda=0$ 时对应的安全系数值。

（3）考虑 E_i 和 X_i，同时 $\lambda \neq 0$，通过迭代求解 N_i。此类方法考虑力平衡的有 Corps of Engineers 法（#1、#2）和 L-K 法，此时令 $f(x)$ 分别等于这 3 种方法对应的条间力函数，则 3 种方法均对应于 $\lambda=1$ 时力平衡曲线的安全系数值。考虑力和力矩都平衡的方法包括 Spencer 法、M-P 法以及 GLE 法，M-P 法在图 7-21 中表现为两条曲线交点对应的安全系数值，由于 Spencer 法属于 M-P 法的一个特例，在此不再进行比较。

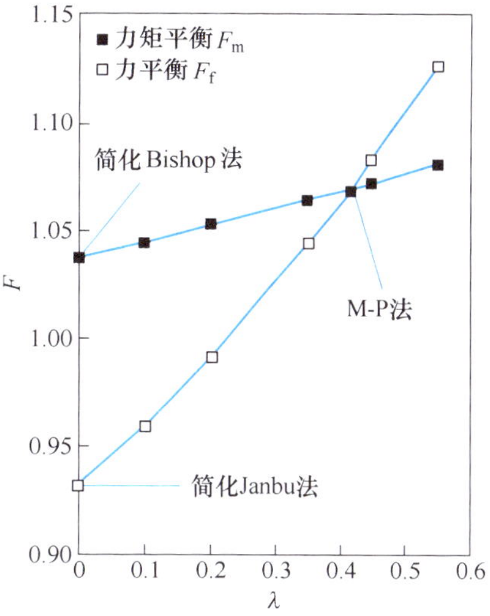

图 7-21 GLE 法求解边坡安全系数 λ-F 关系曲线

7-2 其他几种二维极限平衡条分法

7-3 λ-F 关系曲线形态与滑面几何形状的关联性

另外，需注意的是 λ-F 曲线与边坡滑面形态有关，在不同的滑面条件下，条间切向力对边坡抗滑能力的贡献不一。因此，在选择边坡稳定性分析方法时尽可能选定严格条分法（如 GLE 法），并对比多种方法的 λ-F 曲线，以获得合理有效的边坡安全系数。

7.7.3 计算实例

【例题 7-4】 边坡几何及物理力学参数同例题 7-3，采用 GLE 法，求该边坡的最小安全系数。

解：

基于 GLE 法，采用不同圆心、不同半径对应的滑面计算出该边坡的最小安全系数（$F=2.089$）以及条间力、力多边形，如图 7-22 所示，力多边形闭合表明条块水平力、垂直力均平衡。图 7-23 为本例题采用 GLE 法计算得到的 λ-F 关系曲线。

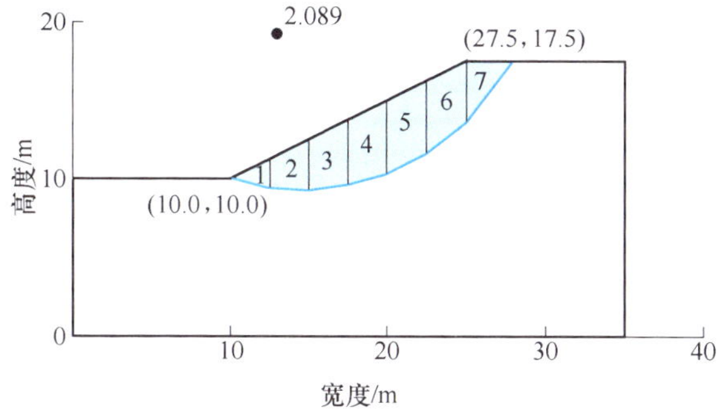

(a)

7-4 不同极限平衡条分法计算结果对比与评析

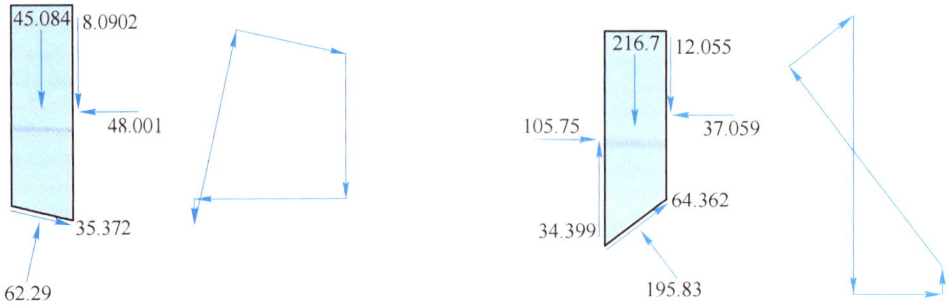

(b)　　　　　　　　　　(c)

图 7-22　GLE 法自动搜索滑面稳定性计算结果

(a) 边坡稳定性计算结果；(b) 1 号条块受力情况（kN）；(c) 6 号条块受力情况（kN）

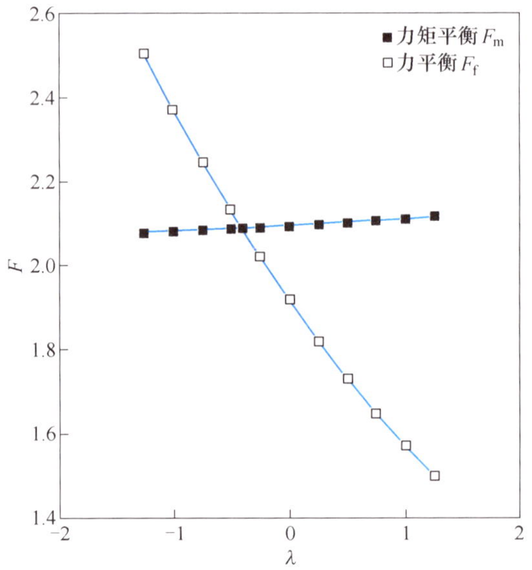

图 7-23　GLE 法 λ-F 关系曲线图

7.7.4 计算方法评价

GLE 法假定了一个条间切向力和法向力之间的可变函数，同时满足力平衡和力矩平衡，力多边形闭合。该法涵盖了其他大多数极限平衡法，适用于任意滑动面。因此，工程应用中应尽可能采用 GLE 法。

习题与思考题

7-1　名词解释

(1) 条分法；(2) 条间力函数；(3) 最危险滑动面；(4) 极限平衡假设；(5) 条块刚性假设。

7-2 简答题

(1) 简述二维极限平衡条分法的基本原理与基本假设条件。

(2) 简述条分法不能考虑条块变形的原因。

(3) 简述严格条分法与非严格条分法的异同。

(4) 简述简化 Bishop 法的优缺点。

(5) 简述 4 类常用极限平衡条分法的异同。

(6) 简述边坡稳定性分析中把超静定问题转化为静定问题进行求解的基本思路。

7-3 论述题

(1) 瑞典条分法计算出的边坡安全系数较实际情况偏安全还是偏危险？说明原因。

(2) 在什么情况下认为简化 Bishop 法计算出来的边坡安全系数存在数值问题？

(3) 如何通过定义不同的 λ 、$f(x)$ 使通用条分法（GLE 法）计算结果与简化 Bishop 法相同，请说明其过程。

(4) 三维条分法较二维条分法更接近工程实际，但三维条分法的应用却相对较少，请分析导致该现象产生的原因。

7-4 计算题

(1) 图 7-24 为某公路拟开挖土质边坡示意图，坡度 1 : 1，坡高 10.0 m，γ = 19 kN/m^3，c = 20 kPa，φ = 25°，取条块数为 10，请分别采用瑞典条分法和简化 Bishop 法，求解该边坡的安全系数。

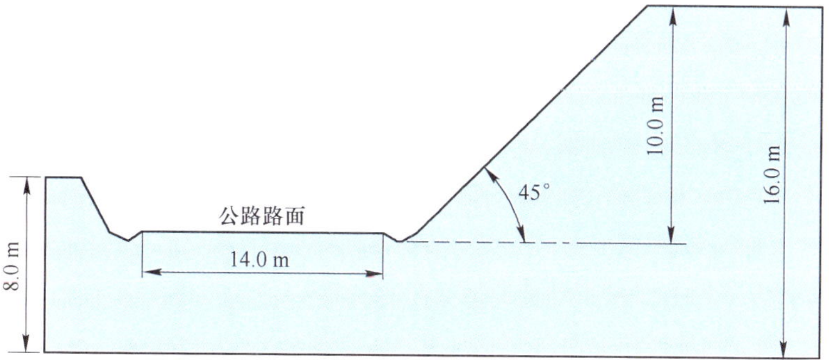

图 7-24 某公路开挖土质边坡示意图（单位：m）

(2) 针对图 7-25 所示的边坡模型，使用 Geo-slope 或 Slide 软件，并采用通用条分法（GLE 法）对指定滑面进行稳定性计算。

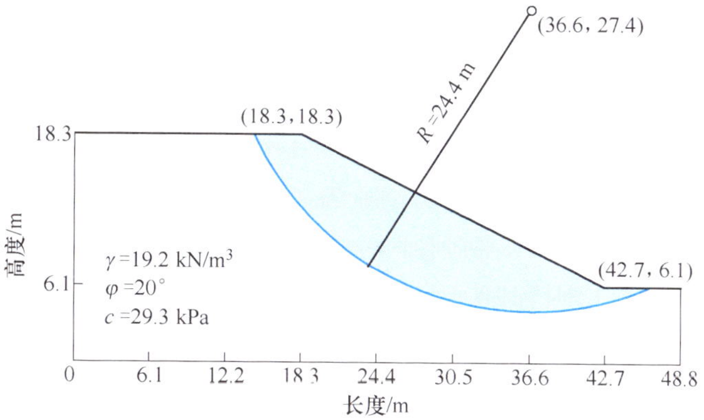

图 7-25 边坡剖面示意图（单位：m）

（3）图 7-26 所示边坡坡度为 1∶2，共有两个土层，主要几何参数如图所示。土层 1 的参数：$\gamma_1 = 15\ \mathrm{kN/m^3}$，$c_1 = 5\ \mathrm{kPa}$，$\varphi_1 = 20°$，土层 2 的参数：$\gamma_2 = 18\ \mathrm{kN/m^3}$，$c_2 = 10\ \mathrm{kPa}$，$\varphi_2 = 25°$，使用 Geo-slope 或 Slide 软件对该边坡进行建模，请分别采用瑞典条分法、简化 Bishop 法、Corps of Engineers 法（#1、#2）和通用条分法（GLE 法）求解该边坡的安全系数。

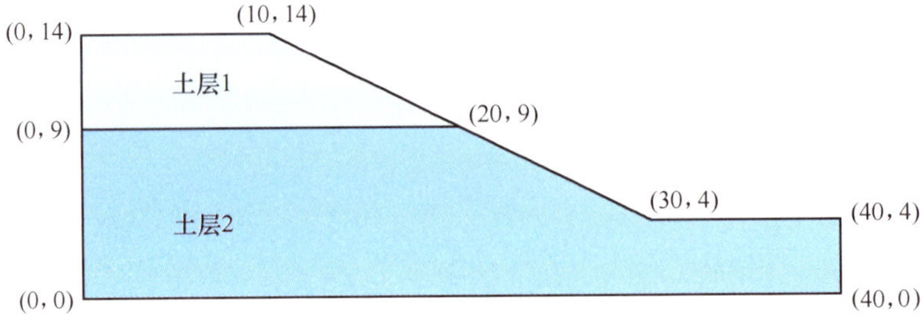

图 7-26 双层土质边坡剖面示意图（单位：m）

8 弱面控制型边坡稳定性分析方法

本章主要内容：

本章主要介绍单平面滑动、折线形滑动、倾倒破坏、楔形破坏等弱面（结构面）控制型边坡稳定性分析方法。简要说明各种失稳类型的基本概念，详细讲述各类分析方法的基本原理、假设条件、计算步骤及适用范围等内容。

学习目标及要求：

熟悉各类弱面（结构面）控制型边坡的潜在破坏形式，掌握单平面滑动、折线形滑动、倾倒破坏、楔形破坏等不同破坏形式的分析方法与计算过程，并能运用所学知识解决工程问题。

8.1 概述

在自重及其他外力作用下，边坡有从高处向低处滑动的趋势，但由于组成边坡的岩土体介质具有一定强度，会产生阻止边坡滑动的抗滑力。一般而言，如果边坡内部某个面上的滑动力超过抗滑力，边坡将失稳破坏。而当边坡内部存在弱面（结构面）时，由于弱面（结构面）强度通常远低于岩土体强度，边坡失稳时多沿弱面或弱面组合产生滑动。

根据弱面（结构面）的空间展布，分析边坡稳定性问题时，可将其分为平面滑动和空间滑动两种情况。严格地讲，边坡滑体都是空间块体，但对于单一结构面控制的滑面，或由两个或两个以上平面构成的滑面，只要这些平面走向大致相同、滑动面走向与边坡坡面走向平行或接近平行，且滑体两侧不受约束或约束不大，即可按平面滑动进行分析，如单平面、同向双平面、折线形及倾倒变形等，否则边坡滑体应按空间滑动处理，如楔形滑动。

本章首先介绍单平面滑动分析方法和折线型滑动分析方法，然后讲述主控结构面陡倾坡内的倾倒变形分析方法，并讨论经典倾倒变形分析方法的局限性，最后介绍属于空间滑动模式的楔形破坏分析方法。

8.2 单平面滑动分析

8.2.1 单平面滑动的几何条件

典型的单平面滑动通常是滑体沿与边坡倾向大致相近的弱面（结构面）滑移，

滑面的倾角缓于边坡角，且在边坡面出露，滑体两侧一般临空或有人工开挖的凹槽切割。典型的单平面滑动如云南云荞水库边坡失稳（见图 8-1），边坡岩性为下志留统龙马溪组泥、页岩，层面走向与边坡走向近乎平行，倾角 27°～28°，为顺层边坡。开挖切脚使边坡滑面临空出露，是诱发滑坡的主要外部因素，该滑坡属于典型的单平面滑动破坏。

单平面滑动一般需满足以下几何条件，如图 8-2 所示：

（1）结构面走向与坡面平行或近似平行（±（20°～30°））；

（2）结构面应在边坡面出露，即结构面倾角 β 须小于坡角 α；

（3）结构面倾角 β 须大于其内摩擦角 φ；

（4）滑动面顶部与边坡上表面相交，或者坡顶出现拉裂缝；

（5）滑体两侧存在割隙面，其对滑体的侧阻力较小，确定了滑体的侧边界。

图 8-1　单平面滑动破坏实例——云荞水库边坡

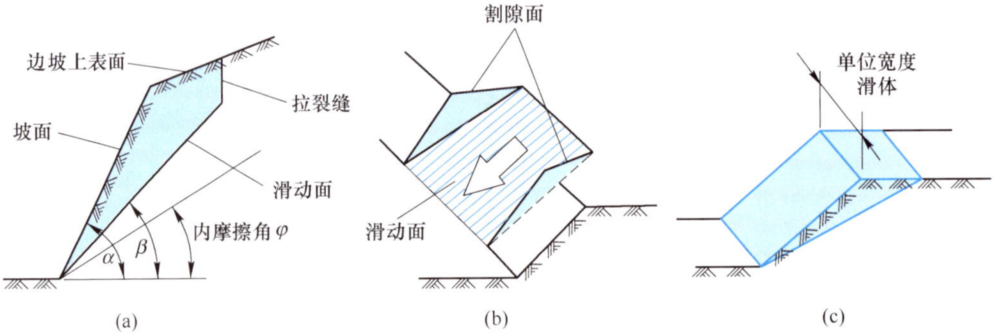

图 8-2　平面滑动边坡几何要素

（a）平面滑动边坡模型剖面图；（b）滑动面与割隙面；（c）单位宽度滑体

单平面滑动分析一般按二维问题处理，假定垂直边坡走向的不同剖面边坡，其几何及物理力学参数相同。计算时沿边坡走向取单位宽度，滑动面的面积可用该剖面中滑动面的长度表示，滑体体积可用该剖面中滑体面积表示。根据边坡滑面上缘是否存在拉裂缝，单平面滑动通常分为两种情况，下文将分别进行介绍。

8.2.2 无拉裂缝的单平面滑动

图 8-3 所示为无拉裂缝单平面滑动模型，边坡内存在贯通坡顶面和边坡面的结构面 OC，边坡稳定性主要受该结构面控制，其与坡面和顶面构成了潜在失稳块体 OBC。以滑体 OBC 所受到抗滑力与下滑力比值大小来判定边坡的稳定性，当该比值大于 1 时边坡稳定，等于 1 时边坡处于极限平衡状态，小于 1 时边坡发生破坏。

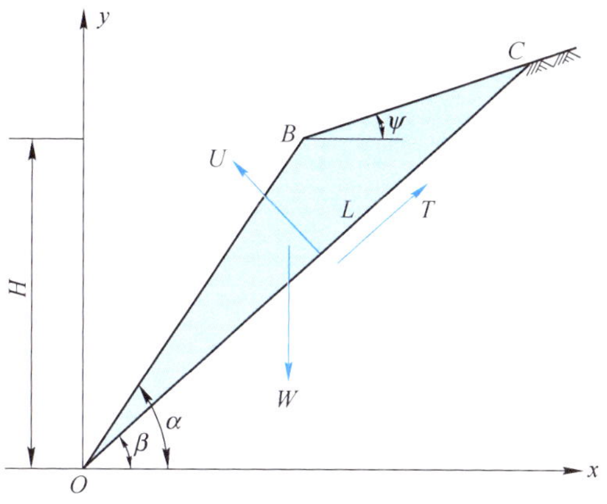

图 8-3 无拉裂缝单平面滑动模型

在分析中作如下假设：

(1) 计算中所有力均作用在滑体重心，即不考虑使滑体转动的力矩，滑体仅沿滑动面滑动；

(2) 滑动面抗剪强度由该结构面黏聚力 c 和内摩擦角 φ 确定，并遵循莫尔-库仑准则 $\tau_f = c + \sigma\tan\varphi$，也可采用其他抗剪强度准则。

以下分别讨论滑动面无水与充水的情况：

(1) 滑动面无水（$U=0$）。如图 8-3 所示，滑体 OBC 存在沿结构面 OC 下滑的趋势，其中已知边坡高度 H，边坡倾角 α，滑动面倾角 β，滑动面长度 L，滑体顶面倾角 ψ，滑体重度 γ，通过几何关系求得滑体剖面面积 A，滑体重量 $W=A\cdot\gamma$，故滑体下滑力为 $W\sin\beta$，作用于滑面上的正压力为 $W\cos\beta$，根据莫尔-库仑准则可得抗滑力 $T=cL+W\cos\beta\tan\varphi$，因此该边坡安全系数为：

$$F_f = \frac{cL + W\cos\beta\tan\varphi}{W\sin\beta} \tag{8-1}$$

(2) 滑动面充水（$U\neq 0$）。地下水对边坡稳定性影响较大，多数边坡失稳与水的作用有关，边坡中水的作用体现在多个方面，包括增大滑体重度、弱化岩土体和结构面的力学参数、改变岩土体应力状态和力学形态等，本章仅考虑静水压力对边坡稳定性的影响。

如图 8-3 所示，因为静水压力 U 的方向为滑动面的外法线方向，其降低了滑体作用在滑动面上的正压力，不考虑对滑体重量、抗剪强度的影响，边坡安全系数为：

$$F_f = \frac{cL + (W\cos\beta - U)\tan\varphi}{W\sin\beta} \tag{8-2}$$

由于滑面上的水压力存在不同的分布形式，以下分别进行讨论：

(1) 边坡中间高度处水压力最大。当地下水位线位于滑面以上，且坡脚排水通畅时，会出现边坡中间高度处水压力最大的情况。如图 8-4 所示，当 $0 < Z_w \leqslant L\sin\beta$

时，浸湿长度 $L_w = Z_w/\sin\beta$，最大水压力 $p = Z_w\gamma_w/2$，因此作用于滑面上的水压力为：

$$U = \frac{p \cdot L_w}{2} = \frac{1}{2}\left(\frac{1}{2}Z_w \cdot \gamma_w\right)\left(\frac{Z_w}{\sin\beta}\right) = \frac{Z_w^2 \cdot \gamma_w}{4\sin\beta} \tag{8-3}$$

（2）坡脚处水压力最大。当地下水位线位于滑面以上，且坡脚排水不畅，形成堵塞时，会出现坡脚处水压力最大的情况。如图 8-5 所示，浸湿长度 $L_w = Z_w/\sin\beta$，最大水压力 $p = \gamma_w Z_w$，因此滑面水压力为：

$$U = \frac{p \cdot L_w}{2} = \frac{1}{2}\gamma_w \cdot Z_w \frac{Z_w}{\sin\beta} = \frac{Z_w^2 \cdot \gamma_w}{2\sin\beta} \tag{8-4}$$

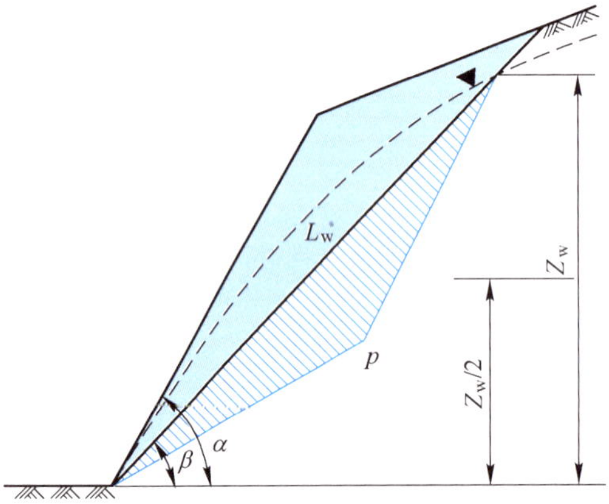

图 8-4 水压力分布示意图
（边坡中间高度处水压力 p 最大）

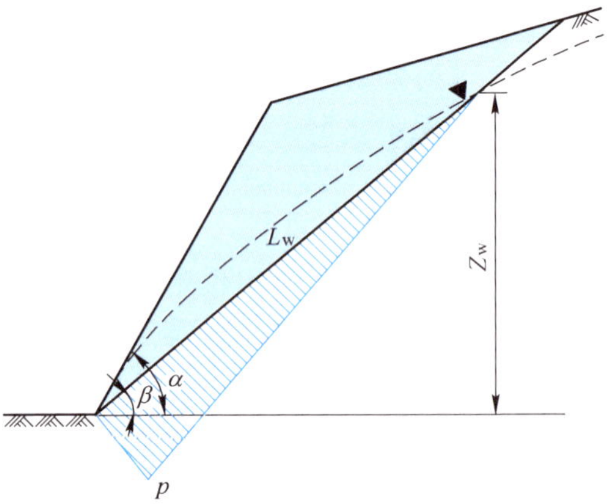

图 8-5 水压力分布示意图
（坡脚处水压力 p 最大）

上述计算表明，坡脚处水压力最大条件下，其滑面水压力值是中间水压力最大时的 2 倍。

8.2.3 含拉裂缝的单平面滑动

大部分岩土边坡在滑动前会在坡顶或坡面上出现拉裂缝，如图 8-6 和图 8-7 所示，拉裂缝中不可避免会充水，从而产生侧向水压力，导致边坡稳定性降低。为便

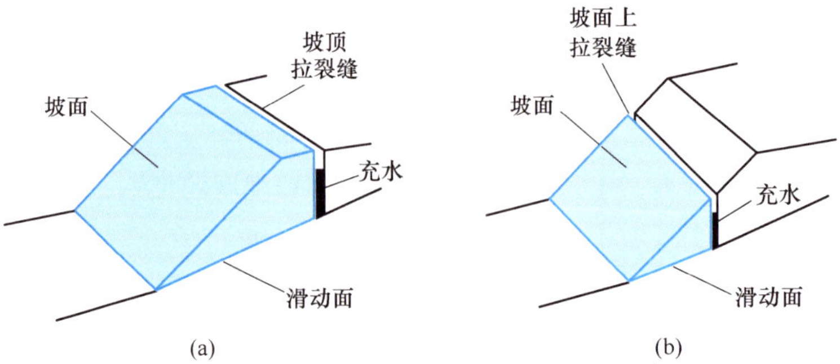

图 8-6 不同位置的拉裂缝示意图
（a）坡顶拉裂缝；（b）坡面拉裂缝

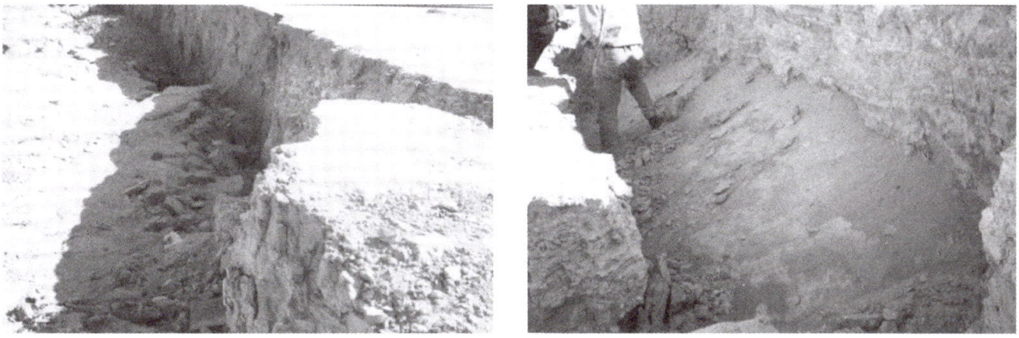

图 8-7 边坡滑动过程中的拉裂缝实例

于分析，作如下假设：

(1) 滑动面及拉裂缝的走向平行于坡面走向；

(2) 滑体重量 W、滑动面水压力 U 和拉裂缝水压力 V 三者的作用线均通过滑体的重心，即假定不考虑使滑体转动的力矩，破坏完全由滑动引起。一般而言，忽视力矩所造成的误差较小，但对于陡倾结构面边坡要考虑其发生倾倒破坏的可能性。

含拉裂缝边坡受力分析如图 8-8 所示，其满足前述的基本假设，边坡高度 H，边坡倾角 α，滑动面倾角 β，拉裂缝走向与边坡面走向平行，深度 Z_t，与水平面夹角 θ，岩体重度 γ，水的重度 γ_w，拉裂缝水压力 V，滑面水压力 U，最大水压力值 p。

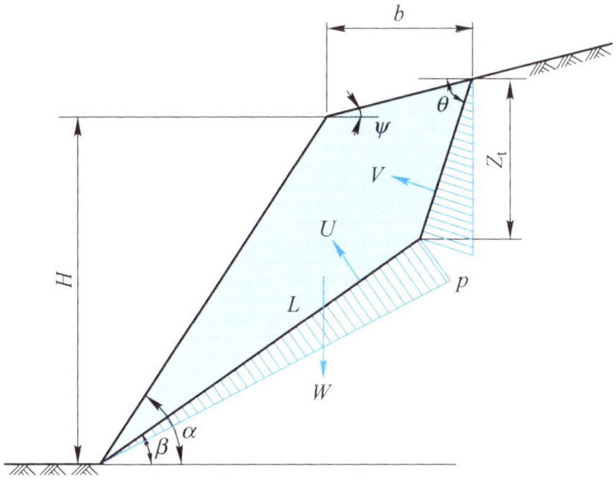

图 8-8 含拉裂缝边坡受力分析

当拉裂缝中不存在水时，安全系数 $F_f=\dfrac{cL+W\cos\beta\tan\varphi}{W\sin\beta}$，与无拉裂缝滑动情况一致。

当拉裂缝中存在水时，安全系数：

$$F_f=\frac{cL+[W\cos\beta-U-V\cos(\theta-\beta)]\tan\varphi}{W\sin\beta+V\sin(\theta-\beta)} \tag{8-5}$$

通常情况假定拉裂缝竖直，即 $\theta=90°$，此时安全系数为：

$$F_f=\frac{cL+(W\cos\beta-U-V\sin\beta)\tan\varphi}{W\sin\beta+V\cos\beta} \tag{8-6}$$

计算表明，拉裂缝中水压力的存在，既减小了抗滑力，又增大了下滑力，对边坡稳定十分不利，因此做好防水、排水工作是保证边坡稳定的有效措施。

8-1 几种常见地下水分布形式及边坡稳定性计算

由于无法准确测量边坡中的水压力分布，目前边坡稳定性分析尚不能准确定义地下水在坡体及拉裂缝中的分布模式。因此，边坡设计需要评估不同水压力分布形式对边坡安全系数的影响。

在上述分析中假设已知拉裂缝的位置、深度，但是若坡顶存在积土或碎石堆，拉裂缝的位置可能是未知的，此时可根据经验公式（8-7）初步判断拉裂缝可能出现的位置。

$$\frac{b}{H} = \sqrt{\cot\alpha \cdot \cot\beta} - \cot\alpha \tag{8-7}$$

式中，b 为拉裂缝距坡顶边缘的水平距离。

通过对弱面（结构面）控制型边坡的深入研究，Barton 发现大多数拉裂缝是由于岩体中微小的剪切位移产生的，虽然这些剪切位移很小，但其累积效应产生的总位移是不能忽视的，足以造成边坡直立节理的分离并形成拉裂缝。当边坡表面出现可视拉裂缝时，岩体中剪切破坏已经开始，须引起足够重视。

8.2.4 地震力作用

由于发生概率低，地震一般被视为可变作用或偶然作用，但出于安全储备的考虑，在地震多发地带仍需考虑地震力的影响。由于水平震动对边坡影响较大，因而计算地震力时一般只考虑水平地震力作用，如图 8-9 所示，水平地震力用 $\alpha_w W$ 表示，其中 α_w 为综合水平地震系数，其大小取决于地震烈度、水平加速度等，一般取值 0.025~0.1，具体取值见表 8-1。

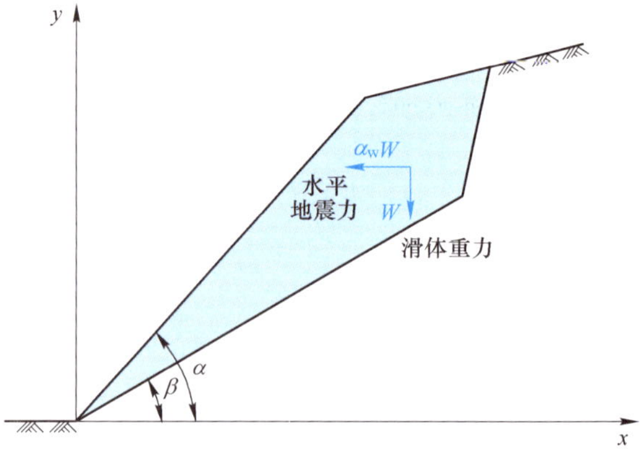

图 8-9 地震力作用示意图

表 8-1 综合水平地震系数 α_w

地震基本烈度	7 度		8 度		9 度
地震峰值加速度	0.10g	0.15g	0.20g	0.30g	0.40g
综合水平地震系数	0.025	0.038	0.050	0.075	0.100

注：地震峰值加速度 0.15g 和 0.30g 对应的区域可根据《中国地震动参数区划图》GB 18306 附录 C 确定。

将地震力分解为垂直于滑动面及平行于滑动面的分量，此时安全系数计算公式为：

$$F_f = \frac{cL + (W\cos\beta - \alpha_w W\sin\beta)\tan\varphi}{W\sin\beta + \alpha_w W\cos\beta} \tag{8-8}$$

8.2.5 锚固力作用

锚固技术广泛应用于岩土加固工程，通过钻孔将锚杆或锚索一端固定在稳定岩土层中，另一端固定在边坡表面。锚杆按是否预先施加应力分为：预应力锚杆（主动支护）和非预应力锚杆（被动支护）。主动支护是预应力锚杆或锚索在边坡变形前已施加荷载，被动支护则是非预应力锚索和注浆锚杆仅在坡体产生一定变形后才产生抗力。

主动支护与被动支护的边坡安全系数计算方法有所区别。主动支护主要表现为降低下滑力，并增大抗滑力，此时安全系数的表达式为：

$$F(F_f)=\frac{N_R+T_N\tan\varphi}{N_S-T_S} \tag{8-9}$$

式中 N_R——抗滑力；

T_N——锚固力垂直于滑动面方向的分量；

N_S——下滑力；

T_S——锚固力平行于滑动面方向的分量。

被动支护主要表现为增加抗滑力，此时安全系数的表达式为：

$$F(F_f)=\frac{N_R+T_N\tan\varphi+T_S}{N_S} \tag{8-10}$$

一般情况下，被动支护的安全系数总是低于主动支护的安全系数。

对于前述外力如水压力、地震力等均属于主动力，相当于预应力锚杆形式，计算安全系数均采用式（8-9）主动支护计算方法，具体锚杆设计详见第9章。

【例题8-1】 如图8-10所示的边坡，坡面滑体高度 H = 80 m，岩体重度 γ = 21 kN/m^3，坡角 $\alpha=45°$，滑动面倾角 $\beta=35°$，上部坡面倾角 $\psi=25°$，拉裂缝倾角 $\theta=60°$，离坡顶水平距离 30 m，滑面强度服从莫尔-库仑强度准则，黏聚力 c =

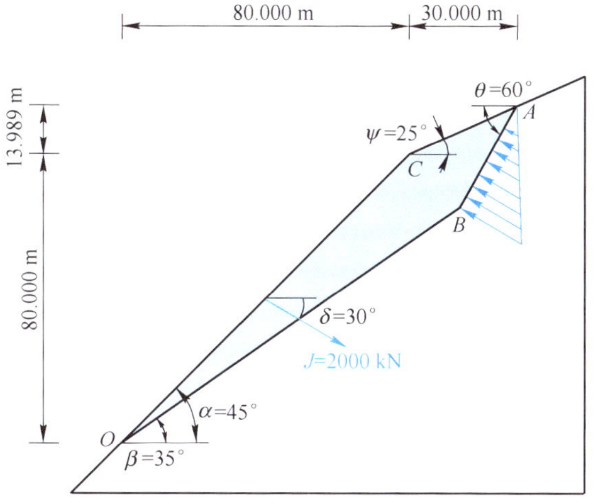

图8-10 例题8-1边坡计算模型

110 kPa，摩擦角 $\varphi = 29°$。水的重度 $\gamma_w = 10\ \text{kN/m}^3$，拉裂缝充水率 100%，滑动面内无水。在滑体上施加锚固力 $J = 2000\ \text{kN}$，与水平面夹角为 $\delta = 30°$。求外力分别为主动力、被动力条件下的边坡安全系数。

解：

（1）边坡几何关系计算：

坡面长度 $$OC = \frac{H}{\sin\alpha} = \frac{80}{\sin 45°} = 80\sqrt{2}\ \text{m} = 113.137\ \text{m}$$

坡顶长度 $$AC = \frac{AC_x}{\cos\psi} = \frac{30}{\cos 25°} = 33.101\ \text{m}$$

由 $\begin{cases} OB_x + BA_x = OC_x + CA_x \\ OB_y + BA_y = OC_y + CA_y \end{cases}$，可解得 $AB = 32.890\ \text{m}$，$OB = 114.212\ \text{m}$，因此根据三角形面积公式可得滑体面积：

$$A = \frac{1}{2}(OB \times OC \times \sin 10° + AC \times AB \times \sin 35°) = 1434.131\ \text{m}^2$$

（2）单位长度边坡受力计算：

滑体重量 $W = \gamma A = 21 \times 1434.131 = 3.012 \times 10^4\ \text{kN/m}$

拉裂缝中水压力 $V = \frac{1}{2}p \times AB = \frac{1}{2} \times \gamma_w \times AB_y \times AB = 4.683 \times 10^3\ \text{kN/m}$

1）不考虑锚固力时：

滑体下滑力 $N_S = W\sin\beta + V\sin(\theta - \beta) = 1.926 \times 10^4\ \text{kN/m}$

滑体对滑面的正压力 $N_N = W\cos\beta - V\cos(\theta - \beta) = 2.043 \times 10^4\ \text{kN/m}$

故滑体抗滑力 $N_R = cL + N_N\tan\varphi = 2.389 \times 10^4\ \text{kN/m}$

2）对于外力（锚固力）：

垂直于滑动面方向的分量 $T_N = J\sin(\beta + \delta) = 1.813 \times 10^3\ \text{kN/m}$

平行于滑动面方向的分量 $T_S = J\cos(\beta + \delta) = 8.45 \times 10^2\ \text{kN/m}$

（3）安全系数计算：

1）当外力为主动力时（即主动支护），根据式（8-9）可得：

$$F = \frac{N_R + T_N\tan\varphi}{N_S - T_S} = \frac{2.389 \times 10^4 + 1.813 \times 10^3 \times \tan 29°}{1.926 \times 10^4 - 8.45 \times 10^2} = 1.352$$

2）当外力为被动力时（即被动支护），根据式（8-10）可得：

$$F = \frac{N_R + T_N\tan\varphi + T_S}{N_S} = \frac{2.389 \times 10^4 + 1.813 \times 10^3 \times \tan 29° + 8.45 \times 10^2}{1.926 \times 10^4} = 1.336$$

8-2 双平面滑动分析

经计算边坡在主动支护与被动支护条件下均稳定，但被动支护条件下的边坡安全系数低于主动支护。

8.3 折线形滑动分析

自然边坡失稳一般是沿坡体内的弱面（结构面）滑动，滑动面往往不规则。这种情况下，根据地质勘察结果，可将滑动面简化为折线形，如图 8-11 所示，对于此类滑动面，通常采用不平衡推力传递法（也称传递系数法或剩余推力法）进行稳定性计算。

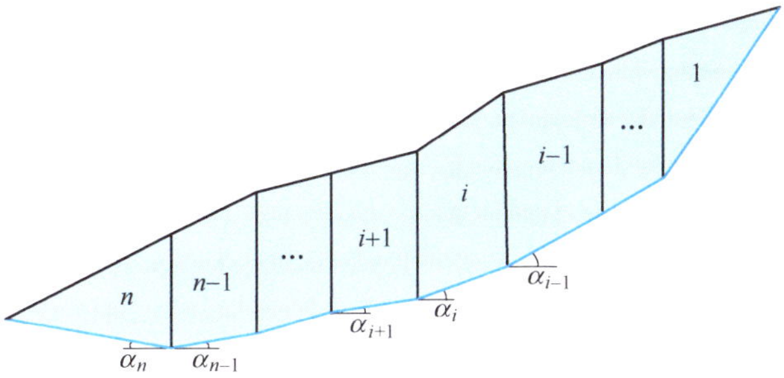

图 8-11 边坡折线形滑动示意图

不平衡推力传递法是刚体极限平衡法的一种，由于该法计算简单，并能为滑坡治理设计提供推力计算值，因此得到了广泛应用。不平衡推力传递法通常根据滑动面（一般为基岩面）的实际情况，将滑体垂直分割为若干条块，各条块的安全系数与边坡安全系数相等。计算时，从边坡顶部第一块开始，将条块的剩余下滑力向下一条块投影，若剩余下滑力为负值，则令其为零，此时为分段平衡，只计算余下条块的安全系数，依次向下计算，直至最末一块。

8.3.1 基本假设

（1）边坡每一计算条块的滑动面为直线，即整个滑动面在剖面上呈折线；

（2）条块间的合力与上一条块的底面平行，如第 i 条块作用在 $i+1$ 条块上的推力 P_i 平行于第 i 条块的滑动面；

（3）当作用于第 $i+1$ 条块的外力（不含坡外水压力）出现负值时，取 $P_i=0$。

8.3.2 稳定性分析

8.3.2.1 边坡无外力作用

如图 8-12 所示，在边坡滑体中取第 i 条块，假设第 $i-1$ 条块传来的推力 P_{i-1} 的方向平行于第 $i-1$ 条块的滑动面，而第 i 条块传递给第 $i+1$ 条块的推力 P_i 平行于第 i 条块的滑动面，即假设每一条块面上推力的方向平行于上一条块的滑动面。

对于第 i 计算条块，其条块单位宽度重力 W_i 作用下的抗滑力 R_i 和下滑力 T_i 为

$$R_i = c_i l_i + W_i\cos\alpha_i\tan\varphi_i \tag{8-11}$$

$$T_i = W_i\sin\alpha_i \tag{8-12}$$

而第 $i-1$ 计算条块对第 i 计算条块的推力 P_{i-1} 所产生的抗滑力和下滑力则分别为 $P_{i-1}\sin(\alpha_{i-1}-\alpha_i)\tan\varphi_i$ 和 $P_{i-1}\cos(\alpha_{i-1}-\alpha_i)$。

基于安全系数 F 的定义，对滑面的黏聚力 c_i 和摩擦系数 $\tan\varphi_i$ 进行折减，即对总抗滑力进行折减，并根据条块 i 底面切向的平衡公式：

$$P_i + [R_i + P_{i-1}\sin(\alpha_{i-1}-\alpha_i)\tan\varphi_i]/F - [T_i + P_{i-1}\cos(\alpha_{i-1}-\alpha_i)] = 0 \tag{8-13}$$

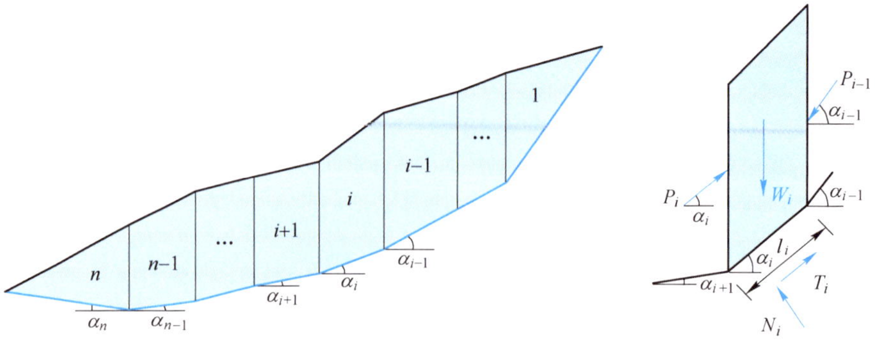

图 8-12 边坡不平衡推力传递法计算简图

对式（8-13）进行简化，可得条块 i 的推力 P_i：

$$P_i = P_{i-1}\psi_{i-1} + T_i - R_i/F \tag{8-14}$$

式中，ψ_{i-1} 为第 i−1 计算条块对第 i 计算条块的推力传递系数：

$$\psi_{i-1} = \cos(\alpha_{i-1} - \alpha_i) - \sin(\alpha_{i-1} - \alpha_i)\tan\varphi_i/F \tag{8-15}$$

应用不平衡推力传递法计算时，要先假定安全系数 F，然后从第一条块开始逐条向下推求，直至求出最后一条块的推力 P_n，P_n 须等于零，否则须重新假定 F 进行试算，直至 P_n 等于零，此时 F 即为所求安全系数 F_f。

在 $P_n=0$ 的条件下，可经过一系列简化推导出安全系数的计算公式：

$$F_f = \frac{\sum_{i=1}^{n-1}\left(R_i\prod_{j=i}^{n-1}\psi_j\right) + R_n}{\sum_{i=1}^{n-1}\left(T_i\prod_{j=i}^{n-1}\psi_j\right) + T_n} \tag{8-16}$$

当分块较多时，上述试算、迭代计算量较大，通常辅以相应的计算机程序求解。由于式（8-15）中的传递系数 ψ_{i-1} 包含了待求的安全系数 F，计算式（8-16）时需要进行迭代求解，因此求取的安全系数称为不平衡推力传递法的隐式解。

为简化计算，可将式（8-14）改写为：

$$P_i = P_{i-1}\psi_{i-1} + T_iF - R_i \tag{8-17}$$

其中传递系数 ψ_{i-1} 表示为：

$$\psi_{i-1} = \cos(\alpha_{i-1} - \alpha_i) - \sin(\alpha_{i-1} - \alpha_i)\tan\varphi_i \tag{8-18}$$

上述简化是通过将下滑力 T_i 乘以安全系数 F，用于考虑条块底面下滑力的安全储备。同理，在求解安全系数 F 时，逐条计算条间力，最后仍使 $P_n=0$。此时，除传递系数 ψ_{i-1} 的计算方法不同外，安全系数的表达式与隐式解一致，仍按式（8-16）计算。

由于式（8-18）中的传递系数 ψ_{i-1} 不再包含待求安全系数 F，计算式（8-16）时不需要迭代即可求解，减少了计算工作量，因此求取的安全系数称为不平衡推力传递法的显式解。

8.3.2.2 边坡受外力作用

如图 8-13 所示，第 i 条块受到水平地震力 Q_i、孔隙水压力 u_i（垂直于滑动面）、

外力 J_i（与水平方向夹角为 β_i）等作用。此时，条块单位宽度上的抗滑力 R_i 和下滑力 T_i 分别表示为：

$$R_i = [W_i\cos\alpha_i - u_il_i - Q_i\sin\alpha_i + J_i\sin(\alpha_i + \beta_i)]\tan\varphi_i + c_il_i \tag{8-19}$$

$$T_i = W_i\sin\alpha_i + Q_i\cos\alpha_i - J_i\cos(\alpha_i + \beta_i) \tag{8-20}$$

边坡安全系数仍按式（8-16）求取。

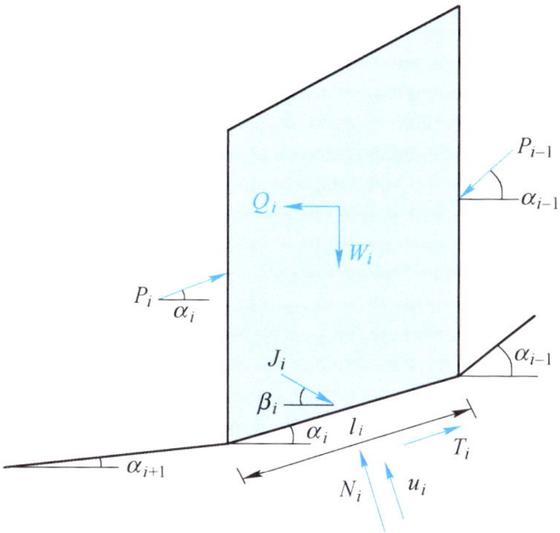

图 8-13　边坡不平衡推力传递法第 i 条块受力分析（考虑外力）

【例题 8-2】 利用不平衡推力传递法进行滑坡推力计算：某一滑坡为折线形滑动面，其主剖面和计算参数如图 8-14 和表 8-2 所示，滑坡安全系数取 $F=1.04$，按不平衡推力传递法显式解计算第 3 条块的滑坡推力 P_3。

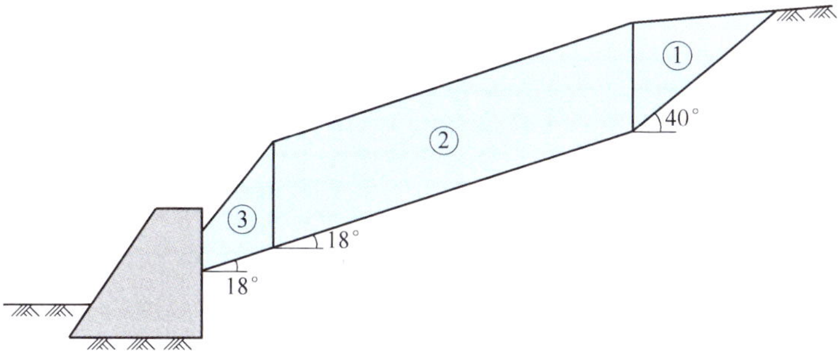

图 8-14　例题 8-2 边坡计算模型

表 8-2　例题 8-2 计算参数表

块号	滑体重力 /kN	滑带长度 /m	滑面倾角 /(°)	滑带土黏聚力 /kPa	滑带土内摩擦角 /(°)
①	11000	50	40	20	20.3
②	53760	100	18	18	19
③	5220	20	18	18	19

解：

（1）每块土体的抗滑力计算：

$$R_1 = W_1\cos\alpha_1\tan\varphi_1 + c_1L_1 = 11000 \times \cos40° \times \tan20.3° + 20 \times 50 = 4117\ \text{kN}$$

$$R_2 = W_2\cos\alpha_2\tan\varphi_2 + c_2L_2 = 53760 \times \cos18° \times \tan19° + 18 \times 100 = 19405\ \text{kN}$$

$$R_3 = W_3\cos\alpha_3\tan\varphi_3 + c_3L_3 = 5220 \times \cos18° \times \tan19° + 18 \times 20 = 2069\ \text{kN}$$

（2）每块土体的下滑力计算：

$$T_1 = W_1\sin\alpha_1 = 11000 \times \sin40° = 7071\ \text{kN}$$

$$T_2 = W_2\sin\alpha_2 = 53760 \times \sin18° = 16613\ \text{kN}$$

$$T_3 = W_3\sin\alpha_3 = 5220 \times \sin18° = 1613\ \text{kN}$$

（3）根据式（8-18）计算传递系数（显式解）：

$$\psi_1 = \cos(\alpha_1 - \alpha_2) - \sin(\alpha_1 - \alpha_2)\tan\varphi_2 = \cos(40° - 18°) - \sin(40° - 18°)\tan19° = 0.798$$

$$\psi_2 = \cos(\alpha_2 - \alpha_3) - \sin(\alpha_2 - \alpha_3)\tan\varphi_3 = \cos(18° - 18°) - \sin(18° - 18°)\tan19° = 1$$

（4）根据式（8-17）计算滑坡推力：

$$P_1 = T_1F - R_1 = 1.04 \times 7071 - 4117 = 3236.8\ \text{kN}$$

$$P_2 = T_2F - R_2 + \psi_1P_1 = 1.04 \times 16613 - 19405 + 0.798 \times 3236.8 = 455.5\ \text{kN}$$

$$P_3 = T_3F - R_3 + \psi_2P_2 = 1.04 \times 1613 - 2069 + 1 \times 455.5 = 64.0\ \text{kN}$$

因此，第 3 条块的滑坡推力 $P_3 = 64.0\ \text{kN}$。

8.3.3 隐式解与显式解计算精度分析

在不平衡推力传递法计算过程中，隐式解法采用传统抗剪强度指标折减的定义，将安全系数隐于抗剪强度指标和传递系数中，通过迭代求解；而显式解法的安全系数求解过程，取消了隐于抗剪强度指标和传递系数中的安全系数，并将下滑力乘以安全系数，从而得到一个显式计算公式，其安全系数的定义与其他刚体极限方法不同，借鉴了超载系数的概念，并简化为条块的下滑力超载（非条块重力超载），才得到前述显式解。

将不平衡推力传递法显式和隐式的计算结果与简化 Bishop 法和通用 GLE 法相比，隐式的计算结果与后两种方法十分接近，而显式结果并不总是与后两种方法接近。一般情况下，显式和隐式的计算结果均大于后两种方法的计算结果，偏于不安全，显式的计算结果误差更大。当安全系数等于 1 时，显式和隐式是等效的；安全系数越是偏离 1，两种方法计算结果相差越大。

隐式解法虽然优于显式解法，但也存在明显缺陷。由于条块间推力平行于上一条块底面的假设，使得计算的安全系数受滑动面倾角的影响较大。有研究认为：对于光滑连续的滑面，隐式解法可以使用；对于折线形滑面，隐式解法的使用应有限制，即滑面中所有转折点处的倾角变化值必须小于 10°，当转折点处的倾角变化量超过 10°时，需对滑面进行处理，以消除尖角效应。考虑到在工程实践中不平衡推力传递法在滑坡稳定性计算中仍较多采用，该方法的隐式解法已被纳入《水利水电工程边坡设计规范》和《建筑边坡工程技术规范》等。

8.4 倾倒破坏分析

8.4.1 倾倒破坏类型

倾倒破坏是岩质边坡的一种主要失稳类型，常见于反向层状结构边坡岩体中。当岩体中存在一组陡倾结构面，且其走向与边坡走向近似一致时，由该组结构面切割形成的岩柱有可能发生弯曲，边坡产生倾倒破坏。图 8-15 所示为典型的边坡倾倒破坏实例。

图 8-15　边坡倾倒破坏实例

根据倾倒破坏的形成过程，将其分为弯曲式倾倒、岩块式倾倒、岩块弯曲式复合倾倒（见图 8-16）和次生倾倒 4 种类型。

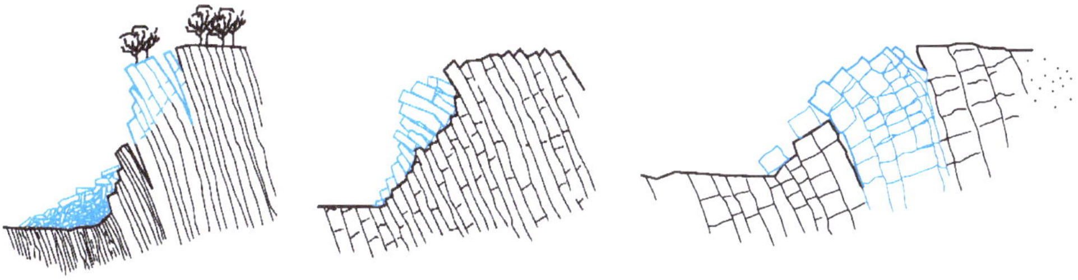

(a)　(b)　(c)

图 8-16　倾倒破坏主要类型

（a）弯曲式倾倒；（b）岩块式倾倒；（c）岩块弯曲式复合倾倒

弯曲式倾倒（见图 8-16（a））多发生于发育的反向陡倾斜不连续面所切割的连续岩柱，岩柱宽度较大，并且与之正交的节理发育较差。

岩块式倾倒（见图 8-16（b））同样被发育较好的陡倾斜不连续面切割，不同的是近水平或缓倾斜节理发育，岩体被切割成多个高度不一的岩柱，较高的岩柱易失去平衡，挤压较低的岩柱。岩块式倾倒的底面易于分辨，一般呈阶梯状。

岩块弯曲式复合倾倒（见图 8-16（c））的特性介于上述两种倾倒破坏之间，近水平或缓倾斜节理发育一般，但数量较多。岩柱变形由众多横向节理分割的各岩块位移累积而成，形成似连续性弯曲状。

次生倾倒是由于自然风化或人类活动导致坡脚被侵蚀、开挖，诱导上部边坡发生的倾倒破坏。

边坡的倾倒破坏机理比较复杂，与滑动破坏机理完全不同，无单一的滑动面。其研究方法通常包括极限平衡法、数值分析法和物理模型试验法，但这些方法都无法准确预测边坡是否会持续缓慢变形或者转化为大规模破坏。

8.4.2 基本假设

截至目前还没有成熟完善的边坡倾倒破坏分析方法，极限平衡法是较为常用的方法，但主要适用于岩块式倾倒破坏模式，针对该模式 Goodman 和 Bray 于 1976 年提出了经典的 **Goodman-Bray 法**。

Goodman-Bray 法用反倾向的结构面将滑坡体切割成 n 个宽度为 Δx 的矩形岩块，依据不同受力状态下的岩块将滑坡体从上到下依次划分为稳定区、倾倒区和滑动区 3 个部分，如图 8-17 所示。

为使边坡的变形协调条件成立，岩块的几何边界条件需作如下简化：

（1）在坡顶处，最后一个稳定块和第一个倾倒块之间存在一个拉裂缝；

（2）在倾倒区，底滑面在两个岩块的交界处存在一个台阶，其高度为 b；

（3）在倾倒区，相邻两个倾倒块的顶部为点接触，故侧面上无黏聚力，其法向力与切向力满足莫尔-库仑准则；

（4）在滑动区，相邻两个滑动块在侧面和各自的底面均不考虑黏聚力，且满足莫尔-库仑准则。

8.4.3 稳定性分析

以规则的岩块系统为研究对象，如图 8-17 所示，边坡倾角 α，坡顶面仰角 ψ，横向节理倾角 α_p，岩层倾角 $90° - \alpha_p$。底面呈阶梯状，其总倾角为 β，岩块侧面和底面内摩擦角分别为 φ_d 和 φ_p，第 i 个岩块高度 H_i，宽度 Δx。

坡面岩块错落距：

$$a_1 = \Delta x\tan(\alpha - \alpha_p) \tag{8-21}$$

坡顶岩块错落距：

$$a_2 = \Delta x\tan(\alpha_p - \psi) \tag{8-22}$$

破坏面台阶错落距：

$$b = \Delta x\tan(\beta - \alpha_p) \tag{8-23}$$

位于坡顶线以下第 i 个岩块的高度：

$$H_i = i(a_1 - b) \tag{8-24}$$

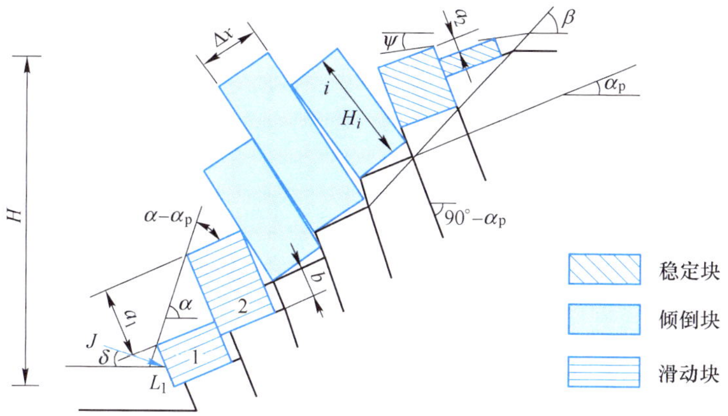

图 8-17 边坡倾倒破坏分析模型

位于坡顶线以上第 i 个岩块的高度：

$$H_i = H_{i-1} - a_2 - b \tag{8-25}$$

岩块的受力分析如图 8-18（a）所示，第 i 个岩块底面法向力 N_i 和切向力 T_i，侧面法向力 E_i 和切向力 X_i，岩块重 W_i，岩块左、右侧有效接触高度分别为 h_{li} 和 h_{ri}。

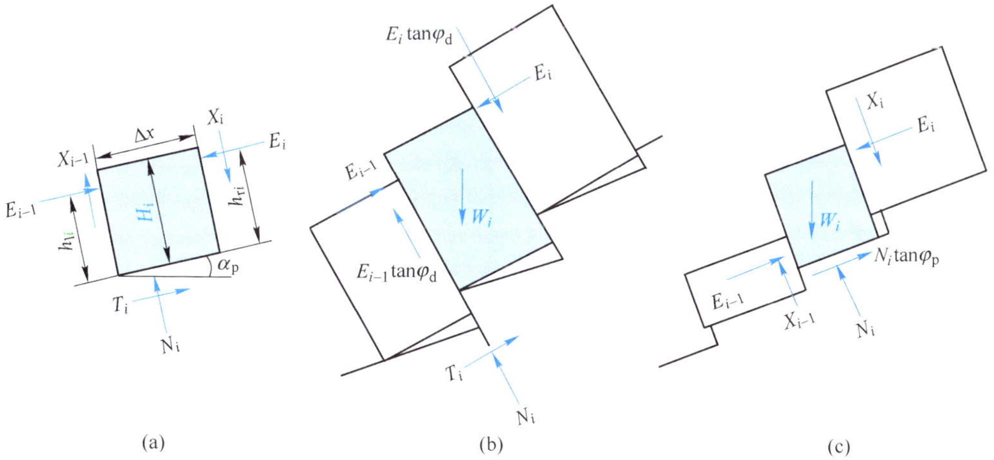

图 8-18 岩块倾倒和滑动的受力分析模型

（a）作用于第 i 个岩块上的力；（b）第 i 个岩块的倾倒；（c）第 i 个岩块的滑动

当岩块位于坡顶线以下：

$$\begin{cases} h_{ri} = H_i \\ h_{li} = H_i - a_1 \end{cases} \tag{8-26}$$

当岩块位于坡顶线处：

$$\begin{cases} h_{ri} = H_i - a_2 \\ h_{li} = H_i - a_1 \end{cases} \tag{8-27}$$

当岩块位于坡顶线以上：

$$\begin{cases} h_{ri} = H_i - a_2 \\ h_{li} = H_i \end{cases} \tag{8-28}$$

岩块侧面切向力（摩擦力）：

$$\begin{cases} X_i = E_i \tan\varphi_d \\ X_{i-1} = E_{i-1} \tan\varphi_d \end{cases} \tag{8-29}$$

通过底面力平衡可求得岩块底面的外力：

$$\begin{cases} N_i = W_i \cos\alpha_p + (E_i - E_{i-1})\tan\varphi_d \\ T_i = W_i \sin\alpha_p + (E_i - E_{i-1}) \end{cases} \tag{8-30}$$

对倾倒岩块，如图 8-18（b）所示，根据力矩平衡条件，将各作用力对岩块左下端点取矩，可得阻止其倾倒的力 E_{i-1} 值为：

$$E_{i\text{-}1,t} = \frac{E_i(h_{ri} - \Delta x\tan\varphi_d) + (W_i/2)(H_i\sin\alpha_p - \Delta x\cos\alpha_p)}{h_{li}} \tag{8-31}$$

且 $$N_i > 0,\ T_i \leqslant N_i \tan\varphi_p$$

对滑动岩块，如图 8-18（c）所示，根据力平衡条件，可得阻止其滑动的力 E_{i-1} 值为：

$$E_{i\text{-}1,s} = E_i - \frac{W_i(\tan\varphi_p\cos\alpha_p - \sin\alpha_p)}{1 - \tan\varphi_p\tan\varphi_d} \tag{8-32}$$

且 $$N_i > 0,\ T_i = N_i \tan\varphi_p$$

当坡趾岩块左侧出现不平衡力，则需要施加锚固力维持边坡稳定。在图 8-17 中，J 为施加于第一个岩块上的锚固力，倾角 δ，其作用点距该岩块左下端点 L_1。

为阻止第一个岩块倾倒所需的锚固力为：

$$J_t = \frac{(W_1/2)(H_1\sin\alpha_p - \Delta x\cos\alpha_p) + E_1(H_1 - \Delta x\tan\varphi_d)}{L_1\cos(\alpha_p + \delta)} \tag{8-33}$$

为阻止第一个岩块滑动所需的锚固力为：

$$J_s = \frac{E_1(1 - \tan\varphi_d\tan\varphi_p) - W_1(\tan\varphi_p\cos\alpha_p - \sin\alpha_p)}{\tan\varphi_p\sin(\alpha_p + \delta) + \cos(\alpha_p + \delta)} \tag{8-34}$$

因此，为保持边坡稳定所需锚固力应取 J_t 和 J_s 中的较大值。

8.4.4 计算步骤

应用 Goodman-Bray 法进行边坡倾倒稳定性分析，具体步骤如下：

（1）边坡岩块编号从坡趾向坡顶递增，岩块总数

$$n = \frac{H}{\Delta x}\left[\csc\beta + \frac{\cot\beta - \cot\alpha}{\sin(\beta - \alpha)} \cdot \sin\psi\right]$$

（2）从最上部岩块开始，检验岩块是否满足 $\Delta x/H_i > \tan\alpha_p$ 且 $\alpha_p < \varphi_p$，如果满足，则该岩块处于稳定状态；反之，该岩块发生倾倒破坏。

（3）从第一个发生倾倒破坏的岩块开始，根据式（8-31）和式（8-32）确定阻止倾倒所需的法向力 $E_{i\text{-}1,t}$ 和阻止滑动所需的法向力 $E_{i\text{-}1,s}$。

如果 $E_{i\text{-}1,t} > 0$ 且 $E_{i\text{-}1,t} > E_{i\text{-}1,s}$，则该岩块处于倾倒状态，阻止其破坏的法向力取

$E_{i-1,t}$；如果 $E_{i-1,t}>0$ 且 $E_{i-1,t}\leqslant E_{i-1,s}$，则该岩块处于滑动状态，阻止其破坏的法向力取 $E_{i-1,s}$。

（4）如果从第一个发生倾倒破坏的岩块开始，下部的任何岩块都不满足 $E_{i-1,t}<E_{i-1,s}$，则不存在滑动区，倾倒破坏将一直下延到第一个岩块。

（5）对坡底岩块而言，如果 $E_0<0$，则该岩块既不滑动也不倾倒，处于稳定状态，即该边坡整体稳定；反之，该边坡整体处于不稳定状态，加固该边坡的锚固力按式（8-33）和式（8-34）计算。

【例题 8-3】 图 8-19 所示为 Hoek 和 Bray 提供的理想算例。该开挖边坡高度 $H=92.5$ m，坡角 $\alpha=56.6°$，坡顶面仰角 $\psi=4°$。横向节理倾角 $\alpha_p=30°$。岩体重度 $\gamma=25$ kN/m^3，条柱底面和侧面的内摩擦角 $\varphi_d=\varphi_p=38.15°$。将破坏岩体分为 16 个岩块，每个岩块宽度 $\Delta x=10$ m，编号为 10 的岩块处于边坡坡顶线上，该岩块系统位于阶梯状底面上，其总倾角 $\beta=35.8°$。分析该边坡的稳定性。

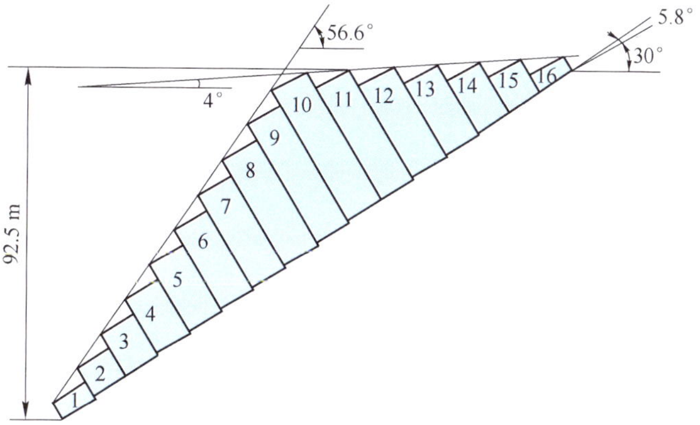

图 8-19 例题 8-3 计算模型（Hoek 和 Bray 提供的理想算例）

解：

（1）确定稳定区岩块：

1）由式（8-21）~式（8-23），可得常数值：$a_1=5.0076$ m；$a_2=4.8773$ m；$b=1.0158$ m。

2）由式（8-24）和式（8-25），求得每个岩块高度。

3）从最上部岩块开始，检验岩块是否满足 $\Delta x/H_i>\tan\alpha_p=0.577$ 且 $\alpha_p<\varphi_p$，如表 8-3 所示，可发现 14、15、16 三个岩块为稳定块。

（2）确定倾倒区和滑动区岩块：

1）由式（8-26）~式（8-28），得出岩块左、右侧有效接触高度 h_{li} 和 h_{ri}。

2）第 13 个岩块右侧面法向力 E_{13} 为零，由式（8-31）和式（8-32）分别求出阻止第 13 个岩块发生倾倒所需的法向力 $E_{12,t}$ 和发生滑动所需的法向力 $E_{12,s}$。

得出 $E_{12,t}=307.41$ kN/m >0，$E_{12,t}>E_{12,s}=-2617.11$ kN/m，则第 13 个岩块处于倾倒状态，阻止岩块发生倾倒破坏的法向力为 $E_{12,t}$。同理，可求出其他岩块的侧面法向力 E_i，如表 8-3 所示，可看出岩块 4~13 发生倾倒破坏，岩块 1~3 发生滑动破坏。

（3）边坡稳定性分析。计算阻止岩块 1 滑动的抗滑力 E_0 为 -3.20 kN/m，该值接近于 0，表明该边坡既不滑动也不倾倒，基本处于极限平衡状态。显然，这是一个有意设计的恰好处于极限平衡状态的边坡。

表 8-3　例题 8-3 计算结果

i	H_i	$\Delta x/H_i$	W_i	$E_{i,t}$	$E_{i,s}$	E_i	N_i	T_i	T_i/N_i	模式
16	4.56	2.19	1140.03	0.00	0.00	0.00	987.29	570.01	0.577	稳定
15	10.453	0.96	2613.30	0.00	0.00	0.00	2263.18	1306.65	0.577	稳定
14	16.346	0.61	4086.57	0.00	0.00	0.00	3539.07	2043.29	0.577	稳定
13	22.239	0.45	5559.84	0.00	0.00	0.00	4573.49	2472.51	0.541	倾倒
12	28.132	0.36	7033.12	307.41	−2617.11	307.41	5669.35	2979.96	0.526	倾倒
11	34.026	0.29	8506.39	844.01	−3003.19	844.01	6794.70	3524.94	0.519	倾倒
10	39.919	0.25	9979.66	1572.26	−3160.09	1572.26	7647.33	3722.74	0.487	倾倒
9	35.927	0.28	8981.69	2839.35	−3125.32	2839.35	6922.37	3401.10	0.491	倾倒
8	31.935	0.31	7983.73	3929.10	−1388.47	3929.10	6389.57	3324.09	0.520	倾倒
7	27.943	0.36	6985.76	4596.88	171.03	4596.88	5862.78	3254.74	0.555	倾倒
6	23.951	0.42	5987.80	4835.02	1308.57	4835.02	5344.91	3196.72	0.598	倾倒
5	19.959	0.50	4989.83	4632.20	2016.47	4632.20	4841.38	3156.98	0.652	倾倒
4	15.967	0.63	3991.86	3970.13	2283.40	3970.13	4364.15	3150.71	0.722	倾倒
3	11.976	0.84	2993.90	2815.35	2091.10	2815.35	3699.79	2906.22	0.785	滑动
2	7.984	1.25	1995.93	1090.86	1406.08	1406.08	2466.53	1937.48	0.785	滑动
1	3.992	2.51	997.97	−1517.99	466.56	466.56	1230.75	965.54	0.785	滑动

8.4.5　Goodman-Bray 方法局限性

Goodman-Bray 法计算简便，适于工程应用，但其假设条件存在的缺陷使之应用范围和计算准确性均受到影响，这些缺陷主要体现在：

（1）该法假设岩块底面为完全连通状态且只有摩擦力，忽视了节理和岩桥共同作用下产生的对滑动和倾倒的抵抗力和抵抗力矩，因此计算结果偏于保守；

（2）Goodman-Bray 模型以坡脚第一个岩块所需外力作为衡量边坡稳定的标志，这在工程应用中并不合理；

（3）该法假定岩块为矩形，即岩块的底面和侧面正交，与实际情况相差较大；

（4）节理岩体中存在大量裂隙，受力时首先从裂隙处断裂，在稳定性分析中应考虑节理岩体断裂导致的强度降低。

8-3　陈祖煜改进分析方法

针对 Goodman-Bray 法的局限性，我国学者陈祖煜等本着精益求精的学术态度，从安全系数定义、破坏模式确定、岩体连通率以及条块底面与侧面夹角等方面对其进行了改进。陈祖煜改进法并没有改变 Goodman-Bray 法的基本原理和内涵，而是扩大了该方法的应用范围和使用功能，使之在工程实践中得到更加广泛和合理的应用。

8.5 楔形破坏分析

在岩质边坡的失稳模式中，楔形破坏是一种常见类型。楔形体由两个或两个以上结构面对岩体切割而成，分离的楔形体将沿结构面交线方向滑动，即楔形滑动。在边坡开挖过程中，卸荷作用导致岩体结构松弛、强度降低，另外，边坡坡面平整度通常较低，岩块较易具备临空条件。因此，坡面经常发生平面或楔形形式的岩块剥落现象，图 8-20 为典型的边坡楔形破坏实例。

图 8-20　边坡楔形破坏实例

边坡楔形破坏同时沿两个或多个结构面滑动，其力学机制较为复杂。影响楔形体稳定的因素包括楔形体自重、滑面黏聚力和内摩擦角、滑面及拉裂缝上的水压力、锚杆（索）的张拉力、外荷载、地震力等。

8.5.1 楔形滑动条件判别

如果切割楔形体的两结构面交线在坡面出露，其倾向与坡面倾向大致相同，结构面交线的倾角大于结构面内摩擦角，则满足楔形体失稳的运动学要求；如果交线不在坡面出露或者其中一个结构面不连续，边坡便难以产生楔形破坏。

研究楔形滑动机理所需的楔形体几何条件如图 8-21 所示。其产生楔形滑动的基本条件包括：

（1）在赤平极射投影中，两结构面的交线（见图 8-21（a））由两结构面大圆的交点表示，并用倾向 α_s 及倾角 ψ_s 表明其方位（见图 8-21（b））。

（2）结构面交线倾角必须小于边坡面的视倾角，且大于两结构面的平均内摩擦角，即 $\alpha' > \psi_s > \varphi$（见图 8-21（b）和（c））。视倾角 α' 应沿结构面交线倾向的方向测量，而仅当交线倾向与边坡坡面倾向一致时，视倾角 α' 等于真倾角 α。

（3）结构面交线必须在边坡表面出露，交线倾向的可能范围介于 α_s 和 α'_s 之间（见图 8-21（d））。

赤平极射投影可从运动学角度判定楔形滑动是否发生。一般情况下，只有当结构面两个大圆的交点在图 8-21（b）中的阴影区域时，楔形滑动才可能发生。因为边坡安全系数取决于楔形体结构几何参数、各滑动面抗剪强度和水压力等，所以赤平极射投影方法无法得到边坡的安全系数。

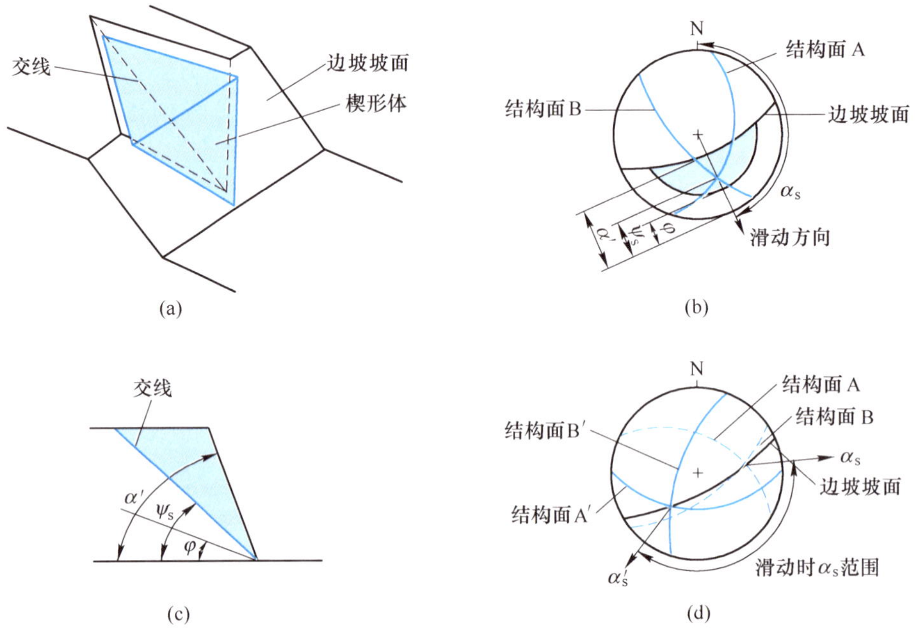

图 8-21　楔形滑动几何条件

（a）楔形滑动示意图；（b）交线方位及滑动时交线倾角 ψ_s 的范围；

（c）沿结构面交线倾向方向边坡剖面图；（d）楔形滑动时交线倾向 α_s 的范围

8.5.2　基本假设

（1）楔形体由两个相交结构面、坡面和坡顶面构成；

（2）楔形体沿两结构面的交线下滑，无倾倒或者旋转滑动发生；

（3）坡肩后部存在拉裂缝；

（4）拉裂缝和结构面上存在水压力作用；

（5）楔形体滑动时与两个结构面一直保持接触；

（6）结构面抗剪强度按莫尔-库仑准则确定；

（7）楔形体底面受到的抗剪力平行于结构面交线。

8.5.3　稳定性分析

8.5.3.1　楔形体两侧滑面法向力计算

典型楔形体的几何形状及作用于楔形体上的荷载如图 8-22 所示。该楔形体由结构面 A、结构面 B、坡顶面、坡面以及拉裂缝 C 组成，作用在楔形体上的荷载包括：楔形体重力 W，结构面 A 上的有效法向力 N_1 和水压力 U_1，结构面 B 上的有效法向力 N_2 和水压力 U_2，拉裂缝上的水压力 V，以及外部荷载 E。

令 $\boldsymbol{n}_1$ 和 $\boldsymbol{n}_2$ 分别为结构面 A 和结构面 B 指向楔形体内部的单位法向矢量，$\boldsymbol{w}$、$\boldsymbol{v}$、$\boldsymbol{e}$ 分别为作用在楔形体上的重力 W、拉裂缝水压力 V 以及外部荷载 E 的单位矢量。为了方便描述，定义任意单位矢量 $\boldsymbol{a}$ 和 $\boldsymbol{b}$ 的点积为：

$$m_{ab} = \boldsymbol{a} \cdot \boldsymbol{b} \tag{8-35}$$

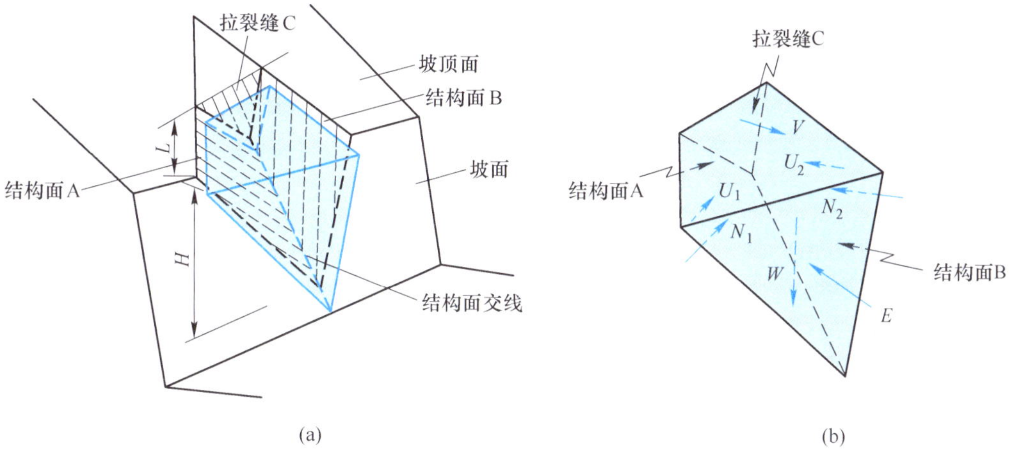

图 8-22　典型楔形体结构与受力分析示意图

（a）楔形体几何形状；（b）作用在楔形体上的荷载

将作用在楔形体上的荷载分别投影到结构面 A 的法向矢量 $\boldsymbol{n}_1$ 和结构面 B 的法向矢量 $\boldsymbol{n}_2$ 上，根据力的平衡方程，可得：

$$(N_1 + U_1) + m_{n_2n_1}(N_2 + U_2) + m_{wn_1}W + m_{vn_1}V + m_{en_1}E = 0 \tag{8-36}$$

$$(N_2 + U_2) + m_{n_1n_2}(N_1 + U_1) + m_{wn_2}W + m_{vn_2}V + m_{en_2}E = 0 \tag{8-37}$$

为了便于分析，把作用在楔形体上的重力、水压力以及外部荷载合成为一个矢量，定义为主动力合力 $\boldsymbol{R}$，即

$$\boldsymbol{R} = \boldsymbol{n}_1U_1 + \boldsymbol{n}_2U_2 + \boldsymbol{w}W + \boldsymbol{v}V + \boldsymbol{e}E \tag{8-38}$$

并有

$$\boldsymbol{R} \cdot \boldsymbol{n}_1 = U_1 + m_{n_2n_1}U_2 + m_{wn_1}W + m_{vn_1}V + m_{en_1}E \tag{8-39}$$

$$\boldsymbol{R} \cdot \boldsymbol{n}_2 = U_2 + m_{n_1n_2}U_1 + m_{wn_2}W + m_{vn_2}V + m_{en_2}E \tag{8-40}$$

将式（8-39）和式（8-40）代入式（8-36）和式（8-37），可得：

$$N_1 + m_{n_2n_1}N_2 = -\boldsymbol{R} \cdot \boldsymbol{n}_1 \tag{8-41}$$

$$N_2 + m_{n_1n_2}N_1 = -\boldsymbol{R} \cdot \boldsymbol{n}_2 \tag{8-42}$$

因为 $m_{n_1n_2} = m_{n_2n_1}$，则作用在结构面 A 和结构面 B 上的有效法向力可以表示为：

$$N_1 = (m_{n_1n_2}\boldsymbol{R} \cdot \boldsymbol{n}_2 - \boldsymbol{R} \cdot \boldsymbol{n}_1)/(1 - m_{n_1n_2}^2) \tag{8-43}$$

$$N_2 = (m_{n_1n_2}\boldsymbol{R} \cdot \boldsymbol{n}_1 - \boldsymbol{R} \cdot \boldsymbol{n}_2)/(1 - m_{n_1n_2}^2) \tag{8-44}$$

8.5.3.2　滑动模式判别及稳定性计算

楔形块体的破坏模式通常有 3 种：脱离岩体（掉落或上托）运动、沿结构面 A 或结构面 B 产生单面滑动、沿结构面 A 和结构面 B 的交线发生双面滑动。根据楔形体发生双面滑动、单面滑动以及脱离岩体破坏的运动学条件，可以得到理论上较为

完备的楔形体稳定分析方法。

楔形体滑动模式判别如下：

(1) 当 $N_1>0$，$N_2>0$ 时，此时楔形体与两结构面均保持接触，其破坏模式为双面滑动，楔形体的安全系数计算如下：

抗滑力：
$$N_R=N_1\tan\varphi_1+N_2\tan\varphi_2+c_1A_1+c_2A_2 \tag{8-45}$$
下滑力：
$$N_S=|\boldsymbol{R}\cdot(\boldsymbol{n}_1\times\boldsymbol{n}_2)|/|\boldsymbol{n}_1\times\boldsymbol{n}_2| \tag{8-46}$$
安全系数：
$$F_f=N_R/N_S \tag{8-47}$$

式中 φ_1，c_1，A_1——分别为结构面 A 的内摩擦角、黏聚力和面积；

φ_2，c_2，A_2——分别为结构面 B 的内摩擦角、黏聚力和面积。

(2) 当 $N_1>0$，$N_2<0$ 时，如果 $N_1+m_{n_1n_2}N_2<0$ 和 $N_2+m_{n_1n_2}N_1<0$ 成立，楔形体脱离岩体运动，其安全系数为 0；否则，楔形体仅与结构面 A 保持接触，其破坏模式为沿结构面 A 滑动，楔形体的安全系数计算如下：

$$N_1=|\boldsymbol{R}\cdot\boldsymbol{n}_1| \tag{8-48}$$
$$N_R=N_1\tan\varphi_1+c_1A_1 \tag{8-49}$$
$$N_S=|\boldsymbol{R}\times\boldsymbol{n}_1| \tag{8-50}$$
$$F_f=N_R/N_S \tag{8-51}$$

(3) 当 $N_1<0$，$N_2>0$ 时，如果 $N_1+m_{n_1n_2}N_2<0$ 和 $N_2+m_{n_1n_2}N_1<0$ 成立，楔形体脱离岩体运动，其安全系数为 0；否则，楔形体仅与结构面 B 保持接触，其破坏模式为沿结构面 B 滑动，楔形体的安全系数计算如下：

$$N_2=|\boldsymbol{R}\cdot\boldsymbol{n}_2| \tag{8-52}$$
$$N_R=N_2\tan\varphi_2+c_2A_2 \tag{8-53}$$
$$N_S=|\boldsymbol{R}\times\boldsymbol{n}_2| \tag{8-54}$$
$$F_f=N_R/N_S \tag{8-55}$$

【例题 8-4】 某公路路堑边坡存在一个潜在滑动楔形体，楔形体高 $H=27.466$ m，长度 $L=5.2$ m（见图 8-22），岩体重度 $\gamma=25$ kN/m^3。裂隙充满水，楔形体后缘拉裂缝与结构面交线交点处的最大水压力 $P=0.171$ MN，不考虑地震作用，各面产状如表 8-4 所示，其赤平极射投影如图 8-23 所示，分析该楔形体稳定状态。

表 8-4 例题 8-4 边坡面及结构面产状

名称 \ 参数	倾向/(°)	倾角/(°)	黏聚力/kPa	内摩擦角/(°)
边坡顶面	180	12	—	—
边坡坡面	180	53	—	—
结构面 A	115	52	50	28
结构面 B	245	45	30	15
拉裂缝 C	165	70	—	—

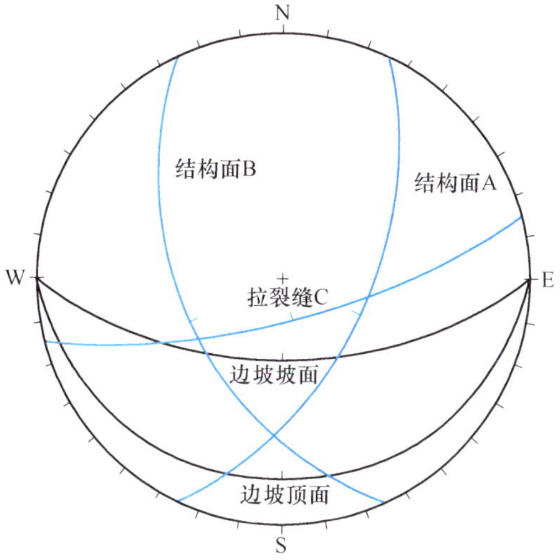

图 8-23 例题 8-4 结构面与边坡面赤平极射投影图

解：

（1）由几何条件计算面积和楔形体重量。

结构面 A 面积 $A_A = 338.473\ m^2$

结构面 B 面积 $A_B = 494.510\ m^2$

拉裂缝 C 面积 $A_C = 309.112\ m^2$

楔形体重量 $W = 101.3$ MN

（2）由式（8-38）~式（8-40）计算相关值。

$$\boldsymbol{R} = \boldsymbol{n}_1 U_1 + \boldsymbol{n}_2 U_2 + \boldsymbol{w} W + \boldsymbol{v} V = [-0.00088,\ -30.8281,\ -63.4572]$$

$$\boldsymbol{R} \cdot \boldsymbol{n}_1 = U_1 + m_{n_2 n_1} U_2 + m_{wn_1} W + m_{vn_1} V = -28.8354\ \text{MN}$$

$$\boldsymbol{R} \cdot \boldsymbol{n}_2 = U_2 + m_{n_1 n_2} U_1 + m_{wn_2} W + m_{vn_2} V = -35.6479\ \text{MN}$$

其中

$$U_1 = \frac{1}{3} \times 0.171 \times 338.473 = 19.3\ \text{MN}$$

$$U_2 = \frac{1}{3} \times 0.171 \times 494.510 = 28.2\ \text{MN}$$

$$V = \frac{1}{3} \times 0.171 \times 309.112 = 17.6\ \text{MN}$$

$$\boldsymbol{n}_1 = [\sin 52° \sin 115°,\ \sin 52° \cos 115°,\ \cos 52°] = [0.7142,\ -0.3330,\ 0.6157]$$

$$\boldsymbol{n}_2 = [\sin 45° \sin 245°,\ \sin 45° \cos 245°,\ \cos 45°] = [-0.6409,\ -0.2988,\ 0.7071]$$

$$\boldsymbol{w} = [0,\ 0,\ -1]$$

$$\boldsymbol{v} = [\sin 70° \sin 165°,\ \sin 70° \cos 165°,\ \cos 70°] = [0.2432,\ -0.9077,\ 0.3420]$$

（3）由式（8-43）和式（8-44）计算 N_1 和 N_2。

$$N_1 = (m_{n_1 n_2} \boldsymbol{R} \cdot \boldsymbol{n}_2 - \boldsymbol{R} \cdot \boldsymbol{n}_1)/(1 - m_{n_1 n_2}^2) = 26.2420\ \text{MN}$$

$$N_2=(m_{n_1n_2}\boldsymbol{R}\cdot\boldsymbol{n}_1-\boldsymbol{R}\cdot\boldsymbol{n}_2)/(1-m_{n_1n_2}^2)=33.6238\ \mathrm{MN}$$

（4）判断楔形体滑动模式。

本题中 N_1 和 N_2 都大于0，此时楔形体与两结构面均保持接触，破坏模式为双面滑动。

（5）由式（8-45）~式（8-47）计算该边坡的安全系数。

抗滑力 $N_R=N_1\tan\varphi_1+N_2\tan\varphi_2+c_1A_1+c_2A_2=54.7215\ \mathrm{MN}$

下滑力 $N_S=|\boldsymbol{R}\cdot(\boldsymbol{n}_1\times\boldsymbol{n}_2)|/|\boldsymbol{n}_1\times\boldsymbol{n}_2|=54.9803\ \mathrm{MN}$

安全系数 $F_f=\dfrac{N_R}{N_S}=0.995$

计算表明该边坡楔形体处于不稳定状态。

习题与思考题

8-1 名词解释

（1）单平面滑动；（2）不平衡推力传递法；（3）弯曲式倾倒；（4）岩块式倾倒；（5）岩块弯曲式复合倾倒；（6）次生倾倒；（7）楔形破坏。

8-2 简答题

（1）简述平面滑动和空间滑动分析的适用条件。

（2）简述平面滑动计算的基本假设条件。

（3）如何初步判断边坡是否会发生单平面滑动破坏？

（4）简述不平衡推力传递法的基本原理。

（5）简述不平衡推力传递法的基本假设条件。

（6）简述不平衡推力传递法隐式解与显式解的异同点。

（7）倾倒破坏按形成过程分为哪几种类型？简述其各自特点。

（8）简述 Goodman-Bray 法的假设条件及其局限性。

（9）简述产生楔形滑动的判别条件。

（10）简述边坡楔形破坏稳定性分析的假设条件。

8-3 计算题

（1）当例题 8-1 中滑动面充满水，且在拉裂缝底部水压力最大，计算此时边坡的安全系数。如果设计安全系数为 1.3，计算分别采用主动支护和被动支护时的锚固力。

（2）在例题 8-2 中，若在第 2 条块采用锚固支护（不采用挡土墙），锚固方向与水平面夹角为 25°，为使边坡安全系数达到 1.2，分别计算采用主动支护和被动支护时的锚固力。

（3）某开挖边坡高度 $H=86$ m，坡角 $\alpha=62°$，坡顶面仰角 $\psi=5°$。横向节理倾角 $\alpha_p=30°$。岩体重度 $\gamma=27\ \mathrm{kN/m^3}$，条柱底面和侧面的摩擦角 $\varphi_d=\varphi_p=38°$。将破坏岩体分为 20 个岩块，每个岩块宽度 $\Delta x=8$ m，编号为 10 的岩块处于边坡坡顶线上，该岩块系统位于阶梯状底面上，其总倾角 $\beta=36°$。分析该边坡稳定性。

（4）边坡存在一个楔形体，坡面及结构面参数如下表所示。楔形体高 $H=28$ m，长度 $L=9$ m（见图 8-22）。岩体重度 $\gamma=26\ \mathrm{kN/m^3}$，结构面上无水，拉裂缝充满水，最大水压力位于拉裂缝底部，水平地震加速度 $0.1g$，假设该边坡设计安全系数为 1.3，对该边坡进行稳定性分析。

参数 名称	倾向/(°)	倾角/(°)	黏聚力/kPa	内摩擦角/(°)
边坡顶面	70	15	—	—
边坡坡面	60	76	—	—
结构面 A	360	60	50	30
结构面 B	118	54	50	30
拉裂缝 C	60	80	—	—

9 边坡防护与加固

本章主要内容：

本章主要介绍边坡工程防护与加固措施，详细介绍防治原则、坡面防护、落石防护、边坡支挡、边坡锚固与抗滑桩设计计算及边坡疏排水等内容。

学习目标及要求：

了解边坡防治原则及防治措施，重点掌握主被动防护网、挡土墙、边坡锚固、抗滑桩等措施的结构类型及作用机制，熟练掌握重力式挡土墙、边坡锚固及抗滑桩的设计计算。

9.1 概述

边坡变形破坏过程及其产生的不良地质环境均可对人类活动产生十分严重的危害，甚至会引起生态环境的失调和破坏，从而造成更大范围和更为深远的影响。因此，消除边坡失稳可能造成的危害，保障生命财产和重要设施的安全，完善边坡防护与加固理论、掌握相关技术手段迫在眉睫。

边坡防护与加固的措施种类繁多，按侧重点不同可分为解决裸露边坡表层稳定问题的坡面防护和增加边坡稳定性防止滑塌的抗滑支挡工程（挡土墙、锚固、抗滑桩等）。除岩土体本身的稳定性外，水对边坡稳定性的影响同样不容忽视，因此边坡疏排水也是防护工作中的重点内容，按排水工程的适用对象不同可分为地表排水工程和地下排水工程。

经边坡稳定性分析后，当其存在失稳可能时，除加强监测外，应根据边坡岩土体的工程性质、环境因素、地质条件、植被完整性、地表水汇集等因素进行综合治理，遵循边坡防治原则，采用相关防治措施以改善边坡的稳定性。作为边坡工程治理的重要环节，防护与加固设计以确定边坡工程治理方案、措施及投资预算为主要内容。

本章从边坡灾害防治原则入手，重点介绍几种常用的坡面防护、支挡与疏排水措施，详细介绍其作用机制与设计计算方法，并探讨不同防护工程的适用范围。

9.2 边坡灾害防治原则及措施

9.2.1 防治原则

边坡灾害防治原则主要包括防治方案确定原则及处治措施确定原则。

9.2.1.1 防治方案确定原则

边坡防治的实质是对边坡变形破坏的防治，防治原则应以防为主、及时治理，并应根据工程措施的技术可行性和必要性、经济合理性、工程重要性及社会效应等诸多方面制定具体的处治方案。

（1）以防为主就是要尽量做到防患于未然。所谓防，主要包括两方面内容：

第一，要正确地选择建设场地，合理地制定人工边坡的布置和开挖方案。例如在高地应力区开挖边坡时，应注意合理布置边坡方向，尽可能使边坡走向与地区最大主应力方向基本一致；露天采矿宜采用椭圆形矿坑，其长轴应平行于最大主应力方向。对于稳定性极差，且治理难度大、耗资多的边坡地段（例如可能发生滑动的大型滑坡区、崩塌区等），应以绕避为宜。

第二，结合边坡工程实际条件及稳定性分析评价，全面查清可能导致边坡稳定性下降的因素。事前采取必要措施消除或改变这些因素，并力图变不利因素为有利因素，以确保边坡稳定。

（2）及时治理就是要针对边坡已出现变形破坏的具体状况，及时采取必要的措施增加其稳定性。当边坡变形迹象已十分明显或已进入加速变形阶段时，仅采取消除或改变主导因素的措施已无法制止破坏发生，此时，必须及时采取降低边坡下滑力、增加边坡抗滑力的有效措施（如削方、支挡、喷锚、土质改良等），以迅速改善边坡的稳定状况。

（3）考虑工程的重要性是制定处治方案必须遵循的原则。对于威胁永久性工程安全的边坡变形和破坏，应采取全面、严密的处治措施，以确保边坡具有较高的安全系数。对于一般工程或临时工程，则可采取较简易的处治措施，以保证边坡在营运期间处于稳定状态。

9.2.1.2 处治措施确定原则

（1）处治措施的选择必须建立在工程地质勘察和边坡破坏机制分析的基础之上。

（2）处治措施应针对导致边坡失稳的主导因素进行制定，原则上应一次根治，不留后患。

（3）对工程建设中随时可能产生危害的边坡，应先采用立即生效的工程措施，然后再实施其他工程措施。

（4）对性质复杂、规模巨大、短期内不易查清或工程建设进度不允许完全查清后再处治的滑坡或变形体，应在保证工程建设安全的前提下，作出全面的处治规划，采用分期治理的方法，使后期工程既可获得必需的资料，又能争取到一定的建设时间，保证整个工程的安全和效益。

（5）一般情况下，对边坡处治（特别是滑坡和变形体的处治）的时间应以旱季为宜，施工方法和程序应以避免造成坡体产生新的变形破坏为原则。

9.2.2 防治措施

边坡防治工程措施往往是一套严密而复杂的系统工程，有效的设计和施工方案，必须建立在对边坡结构特征、外形特征及变形破坏形成演化机制系统分析的基础之上。根据前述防治原则，防治措施可归纳为以下几个方面：

（1）对边坡进行深入的调查研究。主要有：

1）详细勘察现场，收集整理和分析历史资料，访问有关人员，以尽可能全面地了解事态的进程和发展规律。

2）研究现场的监测结果，以圈定变形区的范围及分析变形的发展进程，识别潜在滑体的破坏模式。如果之前没有观测网应立即补建，并使之逐步完善。观测网不仅是了解边坡失稳过程和制定防治方案的基础，而且还将被用于治理效果评价及长期监测。

3）如果潜滑地段的工程地质、水文地质条件尚不清楚，则需要进行补充勘察，否则所制定的防治方案会因忽视关键问题而事倍功半。

（2）消除、削弱或改变使边坡稳定性降低的各种因素。采取的技术措施可分为两类：一类是针对导致边坡外形或表面状态改变的因素而采取的措施，主要是保证边坡不受地表水的冲刷或海、湖、水库等波浪产生的冲蚀，如修筑导流堤（顺坝或丁坝）、水下防波堤（破浪堤）等；另一类是针对改变边坡岩土体强度和应力状态的因素而采取的措施，主要是保证边坡有较高的安全系数，如锚固、抗滑桩等工程。

（3）降低下滑力、提高抗滑力。边坡防治技术措施主要从提高抗滑力和降低下滑力入手，以重力作用下的平面失稳为例，其安全系数计算公式为：

$$F_f = \frac{cL + W\cos\beta\tan\varphi}{W\sin\beta} \tag{9-1}$$

由上式可知，为增加边坡的安全系数，提高其稳定性，可采取以下措施：

1）减小对岩土体的损伤以免 c、φ 值降低，例如制定合理的爆破方案等，也可设法提高岩土体 c、φ 值，例如采用注浆法加固岩土体等。

2）采取防排水措施使边坡岩土体中的潜水位尽可能降低，既提高坡体的抗滑力又降低下滑力，是稳定边坡最为有效和经济的方法。

3）向潜在滑体提供锚固力，提高抗滑力、降低下滑力。

4）坡趾是边坡的重点薄弱环节之一，必要时可用“压脚法”加固，此法适用于小规模的土质边坡，对高大的岩质边坡需大量回填，适用性不强。

5）减载或削坡，在坡顶进行挖方以降低坡高称为减载，挖缓坡面减小坡角称为削坡。

总之，边坡处治措施的选择不仅要遵循防治原则还要结合边坡变形破坏的方式、类型等工程实际条件，按照边坡变形破坏方式的不同可选用的防治技术手段如表 9-1 所示。

表 9-1 边坡变形破坏方式与处治措施

变形破坏方式	防 治 措 施
风化、剥蚀	坡面防护：砌石、喷射混凝土、植被防护等
水流侵蚀	冲刷防护：植物、抛石、浆砌片石、石笼等
落石、崩塌	支撑、防护网、锚固等
坡体变形	锚固、抗滑桩、排水等
滑坡	锚固、挡墙、抗滑桩、排水、削坡、减载压重等

9.3 边坡坡面防护与绿化

边坡坡面防护主要是解决与人类工程活动（如建筑、公路、铁路、矿山等）有关的裸露边坡表层稳定问题。坡面防护虽不属于边坡防治的主体工程，但却是在边坡处于稳定状态下，使边坡坡面免受自然条件下的风化、侵蚀、雨水冲刷等影响，从而确保边坡稳定所必不可少的辅助工程，是边坡防治工程的重要组成部分。

9.3.1 坡面防护原则

边坡坡面防护的种类和方法多种多样，但不论采用哪种方法，防护工程都应遵循以下原则：

（1）因地制宜。一方面，选择坡面防护方法时应结合边坡的地形地貌、水文地质条件等；另一方面，要根据边坡坡面的具体条件和实际情况确定合适的防护标准以制定适宜的防护措施，从而兼顾防护工程的有效性和经济性。

（2）就地取材。为节省运输费用，降低防护工程造价，在选用防护材料时，尽量利用当地材料，就地采集。例如，对于适宜植物生长的土质边坡，应优先选用植被防护坡面；在盛产石料的地区，应尽量利用石料砌筑防护坡面。

（3）经济适用。在力求节省工程费用和其他开支的同时要达到经济耐久以及养护工作量最小的要求。有些防护措施是长期实践中总结的行之有效的经验，应进一步认真总结并提高其应用水平。对于可实现一定的经济效益和社会效益的新材料、新技术和新方法，应积极组织实施并推广。

（4）兼顾景观。坡面防护的意义不仅局限于保护边坡，还应当与环境相衬，合理美观，因此应尽可能选择符合环境要求并与周围景观相协调的坡面防护方法与措施，以弥补对生态环境和景观造成的破坏。

9.3.2 坡面防护类型

坡面防护的常用方法可分为两大类，即植被防护和工程防护。

（1）植被防护。植被防护的手段通常为植树、种草或二者结合。在边坡上种植植被能有效地减缓边坡上的水流速度，避免日晒。植物的根系可固着边坡表层土壤以减轻冲刷，从而达到保护边坡坡面的目的。另外，植被防护还可绿化环境，与周边景观相协调，符合环保要求。因此，针对适合种植的土质边坡，植被防护通常作为首选的坡面防护措施（见图 9-1）。

图 9-1 坡面植被防护

（2）工程防护。对不适宜植物生长的土质边坡、碎（砾）石边坡和风化严重、节理裂隙发育的岩质边坡等，只能采取工程防护措施，如采用砂、石、水泥、石灰、炉渣等材料修建人工构筑物。

工程防护的类型很多，包括抹面、喷浆及喷射混凝土、格构（见图 9-2）、砌体（见图 9-3）、挡土墙以及土工合成材料防护等。各类坡面工程防护方法均有其各自的优缺点和适用条件，需结合具体的工程实际情况进行选择。

图 9-2　格构防护

图 9-3　砌体（浆砌片石）防护

9.3.3 坡面植被防护设计

9.3.3.1　种草

（1）适用条件。适用于各类土质边坡，强风化岩质边坡也可应用，常用于路堤边坡，且单级边坡高度不超过 10 m，坡度不宜陡于 1∶1。当边坡土层不宜种草时，可在坡面上先铺一层厚为 5~10 cm 的种植土，使其与坡面结合牢固。若边坡坡度陡于 1∶2，在铺设种植土前将边坡挖成台阶形，如图 9-4 所示。另外，对于经常或长期浸水的边坡，草籽易被冲走，此法不宜使用。

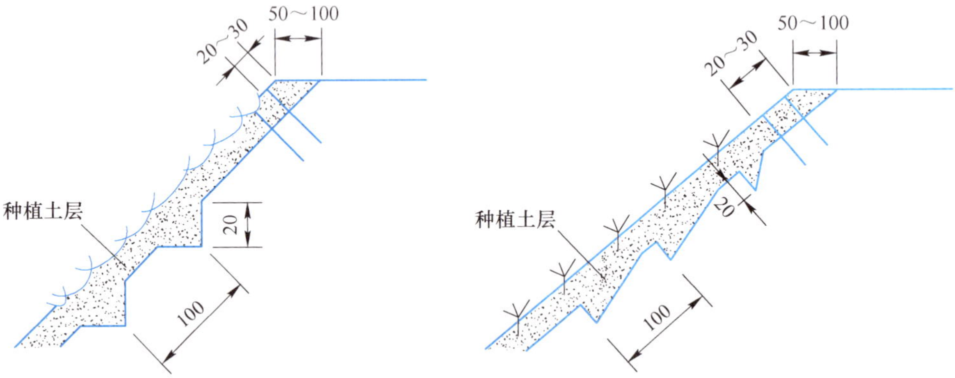

图 9-4　种草护坡（单位：cm）

（2）草种选择。草种选择应结合当地土质和自然环境条件，必要时可在开展种植试验后选定，且应优先选用乡土草种。主要选择容易生长、根部发达、茎干低矮、枝叶茂盛、生长能力强的多年生草种，常采用的草种包括：香根草、狗牙根、黑麦草、白茅草、毛鸭嘴、鱼肩草、两耳草、果园草及雀稗等。

（3）施工工艺。草籽播种可根据情况进行撒播或沟（行）播。

撒播是最简单易行的方法，先清除坡面的杂物并铺撒一层种植土和化肥，再遍洒透水，待土松散后即自上而下每隔 30 cm 左右，扒开表土均匀播撒草籽，草籽埋入深度应不小于 5 cm，然后推平表土拍实，并用草帘遮盖，若遇干旱要适当喷水保湿。此法常用于比较松软的土质边坡。

沟（行）播一般在比较坚硬的土质边坡上采用，沟间距 50 cm 左右，沟深 10~14 cm，先在沟底撒一层 1 cm 厚的肥料，其上加入 5~10 cm 厚的种植土，再盖上表土。

加强管理，经常检查成活率，必要时应进行补充播种。

9.3.3.2 植树（灌木）

（1）适用条件。植树适宜于各种土质边坡和风化极严重的岩质边坡，坡度一般应缓于 1∶1.5。

（2）树种选择。树种应选择根系发达，枝叶茂盛，能迅速生长、分蘖的低矮树种，如紫穗、怪柳、枸杞、沙棘等。冲刷防护宜用杨柳或不怕水淹的灌木类，高速公路的土质边坡和路肩不得种植乔木。

（3）施工工艺。植树时树坑深一般为 25 cm，直径 20 cm，株距 30~60 cm，行距 80~150 cm，应视树种不同而定。

9.3.3.3 客土喷播

（1）适用条件。客土喷播适宜于各种边坡，陡坡、特陡坡喷播应在采取固土措施的基础上进行。

（2）材料选择。客土喷播主要材料包括稳固剂、种植土、种子、复合肥、有机肥、天然纤维、无纺布、锚杆、网栅等。种子应根据当地气候、播种季节的降雨量、植物生长特点等因素进行选择，目标植物种子使用前应测定发芽率，不宜发芽的植物种子喷播前应进行催芽。

（3）施工工艺。客土喷播施工工艺主要包括坡面平整、锚杆施工、铺设网栅、固定网栅并绑扎、基材拌和、基材喷射、种子基材层拌和、种子基材层喷播、养护等步骤。其中，利用喷播机将基材喷于坡面时，应从上至下按次序分一次或多次喷射，当基材喷播后，3 d 内完成基材种子喷播。

9.3.3.4 植生毯和植生袋

（1）适用条件。植生毯宜用于坡度不大于 60°且自身稳定的土质或强风化岩质边坡；植生袋宜用于坡度不大于 80°且自身稳定的岩质边坡。

9-1 植生袋施工工艺与流程（视频）

（2）植物种子选择。植生毯和植生袋植物种子选择应遵循适地适树、适地适草原则。为防止土壤侵蚀宜选择根系发达、耐旱、适应性强、生长密集的植物种子，如红顶草、高羊茅、百慕大草、百喜草等；生态修复宜选择丛生型、根深、生态适应性广的植物种子，如黑麦草、紫羊茅、芒草、艾草、原有草木本类等。

（3）施工工艺。将植生毯铺于坡面时，使粘有种子的一面与坡面紧密贴合，重叠搭接处宽度应不小于 15 cm，搭接处、治理区域边沿应采用固定钉固定；植生袋应由下而上均匀码放，每码好一排压实后再继续码放上一排，平均每平方米坡面使用植生袋不宜少于 18 个，植生袋码放时粘有种子的一面必须朝上。

9.3.3.5 其他形式植物防护

骨架植物防护工程中的骨架可采用浆砌片石或混凝土作为骨架，且应符合下列规定：

（1）骨架植物防护适用于边坡坡率缓于 1∶0.75 的土质和全风化岩石边坡的防护与绿化，当坡面受雨水冲刷严重或潮湿时，坡度应缓于 1∶1.00。

（2）应根据边坡坡率、土质和当地情况确定骨架形式，并与周围景观相协调，骨架内可采用植物或其他辅助防护措施。

（3）降雨量较大且集中的地区，骨架宜做成截水槽型，截水槽断面尺寸由降雨强度计算确定。

混凝土空心块植物防护适用于坡度缓于 1∶0.75 的土质边坡和全风化、强风化岩石挖方边坡；并根据需要设置浆砌片石或混凝土骨架。空心预制块的混凝土强度等级不应低于 C20，厚度不应小于 150 mm。空心预制块内应填充种植土，喷播植草。

锚杆钢筋混凝土格构植物防护与绿化适用于土质边坡和坡体中无不良结构面、风化破碎的岩石挖方边坡。钢筋混凝土格构的混凝土强度等级不应低于 C25，格构几何尺寸应根据边坡高度和地层情况等确定，格构内宜植草。在多雨地区，格构上应设置截水槽，截水槽断面尺寸由降雨强度计算确定。

9.3.4 坡面工程防护设计

用于坡面工程防护的技术措施纷繁复杂，在此不一一列举，仅就适用条件、材料的选择和施工工艺对最常用的几种坡面工程防护措施作简单介绍。

9.3.4.1 喷浆及喷射混凝土

（1）适用条件。主要适用于易风化的软岩及裂隙和节理发育、坡面不平整、破碎较严重的岩质挖方边坡，既可防止坡面进一步风化，又可使裂隙间破碎岩石得到砂浆充填而加固。对于坚硬易风化但风化不严重的边坡，喷浆防护可在坡面形成保护层以防止进一步风化。但此法不宜用于成岩作用差的黏土岩边坡，也不可直接用于涌水地段。

（2）材料及配比。主要涉及以下几种材料：

1）水泥：采用不低于 32.5 级的硅酸盐水泥。当存放过久或保管不善，有受潮结块等现象时应进行强度检验，并以实际标号进行配比。

2）石灰：采用新出窑烧透的块灰，欠火或过火者不宜采用，其质量指标应符合有关规范规定。

3）砂子：重力喷浆应使用纯净的细砂，粒径为 0.1~0.25 mm。机械喷浆或喷混凝土应使用纯净的中粗砂，粒径为 0.25~0.5 mm，含水率以 4%~6% 为宜。

4）粗骨料：应选用坚硬耐久的卵石或碎石，粒径不宜大于 12 mm；当使用碱性速凝剂时，不得使用含有活性二氧化硅的石料。

5）细骨料：应选用坚硬耐久的中砂或粗砂，细度模数宜大于 2.5；干拌法喷射时，骨料的含水率应保持恒定并不大于6%。

6）速凝剂：起促凝作用，可直接掺入水泥砂浆和混凝土中，配制成聚合物砂浆和聚合物混凝土，能极大地增加接触面的黏聚力和抗拉、抗折强度，提高抗渗性。

（3）施工工艺。施工前对坡面的裂缝、凹坑应先勾缝、填补，以使坡面平顺整齐，岩体坡面浮土杂质、碎块等用水冲洗干净，并保持湿润。

选择适宜的喷射机械和相应的配套设备，作业前应进行试喷，以确定合适的水灰比。

喷射作业应分段分片进行，喷射顺序应由上而下，喷嘴与受喷面的距离不宜大于1.5 m。当喷射混凝土厚度大于6 cm时，应分两次喷射，保证厚度均匀，并按有关规定预留试件。喷层周边与未防护坡面的衔接处做好封闭处理，防止雨水侵入。

输料管长以20~30 m为宜，喷射工作压力一般为150~170 kPa。喷嘴供水压力应大于工作压力50~100 kPa，保持水与干拌和料均匀混合。喷射体初凝后，应立即洒水养护，并持续7~10 d。

可在喷射层中加设1层钢筋网或高强聚合物土工格栅，以减小干缩裂缝对强度的影响，使坡面防护强度高于单纯喷浆或混凝土。

9.3.4.2 砌体护坡

（1）适用条件。适用于坡度缓于1：1的易风化岩石和土质挖方边坡，坡面因风化剥落、地表水冲刷、易发生流泥冲沟及表层溜坍等灾害时可采用砌体护坡，石材丰富地区最为合适。

对于傍河路基，当河水流速较大（大于4 m/s），波浪作用较强，以及可能有流水、漂浮物等冲击作用时，可结合其他防护措施达到更好的防护效果。

对路基过分潮湿或冻害严重的土质边坡，未做排水、防水处理则应慎用，以免引起砌体在边坡变形中产生开裂而破坏。若事先已做好排水措施，则可考虑采用砌体护坡。

（2）材料选择。可采用浆砌条石、块石、片石、卵石或混凝土预制块等作为砌筑材料，砌体石料密度一般不小于2.0 t/m^3。砌筑砂浆强度等级不应低于M5.0，在严寒地区和地震地区或水下部分的砌筑砂浆强度等级不应低于M7.5。石料应采用不易风化的坚硬岩石或大块卵石，厚度为0.25~0.5 m。护坡地面设0.1~0.15 m的碎石或砂砾组成的垫层，在一定条件下，也可采用与垫层等效的土工织物代替。

（3）施工工艺。砌体护坡施工前应将坡面整平；在铺设混凝土预制块前，对局部坑洞处应预先采用混凝土或浆砌片石填补平整。

浆砌块石、片石、卵石护坡应采取坐浆法施工，预制块应错缝砌筑；护坡面应平顺，并与相邻坡面顺接。

砂浆初凝后，应立即进行养护；砂浆终凝前，砌块应覆盖。

砌体护坡视岩土情况设置基础，其埋深至少为护坡厚度的1.5倍，在冰冻地区应设置在冰冻线以下。砌体护坡应每隔20~25 m设置宽2 cm的伸缩缝（或沉降缝），用沥青麻筋或竹筋填塞。

对土质边坡砌体护坡的泄水孔墙背，应在0.5 m×0.5 m范围内设置反滤层以防淤塞。

当为路堤边坡时，应待路堤沉降完成后再施工。

9.3.4.3　锚喷防护

（1）适用条件。当坡面岩体已严重风化或岩体受切割破碎严重，喷浆或喷射混凝土防护强度不足时，为提高防护效果，应采用锚喷防护。喷射混凝土与钢筋网封闭坡面，锚杆既可加固坡面一定深度内的岩体，也可承受少量松散体产生的侧压力。

（2）材料选择。应采用全黏结锚杆，锚杆长度3~6 m，锚杆倾角宜为15°~25°，钢筋直径可采用16~22 mm，钻孔直径为40~70 mm。可采用单层钢筋网，钢筋直径为6~10 mm，间距150~200 mm。永久性边坡的喷射混凝土强度等级不应低于C25，临时性边坡不应低于C20。

（3）施工工艺。锚杆布置宜采用行列式排列，也可采用菱形排列。喷浆及喷射混凝土厚度要均匀，勿使锚网外露。对于Ⅰ、Ⅱ级岩体边坡可采用混凝土锚喷防护，Ⅲ级岩体边坡宜采用钢筋混凝土锚喷防护，Ⅳ级岩体边坡应采用钢筋混凝土锚喷防护。

9.3.5　边坡柔性防护网系统

边坡柔性防护网系统是以柔性金属网为主要特征构件，采用加固（如主动系统）、拦截（如被动系统）和引导（如引导防护系统）3种基本形式，防治公路、铁路边坡崩塌落石、风化剥落、浅层溜坍等危害的柔性防护结构及构件组合体。

9.3.5.1　主动防护系统

9-2　柔性防护技术分类及使用场景（视频）

（1）主动防护系统结构形式与类型。主动防护系统可实现坡面孤危石及浅表层岩土体的加固，避免落石或局部崩塌的发生，抑制浅表层岩土体的变形移动或运动，阻止或缓解各种自然营力对坡面的侵蚀作用。

主动防护系统是通过将柔性网尽可能地紧贴坡面来实现的，由柔性网、锚杆和连接构件3部分组成，根据柔性金属网组合及其固定方式分为锚固缝合式（见图9-5（a））和搭接点锚式（见图9-5（b））。

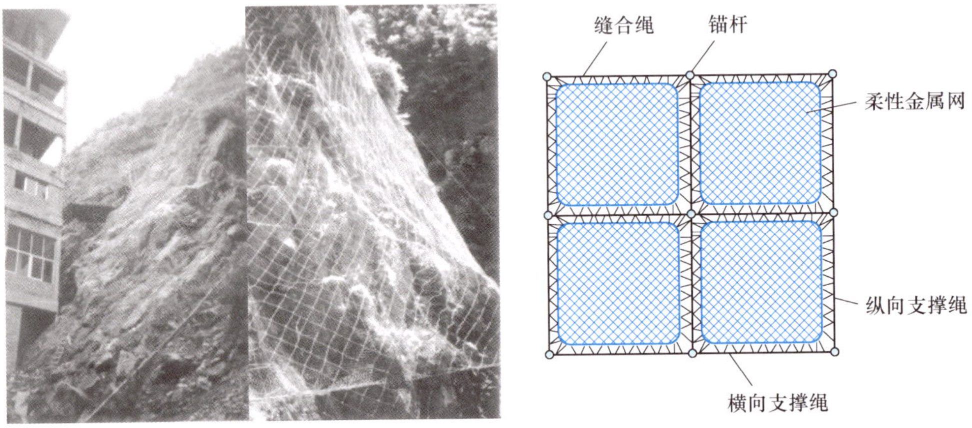

(a)

(b)

图 9-5 主动防护系统结构类型

(a) 锚固缝合式；(b) 搭接点锚式

(2) 主动防护系统构成特征。从理论上讲，主动防护系统的各构成部分可根据具体工程需求进行设计和生产，但在目前的技术水平下，还无法完全用理论计算的方法实现，且根据计算结果进行的产品设计，其质量与成本难以控制，尤其是柔性网。事实上，在迄今为止的主动防护系统技术范畴内，锚杆规格及其布置形式已逐渐开放，但柔性网的形式与参数已定型化，具体的锚杆和柔性网参数可参照相关规范选定。

9.3.5.2 被动防护系统

严格意义上，将“被动防护系统”称为“拦石网”更为准确，按构成形式和防护能级划分，常用拦石网型号有数十种，但从基本结构和功能特征上看，除下部基础外，其上部结构都是由钢柱、连接构件和柔性网构成的栅栏式落石拦挡结构，如图 9-6 所示，被动防护系统的类型通常也按其结构或功能特征来划分。除上述三大基本构件外，绝大部分拦石网还包含消能件这一重要构件，该构件可吸收大部分落石的冲击动能，避免整个系统遭受毁灭性破坏。

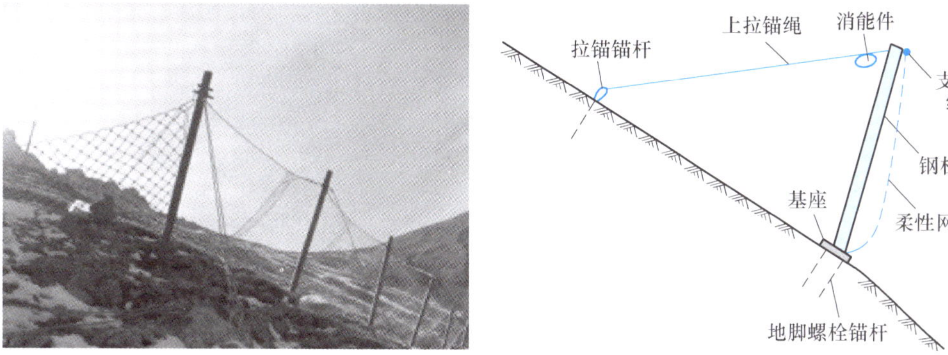

图 9-6 被动防护系统及其基本构成

9-3 被动防护系统的基本构件

9.3.5.3 引导防护系统

采用锚杆、支撑绳、纵横向拉绳等构件，将柔性金属网自然覆盖在具有潜在地质灾害的坡面上，或顶部结合钢柱、拉锚绳、支撑绳等固定方式，将柔性金属网以一定的角度张开，以控制落石运动范围和轨迹，引导落石滑落或滚落到预设地点的一种边坡柔性防护网系统。因其形状类似“窗帘”，简称为帘式网。引导防护系统是通过将落石的动能转变为系统的变形能而加以消散，其按结构形式又可分为覆盖式引导防护系统（见图 9-7（a））和张口式引导防护系统（见图 9-7（b））。其中张口式引导防护系统由拦截部分和引导部分组成。

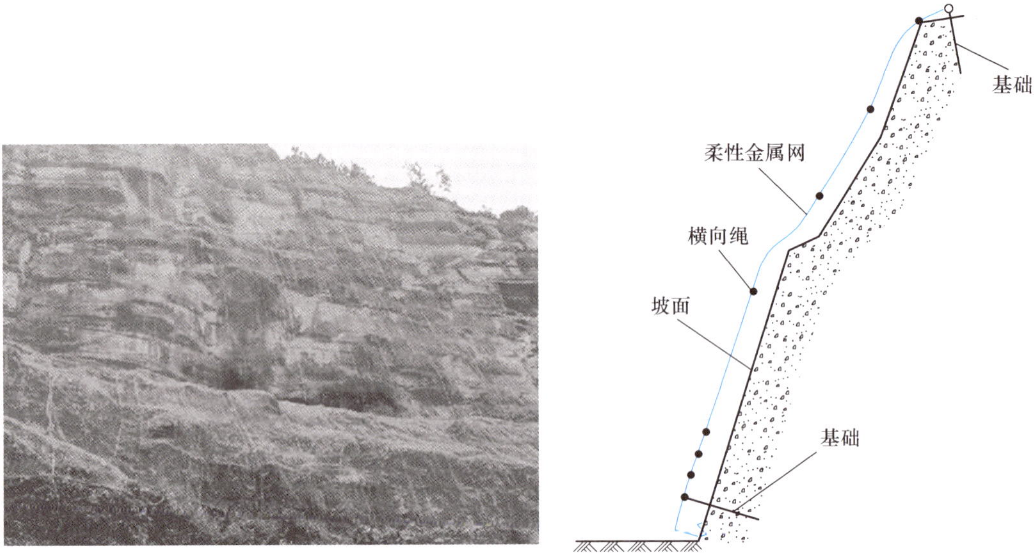

(a)

(b)

图 9-7 引导防护系统结构类型
（a）覆盖式；（b）张口式

9.4 边坡支挡

边坡支挡工程（挡土墙）是边坡防治措施中一种重要的技术手段，其通常可在避免超挖、放坡的同时有效解决边坡稳定性问题，此法符合经济合理的防治原则，为越来越多的边坡工程所采用。

挡土墙是用来支撑填土或山坡土体、防止其变形失稳的一类重要构筑物，其结构类型很多，图 9-8 所示为一种典型的挡土墙形式及其受力示意。

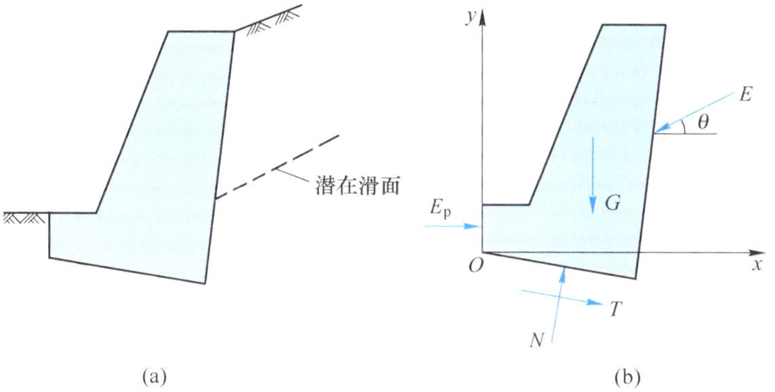

图 9-8　典型的挡土墙断面及受力分析示意图

（a）结构形式；（b）受力分析

9.4.1 岩土压力

各类挡土墙支挡土体时必然受到岩土体的侧向压力，即岩土压力问题。岩土压力的计算是挡土墙设计计算的主要依据，而形成岩土压力的主要荷载一般包括岩土体自身重量引起的侧向压力、水压力以及影响区范围内的构筑物荷载、施工荷载、交通荷载等，还可能包括地震产生的水平附加荷载。

9.4.1.1 侧向土压力

一般而言，土压力的大小及其分布规律与挡土墙侧向位移的大小和方向、土的性质、挡土墙高度等因素有关。根据挡土墙侧向位移的大小和方向，土压力可分为**静止土压力**、**主动土压力**和**被动土压力** 3 种，如图 9-9 所示。

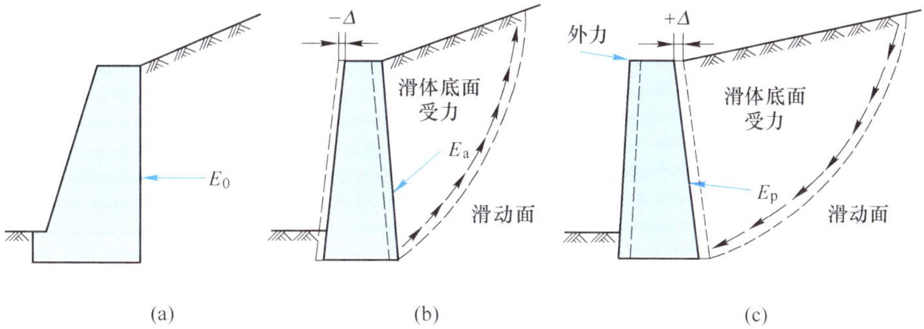

图 9-9　三种类型土压力示意图

（a）静止土压力；（b）主动土压力；（c）被动土压力

A 静止土压力

如图 9-9（a）所示，若刚性挡土墙保持原来的位置静止不动，则作用在挡土墙上的土压力称为静止土压力。作用在单位长度挡土墙上的静止土压力合力用 E_0（kN/m）表示，静止土压力强度用 p_0(kPa）表示。

$$p_0 = K_0(\sum \gamma_i h_i + q) \tag{9-2}$$

式中 p_0 ——静止土压力强度，kPa；

γ_i ——第 i 层土的重度，kN/m^3；

h_i ——第 i 层土的厚度，m；

q ——地面均布荷载，kPa；

K_0 ——静止土压力系数。

静止土压力系数 K_0 宜由试验确定，对于正常固结土，K_0 通常介于 0.4～0.6 之间。对于超固结土，K_0 会更大，有时甚至会大于 1.0。当土体被视为线弹性连续介质时，静止土压力系数可表示为泊松比的函数，$K_0 = \dfrac{\nu}{1-\nu}$。

当无试验条件时，可按下式估算：

无黏性土及正常固结土：
$$K_0 = 1 - \sin\varphi' \tag{9-3}$$

超固结土：
$$K_0 = (1 - \sin\varphi') \cdot (\mathrm{OCR})^m \tag{9-4}$$

式中 φ' ——土的有效内摩擦角，（°）；

OCR ——土的超固结比；

m ——经验系数，一般取 0.4～0.5，塑性指数小的取大值。

B 主动与被动土压力

如图 9-9（b）所示，若挡土墙在墙后填土压力作用下，背离填土方向移动，此时作用在墙上的土压力将由静止土压力逐渐减小，当墙后土体达到极限平衡状态，并出现连续滑动面而使土体下滑时，土压力减至最小值，称为主动土压力。主动土压力合力和强度分别用 E_a（kN/m）和 p_a（kPa）表示。

如图 9-9（c）所示，若挡土墙在外力作用下，向填土方向移动，这时作用在墙上的土压力将由静止土压力逐渐增大，直到土体达到极限平衡状态并出现连续滑动面，墙后土体将向上挤出隆起，此时土压力增至最大值，称为被动土压力。被动土压力合力和强度分别用 E_p（kN/m）和 p_p（kPa）表示。

（1）朗肯土压力理论。假设条件：挡墙墙背垂直；墙后土体表面水平并无限延伸；墙背面光滑，即不考虑墙与土体间的摩擦力。

朗肯土压力理论的主动与被动土压力强度计算如下：

$$p_a = (q + \sum \gamma_i h_i)K_a - 2c\sqrt{K_a} \tag{9-5}$$

$$p_p = (q + \sum \gamma_i h_i)K_p + 2c\sqrt{K_p} \tag{9-6}$$

式中 p_a，p_p ——朗肯主动与被动土压力强度，kPa，当主动土压力为负值时取零；

K_a，K_p ——朗肯主动与被动土压力系数。

主动土压力系数：
$$K_a = \tan^2(45° - \varphi/2) \tag{9-7}$$

被动土压力系数：
$$K_p = \tan^2(45° + \varphi/2) \tag{9-8}$$

（2）库仑土压力理论。计算简图见图 9-10。

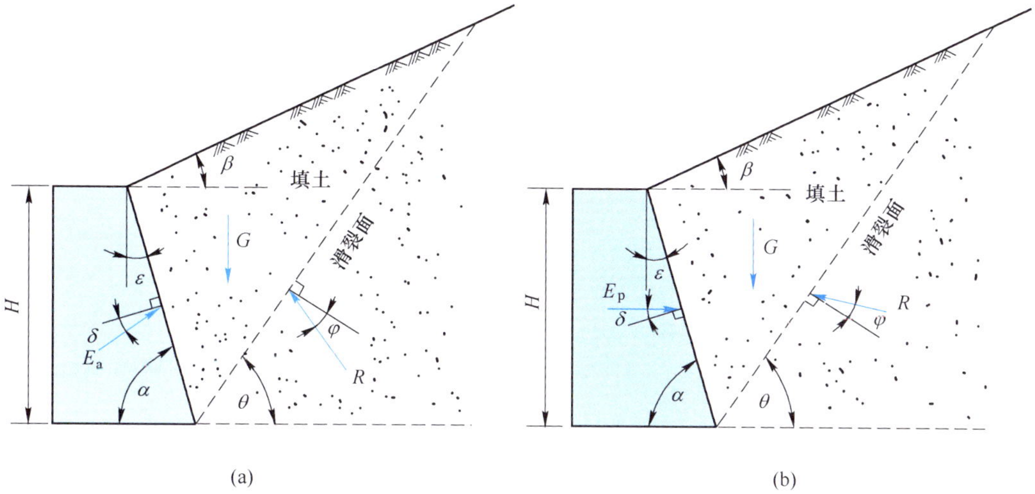

图 9-10　库仑土压力计算简图

（a）主动土压力；（b）被动土压力

假设条件：墙背俯斜、倾角为 α 、墙为刚性；墙后填土为无黏性土（ $c \approx 0$）、填土表面坡角为 β ；墙背粗糙、墙土间的摩擦角为 δ 。

库仑主动与被动土压力按下式计算：

$$E_a = \frac{1}{2}\gamma H^2 K_a \tag{9-9}$$

$$E_p = \frac{1}{2}\gamma H^2 K_p \tag{9-10}$$

式中　E_a，E_p ——库仑主动与被动土压力，kN/m；

γ ——填土范围内土层的平均重度，kN/m³；

H ——挡墙高度，m；

K_a，K_p ——库仑主动与被动土压力系数。

主动土压力系数：

$$K_a = \frac{\cos^2(\varphi - \varepsilon)}{\cos^2\varepsilon \cdot \cos(\delta + \varepsilon)\left[1 + \sqrt{\dfrac{\sin(\delta + \varphi) \cdot \sin(\varphi - \beta)}{\cos(\delta + \varepsilon) \cdot \cos(\varepsilon - \beta)}}\right]^2} \tag{9-11}$$

被动土压力系数：

$$K_p = \frac{\cos^2(\varphi + \varepsilon)}{\cos^2\varepsilon \cdot \cos(\varepsilon - \delta)\left[1 - \sqrt{\dfrac{\sin(\delta + \varphi) \cdot \sin(\varphi + \beta)}{\cos(\varepsilon - \delta) \cdot \cos(\varepsilon - \beta)}}\right]^2} \tag{9-12}$$

9.4.1.2　侧向岩体压力

（1）静止岩体压力强度按式（9-2）计算，静止岩体侧压力系数与静止土压力系数一致。

（2）主动岩体压力强度计算。计算简图见图 9-11。

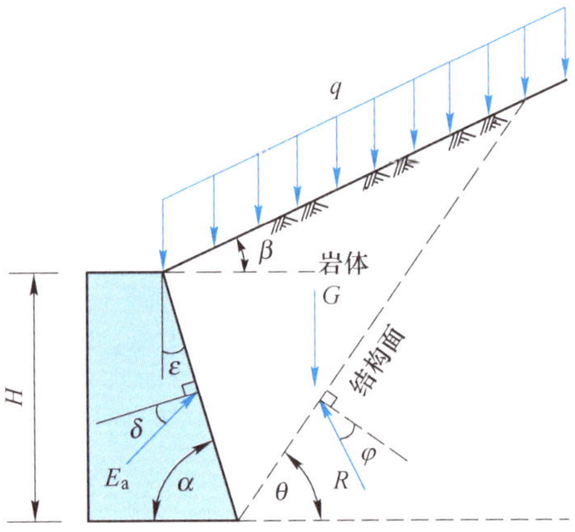

图 9-11 侧向岩体压力计算简图

1）沿外倾结构面潜在滑动时，其主动岩体压力强度按式（9-5）计算，主动岩体压力系数按下式计算：

$$K_a = \frac{\sin(\alpha+\beta)[k_q\sin(\alpha+\theta)\sin(\theta-\varphi_s) - \eta\sin\alpha\cos\varphi_s]}{\sin\alpha\sin(\alpha-\delta+\theta-\varphi_s)\sin(\theta-\beta)} \tag{9-13}$$

$$\eta = \frac{2c_s}{\gamma H},\ k_q = 1 + \frac{2q\sin\alpha\cos\beta}{\gamma H\sin(\alpha+\beta)}$$

式中 θ——外倾结构面倾角，(°)；

c_s——外倾结构面黏聚力，kPa；

φ_s——外倾结构面内摩擦角，(°)；

δ——岩体与挡墙墙背的摩擦角，(°)，取 $(0.33 \sim 0.5)\varphi$。

当有多组外倾结构面时，岩体侧向压力应计算各组结构面的主动岩体压力并取其大值。

2）对于沿缓倾的外倾软弱结构面潜在滑动，如图 9-12 所示，其主动岩体压力按下式计算：

$$E_{ak} = G\tan(\theta-\varphi_s) - \frac{c_s L\cos\varphi_s}{\cos(\theta-\varphi_s)} \tag{9-14}$$

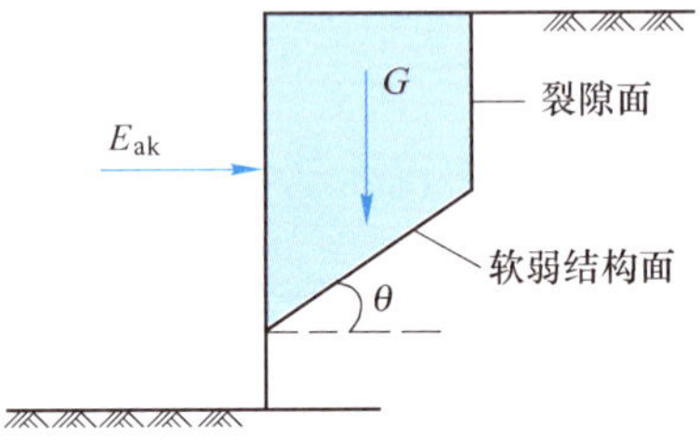

图 9-12 岩质边坡四边形滑裂时主动土压力计算示意图

式中 θ——缓倾的外倾软弱结构面倾角，(°)；

c_s——外倾软弱结构面黏聚力，kPa；

φ_s——外倾软弱结构面内摩擦角，(°)；

G——潜在滑体自重，kN/m；

L——滑裂面长度，m。

（3）侧向岩体压力和破裂角计算应符合下列规定：

1）当岩体边坡无外倾结构面时，以岩体等效内摩擦角按侧向土压力方法计算侧向岩体压力，破裂角按（$45° + \varphi/2$）确定，Ⅰ级岩体边坡取75°左右。

2）当有外倾硬性结构面时，侧向岩体压力应首先以外倾硬性结构面的参数按式（9-13）计算主动岩体压力系数，将计算岩体压力和以岩体等效内摩擦角按侧向土压力方法计算的结果对比，取较大值；除Ⅰ级岩体边坡外，破裂角取外倾结构面倾角和（$45° + \varphi/2$）两者中的较小值。

3）当边坡沿外倾软弱结构面破坏时，侧向岩体压力系数按式（9-13）计算，破裂角取该外倾结构面的视倾角和（$45° + \varphi/2$）两者中的较小值，同时分别按式（9-13）和式（9-14）进行验算。

9.4.2 挡土墙类型及构造

挡土墙类型的划分方法较多，除按挡土墙结构形式划分外，还有按设置位置、建筑材料、施工方法以及所处环境条件等进行划分。如按建筑材料可分为石、混凝土及钢筋混凝土挡土墙等，按所处环境不同可分为一般地区挡土墙、浸水地区挡土墙与地震地区挡土墙等。

通常以挡土墙的结构形式分类为主，主要包括：重力式挡土墙（包括半重力式和衡重式挡土墙）、薄壁式挡土墙（包括悬臂式和扶壁式挡土墙）、加筋式挡土墙、锚杆式和锚定板式挡土墙、竖向预应力锚杆式挡土墙、土钉式及桩板式挡土墙等，以下对常用的3种类型挡土墙进行详细介绍。

9.4.2.1 重力式挡土墙

（1）墙身。重力式挡土墙（见图9-13）按结构形式可分为仰斜式、垂直式、俯斜式、凸形折线式和衡重式，如图9-14所示。其墙高适用范围：俯斜式、垂直式的墙高不大于6 m，仰斜式不宜大于12 m，衡重式宜为3~12 m。仰斜墙背坡度一般采用1∶0.25，且不宜缓于1∶0.3；俯斜墙背坡度一般为1∶0.25~1∶0.40。衡重式或凸形折线式挡土墙，下墙墙背多采用1∶0.25~1∶0.30仰斜，上墙墙背坡度受墙身强度控制，根据上墙高度采用1∶0.25~1∶0.45俯斜。

图9-13 重力式挡土墙实例

同时，还应考虑墙趾处的地面横坡，墙面坡度影响挡土墙的高度，横向坡度越大影响越大，地面横坡较陡时，墙面坡度一般为1∶0.05~1∶0.20；墙矮时也可采

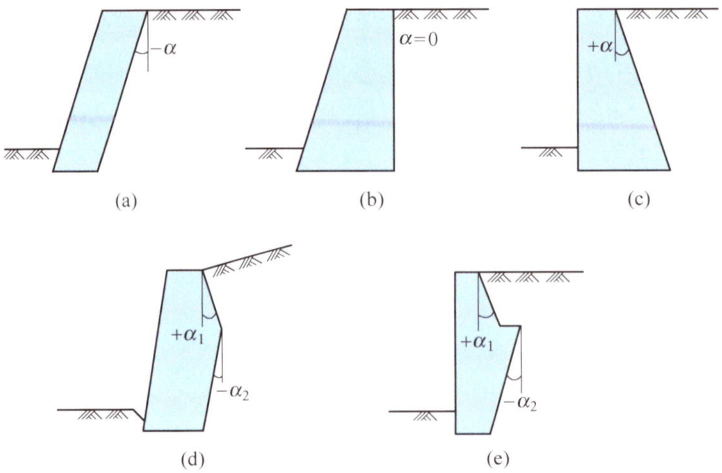

图 9-14 重力式挡土墙断面形式

（a）仰斜式；（b）垂直式；（c）俯斜式；（d）凸形折线式；（e）衡重式

用直立；地面横坡平缓时，墙面适当放缓，但一般不缓于 1∶0.35；仰斜式挡土墙墙面坡度采用 1∶0.05。因此，在地面横坡较陡的山区，采用衡重式挡土墙较为经济，衡重式挡土墙的上墙与下墙宽度之比一般采用 1∶1.5。挡土墙断面形式不宜变化过多，以免造成施工困难。

（2）沉降缝与伸缩缝。为避免地基不均匀沉降而引起墙身开裂，需根据地基地质条件和墙高、墙身断面等的变化情况设置沉降缝。挡土墙可按折线布置，并在转折处以沉降缝隔开。

为防止圬工砌体因收缩硬化和温度变化而产生裂缝，应设置伸缩缝。另外，在挡墙高度突变处及与其他建（构）筑物连接处也应设置伸缩缝，在地基岩土性状变化处则应设置沉降缝，设计中一般将沉降缝与伸缩缝合并布置。重力式挡墙的伸缩缝间距，对条石、块石挡墙宜为 20~25 m，对混凝土挡墙宜为 10~15 m。沉降缝、伸缩缝的缝宽宜为 20~30 mm，缝中应填塞沥青麻筋或其他有弹性的防水材料，填塞深度不应小于 150 mm。

（3）基础。挡土墙宜采用明挖基础，当基底承载力不足时，可采用砂砾、碎石、矿渣或灰土等质量较好的材料换填，或采用扩大基础、地基加固处理等措施。

大部分挡土墙直接修建在天然地基上。基础埋置深度应按地基性质、承载力要求、冻胀影响、地形和水文地质条件等因素确定。对于一般地区，基础埋置最小深度应不小于 1 m，路堑挡土墙基础底还应低于侧沟砌体底面 0.2 m；对于膨胀土地段，基础埋置深度不宜小于 1.5 m；当地基较弱、地形平坦、墙身较高时，为减少地基基底压应力或增加抗倾覆稳定性，可在墙趾处设置台阶，以拓宽基底，台阶宽度视基底需要而定，但不得小于 20 cm，台阶高宽比可采用 1.5∶1~2∶1。

（4）排水措施及防水层。挡土墙排水的作用在于疏干墙后土体的地下水和地表水下渗后的积水，以免墙后积水致使墙身受额外的静水压力，减少季节性冰冻地区填料的冻胀压力等。挡土墙的排水措施通常由地面排水和墙身排水两部分组成。

地面排水主要是防止地表水渗入墙后土体或地基，其措施包括：1）设置地面排水沟接引地表水；2）夯实回填土顶面和地表松土防止雨水下渗，必要时可设铺砌层；3）路堑挡土墙墙趾前的边沟应予以铺砌加固，以防边沟水渗入基础。

墙身排水主要是为了排除墙后积水，通常在墙身的适当高度处布置一排或数排泄水孔，外倾坡度不宜小于5%。泄水孔的边长或直径不宜小于100 mm，泄水孔间距一般为2~3 m，宜按梅花形布置，在地下水较多或有大股水流处应加密设置。浸水挡土墙的最下排泄水孔出水口应高出常水位0.3 m，进水口底部应铺设0.3 m厚的黏土层并夯实，以防水渗入基础。泄水孔的进水侧还应设置反滤层或反滤包以防孔道淤塞，干砌挡土墙可不设泄水孔。

9.4.2.2 薄壁式挡土墙

薄壁式挡土墙一般采用钢筋混凝土结构，属轻型挡土墙。薄壁式挡土墙包括悬臂式和扶壁式两种形式。一般情况下，悬臂式挡土墙高度不宜超过6 m，扶壁式挡土墙不宜超过10 m。其结构稳定性主要依靠墙身自重和墙踵板上方填土的重力来保证，而且墙趾板也显著增大了抗倾覆稳定性，并大幅减小了基底应力。

A 悬臂式挡土墙

悬臂式挡土墙（见图9-15）一般由墙面板（立臂板）和墙底板（墙趾板和墙踵板）组成，呈倒“T”形，如图9-16所示，具体结构要求如下所述。

图9-15 施工中的悬臂式挡土墙

（1）为便于施工，立臂内侧（即墙背）宜做成竖直面，外侧（即墙面）坡度应陡于1∶0.1，一般为1∶0.02~1∶0.05，具体坡度应根据立臂的强度和刚度要求确定。当挡土墙较低时，立臂可采用等厚度，墙顶宽度不宜小于0.2 m；当墙较高时，宜在立臂下部将截面加宽。

（2）墙底板一般水平设置，底面水平。墙趾板的顶面一般从与立臂连接处向趾端倾斜。墙踵板顶面水平，也可做成向踵端倾斜。墙趾板厚度不宜小于30 cm。墙趾板宽度应根据挡墙抗倾覆稳定性、基底应力（即地基承载力）和偏心距等条件确定，一般可取墙高的1/20~1/5。墙踵板宽度由挡墙抗滑稳定性确定，并具有一定的

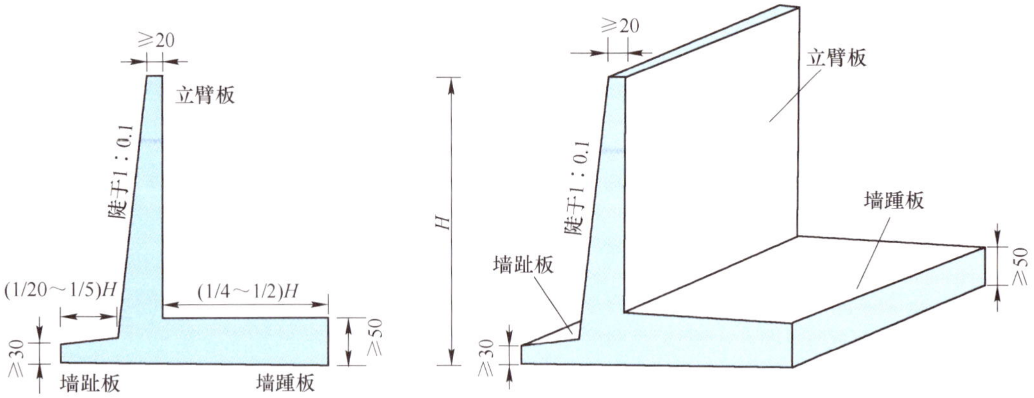

图 9-16 悬臂式挡土墙结构示意图（单位：cm）

刚度，其值应为墙高的 1/4～1/2，且厚度不应小于 50 cm。墙底板的总宽度一般为墙高的 0.5～0.7。当墙后地下水水位较高，且地基为承载力很小的软弱地基时，墙底板的总宽度可增大到 1 倍墙高或者更大。

（3）材料等级：悬臂式挡土墙的混凝土等级不小于 C25，钢筋类型可根据需要选用 HRB300、HRB400 或 HRB500 等，受力钢筋的直径不小于 12 mm，间距不宜大于 250 mm。

（4）对钢筋混凝土保护层厚度的要求：立臂的混凝土保护层厚度不应小于 35 mm，底板的保护层厚度不应小于 40 mm。

悬臂式挡土墙分段长度宜为 10～15 m，段间设置伸缩缝和沉降缝，且二者宜合并设置。

B 扶壁式挡土墙

扶壁式挡土墙由墙面板（立臂板）、墙趾板、墙踵板及扶肋（扶壁）组成，如图 9-17 和图 9-18 所示。实际上它是在悬臂式挡土墙的基础上，沿墙方向每隔一定距离加设扶肋而成。扶肋将立臂与墙踵板连接，改善其受力条件，并提高结构的刚度和整体性，减小立臂的变形。

图 9-17 扶壁式挡土墙实例

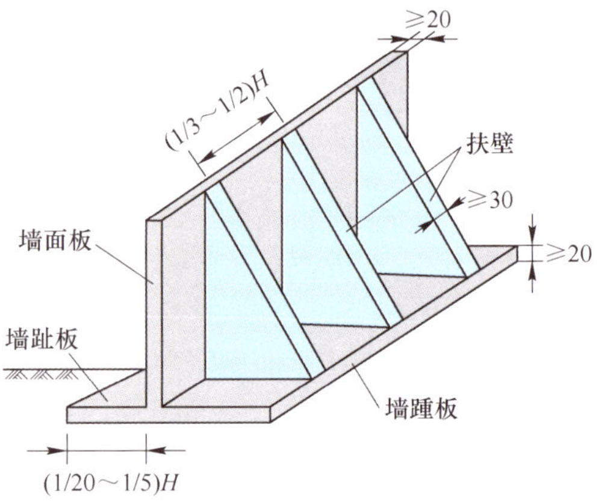

图 9-18 扶壁式挡土墙结构示意图（单位：cm）

扶壁式挡土墙宜整体浇筑，也可采用预制件装配，其具体结构要求如下：

（1）扶壁式挡土墙分段长度宜为 10～15 m，每段宜设 3 个或 3 个以上的扶肋；扶肋间距应根据强度要求确定，一般为 1/3～1/2 墙高；扶肋厚度一般为扶肋间距的 1/8～1/6，但不应小于 30 cm。

（2）墙面板宽度与扶肋间距成正比，墙面板顶宽不应小于 20 cm，可采用等厚的垂直面板。

（3）墙底板宽度应满足稳定要求，一般来说，墙趾板宽宜为墙高的 1/20～1/5，墙踵板宽一般为墙高的 1/4～1/2，且墙底板厚度不小于 20 cm。

（4）钢筋保护层厚度要求与悬臂式挡土墙相同。

C 加筋土挡土墙

加筋土挡土墙分为有面板加筋土挡土墙和无面板加筋土挡土墙。有面板加筋土挡土墙在工程中应用较为广泛，即在土中加入拉筋，利用拉筋与土之间的摩擦作用，改善土体的变形条件，提高土体的工程特性，从而达到稳定土体的目的。无面板加筋土挡土墙通过反包式土工格栅的加筋锚固作用，约束土体的侧向变形，保证土体的稳定，该类挡土墙可较好地适应地基变形。

与其他类型挡土墙相比，加筋土挡土墙突出的特点是填料本身也为墙体的一部分，因此，填料的选择、拉筋材料的质量以及填料、筋带、面板之间的紧密、稳定结合属于应特别重视的设计施工要素。

a 有面板加筋土挡土墙结构

（1）加筋土挡土墙墙面板可采用素混凝土或钢筋混凝土预制件，厚度不应小于 80 mm。墙面的平面线形可采用直线、折线和曲线，相邻墙面间的内夹角不宜小于 70°。墙面板下应设置混凝土基础，其宽度不应小于 0.4 m，厚度不应小于 0.25 m，基础埋置深度不应小于 0.6 m。基底不宜设置纵坡，可设为水平或结合地形设为台阶形。

（2）拉筋材料宜采用土工格栅、复合土工带等土工合成材料。

（3）在满足抗拔稳定条件下，拉筋长度应符合下列规定：

1）墙高大于 3.0 m 时，拉筋长度不应小于 0.8 倍墙高，且不小于 5 m。当采用不等长的拉筋时，同长度拉筋的墙段高度不应小于 3.0 m，相邻不等长拉筋的长度差不宜小于 1.0 m。

2）墙高小于 3.0 m 时，拉筋长度不应小于 3.0 m，且应采用等长拉筋。

（4）筋带与面板的连接应坚固可靠，并与面板有相同的耐腐蚀性能。双面加筋土挡土墙的筋带应错开铺设，避免重叠。

（5）加筋土挡土墙宜采用渗水性良好的中粗砂、砂砾或碎石填筑，填料与筋材直接接触部分不应含有尖锐棱角的块体，填料最大粒径不应大于 100 mm。

（6）对危害加筋土挡土墙稳定的地表水或地下水，应设置完善的防排水设施。当加筋区填筑细粒土时，墙面板内侧应设置宽度不小于 0.3 m 的反滤层。冰冻地区加筋体应采取防冻胀措施。

（7）多级加筋土挡土墙的平台顶部应设不小于 2% 的排水横坡，并用厚度不小于 0.15 m 的 C20 混凝土板防护；当采用细粒填料时，上级墙的面板基础下应设置宽度不小于 1.0 m、厚度不小于 0.5 m 的砂砾或灰土垫层，如图 9-19 所示。

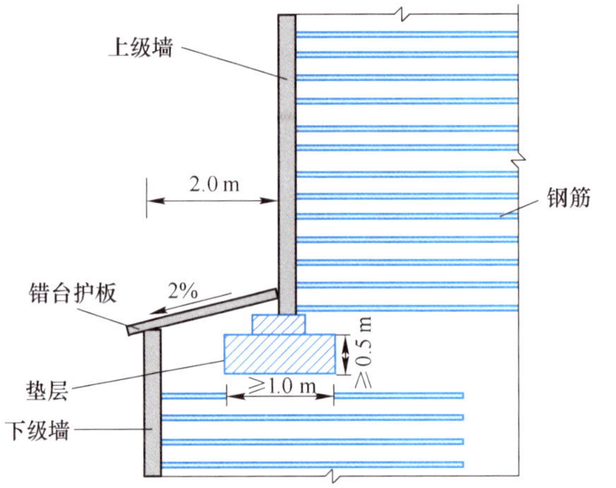

图 9-19 加筋土挡土墙平台与垫层横断面示意图

b 无面板加筋土挡土墙结构

（1）无面板加筋土挡土墙高度大于 10 m 时，应设置多级加筋土挡土墙；当挡土墙基础受水流影响可能产生冲刷时，洪水位以下浸水墙体应采用重力式挡土墙。

（2）筋带可采用土工格栅或复合加筋带。土工格栅宜采用高密度聚乙烯（HDPE）土工格栅、聚酯（PET）焊接土工格栅；复合加筋带（钢-塑复合加筋带）是以高强细钢丝为主受拉元件，外包裹抗老化塑料层，塑料层既使钢丝协调共同工作，又保护钢丝免遭锈蚀，但塑料层易在施工阶段遭受破坏从而影响其长期强度。

（3）土工格栅或复合加筋带的加筋层间距、筋材长度、加筋坡面坡率等应通过外部稳定性和内部稳定性计算确定。

（4）加筋土挡土墙填料和排水设计应符合有面板加筋土挡土墙的有关规定。

（5）当地基软弱、承载能力不足时，应对地基土进行处理，并设置砂砾、碎石垫层。

9.4.3 挡土墙设计计算

9.4.3.1 重力式挡土墙

重力式挡土墙承受的是潜在滑体的滑坡推力（剩余下滑力），其大小可采用 9.4.1 节中岩土压力的计算方法求解。其设计计算过程主要包括抗滑稳定性验算、抗倾覆稳定性验算、地基承载力验算和墙身强度验算。

A 抗滑稳定性

土质边坡采用重力式挡土墙高度不小于 5 m 时，主动土压力宜按 9.4.1 节计算的主动土压力乘以增大系数确定。挡土墙高度为 5~8 m 时增大系数宜取 1.1，挡土墙高度大于 8 m 时增大系数宜取 1.2。

图 9-20 所示为重力式挡土墙受力分析，其抗滑稳定性应按式（9-15）验算：

$$F_s = \frac{(G_n + E_{an})\mu}{E_{at} - G_t} \tag{9-15}$$

$$G_n = G\cos\alpha_0 \tag{9-16}$$

$$G_t = G\sin\alpha_0 \tag{9-17}$$

$$E_{at} = E_a\sin(\alpha - \alpha_0 - \delta) \tag{9-18}$$

$$E_{an} = E_a\cos(\alpha - \alpha_0 - \delta) \tag{9-19}$$

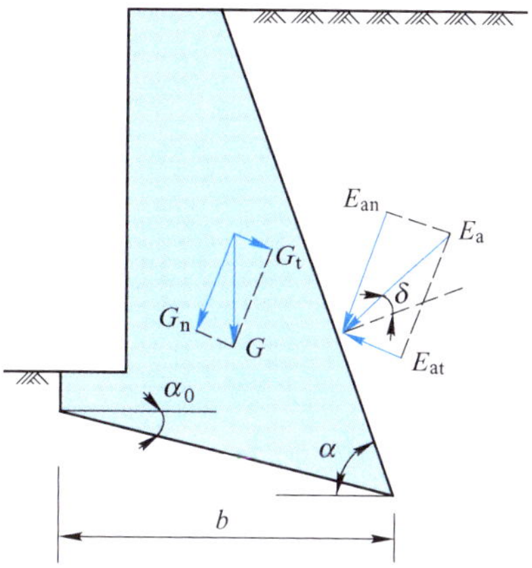

图 9-20 挡土墙抗滑稳定性受力分析

式中 F_s——挡土墙抗滑安全系数，一般不小于1.3，地震工况时不小于1.1；

E_a——每延米挡土墙主动岩土压力合力，kN/m；

G——挡土墙每延米自重，kN/m；

α——墙背与墙底水平投影的夹角，(°)；

α_0——挡土墙底面倾角，(°)；

δ——墙背与岩土间的摩擦角，(°)；

μ——挡土墙底与地基岩土体的摩擦系数，宜由试验确定，也可按表 9-2 选用。

表 9-2 岩土与挡土墙底面摩擦系数 μ 经验值

岩土类别		摩擦系数 μ
黏性土	可塑	0.20~0.25
	硬塑	0.25~0.30
	坚硬	0.30~0.40
粉土		0.25~0.35
中砂、粗砂、砾砂		0.35~0.40
碎石土		0.40~0.50
极软岩、软岩、较软岩		0.40~0.60
表面粗糙的坚硬岩、较硬岩		0.65~0.75

B 抗倾覆稳定性

图 9-21 所示为重力式挡土墙的抗倾覆稳定性受力分析，应按式（9-20）验算：

$$F_t = \frac{Gx_0 + E_{az}x_f}{E_{ax}z_f} \tag{9-20}$$

$$E_{ax} = E_a\sin(\alpha - \delta) \tag{9-21}$$

$$E_{az} = E_a\cos(\alpha - \delta) \tag{9-22}$$

$$x_f = b - z\cot\alpha \tag{9-23}$$

$$z_f = z - b\tan\alpha_0 \tag{9-24}$$

式中 F_t——挡土墙抗倾覆安全系数，一般不小于1.6，地震工况时不小于1.3；

b——挡土墙底面水平投影宽度，m；

x_0——挡土墙中心到墙趾的水平距离，m；

x_f——岩土压力作用点到墙趾的水平距离，m；

z——岩土压力作用点到墙踵的垂直距离，m；

z_f——岩土压力作用点到墙趾的垂直距离，m。

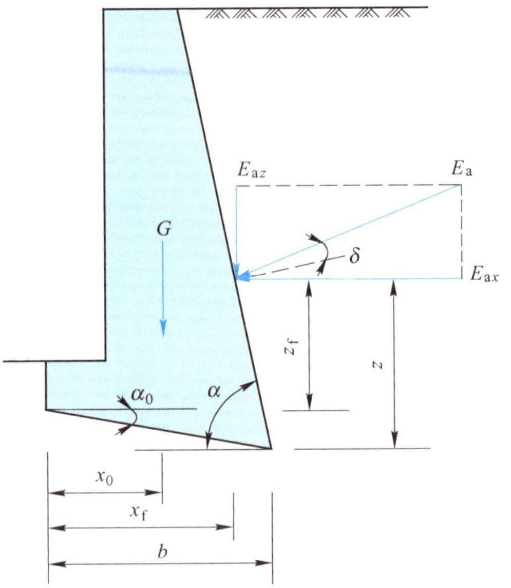

图 9-21　挡土墙抗倾覆稳定性受力分析

C　地基承载力验算及墙身强度验算

必要时应参照基础工程设计和混凝土设计原理进行地基承载力验算及墙身强度验算。

进行地基承载力验算时，应先求出作用在基底的总竖向力，并通过力矩平衡求出合力作用点，进而求得基底合力偏心距，再根据不同偏心情况下的基底应力计算公式分别求得最大值和平均值，验算二者分别满足地基承载力验算公式即可。

验算墙身强度时，则应取 1~2 个控制截面，分别进行其在控制截面以上自重及岩土压力同时作用下的正截面偏心压缩承载力验算、弯曲承载力验算及斜截面抗剪承载力验算，具体计算方法可参照相关规范。

【例题 9-1】　已知某浆砌块石挡土墙，如图 9-22 所示，墙背竖直光滑，墙后填土水平，墙高 5 m，顶宽 0.6 m，底宽 1.8 m，浆砌块石的重度 γ_1 = 22 kN/m^3，填土的物理力学参数：重度 γ_2 = 18 kN/m^3，内摩擦角 φ = 38°，黏聚力 c = 0，摩擦系数 μ 取 0.6，试验算该挡土墙的稳定性。

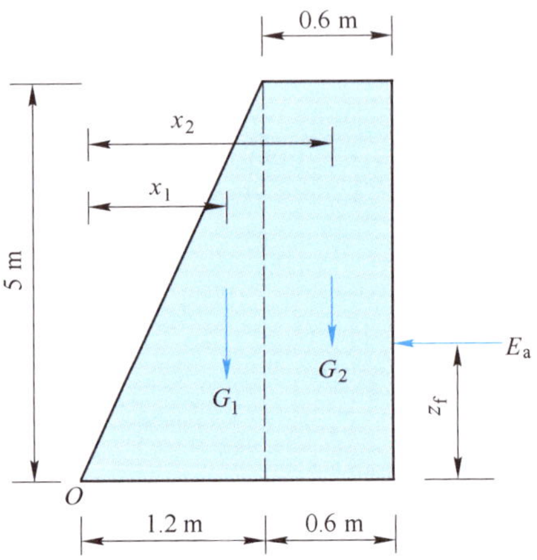

图 9-22　重力式挡土墙计算示意图

解：

（1）土压力计算：

按朗肯土压力计算合力（不考虑增大系数）：

$$E_a = \frac{1}{2}\gamma_2 H^2 K_a$$

$$= \frac{1}{2} \times 18 \times 5^2 \times \tan^2\left(45° - \frac{38°}{2}\right)$$

$$= 53.5 \text{ kN/m}$$

土压力合力作用点距墙趾 $z_f = \frac{H}{3} = 1.67$ m。

（2）挡土墙自重及重心计算

将挡土墙的截面分成一个三角形和一个矩形，其重量分别为：

$$G_1 = A_1\gamma_1 = \frac{1}{2} \times 1.2 \times 5 \times 22 = 66 \text{ kN/m}$$

$$G_2 = A_2\gamma_1 = 0.6 \times 5 \times 22 = 66 \text{ kN/m}$$

G_1、G_2作用点距墙趾 O 点的水平距离：

$$x_1 = \frac{2}{3} \times 1.2 = 0.8 \text{ m}$$

$$x_2 = 1.2 + \frac{1}{2} \times 0.6 = 1.5 \text{ m}$$

（3）抗滑稳定性验算：

$$F_s = \frac{(G_1 + G_2)\mu}{E_a} = \frac{(66 + 66) \times 0.6}{53.5} = 1.48 > 1.3$$

（4）抗倾覆稳定性验算：

$$F_t = \frac{G_1 x_1 + G_2 x_2}{E_a z_f} = \frac{66 \times 0.8 + 66 \times 1.5}{53.5 \times 1.67} = 1.7 > 1.6$$

综上，该挡土墙设计验算合格。

9.4.3.2 薄壁式挡土墙

与重力式挡土墙的设计计算类似，薄壁式挡土墙的设计计算也包括抗滑稳定性、抗倾覆稳定性、地基承载力和墙身强度验算。其中，仍以抗滑稳定性和抗倾覆稳定性验算为主。由于薄壁式挡土墙的结构相对复杂，因此在进行设计计算时还需结合相关规范考虑诸多设计原则。

A 抗滑稳定性验算

$$F_s = \frac{\mu \sum_{i=1}^{n} G_i}{E_a} \tag{9-25}$$

式中 F_s ——挡土墙抗滑安全系数，一般不小于 1.3，地震工况时不小于 1.1；

$\sum_{i=1}^{n} G_i$ ——每延米总竖向力，kN/m。

B 抗倾覆稳定性验算

$$F_t = \frac{\sum_{i=1}^{n} G_i x_i}{\sum_{i=1}^{n} E_{ai} z_{fi}} \tag{9-26}$$

式中 F_t——挡土墙抗倾覆安全系数，一般不小于1.6，地震工况时不小于1.3；

E_{ai}——第 i 层填土每延米土压力合力，kN/m。

C 设计原则

计算挡土墙整体稳定性和立臂板内力时，可不考虑挡土墙墙前底板以上土体的影响；在计算墙趾板内力时，则应计算底板以上填土的自重；计算挡土墙实际墙背和墙踵板的土压力时，可不计填料与板间的摩擦力。

悬臂式挡土墙和扶壁式挡土墙的侧向主动土压力宜按第二破裂面法进行计算。当不能形成第二破裂面时，可用墙踵下缘与墙顶内缘的连线或通过墙踵的竖向面作为假想墙背计算，取其中较不利状态的侧向压力作为设计控制值。

a 立臂板的内力计算

立臂板为三向固结板。为简化计算，通常将墙面板沿墙高和墙长方向划分为若干个单位宽度的水平和竖直板条（见图9-23（a）），分别计算水平和竖向两个方向的弯矩和剪力。作用于立臂板的荷载可按图9-23（b）所示的梯形分布，图中 H 为立臂板高度，e_{hk} 为立臂板底端内填料引起的法向土压应力：

$$e_{hk} = \gamma H K_a \tag{9-27}$$

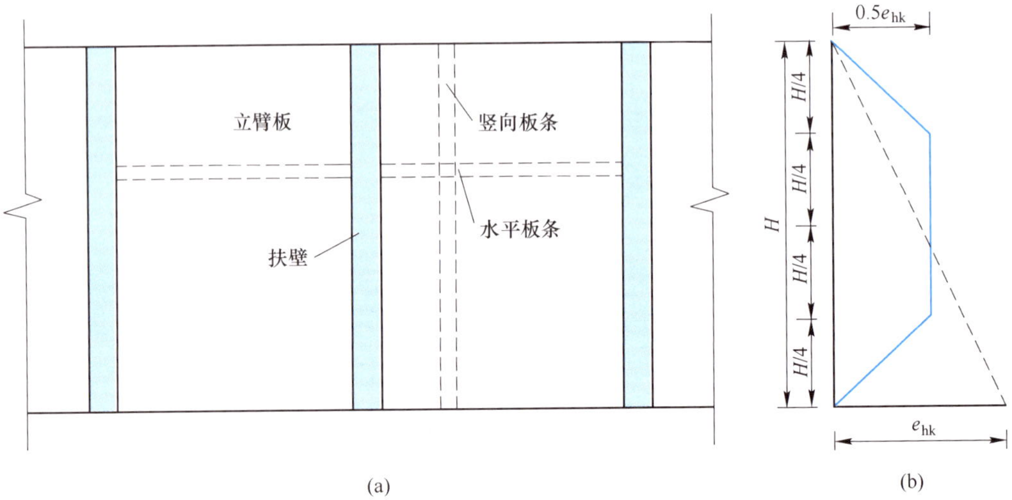

图9-23 立臂板侧向压力分布图

（a）立臂板计算示意图；（b）侧压力分布图

立臂板的水平内力计算：假定每一水平板条为支承在扶壁上的连续梁，荷载沿板条均匀分布，其大小等于该板条所在深度的法向土压应力。

各水平板条的弯矩和剪力按连续梁计算。墙面板在土压力的作用下，除产生水平弯矩外，将同时产生沿墙高方向的竖直弯矩。立臂板跨中的竖直弯矩沿墙高的分布如图 9-24（a）所示。沿墙长方向（纵向），竖直弯矩的分布如图 9-24（b）所示，呈抛物线形分布。设计时，可采用中部 $2l/3$ 范围内的竖直弯矩不变，两端各 $l/6$ 范围内的竖直弯矩较跨中减少一半，为阶梯形分布。

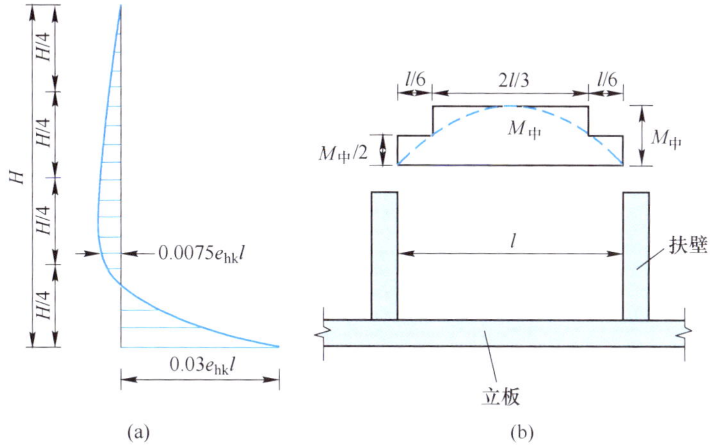

图 9-24 扶壁式挡土墙荷载及弯矩分布图

（a）立臂板竖向弯矩分布图；（b）立臂板弯矩横向分布图

$M_{中}$—板跨中弯矩；H—墙面板的高度；l—扶壁之间的净距

b 墙踵板的内力计算

墙踵板可视为支承于扶壁上的连续板，不计立臂板对它的约束，而视其为铰支。内力计算时，可将墙踵板顺墙长方向划分为若干单位宽度的水平板条，根据作用于墙踵上的荷载，对每一连续板条进行弯矩、剪力计算，并假定在每一连续板条上的最大竖向荷载均匀作用在板条上。

作用在墙踵板上的力包括：计算墙背与实际墙背间的土体重量及活荷载、墙踵板自重、作用在墙踵板顶面上的土压力竖向分力、由墙趾板固端弯矩 M_1 作用在墙踵板上引起的等代荷载以及地基反力等。

墙踵板弯矩引起的等代荷载的竖直压应力可假设为抛物线分布，如图 9-25 所示，其重心位于距固端 $5B/8$ 处，由弯矩的平衡可得墙踵处的应力：

$$\sigma = \frac{2.4M_1}{B^2} \qquad (9\text{-}28)$$

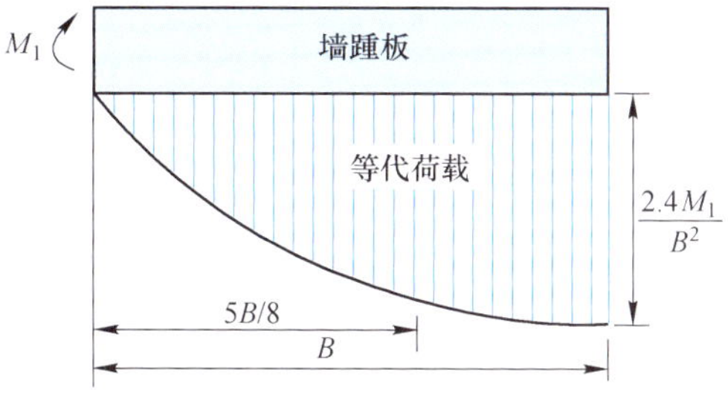

图 9-25 等代荷载示意图

将上述荷载在墙踵板上引起的竖直压应力叠加，即可按照连续梁求解墙踵板内力。由于假设了墙踵板与墙面板为铰支连接，故不计算墙踵板横向板条的弯矩和剪力。

c 扶壁的内力计算

扶壁可视为固支在墙踵板上的“T”形变截面悬臂梁，立臂板则作为该“T”形梁的翼缘板，扶壁为腹板。扶壁承受相邻两跨立臂板中点之间的全部水平土压力，扶壁自重和作用于扶壁的竖直土压力可忽略不计。

悬臂式挡土墙和扶壁式挡土墙的结构构件截面及配筋设计应按《混凝土结构设计规范》（GB 50010）的有关规定执行。其地基承载力和变形验算应按《建筑地基基础设计规范》（GB 50007）的有关规定执行。挡土墙结构应进行混凝土裂缝宽度的验算。迎土面的裂缝宽度不宜大于 0.2 mm，背土面的裂缝宽度不宜大于 0.3 mm，并应符合《混凝土结构设计规范》（GB 50010）的有关规定。

【例题 9-2】　已知某悬臂式挡土墙，填土表面水平，墙体几何参数如图 9-26 所示，墙身重度 $\gamma_1 = 25\ \text{kN/m}^3$，上有均布荷载 $q = 10\ \text{kN/m}^2$，填土重度 $\gamma_2 = 17\ \text{kN/m}^3$，内摩擦角 $\varphi = 30°$，黏聚力 $c = 0$，墙底板与地基摩擦系数 $\mu = 0.45$，试验算该挡土墙的稳定性。

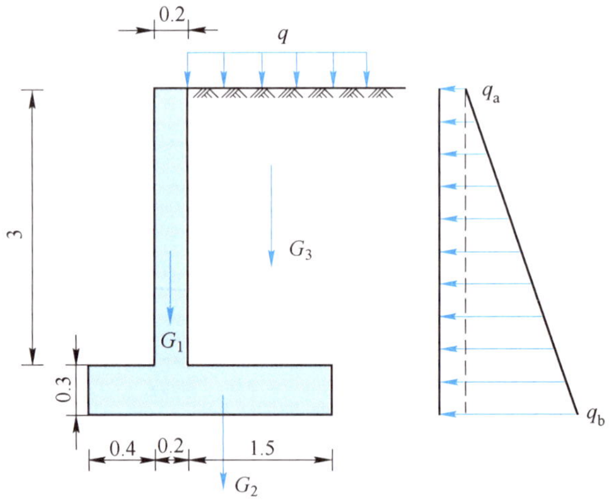

图 9-26　悬臂式挡土墙计算示意图（单位：m）

解：

（1）土压力计算

由于地面水平，墙背竖直且光滑，土压力系数采用朗肯理论公式计算：

$$K_a = \tan^2\left(45° - \frac{\varphi}{2}\right) = 0.33$$

考虑地面静荷载 q 的作用，地面处水平压力：

$$q_a = qK_a = 10 \times 0.33 = 3.3\ \text{kN/m}^2$$

底板底部水平压力：

$$\begin{aligned} q_b &= (\gamma H + q) \times K_a \\ &= (17 \times 3.3 + 10) \times 0.33 \\ &= 21.81\ \text{kN/m}^2 \end{aligned}$$

土压力合力（不考虑增大系数）：

$$E_{a1} = q_a \times 3.3 = 10.89\ \text{kN/m}$$

$$z_{f1}=\frac{3.3}{2}=1.65\ \text{m}$$

$$E_{a2}=\frac{1}{2}(q_b-q_a)\times3.3=30.54\ \text{kN/m}$$

$$z_{f2}=\frac{3.3}{3}=1.1\ \text{m}$$

（2）竖向荷载计算

1）立臂板自重

$$G_1=0.2\times3\times25=15\ \text{kN/m}$$

作用点距墙趾水平距离：

$$x_1=0.4+0.1=0.5\ \text{m}$$

2）底板自重

$$G_2=[0.3\times(0.4+0.2+1.5)]\times25=15.75\ \text{kN/m}$$

作用点距墙趾水平距离：

$$x_2=\frac{0.4+0.2+1.5}{2}=1.05\ \text{m}$$

3）地面均布荷载及填土重：

$$G_3=(10+17\times3)\times1.5=91.5\ \text{kN/m}$$

作用点距墙趾水平距离：

$$x_3=0.2+0.4+\frac{1.5}{2}=1.35\ \text{m}$$

4）抗滑稳定性验算

$$F_s=\frac{\mu\sum G}{E_a}=\frac{0.45\times(15+15.75+91.5)}{10.89+30.54}=1.33>1.3$$

5）抗倾覆稳定性验算

$$F_t=\frac{\sum Gx}{\sum E_a z_f}=\frac{15\times0.5+15.75\times1.05+91.5\times1.35}{10.89\times1.65+30.54\times1.1}=2.86>1.6$$

综上，该挡土墙设计验算合格。

9.4.3.3 加筋土挡土墙

加筋土挡土墙失稳形式分为内部失稳和外部失稳，因此设计时应分别进行内部稳定计算与外部稳定计算。

加筋土挡土墙的内部稳定性受诸多因素影响，如拉筋的数量、断面尺寸、强度、间距、长度及作用在墙面板上的土压力、填土性质等。加筋土挡土墙内部失稳形式有两种：(1) 拉筋本身开裂造成的加筋体断裂（见图 9-27（a）），原因可能是拉筋或锚接点钢筋、螺栓的尺寸不够或荷载过大，也可能是受力区拉筋腐蚀，强度减弱。(2) 拉筋与填土间结合力不足造成的加筋体断裂（见图 9-27（b）），当拉筋与填土间的摩擦力不足以抵抗施加于拉筋的拉力时，拉筋与填土产生相对滑动，加筋体出现严重变形直至断裂。

加筋土挡土墙的内部稳定性主要由拉筋的抗拉能力和抗拔能力决定，目前设计中常用的方法有应力分析法和楔体平衡分析法，具体计算过程在此不作详细介绍。

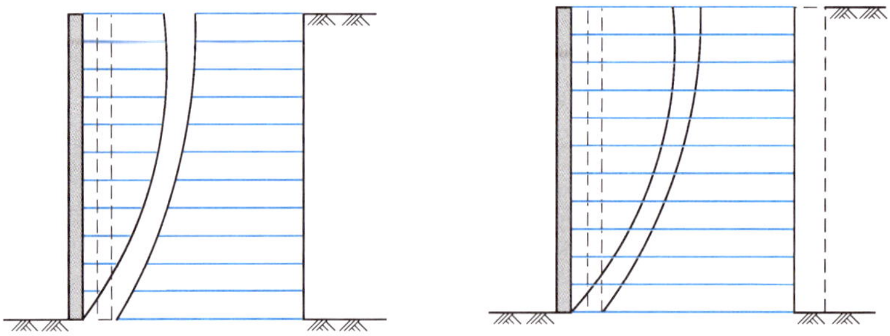

(a) (b)

图 9-27 加筋土挡土墙内部失稳形式示意图

加筋土挡土墙的外部稳定性与工程地基土、工程相连的整体土层等有关，其失稳形式包括：(1) 加筋土挡土墙与地基间的摩阻力不足或墙后土体的侧向推力过大所引起的滑移，如图 9-28（a）所示；(2) 加筋土挡土墙被墙后土体的侧向推力所倾覆，如图 9-28（b）所示；(3) 加筋土挡土墙及墙后土体出现整体滑动，如图 9-28（c）所示。

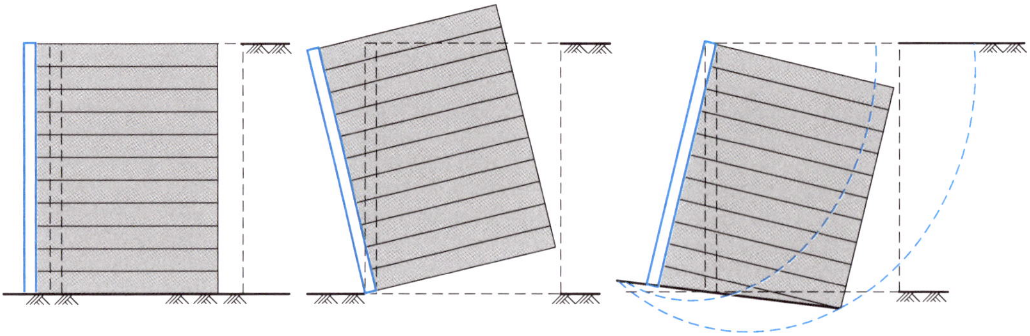

(a) (b) (c)

图 9-28 加筋土挡土墙外部失稳形式示意图

（a）滑移；（b）倾覆；（c）整体滑动

分析加筋土挡土墙外部稳定性时，把拉筋的末端与端面板之间的填土视为一整体墙，即加筋体，验算方法与普通重力式挡土墙类似，视加筋体为刚体。根据挡土墙失稳形式，外部稳定性分析包括抗滑稳定性、抗倾覆稳定性、地基承载力验算，必要时还应对整体滑动稳定性和地基沉降进行验算。

（1）抗滑稳定性验算。加筋土挡土墙的滑动一般有两种可能：一种是水平推力克服了加筋体“基底”与地基之间的摩擦力而沿底面滑动（见图 9-28（a）），其稳定性计算如图 9-29 所示；另一种是修筑在边坡上的加筋土挡土墙自身与滑体一起产生滑动（见图 9-28（c））。

对于第一种滑动，设计时一般须保证抗滑安全系数 F_s 不小于 1.3，地震工况时不小于 1.1，可按式（9-29）计算：

$$F_s = \frac{\mu(G_1 + E_{az}) + cb}{E_{ax}} \tag{9-29}$$

式中 G_1——加筋体的自重，kN；

E_{az}——作用于加筋体上的土压力的竖向分力，kN；

E_{ax}——作用于加筋体上的土压力的水平分力，kN；

c——加筋体底面与地基土之间的黏聚力，kPa；

μ——加筋体底面与地基土之间的摩擦系数。

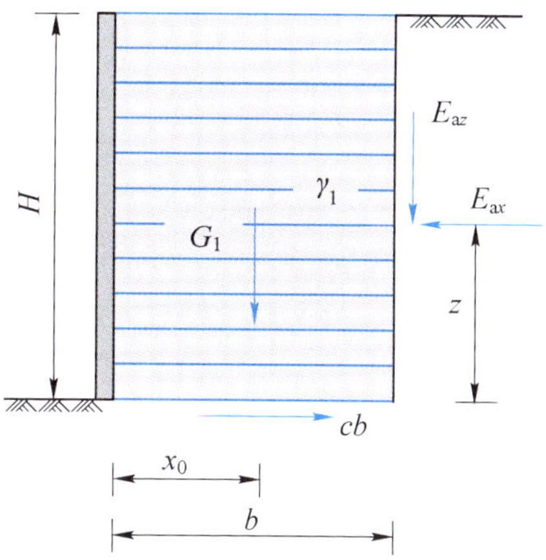

图 9-29 抗滑、抗倾覆稳定性计算示意图

对于第二种滑动，可采用圆弧滑动面法验算，具体包括两种圆弧滑动面法，均为考虑破裂圆弧产生在加筋土结构内部而穿过拉筋的情况。其中：一种方法研究圆弧滑动范围内条块的平衡，和常用的条分法类似，但计入了拉筋的抗拔力，称为条块法；另一种方法研究滑动圆弧所围定的整个滑动区的稳定，称为整体法，具体计算过程在此不详细介绍。

（2）抗倾覆稳定性验算。设计时一般须保证抗倾覆安全系数 F_t 不小于 1.6，地震工况时不小于 1.3，可按式（9-30）计算：

$$F_t = \frac{\sum M_z}{\sum M_x} \tag{9-30}$$

式中 $\sum M_z$——稳定力系对墙趾的总力矩，kN·m，$\sum M_z = G_1x_0 + E_{az}b$；

$\sum M_x$——倾覆力系对墙趾的总力矩，kN·m，$\sum M_x = E_{ax}z$。

9.5 边坡锚固

岩土工程的研究对象是复杂地质体，在漫长的地质年代里，由于地质构造运动、自然风化等作用，形成了大量诸如断层、层理、节理、软弱夹层、溶沟、溶槽等地质缺陷。在一定的时间和条件下，岩土体可能处于相对稳定的平衡状态；若条件改变，原有的平衡状态可能被打破，如在岩土工程开挖与施工过程中，其原有应力场重新分布，从而导致岩土体发生变形，进而产生坍落、塌陷、岩崩、滑坡及地面沉降等地质灾害。

为预防和治理此类灾害，工程上常将一种受拉杆件埋入岩土体，用以调动和提高岩土体的自身强度和自稳能力，这种受拉杆件称为**锚杆**或**锚索**（以下统称为锚杆），其所起的作用即为**锚固**。运用数学、力学和工程材料等科学知识解决岩土工程中的锚固设计、计算、施工和监测等方面问题的技术和工艺称为锚固工程。

自1911年美国首先在矿山巷道采用岩石锚杆支护以来，锚固技术已经历了一百多年的发展。20世纪40年代，美国和苏联开始在井下巷道普遍使用锚杆支护，随后锚杆支护技术在煤矿、金属矿山、水利隧道等地下工程中得到广泛应用。近年来，随着我国土木、水利及建筑工程建设的蓬勃发展，岩土锚固技术发展迅速，岩土锚杆的品种已有60余种，土层锚杆最大承载力达1500 kN，岩石锚杆最大承载力达200 MN，锚杆最大长度超过80 m。在岩土工程中应用锚固技术，能充分发挥和提高岩土体的自身强度和自稳能力，显著缩小采用其他方式加固的工程结构物体积并减轻其自重，有效控制岩土工程（体）的变形。岩土锚固由于其可控、可测及可靠的突出特点，已经成为提高岩土工程稳定性和解决复杂岩土工程问题最为经济、有效的方法之一。

目前，锚固工程几乎遍及矿山、土木、水利等工程领域，主要包括边坡工程、井巷及隧道工程、深基础和地下结构工程、结构抗倾覆、既有结构物补强与加固等方面，其中应用于边坡工程的主要锚固技术如图9-30所示。

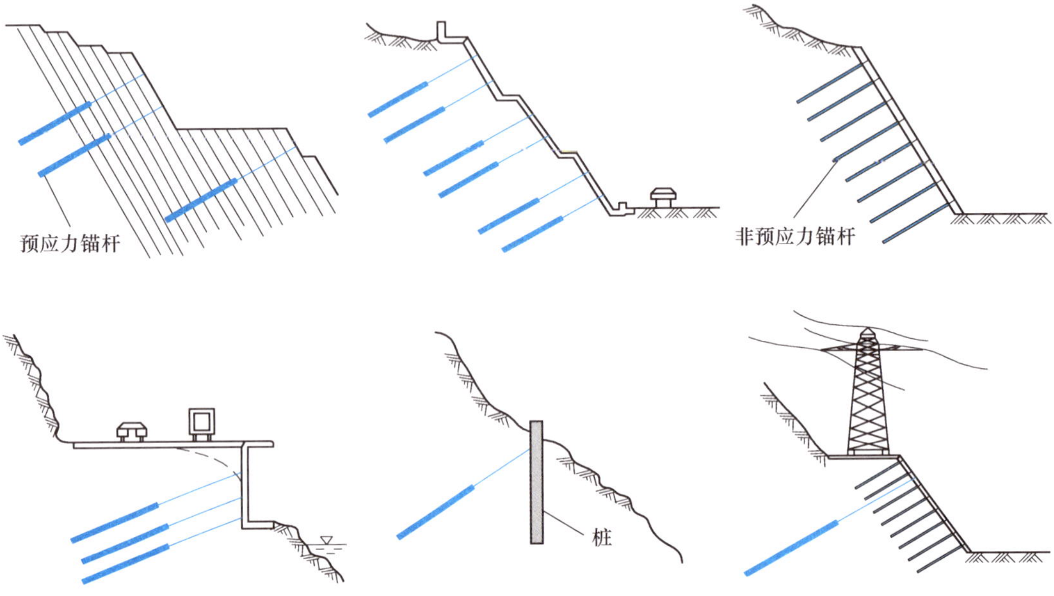

图9-30　应用于边坡工程中的锚固技术

9.5.1 锚杆类型

边坡工程中使用的锚杆（见图9-31）是一种安设于岩土体中并将锚筋拉力向周围岩土体传递的细长受拉构件，其一端与工程构筑物相连，另一端锚固在岩土层中，必要时需对其施加预应力，达到有效承受结构荷载及防止边坡变形失稳的目的。为满足不同地质条件、岩土性质和工况下工程结构的需要，已研制了多种类型的锚杆，并同时衍生出各种类型的锚固技术和方法，常用的锚杆类型及分类如表9-3所示。

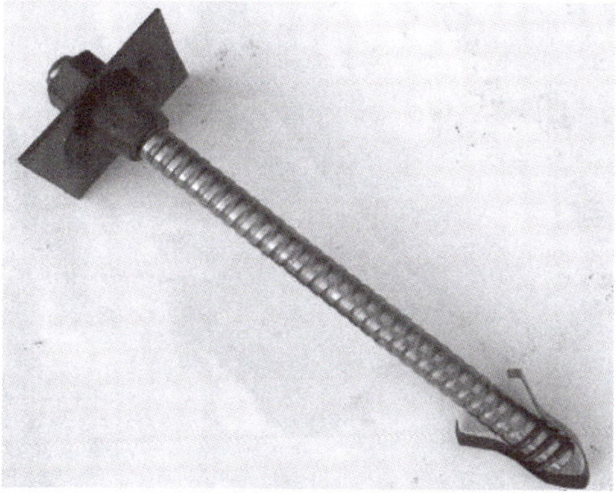

(a)

(b)

图 9-31 锚杆（索）实例
（a）锚杆（非预应力）；（b）锚索（预应力）

表 9-3 常用锚杆分类

序号	分类条件	锚杆类型
1	功能及作用	锚固类、加固类、构造类
2	是否具备预应力施加条件及预应力量级	中高预应力类、低预应力类、非预应力类
3	预应力锚杆按锚固段受力形式	拉力型、压力型、拉压型
4	低预应力锚杆按锚固段受力形式	端锚类、自钻类、囊袋型、叶片型、螺纹型
5	端锚锚杆按在地层中的固定方式	树脂、水泥浆、快硬水泥卷、胀壳、楔缝
6	非预应力锚杆按承载与工艺类型	全黏结类、摩擦类、自攻类、扩体类
7	黏结锚杆按胶结材料	水泥系、水泥土、树脂系
8	水泥土锚杆按施工工艺	旋喷、搅拌、旋搅、自钻
9	摩擦锚杆按摩阻力获取方式	击入、自攻、水胀、缝管、囊袋
10	锚固体横截面形状	等直径型、扩体型
11	杆体安装工艺	钻孔后注浆、自钻、自攻、击入
12	注浆工艺	一次注浆、高压注浆、劈裂注浆、分段注浆、二次注浆、多次注浆、中空注浆、囊袋注浆、充填注浆、固结注浆、补充注浆、边钻进边注浆、后注浆
13	锚固体所处地层	岩层、土层、岩土混层
14	锚杆杆体与水平向夹角	竖向、水平、仰斜、俯斜、倾斜
15	锚杆所服务工程类型	洞室、基坑、边坡、抗浮、基础、挡墙加固
16	可回收锚杆按回收工艺	自解锁（机械锁及热熔）类、锚筋回转类、自钻自锁类

需要说明的是：

岩层锚杆严格意义上指全长位于岩层中的锚杆，广义上指锚固段位于岩层中的锚杆，岩体基本质量级别一般为Ⅰ～Ⅳ级；土层锚杆指全长位于其他地层（岩体基本质量级别Ⅴ级及土层）中的锚杆；岩土混层锚杆指部分位于岩层部分位于其他地层的锚杆。

水平锚杆及竖向锚杆分别指锚杆轴线与水平面夹角为0°或90°的锚杆；仰斜锚杆指锚杆底端高于孔口标高的锚杆，俯斜锚杆指锚杆底端低于孔口标高、轴线与水平面夹角不大于45°的锚杆，倾斜锚杆指锚杆底端低于孔口标高、锚杆轴线与水平面夹角大于45°的锚杆，后三者合称为斜向锚杆，简称斜锚。

系统锚杆指在工作面上按一定规律设置的锚杆；局部锚杆指根据实际情况为防止工作面局部失稳而增设的锚杆，也称随机锚杆。

9.5.2 锚杆结构

工程上所说的锚杆，是指安设于岩土体中并将锚筋拉力向周围岩土体传递的细长受拉构件，简称锚杆。其中锚筋采用钢绞线时也称为锚索，采用钢筋时也称为钢筋锚杆，采用钢丝绳时也称为锚绳，采用纤维增强复合材料筋时也称为纤维锚杆，采用钢管时也称为钢管锚杆或锚管，其中采用螺纹钢管时也称为中空锚杆。锚杆一般由锚头、杆体（拉杆）及锚固体（段）3个基本部分组成，如图9-32所示，其各部分的作用分述如下：

（1）锚头。锚头是构筑物与拉杆的连接部分，其作用是将来自构筑物的作用力有效地传递给拉杆。通常拉杆是沿水平线向下倾斜方向设置，因此与作用在构筑物上的侧向岩土压力不在同一方向上。为能牢固地将来自构筑物的力传递给拉杆，一方面必须保证构件材料具有足够的强度，相互作用的构件能紧密地固定连接，另一方面又必须能将集中力分散开，故锚头一般由锚具、锚垫板和找平层等部件组成。工程上一般通过锚头实现对锚杆施加预应力，并将锚固力传递给边坡岩土体。

（2）杆体。锚杆杆体要求位于锚固结构的中心线上，其作用是将来自锚头的拉力传递给锚固体。杆体通常要承受一定的荷载，故一般采用抗拉强度较高的钢材制成。工程上通常利用其弹性变形的特性，在锚固过程中对锚杆施加预应力。

（3）锚固体。锚固体（段）位于锚杆尾部，与岩土层紧密相连，其作用是将来自拉杆的力通过锚固体与周围岩土层间的摩擦阻力（或支承抵抗力）传递给稳固的地层。在边坡锚固中，锚固体是锚杆支护设计的关键，其关系到锚固工程的成败。

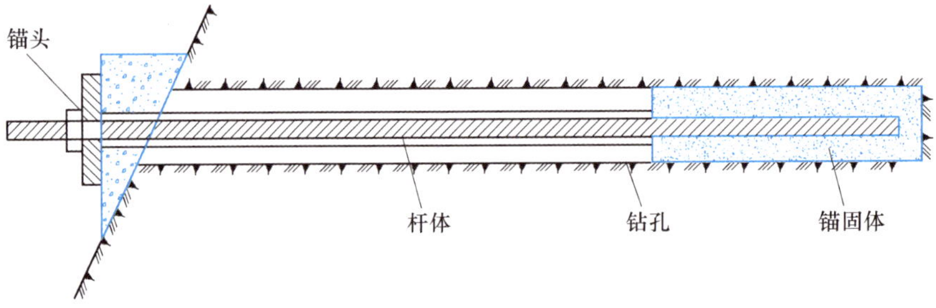

图9-32 锚杆通用结构简图

上述为锚杆结构的一般组成部分，现以几种常见锚杆类型为例，对其结构进行详细说明。岩土锚杆按是否具备预应力施加条件及预应力量级可分为非预应力锚杆和预应力锚杆（中高预应力类、低预应力类），预应力是人为对锚杆施加的张应力，从而对边坡施加主动压力。因此，预应力锚杆不同于非预应力锚杆，后者只有当岩土体产生变形时才承受张力，且张力随位移增大而增大，故这种张力一般仅对变形体起悬吊、约束作用。因此，预应力锚杆属于主动加固措施，而非预应力锚杆属于被动加固措施。在边坡锚固工程中，前者比后者应用更为广泛。

（1）非预应力锚杆。非预应力锚杆是指没有设置锚筋自由段、不能施加预应力的锚杆，主要包括全黏结锚杆和摩擦锚杆等。全黏结锚杆宜由锚筋黏结段及锚头构成，除了孔口处因防腐、防水、荷载试验等功能需求有时设置较短锚筋自由段外，固结体应全长与锚筋及地层黏结，如图 9-33 所示。

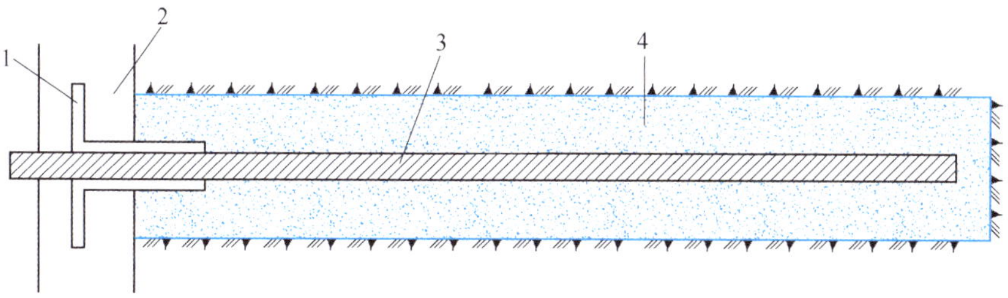

图 9-33　典型全黏结锚杆结构简图

1—锚头连接件；2—锚座；3—杆体；4—浆体

摩擦锚杆宜由杆体及锚头构成，可采用钢管、缝管及水胀管等结构形式（见图 9-34），其中钢管宜在管壁上设置出浆孔及倒刺，缝管应在管壁上纵向开缝，水胀管应为两端带套管的异型空心钢管。

（2）预应力锚杆。预应力锚杆按锚固段受力形式可分为拉力型、压力型、拉压型和荷载分散型，以下分别进行介绍。

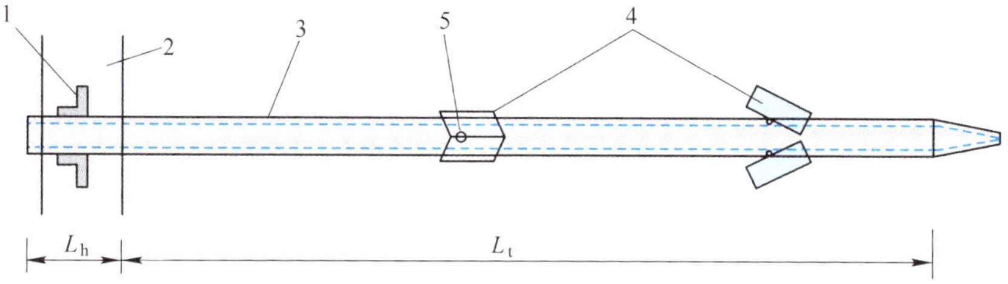

(a)

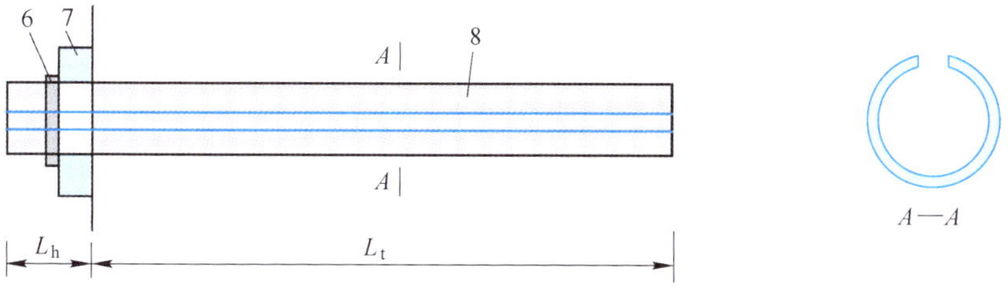

(b)

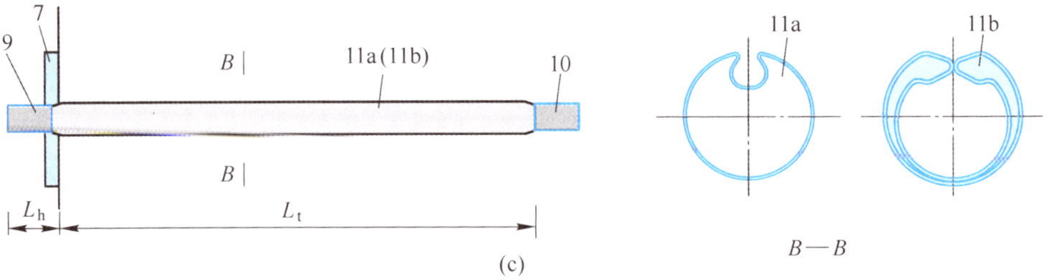

图 9-34 典型摩擦锚杆结构简图

（a）钢管锚杆；（b）缝管锚杆；（c）水胀管锚杆

1—锚头连接件；2—锚座；3—钢管；4—倒刺；5—出浆孔；6—挡环；7—锚垫板；8—开缝钢管；9—带注水管钢套；10—钢套；11a（11b）—注水前（注水膨胀后）异型钢管杆体；L_h—锚头段长度；L_t—摩擦段长度

1）拉力型锚杆指受力时锚固段处于拉剪状态的预应力锚杆，宜由锚头、锚筋自由段及锚筋黏结段构成，如图 9-35（a）所示。其主要特点是锚杆受力时锚固段浆体受拉并通过浆体将预应力传递至周围地层。由于灌浆体抗拉强度很小，工作状态时浆体容易出现张拉裂缝，地下水极易通过裂缝渗入锚杆内部，不利于锚杆的长期防腐。

2）压力型锚杆指受力时锚固段处于压剪状态的预应力锚杆，宜由锚头、锚筋自由段及内锚具构成，如图 9-35（b）所示。其主要特点是利用承载体使锚杆受力时锚固段浆体受压，并通过浆体将预应力传递至周围地层。压力型锚杆工作状态灌浆体受压，灌浆体不易开裂，防腐性能较好。而且灌浆体受压性能远优于其受拉性能，因此压力型锚杆受力性能优于拉力型锚杆。

3）拉压型锚杆指受力时锚固段一部分处于拉剪状态一部分处于压剪状态的预应力锚杆，宜由锚头、锚筋自由段、承载体及锚筋黏结段构成，如图 9-35（c）所示。其主要特点是将锚筋拉力一方面通过黏结段以剪力形式传递给锚固体，另一方面通过承载体以压力形式传递给锚固体。拉压型锚杆可以解决传统拉力型和压力型锚杆存在的受力集中、锚固体与岩土体界面黏结强度发挥不充分的问题，其极限抗拔承载力更高。

荷载分散锚杆也称单孔复合锚杆，由锚固段置放于同一个钻孔内的不同位置、锚筋自由段长度不等、共用同一锚头的多条个体锚杆组成的预应力锚杆，其中的个体锚杆称为单元锚杆。荷载分散锚杆能将锚固力分散作用于锚杆总锚固段的不同部位（即各单元锚杆的锚固段）上，主要包括拉力分散型锚杆（见图 9-36（a））和压力分散型锚杆（见图 9-36（b））两种，其工作时能充分利用地层固有强度，其承载力随锚固段长度的增加而成比例提高。拉力分散型锚杆适用于锚杆承载力要求较高的软岩或土体工程，压力分散型锚杆适用于锚杆承载力要求较高或防腐等级要求较高的软岩或土体工程。

另外，从广义上讲，锚索是高承载力的锚杆，其强度、锚固深度、单锚锚固力均较大。锚杆主要处于张拉状态，剪切次之，一般不能承受弯曲作用，而锚索只存

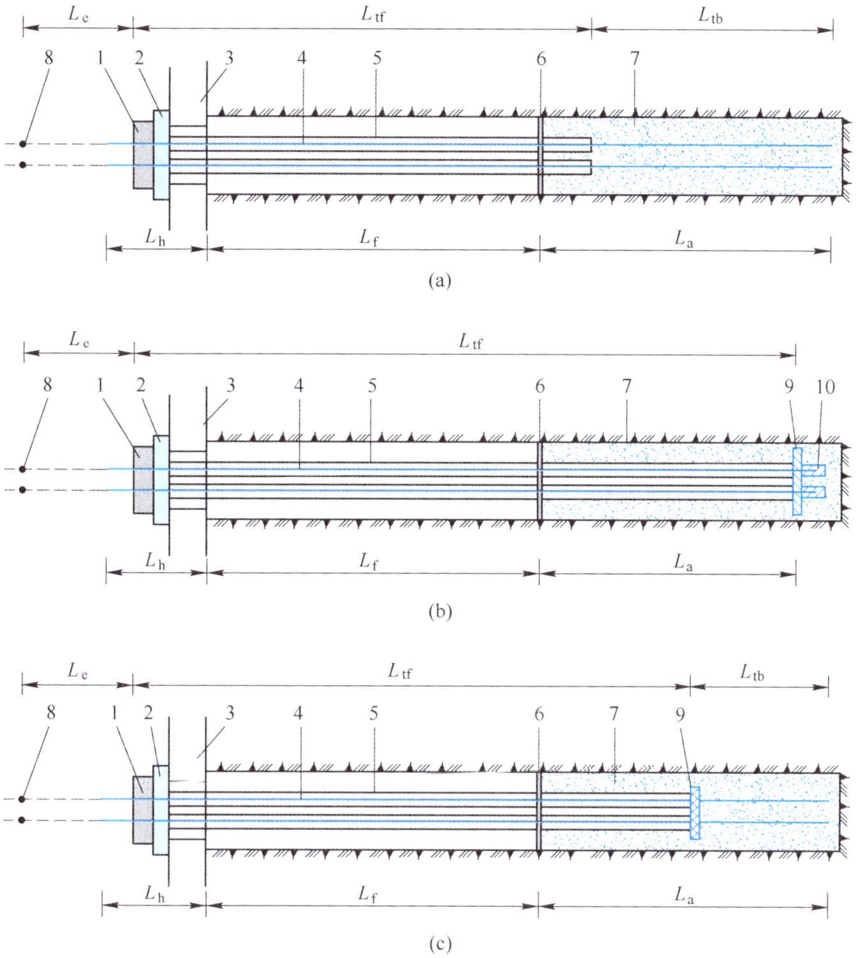

图 9-35　典型预应力锚杆结构简图

(a) 拉力型；(b) 压力型；(c) 拉压型

1—锚具；2—锚垫板；3—锚座；4—杆体；5—护套；6—止浆塞；7—浆体/锚固体；

8—千斤顶夹持点；9—承载体/承载板；10—内锚具；

L_{tb}—锚筋黏结段长度；L_{tf}—锚筋自由段长度；L_e—张拉段长度；

L_h—锚头段长度；L_a—锚固段长度；L_f—自由段长度

在张拉状态。类似地，锚索结构也可分为 3 个主要部分，即锚头、锚索体和锚固体，如图 9-37 所示。其中，锚头由锚垫板、锚环、锚塞和混凝土墩组成，锚索体由高强度钢丝、钢丝束或钢绞线制成，锚固体主要包括定位环、止浆塞、扩张环及导向帽等。

预应力锚杆按锚固体横截面形状又可分为**等直径型**和**扩体型**锚杆，常见的等直径型锚杆为圆柱型锚杆，如图 9-38 所示，其具有结构简单、制造安装方便等特点，黏结材料通常采用水泥砂浆，适用于黏性土、砂土、粉砂土等相对密度较大且含水量较小、抗剪强度相对较高的土层或设计承载力较低的岩层。

扩体型锚杆是指扩大了部分锚固体横截面积的锚杆，主要分为端部扩大型和连

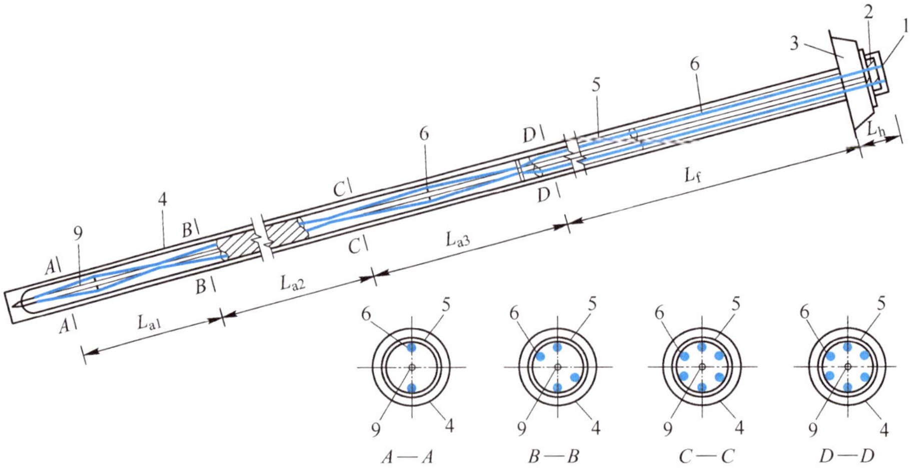

(a)

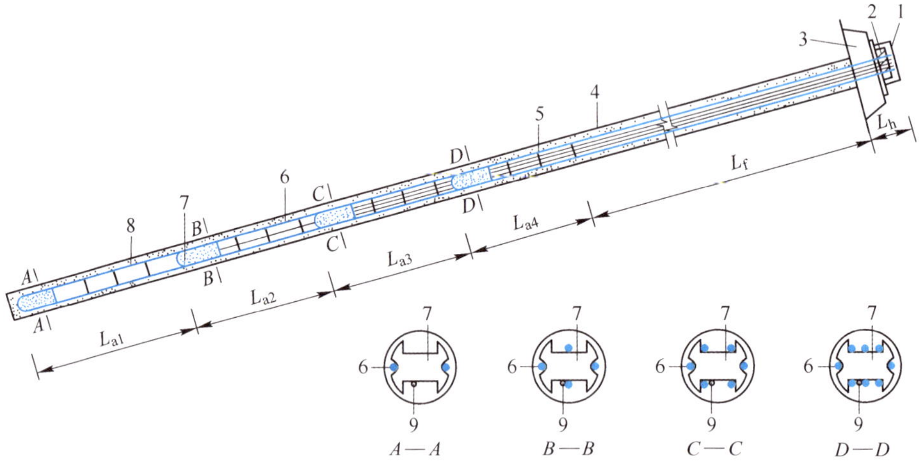

(b)

图 9-36 典型荷载分散锚杆结构简图

(a) 拉力分散锚杆；(b) 压力分散锚杆

1—锚具罩；2—锚具；3—锚座；4—钻孔孔壁；5—隔离环；6—钢绞线；7—承载体；8—浆体；9—注浆管；L_h—锚头段长度；L_{a1} ~ L_{a4}—1、2、3、4 单元锚杆的锚固段长度；L_f—自由段长度

续球型。端部扩大型锚杆的结构特点是在锚杆底部把孔径扩大，形如一倒埋的销钉，如图 9-39 所示，其不仅可提供黏结力，端头肩部还能增加岩土体对锚杆的抗拔阻力，从而提高锚杆的锚固力和极限抗拔力。该类锚杆主要适用于松软土层，并要求其具有较高承载力。

连续球型锚杆是通过分段扩张法或分段高压注浆法使锚杆锚固段形成一连串球状体，如图 9-40 所示，使之与周围土体有更高的嵌固强度。该类锚杆适用于淤泥、淤泥质土层，并要求有较高锚固力的情况。

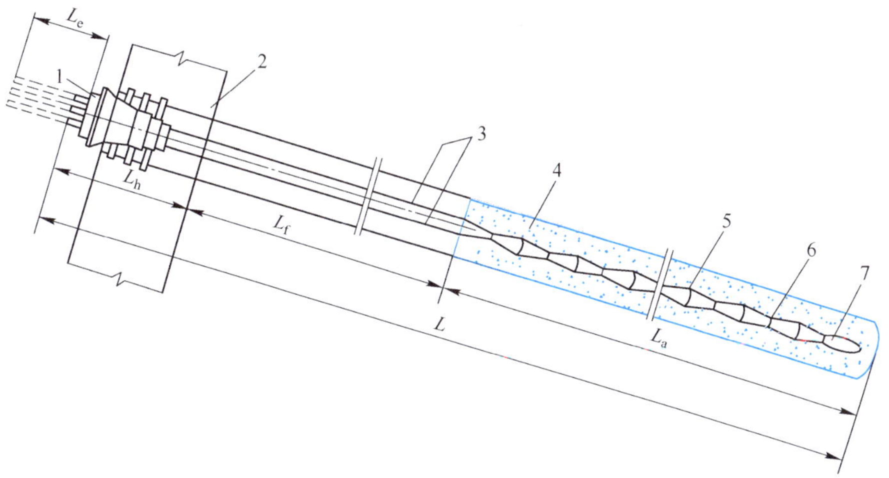

图 9-37　预应力锚索结构示意图

1—锚具；2—锚座（钢筋框架梁）；3—钢绞线；4—浆体/锚固体；5—扩张定位环；6—收缩定位环；7—导向帽；L_e—张拉段长度；L_h—锚头段长度；L_f—自由段长度；L_a—锚固段长度；L—锚杆长度

9-4　预应力锚索施工流程与工艺（视频）

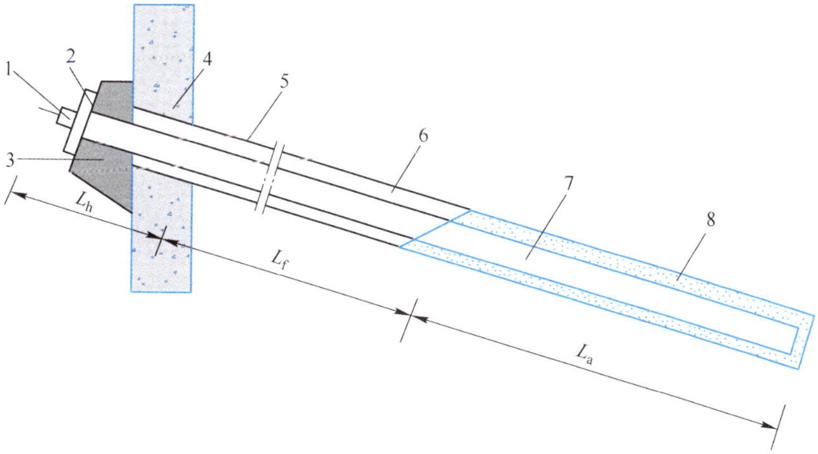

图 9-38　圆柱型锚杆示意图

1—锚具；2—锚垫板；3—锚台；4—边坡喷射混凝土或钢筋框架梁；5—钻孔；6—二次注浆防腐处理；7—杆体；8—浆体/锚固体；L_h—锚头段长度；L_f—自由段长度；L_a—锚固段长度

9.5.3 锚固作用机制

锚固的基本原理是依靠锚杆周围稳定地层的抗剪强度来传递结构物（被加固物）的拉力，以稳定结构物或保持边坡开挖面的稳定。由于岩土体的复杂性，目前对锚固作用机制的研究仍不够深入，但以下几种机制已得到工程和学术界的普遍认同。

（1）悬吊作用机制。该机制认为锚杆支护是通过锚杆将软弱、松动、不稳定的岩土体悬吊在深部稳定的岩土体上，以防止其离层滑脱。悬吊作用在地下结构锚固工程中表现得尤为突出，如图 9-41 所示。

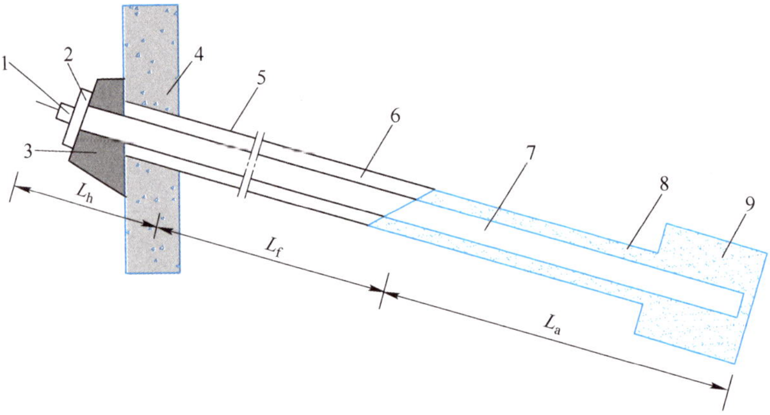

图 9-39 端部扩大型锚杆示意图

1—锚具；2—锚垫板；3—锚台；4—边坡喷射混凝土或钢筋框架梁；5—钻孔；6—二次注浆防腐处理；7—杆体；8—浆体/锚固体；9—扩体锚固体；L_h—锚头段长度；L_f—自由段长度；L_a—锚固段长度

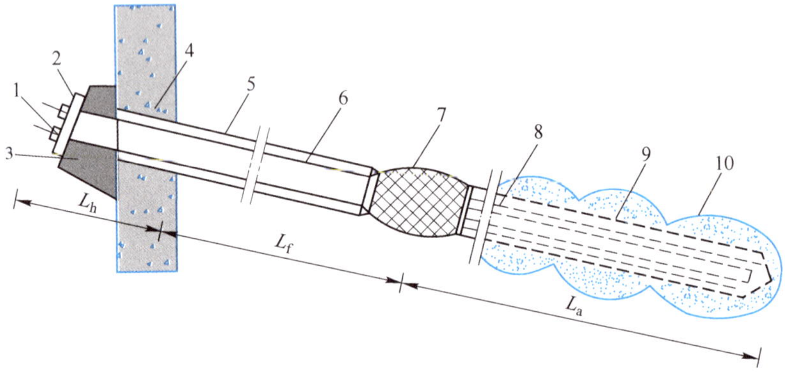

图 9-40 连续球型锚杆示意图

1—锚具；2—锚垫板；3—锚台；4—边坡喷射混凝土或钢筋框架梁；5—钻孔；6—护套；7—止浆密封装置；8—杆体；9—注浆套管；10—球形扩体锚固体；L_h—锚头段长度；L_f—自由段长度；L_a—锚固段长度

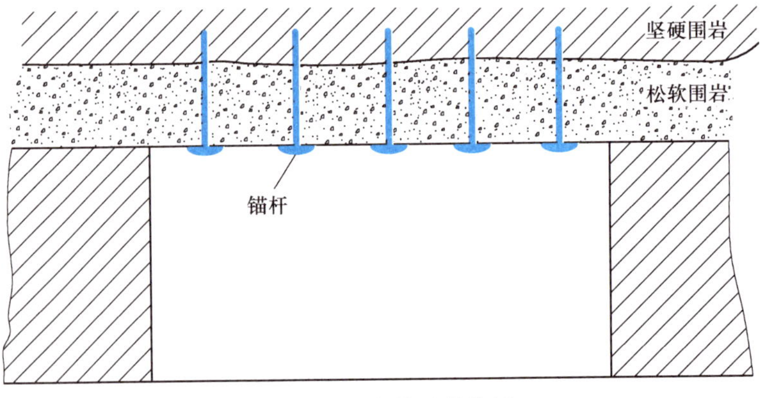

图 9-41 锚杆的悬吊作用

（2）组合梁作用机制。该机制把薄层状岩体视为一种梁（简支梁或悬臂梁），在没有锚固时，其只是简单地叠合。由于层间抗剪力不足，在荷载作用下，每层均产生各自的弯曲变形，上下缘分别处于受压和受拉状态，如图 9-42（a）所示。若采用锚杆将其紧固成组合梁，各层相互挤压，层间摩擦阻力大幅增加，内应力和挠度减小，从而增加了组合梁的抗弯强度，如图 9-42（b）所示。

当把锚杆埋入岩土体一定深度，简单叠合的数层梁形成组合梁，从而提高了岩土层的承载能力。锚杆提供的锚固力愈大，各岩土层间的摩擦阻力愈大，组合梁整体化程度愈高，其强度也愈大。

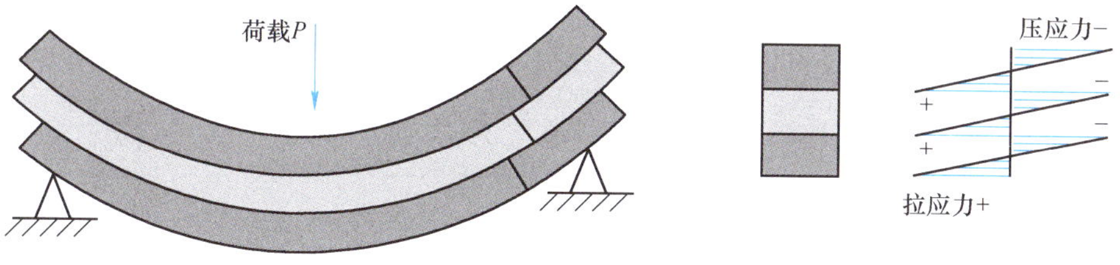

(a)

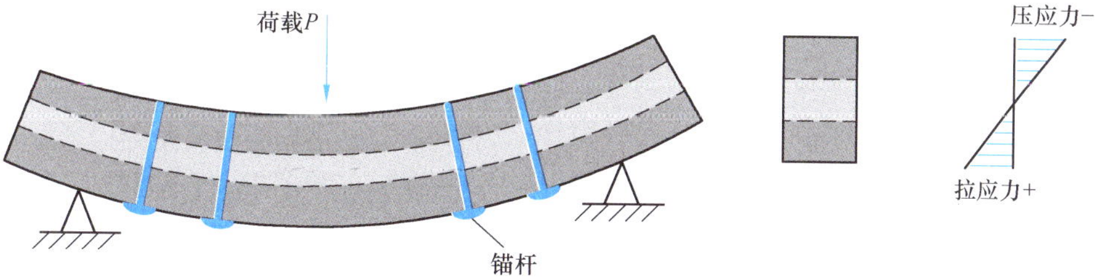

(b)

图 9-42　锚杆的组合梁作用

（a）单层梁模型；（b）组合梁模型

（3）挤压加固作用机制。兰格（T. A. Lang）通过光弹试验证实了锚杆的挤压加固作用。在弹性体上安装具有预应力的锚杆时，弹性体内形成以锚杆两头为顶点的锥形体压缩区，若将锚杆以适当间距排列，可使相邻锚杆的锥形体压缩区相互重叠，即形成一定厚度的连续压缩带，工程上称之为挤压加固作用，如图 9-43 所示。工程实践表明，通过锚杆的加固，即使毫无黏结力的碎石也能被加固成能承受相当大荷载的整体结构。

上述锚杆的锚固作用机制在实际工程中并非孤立存在，往往是多个作用同时存在并产生综合作用，只是在不同地质条件下某种作用占主导地位。

9.5.4 锚固要素分析

边坡锚固通常采用水泥砂浆（或水泥浆、化学浆液、树脂等）将一组杆体（钢筋或钢丝束等）锚固于滑面（潜在滑动面）下的稳定地层，从而达到锚固效果。实际锚固工程中，水泥砂浆锚杆占绝大多数，以下以拉力型锚杆为例进行分析。

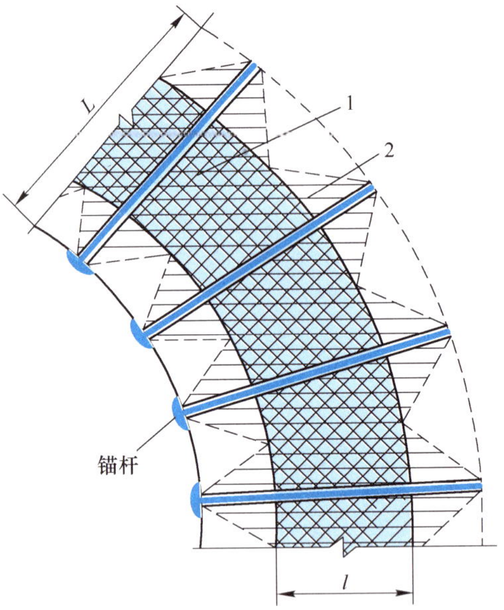

图 9-43　锚杆的挤压加固作用

1—连续压缩带（厚度 l）；2—锥形体压缩区

9.5.4.1　锚杆基本力学参数

（1）抗拔力。锚杆在拉拔试验中承受的极限拉力，即锚固力。

（2）握裹力。锚杆筋体（包括锚杆杆体、注浆管、隔离架等的组合体）与黏结材料间的最大抗剪力。

（3）黏结力。锚杆黏结材料与孔壁岩土间的最大抗剪力。

（4）拉断力。锚杆杆体的极限抗拉能力。

9.5.4.2　砂浆锚固传力过程

取锚固段为隔离体，当锚固段受力时，拉力首先由杆体周边砂浆的握裹力传递到砂浆中，然后通过锚固段钻孔周边的黏结力（或摩阻力）传递到锚固的地层中，如图 9-44 所示。

因此，若杆体受拉力作用，除杆体本身需有足够的截面积承受拉力以外，还必须同时满足以下 3 个条件，锚杆的抗拔作用才能有效发挥：

（1）锚固段砂浆对杆体的握裹力需能承受极限应力；

（2）锚固段砂浆对地层的黏结力需能承受极限应力；

（3）锚固段周围岩土体在最不利条件下仍能保持整体稳定性。

针对拉力型锚杆，边坡锚固的典型破坏形式主要包括 5 种，即沿砂浆体与杆体的接触面破坏、沿砂浆体与地层的接触面破坏、锚杆杆体受拉断裂、锚固段砂浆体剪切破坏、锚固段地层（土层或破碎岩体）剪切破坏等。其中，前两者是最主要的破坏形式，因此条件（1）、条件（2）是影响砂浆锚杆抗拔力的主要因素。

大量试验资料表明，锚杆受力时，沿锚固段全长的黏结应力分布极不均匀。如图 9-45 所示，当锚固段较长时，初始荷载作用下，黏结应力峰值在临近自由段处，

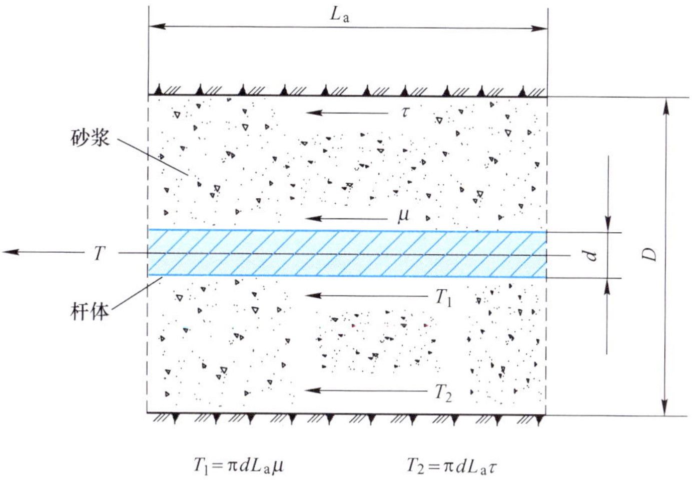

图 9-44 砂浆锚固传力过程示意图

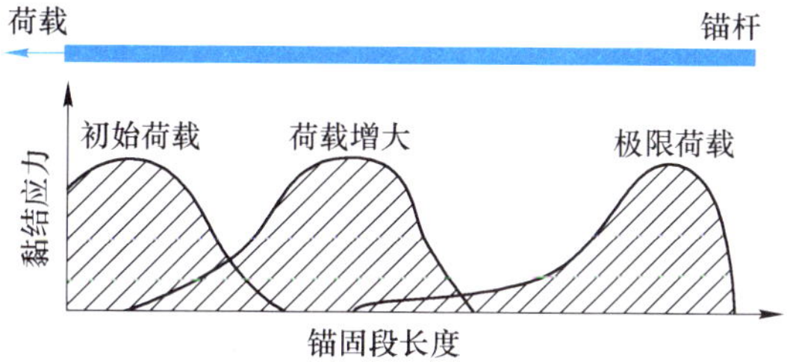

图 9-45 拉力型锚杆黏结应力沿锚固段的分布

而锚固段下端的相当长度范围内无黏结应力；随着荷载增大，黏结应力峰值向锚固段根部转移，其前方的黏结应力则显著下降；当达到极限荷载时，黏结应力峰值传递到接近锚固段根部，在锚固段前部较长的范围内，黏结应力值进一步下降，甚至趋近于零。因此，有效发挥锚固作用的黏结应力分布长度是有一定限度的，随锚固段长度的增加，平均黏结应力逐渐减小。

9.5.4.3 锚固段砂浆对杆体的握裹力

在较完整岩层中灌注的水泥砂浆抗压强度，一般不低于 30 MPa。若严格按照规定的灌浆工艺施工，岩层孔壁的黏结力通常大于砂浆的握裹力。因此，岩层锚杆的抗拔力 T_u 和最小锚固长度 $L_{a,min}$ 一般取决于砂浆的握裹力，即：

$$T_u \leqslant \pi dL_a\mu \tag{9-31}$$

式中 T_u——锚杆的极限抗拔力，kN；

d——杆体的直径，m；

L_a——锚杆的有效锚固长度，m；

μ——砂浆对杆体的平均握裹应力，kPa。

实际情况下，锚孔内砂浆握裹应力的分布相当复杂，一般应用中，仅考虑平均握裹应力，其值可按式（9-32）估算。

$$\mu = n\xi f'_{ms} \tag{9-32}$$

式中　n——钢筋或钢绞线根数；

ξ——界面黏结强度降低系数，采用 2 根或 3 根钢筋焊接时，分别取 0.85 或 0.7，采用钢绞线时通常取 1；

f'_{ms}——锚固段砂浆与筋体间的黏结强度设计值，kPa。

根据岩层锚杆拉拔试验数据，由式（9-31）及式（9-32）可知，一般在岩层中所需的锚固长度仅需 1~2 m。当采用热轧螺纹钢筋作为锚杆杆体时，在完整硬质岩层的锚杆中，其黏结（握裹）应力传递深度通常不超过 2 m。

但是，使用中必须判明如下情况：锚固段岩体是否稳定、是否可能发生滑坡或塌方、节理切割的锚固段岩块在受拉条件下是否产生松动等。考虑到上述不利因素，建议灌浆锚固段达到岩层内部（不包括风化层）的长度应不小于 4.5 m。

必须指出，上述关于平均握裹应力和最小锚固长度的讨论仅适用于锚固在岩层中的锚杆。当锚固在土层中时，锚孔砂浆的黏结力小于砂浆对杆体的握裹力，故土层锚杆的最小锚固深度将受锚孔砂浆黏结力、土层性质等因素的影响。此外，如锚固位于风化岩层中，杆体应力、砂浆握裹力的分布与未风化岩层情况也有所不同。

9.5.4.4　锚固段砂浆对孔壁的黏结力

在强风化岩层和土层中，锚杆的极限抗拔能力取决于锚固段砂浆对地层所能产生的最大黏结力（摩阻力），即：

$$T_u \leqslant \pi D L_a \tau \tag{9-33}$$

式中　D——锚固段的钻孔直径，m；

τ——锚固段周边的抗剪强度，kPa。

锚固段周边抗剪强度 τ 的取值受地层性质、锚杆埋深、锚杆类型及施工灌浆等诸多因素的影响，即使在地层同一深度，τ 也可能因锚杆类型和施工灌浆方法的不同而有较大差异。

锚固段砂浆与孔壁接触面的剪切破坏，可能存在以下 3 种情况：（1）砂浆接触面外围地层的剪切破坏；（2）沿砂浆和孔壁接触面的剪切破坏；（3）砂浆内部的剪切破坏。一般而言，土层强度低于砂浆强度，所以情况（3）通常不可能发生。假设情况（2）发生，即沿砂浆和孔壁接触面发生剪切破坏，此时 τ 可按式（9-34）估算：

$$\tau = f_{mg}\psi \tag{9-34}$$

式中　f_{mg}——锚固段砂浆与地层间的黏结强度标准值，kPa；

ψ——锚固长度对黏结强度的影响系数。

若施工灌浆工艺好，则情况（2）发生的可能性较小，此时锚固段砂浆对孔壁的黏结力主要取决于情况（1）接触面外围土层的抗剪强度，即：

$$\tau = c + \sigma\tan\varphi \tag{9-35}$$

根据前述锚固要素分析，锚固设计与计算过程及例题详见媒体文件。

9-5　锚固设计与计算

9.6　边坡抗滑桩加固

20 世纪 40 年代开始，抗滑桩作为边坡预加固或滑坡防治的工程措施，因其造价较低及抗滑能力较强等优势而应用于各类工程建设中，并在日本、欧美等国得到应用和推广。1967 年，美国旧金山某公路开挖导致山体滑动，通过采用混凝土灌注桩加固，取得良好成效；1968 年，比利时某公路由于路基加宽、扩建施工导致牵引式滑坡，后通过两排抗滑桩进行整治；20 世纪 70 年代以后，奥地利、日本、美国、挪威等国采用抗滑桩与锚索组合治理铁路滑坡；至 20 世纪末期，荷兰、意大利、俄罗斯、巴西等国也大量采用钻孔灌注型抗滑桩治理滑坡。

我国最早于 20 世纪 50 年代在宝成铁路建设中，采用钢筋混凝土桩整治岩石顺层滑坡（只考虑抗剪作用）；1966 年修建成昆铁路时，采用挖孔灌注排式单桩整治滑坡，初步建立起相应的抗滑桩设计计算方法；20 世纪 70 年代至 80 年代，抗滑桩在国内迅速推广，由一般抗滑排桩发展到 Π 形刚架排桩（1976 年枝柳线罗依溪滑坡）、h 形排架抗滑桩（1983 年川黔线 K180 路堤滑坡）、预应力锚索抗滑桩（1984 年松藻矿务局金鸡岩滑坡）等。近几十年来，铁路、公路、水利、建筑、矿山等工程建设中大量采用抗滑桩，在其设计、计算、施工等方面积累了丰富的经验。

经过数十年的发展，抗滑桩加固技术已经成为一种常用且有效的边坡预加固和滑坡治理技术，在各种滑坡工程的加固治理和高边坡防护中发挥了重要作用。由于抗滑桩在治理滑坡及维护边坡稳定方面的优势突出，已广泛应用于矿山、铁路、公路、工业与民用建筑基坑、港口等边坡工程中，且抗滑桩的单桩截面已超过 3.5 m×7.0 m，单桩长度超过 50 m。

9.6.1 抗滑桩的优势

抗滑桩是将桩插入滑面以下的稳固地层内，利用稳定地层岩土的锚固作用以平衡滑坡推力，从而稳定滑坡的一种结构物，如图 9-46 所示。除边坡加固及滑坡治理工程外，抗滑桩还可用于桥台基坑开挖防护、隧道洞门（身）加固等工程。

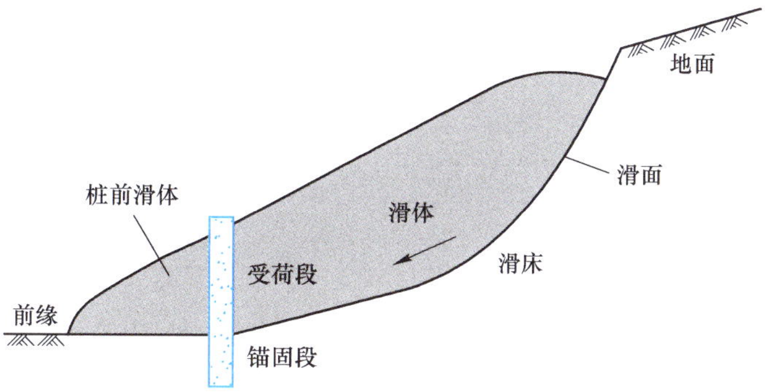

图 9-46 抗滑桩处治滑坡示意图

抗滑桩具有以下主要优点：

（1）抗滑能力强，支挡效果好。一根桩通常可以承担数千至上万千牛的滑坡推力，而且可多排桩联合使用，适用于各类滑坡工程。

（2）对滑体稳定性扰动小，施工安全。抗滑挡土墙的施工挖基，虽采用分段跳槽开挖，仍会削弱滑体支撑力，往往导致滑坡活动加剧，对施工产生不利影响。而抗滑桩开挖截面较小，加之桩坑的钢筋混凝土护壁支撑，对滑体扰动较小，施工相对安全。

（3）设桩位置灵活。根据工程需要，可将桩设置在滑体前缘、中部或后部，并可单排或多排布设。

（4）能及时增加滑体抗滑力，确保滑体的稳定。一般抗滑桩分多批次施工，每一批次的施工时间约1～1.5个月，可迅速增加滑体抗滑力并控制滑体滑动。

（5）桩坑可作为勘探井，验证滑面位置和滑动方向，以便调整设计，使其更符合工程实际。

（6）预防滑坡可先做桩后开挖，防止滑坡发生。在一些古滑坡和易滑坡地段，如顺层边坡和高边坡地段，通常采用先做桩后开挖的方法，能有效防止古滑坡复活及因开挖坡体松弛而形成滑坡。

9.6.2 抗滑桩类型与结构形式

抗滑桩按不同的分类标准可划分为若干种类型，如表9-4所示。实际工程应用中，应根据滑坡类型及规模、地质条件、滑床岩土性质、施工条件和工期要求等因素选择适宜的桩型。

表9-4 抗滑桩类型划分

序号	划分方式	抗滑桩类型
1	桩身材质	木桩、钢桩、混凝土桩、钢筋混凝土桩等
2	桩身横截面形状	圆形、管形、方形、矩形、十字形、H形、箱形、多边形等
3	桩身纵截面形状	柱状桩、板桩、楔形桩、锥形桩等
4	成孔工艺	打入桩、钻孔桩、挖孔桩
5	施工工艺	预制桩、灌注桩
6	结构形式	单排或多排式单桩、承压台式桩、排架桩等
7	桩头约束条件	普通桩、锚拉桩等
8	桩身变形状况	刚性桩、弹性桩
9	桩身受力状态	全埋式桩、悬臂式桩、埋入式桩

（1）桩身材质。木桩仅适用于小型土质（如黏土、黄土等）滑体的阻挡，或临时支挡土体推力。由于其强度低、抗水性能差，一般较少采用，只能作为临时支挡措施。钢桩包括钢管桩、钢轨桩、钢杆桩、钢钎桩和钢板桩等。单纯使用钢桩，应注意防锈、防腐，以免桩体失效。混凝土桩和钢筋混凝土桩在滑坡治理工程中应用较为广泛，且工程上多采用钢筋混凝土桩。

9-6 工程桩施工流程与工艺（视频）

（2）成孔工艺。钻孔桩指采用机械设备在设桩处钻孔而形成的抗滑桩，桩身直径通常为500～2000 mm。在滑坡治理工程中，钻孔桩使用较少，一方面由于桩径小，抗滑力较低；另一方面使用大型钻孔机械在滑体上施工不利于滑坡的稳定，而且施工工艺复杂。挖孔桩指在设桩处人工开挖成矩形或圆形的桩孔，再用钢筋混凝土浇筑形成桩身，矩形边长通常为 2~4 m，其在边坡工程处治中普遍采用。

（3）桩身变形状况。桩的设计计算应同时考虑桩体自身的变形，并根据滑面以下桩身长度的不同来判定桩的性质。刚性桩相对刚度视为无限大，其在水平方向的极限承载力和变形大小只取决于岩土性质和抗滑力大小，而与桩的实际刚度无关。常见的抗滑桩结构形式如图 9-47 所示，其中，（a）和（b）是使用最多的全埋式桩和悬臂式桩；（c）为埋入式桩，即在滑体较厚且较密实的情况下，只要滑坡不产生新的滑面而从桩顶剪出，桩可不延伸到地面以节约圬工；（d）为承台式桩，为使两排桩协调受力和变形，在桩顶用承压台连接，可使桩间土体与桩共同受力；（e）（f）和（g）均属刚架桩，可有效发挥两桩的共同作用，从而减少桩的埋深和圬工，节约造价，但是施工略复杂，尤其是排架桩中部横梁施工不便，故应用较少；（h）为锚拉桩，即在桩顶或桩的上部施作若干锚索锚固于滑面以下的稳定地层中，相当于在桩上增加了一个或多个横向支点和抗力，降低了桩的弯矩和剪力，从而减小桩身截面和埋深。

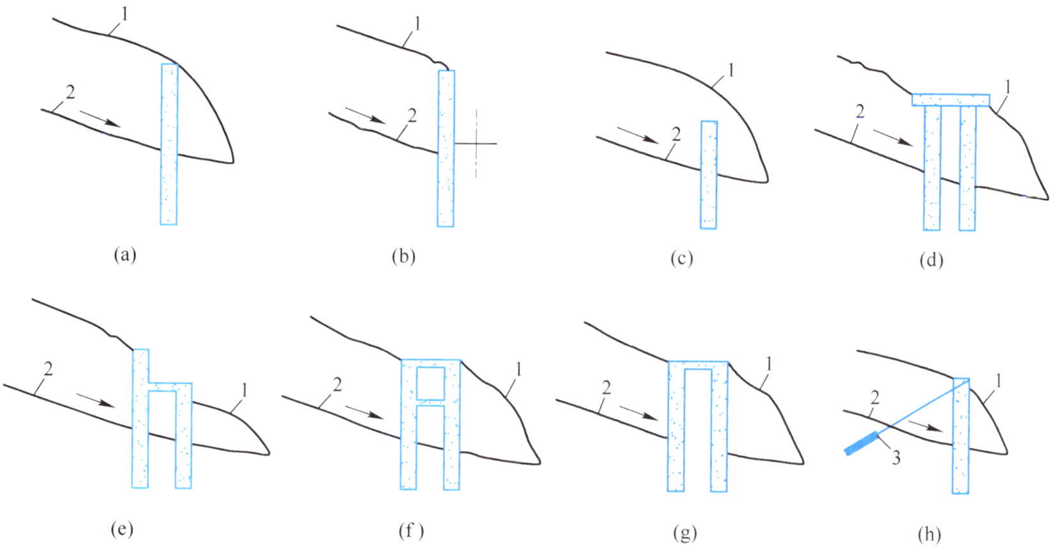

图 9-47　常见的抗滑桩结构形式

（a）全埋式；（b）悬臂式；（c）埋入式；（d）承台式；

（e）椅式桩或 h 形桩；（f）排架桩；（g）刚架桩；（h）锚拉桩

1—原地面；2—滑面；3—锚索

（4）桩身受力状态。当桩前滑面以上岩土体少或无岩土体时，可以按悬臂式桩进行内力计算。当桩前滑面以上岩土体较厚时，可以按全埋式桩进行内力计算。

9.6.3 抗滑桩破坏形式

尽管滑坡问题具有复杂性和易变性，但滑坡岩土体强度一般总是以滑面为界，上部小而下部大，滑坡推力完全来自滑面以上，因此可以粗略判断：桩下部“锚固”在滑面以下稳定地层中，在上部推力作用下，桩身呈弯曲变形，其变形状态大致可分为 3 种，即弹性、弹塑性、破坏状态。

滑面附近桩的弯矩通常最大，桩身容易开裂，以致破坏。但由于实际地质条件复杂及设计缺陷等，其他破坏形式也常有发生。总体而言，抗滑桩的破坏及失效形式主要包括以下几种：

（1）抗滑桩间距过大、滑体含水量高并呈流塑状，滑动土体从桩间挤出；

（2）抗滑桩抗剪能力不足，桩身在滑面处被剪断；

（3）抗滑桩抗弯能力不足，桩身在最大弯矩处被拉断；

（4）抗滑桩锚固深度及锚固力不足，桩被推倒；

（5）抗滑桩桩前滑面以下岩土体软弱，抗力不足，产生较大塑性变形，使桩体位移过大而超过允许范围；

（6）抗滑桩超出滑面的高度不足或桩位选择不合理，桩虽有足够强度，但滑坡从桩顶以上剪出。

9-7 抗滑桩设计及其内力计算

对于流塑性地层，滑体介质与抗滑桩的摩阻力低，土体易从桩间挤出。此时，可在桩间设置连接板或连系梁，或采用小间距、小截面的抗滑桩，因流塑体的自稳性差，当地下水丰富时，开挖截面过大的桩孔易造成坍塌，对处于滑移状态的边坡，还可能会加速边坡的滑移速度，甚至造成边坡失稳。

抗滑桩设计及其内力计算过程详见媒体文件。

9.6.4 锚拉桩

普通抗滑桩已得到广泛应用，但当治理大型和特大型滑坡时，由于滑体厚度和滑坡推力大，设计的桩身截面、埋深大，导致工程造价高、施工困难。为此，我国于 20 世纪 80 年代开始研究在普通抗滑桩的桩顶或桩身布设预应力锚索，即锚拉桩，如图 9-48 所示。除在桩上施加预应力锚索外，锚拉桩还可在桩身布设锚杆或锚杆束（一般施加预应力），增加拉力以改善桩的受力状况并控制桩顶位移。

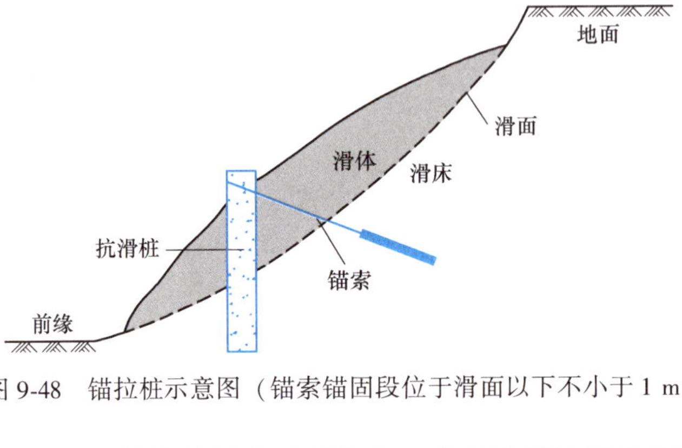

图 9-48 锚拉桩示意图（锚索锚固段位于滑面以下不小于 1 m）

与普通抗滑桩相比，锚拉桩具有下列优点：改变普通抗滑桩的受力状态，减小桩身弯矩和剪力，从而减小桩身截面面积及埋深，节省材料并降低造价；锚索可控制桩顶位移量，由普通桩被动受力变为主动施力，使其成为主动抗滑结构，可有效减小滑体位移量，利于保证滑带（潜在滑带）的强度；能较快控制滑坡。

（1）结构形式。锚拉桩的结构形式如图 9-49 所示，锚拉桩可与各种形式的抗滑桩结合使用：对于全埋式桩，通常在其桩身上部布设 2~4 根锚索；对于悬臂较高的桩，可在桩身不同高度设置多排锚索，以改善锚索锚固段的受力条件。各排锚索应有不同的倾角，并应视滑面产状及锚索长度而定，一般采用15°～30°，锚索的具体设计计算过程可参考9.5节及相关规范。图9-50所示为锚拉桩现场工程实例。

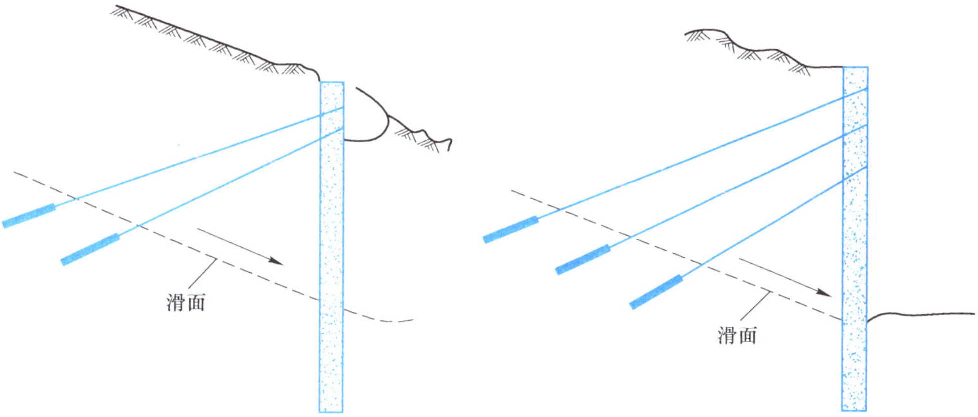

(a) (b)

图9-49 锚拉桩结构形式
(a) 全埋式锚拉桩；(b) 悬臂式锚拉桩

图9-50 锚拉桩工程实例

(2) 基本假定。锚拉桩设计计算中，由于普通抗滑桩的刚度与锚索刚度相差较大，锚索的变形量对桩的内力影响较为显著，因此一定要控制锚索伸缩量，使之与桩的变形相协调，否则会使桩身实际承受的内力与设计值相差过大，甚至可能出现相反的值，即计算出现负弯矩的部位产生正弯矩，或计算出现正弯矩处实际却为负弯矩。

9-8 锚拉桩的设计计算

锚拉桩设计计算过程详见媒体文件。

9.7 边坡疏排水

水是影响边坡稳定性的主要因素之一，其不利效应十分明显，主要表现在：(1) 降低岩土体的有效应力及抗剪强度；(2) 增大岩土体容重，增加下滑力；

(3) 基岩面不透水时，产生扬压力；(4) 地下水渗流造成动水压力；(5) 对岩土体的物理化学软化作用等。

因此，尽量减少地表水向坡体渗透并排出坡体内的地下水，将对提高边坡稳定性发挥重要作用。大量生产实践和科学研究证明，对于因地表水大量入渗和地下水活动影响而稳定性欠佳的边坡，采用疏干排水措施可取得良好效果。

排水工程设计应在滑坡防治总体方案基础上，结合地形条件、工程地质、水文地质条件及降雨条件进行，包括地表排水、地下排水或两者结合的方案。

治理地表水的原则：对于坡体以外的地表水，以拦截旁引为原则；对于坡体以内的地表水，则以疏干、尽快汇集排走为原则。

治理地下水的原则：采取排水措施降低地下水位，消除或减轻水对坡体的静水压力、托浮力和动水压力，以及地下水对岩土体的物理化学软化作用。

9.7.1 地表排水

设置地表排水系统排除地表水，对处治各类边坡工程皆适用。合适的地表排水设施，特别是对于软弱或易受侵蚀的岩土体，能够改善因地表水作用导致的边坡稳定性降低。常见的地表排水措施包括排水沟、边沟、截水沟、急流槽和跌水等。

地表排水工程水力设计应首先对排水系统各主、支沟段控制的汇流面积进行分割计算，根据设计降雨强度和校核标准分别计算各主、支沟段汇流量和输水量，以确定排水沟断面，并校核已有排水沟的过流能力。

地表排水工程的设计频率地表汇水流量计算，可按式(9-36)计算：

$$Q_P = 0.278\Phi S_P A_h / t^n \tag{9-36}$$

式中 Q_P——设计频率地表汇水流量，m^3/s；

Φ——径流系数，具体取值可按《水土保持工程设计规范》(GB 51018)确定；

S_P——设计降雨强度，mm/h，可按当地水文手册相应图表选取和计算；

A_h——汇水面积，km^2；

t——流域汇流时间，h；

n——降雨强度衰减系数。

当缺乏足够的流域资料时，设计频率地表汇水流量可按式(9-37)和式(9-38)计算。

当 $A_h \geqslant 3\ km^2$ 时：

$$Q_P = \Phi S_P A_h^{2/3} \tag{9-37}$$

当 $A_h < 3\ km^2$ 时：

$$Q_P = \Phi S_P A_h \tag{9-38}$$

9.7.1.1 排水沟

排水沟(管)的设计净流量可按式(9-39)计算：

$$Q = vA_g \tag{9-39}$$

式中 Q——设计径流量，m^3/s；

v ——沟（管）内的平均流速，m/s；

A_g ——设计过水断面面积，m^2。

排水沟（管）内的平均流速可按式（9-40）计算：

$$v = R^{2/3} i^{1/2} / n_s \tag{9-40}$$

式中 R ——水力半径，m，即：$R = A_g/\rho$；

i ——水力坡度，可取沟（管）的底坡；

n_s ——沟（管）壁的粗糙系数，宜按表 9-5 确定；

ρ ——过水断面湿周，m。

表 9-5 排水沟（管）粗糙系数取值表

管渠类别	粗糙系数 n_s	管渠类别	粗糙系数 n_s
UPVC 管、PE 管、玻璃钢管	0.009~0.01	浆砌砖渠道	0.015
石棉水泥管、钢管	0.012	浆砌块石渠道	0.017
陶土管、铸铁管	0.013	干砌块石渠道	0.020~0.025
混凝土管、钢筋混凝土管、水泥砂浆抹面渠道	0.013~0.014	土明渠（包括带草皮）	0.025~0.030

排水沟（管）内的容许流速应符合下列规定：（1）明沟的最小容许流速为 0.4 m/s，暗沟和管的最小容许流速为 0.75 m/s；（2）排水管的最大容许流速为：金属管 10 m/s，非金属管 5 m/s；（3）明沟的最大容许流速，在水深为 0.4~1.0 m 时，按表 9-6 取用，在此水深范围外的容许值按表 9-6 列值乘表 9-7 中相应的修正系数。

表 9-6 排水沟最大容许流速表 （单位：m/s）

明沟类型	容许最大流速	明沟类型	容许最大流速	明沟类型	容许最大流速	明沟类型	容许最大流速
粉砂土	0.8	黏土	1.2	干砌片石	4.0	水泥砂浆	6.5
粉质黏土	1.0	草皮护面	1.6	浆砌片石	5.5	混凝土	10

表 9-7 排水沟最大容许流速的水深修正系数表

水深 h/m	$h < 0.4$	$0.4 \leqslant h \leqslant 1.0$	$1.0 < h < 2.0$	$h \geqslant 2.0$
修正系数	0.85	1.00	1.25	1.40

矩形、梯形排水沟断面底宽和深度不宜小于 0.4 m。排水沟弯曲段的弯曲半径不应小于最小容许半径及沟底宽度的 5 倍。最小容许半径可按式（9-41）计算。

$$R_{min} = 1.1 v^2 A^{1/2} + 12 \tag{9-41}$$

式中 A——沟道过水断面面积，m^2；

其他符号意义同前。

9.7.1.2 截水沟

截水沟应结合地形和地质条件沿等高线布置，将拦截的水顺畅地排向自然沟谷或水道。截水沟应设置在滑坡体后缘裂缝 5 m 以外的稳定斜坡面上，用典型横断面优化水沟的平面位置，避免外坡内挖过大。截水沟迎水面可设置泄水孔，孔径不宜小于 50 mm。

截（排）水沟的纵坡不宜小于 0.5%，可单面“一”字坡排水或双面“人”字坡排水，且尽早排入两端人工或自然沟道。沟壁进行铺砌的沟渠，最小纵坡不宜小于 0.12%。

9.7.1.3 急流槽

急流槽是集中排泄路面积水、挖方边坡流水的重要措施，一般包括以下类型：路堤急流槽、截水沟接边沟的路堑急流槽、截水沟接排水沟的急流槽等。

急流槽可采用矩形断面等形式，槽深不应小于 0.2 m，槽底宽度不应小于 0.25 m。采用浆砌片石时，矩形断面槽底厚度不应小于 0.2 m，槽壁厚度不应小于 0.3 m。急流槽底应设置防滑平台或凸榫，防止基底滑动。

9.7.1.4 跌水

跌水为人工排水沟渠的特殊形式，用于陡坡地段，是山区路基及边坡排水常见的结构物。由于纵坡大、水流湍急、冲刷作用严重，所以跌水必须用浆砌块石或混凝土砌筑，且应埋设牢固。跌水高差在 5 m 以内时，宜采用单级跌水，跌水高差大于 5 m 时，为减缓水流速度，并予以消能，宜采用多级跌水。

9.7.2 地下排水

地下排水系统的整体设计方案应根据边坡所处位置、边坡与建筑物关系、工程地质和水文地质条件确定，可选用盲沟、渗沟、排水孔、隧洞、排水带、集水井等或组合形式。

9.7.2.1 盲沟

盲沟利用其透水性将地下水汇集到沟内，并沿沟排至指定地点，其水力特性属于紊流。盲沟类型应根据当地材料、岩土体性质等选择，如砂砾石、块石、片石或者碎石盲沟、多孔管（花管）盲沟、无砂管盲沟或瓦管盲沟等。

盲沟的最大深度宜小于 10 m，纵坡大于 5%。填石渗水盲沟应采用不含泥的块石、碎石填实，两侧和顶部用砂砾石和土工织物作为反滤层。

对于浅层滑坡，宜采用支撑盲沟排除滑坡体内地下水，并发挥抗滑支挡作用（见图 9-51）；或在滑坡后缘设置截水盲沟，将地下水拦截于滑坡之外并引走。

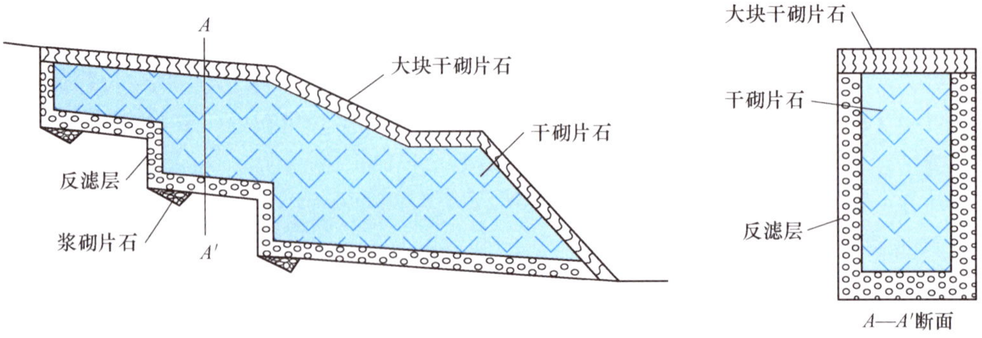

图 9-51 支撑盲沟结构示意图

(1) 支撑盲沟。支撑盲沟应布置于滑坡前缘，宜沿地下水流向布置，深度宜小于5 m，横宽宜为2~4 m，盲沟之间中心间距宜控制在6~15 m。支撑盲沟基底应埋入滑面以下稳定岩层0.5 m，前端辅以挡土墙或片石垛。

支撑盲沟的长度、支撑力可按式（9-42）和式（9-43）计算。

$$L = \frac{F_s P\cos\alpha - P\sin\alpha\tan\varphi'}{\gamma h b\tan\varphi'} \tag{9-42}$$

式中 L ——盲沟长度，m；

F_s ——设计安全系数，取值1.3；

P ——作用于盲沟上的滑坡推力，kN，即：$P = P_B \times B$；

α ——盲沟后的滑坡滑面倾角，(°)；

φ' ——盲沟基础与地基内摩擦角，(°)；

γ ——盲沟内填料容重，采用浮容重，kN/m³；

h，b ——支撑盲沟的高和宽，m；

P_B ——滑坡单宽推力，kN/m；

B ——沟中心距，m。

$$P_x = \gamma h L b\tan\varphi' \tag{9-43}$$

式中 P_x——盲沟支撑力，kN；

其余符号意义同前。

(2) 截水盲沟。截水盲沟宜布设在滑坡可能发展的边界以外不小于5 m的稳定山坡处，垂直地下水流向布置。截水盲沟的基底应埋入最低含水层以下不透水层或基岩中，背水面和顶部设置隔渗层，迎水面设置反滤层。

截水盲沟排水量计算方法：

1) 当设计盲沟长度等于或大于50 m时，采用式（9-44）计算。

$$Q' = LK\frac{H^2 - h_1^2}{2R'} \tag{9-44}$$

式中 Q' ——盲沟出水量，m³/d；

L ——盲沟长度，m；

K ——渗透系数，m/d；

H ——含水层厚度，m；

h_1 ——动水位至含水层底板的高度，m；

R' ——影响半径，m。

2) 当设计盲沟长度小于50 m时，采用式（9-45）计算。

$$Q' = 0.685K\frac{H^2 - h_1^2}{\lg(4R'/L)} \tag{9-45}$$

9.7.2.2 渗沟

渗沟和盲沟是处理地下水的两种不同方式。渗沟主要是利用渗透原理将浅层岩土体内的大面积地下水汇集于沟内，并排到指定地点，属于“面对点”的排水方式。其沿程必须是“开放的”，以保证地下水的自然流动和排泄。而盲沟则是由粗粒材料（如碎石或砾石）充填而成，并在顶部铺设一层倒滤层，将地下水从一个地方输送到另一个地方，属于“点对点”排水方式。通常还设有盖板，防止杂物进入沟道，同时维持沟道的稳定性和功能性。

渗沟按作用不同，可分为支撑渗沟、边坡渗沟及截水渗沟3种，相关计算与盲沟类似，不再赘述。

9.7.2.3 排水隧洞

大型或大型以上的滑坡，若地下水丰富且对滑坡稳定影响较大时，宜采用排水隧洞排出地下水。排水隧洞宜布置在滑面之下的稳定岩层内。排水隧洞洞径应满足施工掘进，宽×高不宜小于1.5 m×2.0 m，洞底应为倾斜向洞口的缓坡，且坡度不宜小于1%，洞底应设排水沟，边侧宜设巡视检查人行通道。排水隧洞可采用“Y”形、“T”形或“L”形布置，施工进洞口和排水口应布置在滑坡区外稳定岩体中。当岩土体的渗透性弱，排水效果不良时，排水洞顶或洞壁应设辐射状集水钻孔，孔径不应小于50 mm，排水孔内应设置反滤层。

排水隧洞顶部的竖直集水井或钻孔的排水能力可用式（9-46）计算。

$$Q_1=\frac{1.36K(2H-S_w)S_w}{\lg\dfrac{d}{\pi r_w}+\dfrac{1.3b_1b_2}{db}} \tag{9-46}$$

式中 Q_1——单井（孔）涌水量，m^3/d；

H——水头或潜水含水层厚度，m；

S_w——排水孔中水位降深，m；

d——井距之半，m；

r_w——井半径，m；

b_1——井排至排泄边界的距离，m；

b_2——井排至补给边界的距离，m。

9.7.2.4 排水孔

排水孔是地下排水的一种重要方式。排水孔施工简单、快速，而且可以控制较大范围的地下水，其布置方式主要包括：（1）通过坡面（包括挡土墙面）打排水孔，以疏干地下水；（2）与地下排水廊道（排水洞）或抽水井相连，以增大此类排水建筑物的控制范围。

排水孔的布置应满足下列要求：

（1）排水孔应具有足够大的直径，不宜小于100 mm，保证水流通畅，以降低地下水位；

（2）应保证进入排水孔的水全部流出孔外，因此，在坡面上一般宜仰角布置排水孔，坡度不宜小于5%；

（3）排水管应具有足够的刚度和强度，在保证自身结构完整的同时，防止孔壁坍塌；

（4）排水管一般为花管，通常用反滤材料保护，以防止其发生淤堵；

（5）在坚硬岩体中打排水孔，可考虑不作保护，直接钻孔排水。

9.7.2.5 集水井

当通过排水隧洞和排水孔汇集的地下水不能依靠重力排至坡外时，可考虑采用集水井排水工程。在滑坡体外相对稳定区域，选择地下水最集中位置，设置直径大于3.5 m的竖井，并在井壁上设置短的水平钻孔，一般为2~3层，使附近地下水汇集到井中，并可采用附有浮动开关的水泵将水排至地表。

集水井深度一般为15~30 m。对于不稳定区域，集水井深度应浅于滑动面；对于稳定区域或滑坡区域外，集水井应达到基岩，并深入基岩2~3 m。

9.7.3 边坡疏排水实例

本节以小湾水电站左岸坝肩附近上游侧饮水沟堆积体边坡失稳处治工程为例，具体介绍疏排水工程方案及其实施效果。

9.7.3.1 工程概况

小湾水电站是澜沧江中下游河段水电梯级开发“两库八级”方案中的第二个梯级和龙头水库。电站建设过程中，其左岸坝肩附近上游侧饮水沟堆积体稳定性问题突出（见图9-52），严重威胁电站大坝的正常施工及其后期的安全运行。因此，2004年对饮水沟堆积体失稳边坡进行了处治，治理手段较为丰富，疏排水效果显著。

图9-52 小湾水电站左岸坝肩上游侧饮水沟堆积体边坡

饮水沟堆积体总体积约400万立方米，倾倒破碎岩体与第四系堆积物混杂，边坡开挖过程中，堆积体产生明显变形。堆积体物质组成主要为块石、特大孤石夹碎石质土、碎石层或砂土，部分地段结构较松散，底界面起伏较大，部分较陡，并有软弱土层分布，加之丰富地下水活动的影响，是边坡产生变形的内在不利因素。堆积体下部开挖边坡较陡，特别是高、低缆机平台边坡上游端附近开挖较陡，切断了堆积体南侧部分阻滑岩体，加之疏排水措施滞后及工程爆破震动影响，是边坡产生变形和破坏的外在诱发因素。

边坡工程治理采用了抗滑桩加锚索治理方案，辅以疏排水、减载、反压、护坡等综合措施，在此简要介绍其疏排水措施。该边坡疏排水措施主要包括地表排水（防水）工程与地下排水工程，其中地表排水工程包括坡面排水孔、截排水沟、坡面封闭等，地下排水工程主要为排水洞（支洞汇于主洞）。

9.7.3.2 排水系统

（1）地表排水系统。地表排水系统包括截水天沟及排水沟。

在开挖边坡台阶设置截水天沟，以截断开挖边坡上部地表径流，保护坡面和坡脚不受水流冲刷。天沟的断面形式、断面尺寸根据各坡面集雨面积估算，通过覆盖层地段的截水天沟以浆砌片石材料为主。截水天沟的平、纵转角处设置曲线连接，其沟底纵坡为0.5%，出水口与排水沟衔接（见图9-53）。

在边坡体内布置排水孔时，根据岩土体性质确定排水孔的孔径、孔深、间排距及上仰角度。充分利用滑坡范围内的自然沟谷排除地表水，对自然沟谷进行修整、加固和铺砌，防止天然冲沟进一步下切。根据沟线、地形、地质以及与山洪沟连接条件等因素设计排水沟纵坡，并通过在坡面设置纵横向的消能跌槽和防冲刷措施以形成有效的排水系统，如图9-54所示。

图9-53 边坡台阶截水天沟

图9-54 坡表排水系统——排水沟

（2）地下排水系统。地下排水系统包括排水主洞、支洞及排水孔，其系统布置一方面考虑排水主洞须穿越潜在滑动面下部岩体，另一方面考虑下伏基岩顺河向节理的透水性高于横河向节理组。因此排水主洞顺河向布置，并沿洞轴线间隔布置横河向扇形排水孔断面及穿越覆盖层与基岩接触带的排水支洞，如图9-55所示。

根据排水孔的覆盖范围及其周边岩土体的渗水条件，上下排水主洞的高程差约40~50 m，高程1245 m以上共布置9层排水主洞，主洞总长3750 m，并在各排水主洞中布置排水支洞45个。排水主洞尽量布置在弱风化岩体中上段，一方面可降低施工难度，另一方面可通过裂隙直接排水。排水孔孔径选择100 mm，间距选用3 m，孔深为12~20 m。一般地段只安装孔口管，内部不保护；节理密集带、断层及断层

图 9-55 地下排水系统——排水洞

影响带中的排水孔内设置过滤管，过滤管采用外径 75 mm 的 PVC 多孔管，外包土工滤布，以保证排水管的畅通。各排水孔穿越覆盖层等不良地质体时，排水孔孔深应穿过堆积体接触带，并采取有效防堵反滤措施，以达到最佳排水效果。

9.7.3.3 疏排水工程实施效果

监测结果表明，地下水位与降雨关联性较强。随着边坡表面裂缝封闭和地下排水洞的形成，地下水位总体逐渐降低。随着疏排水措施的逐步实施，地下水位与坡体蠕变初期相比降低约 4 m，表明边坡疏排水措施对降低地下水位的作用较为明显。

在疏排水工程的辅助下，边坡的锚索加固和抗滑支挡工程在提高边坡稳定性方面发挥了重要作用。各区边坡表面变形速率相对于处治措施实施前减小约 72%～94%；深部变形监测成果表明各区均存在深部变形，支挡反压结构和预应力锚索发挥了关键作用，限制了变形的扩展，深部变形速率呈现衰减趋势，变形趋于平稳。随着综合治理措施的逐步实施，边坡变形在施工阶段已基本进入变形收敛阶段，采取的加固、排水等工程措施是有效的。

习题与思考题

9-1 名词解释

（1）边坡柔性防护网系统；（2）引导防护系统；（3）静止土压力；（4）主动土压力；（5）被动土压力；（6）锚固；（7）锚固工程；（8）非预应力锚杆；（9）拉力型锚杆；（10）压力型锚杆；（11）拉压型锚杆；（12）抗滑桩。

9-2 简答题

（1）简述边坡失稳防治方案及处置措施的确定原则。

（2）简述降低下滑力、提高抗滑力的工程与技术措施。

（3）简述边坡坡面防护的意义及主要原则。

（4）简述各类坡面防护措施的适用条件。

（5）简述落石主动防护系统与被动防护系统的区别与联系；柔性网在被动防护中发挥什么作用？

(6) 简述朗肯、库仑土压力理论的区别。

(7) 简述锚杆的定义及其主要类型；简述锚杆与锚索的异同。

(8) 简述拉力型锚杆与压力型锚杆的区别；与压力型锚杆相比，压力分散型锚杆有哪些优点？

9-3 论述题

(1) 论述锚固作用的机制、锚杆的结构组成及其在锚固工程中的作用。

(2) 预应力锚杆与非预应力锚杆的锚固作用有何区别，为什么？

(3) 论述边坡锚固工程失效的主要形式及其原因。

(4) 如何判定地层是否具有腐蚀性，锚杆Ⅰ、Ⅱ级防护构造各有何要求？

(5) 简述抗滑桩的破坏形式；

(6) 简述抗滑桩设计的基本流程及其要求。

(7) 滑坡推力主要有哪些计算方法，有何异同？

(8) 简述“*m*”法和“*K*”法的区别及其适用条件。

(9) 与普通抗滑桩相比，锚拉桩有何优点？

(10) 论述边坡疏排水原则。

9-4 计算题

(1) 某挡土墙断面如图 9-56 所示，墙高 $H = 7$ m。墙后分层填土。上层砂土重度 $\gamma_1 = 16$ kN/m³，内摩擦角 $\varphi_1 = 30°$，黏聚力 $c_1 = 0$，厚度 $H_1 = 2$ m；下层黏土重度 $\gamma_2 = 18$ kN/m³，内摩擦角 $\varphi_2 = 20°$，黏聚力 $c_2 = 25$ kPa，厚度 $H_2 = 5$ m；试按朗肯主动土压力理论，计算作用在墙后的总主动土压力大小。

(2) 图 9-57 为一软黏土边坡 *ABCDEF*，边坡外形尺寸如图所示（单位：m），边坡潜在滑面如图中阴影部分，其圆弧半径 $OD = 28$ m，土体重度 $\gamma_s = 17$ kN/m³，黏聚力 $c = 10$ kPa，内摩擦角 $\varphi = 15°$。不考虑地下水及地震等因素的影响，试采用永久锚杆，并按Ⅰ级边坡安全等级设计该边坡锚固工程参数。

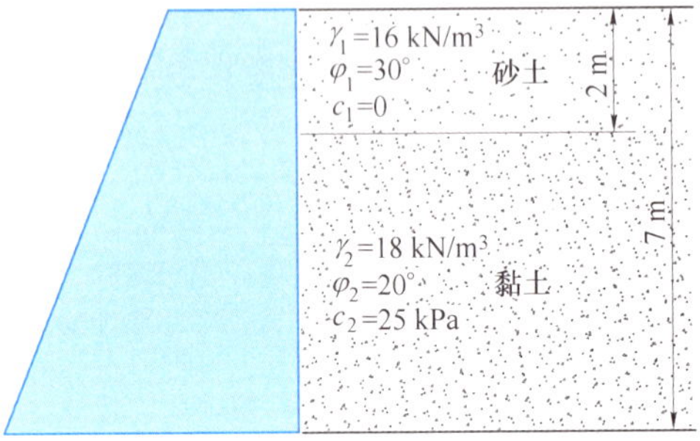

图 9-56 题 9-4（1）图

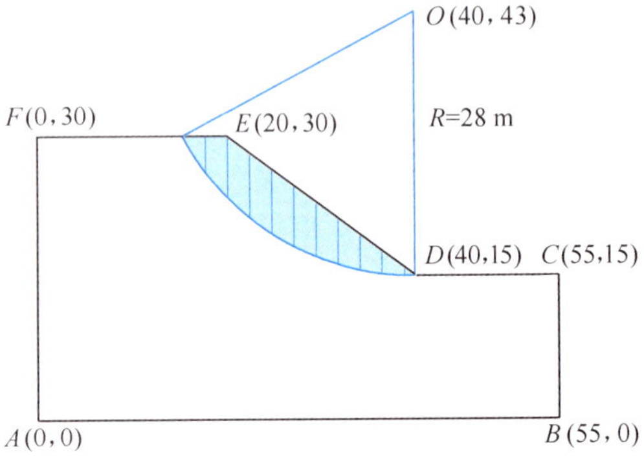

图 9-57 题 9-4（2）图

(3) 某浆砌块石挡土墙（见图 9-58），墙背竖直光滑，墙后填土水平，上有均布荷载 $q = 8$ kN/m²，墙高 6 m、顶宽 0.6 m、底宽 1.8 m，浆砌块石的重度 $\gamma_1 = 28$ kN/m³，填土的物理力学参数：重度 $\gamma_2 = 15$ kN/m³，内摩擦角 $\varphi = 38°$，黏聚力 $c = 0$，摩擦系数 μ 取 0.6。试验算该挡土墙的稳定性。

(4) 已知某悬臂式挡土墙，填土表面水平，墙体几何参数如图 9-59 所示，墙身重度 $\gamma_1 = 22$ kN/m³，填土重度 $\gamma_2 = 17$ kN/m³，内摩擦角 $\varphi = 30°$，黏聚力 $c = 0$，墙底板与地基摩擦系数 μ 取 0.45，试验算该挡土墙的稳定性。

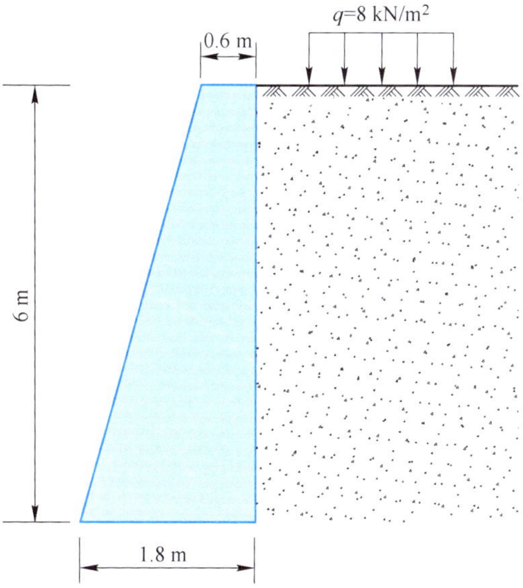

图 9-58　题 9-4（3）图

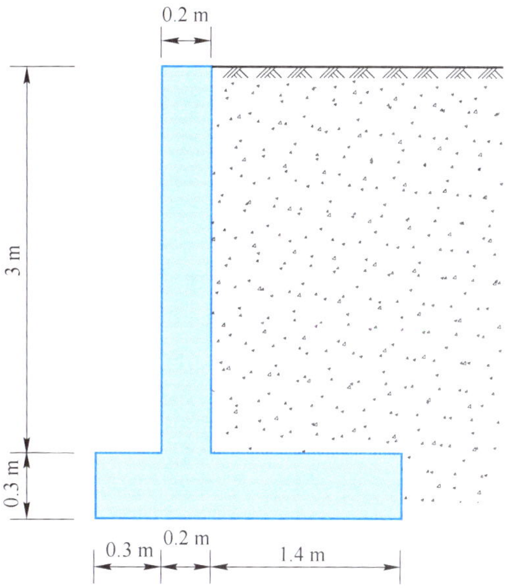

图 9-59　题 9-4（4）图

10 边坡稳定性监测与灾害预警

本章主要内容：

本章主要介绍边坡稳定性监测的基本内容、主要技术、相关仪器设备及监测系统，包括边坡位移监测、地下水监测、振动监测、加固工程结构物荷载监测、自动化综合监测系统及边坡灾害预警等。

学习目标及要求：

熟悉边坡稳定性监测的目的和任务，了解边坡稳定性监测技术及其最新发展动态，重点掌握边坡内部及外部位移监测、地下水监测、自动化综合监测系统及灾害预警方法。

10.1 概述

边坡稳定性监测是对影响边坡稳定性的因素和表征稳定性变化的边坡状况反复观测，以研究边坡稳定程度及其变化规律，是评价边坡设计性能与破坏风险、使风险最小化的重要手段。

需要认识到，经济合理的边坡设计，绝非不发生任何变形破坏的保守设计（事实上也很难做到），而是允许适量变形甚至局部破坏（如矿山边坡）的实用设计，但决不允许发生毫无预见的突发性灾害破坏。由于岩土体特性的不均匀性，地质条件和力学作用机理的复杂性，以及这些影响因素本身的不确定性，边坡变形失稳机理非常复杂，且边坡灾害难以准确预见，而边坡稳定性监测可为边坡稳定性分析与评判、灾害征兆识别与预报、加固技术应用及安全防范提供基础分析数据。

可见，边坡稳定性监测至关重要，某些边坡灾害事故的发生与监测工作不到位密切相关。如2015年广东深圳光明新区渣土受纳场“12・20”特别重大滑坡事故调查报告指出，建设单位未进行边坡监测和填埋区密实度检测；2022年贵州毕节金海湖新区“1・3”在建工地山体滑坡重大事故，建设单位未委托有资质的第三方监测单位对边坡进行变形监测，施工单位也未采用有效技术手段进行监测；2023年内蒙古阿拉善露天煤矿“2・22”特别重大坍塌事故，建设单位未编制边坡工程监测方案，未按规定布置边坡监测点，且未形成垂直边坡走向的监测线。

本章在简要阐述边坡稳定性监测的主要任务和项目的基础上，详细介绍几种常用的边坡稳定性监测方法和手段，最后介绍边坡灾害预警相关知识。

10.2 边坡监测的主要任务和项目

一般情况下，边坡稳定性监测的主要任务包括：

（1）描述边坡现状，调查边（滑）坡区域工程地质、水文地质条件；
（2）确定边坡变形影响范围，识别潜在滑体的破坏机制和失稳模式；
（3）确定监测技术方案，建立边坡监测网（测点、测站）；
（4）实施工程监测，提供可靠的第一手变形、应力等数据；
（5）提出防灾减灾和减少危害的技术措施，也可包括反馈修改边坡设计；
（6）评价滑坡治理的工程效果。

边坡稳定性监测一般分为两级：Ⅰ级监测是对总体边坡进行全面、定期监测，目的是测定边坡初始状态，较早发现不稳定区段，以便对不稳定边坡进行进一步观测、研究，为修改设计和治理边坡积累资料；Ⅱ级监测是对不稳定边坡进行监测，目的是确定不稳定区域范围，研究边坡失稳模式及破坏过程，预测边坡破坏发展趋势，制定合理处治方案，防止事故发生。边坡稳定性监测的项目很多，应根据工程类型和边坡工程安全等级确定具体的监测项目，我国相关规范对监测项目的类型给出了明确要求。

10-1 不同规范界定的监测项目及要求

自然资源部提出的滑坡、崩塌等地质灾害防治“四步”工作方案包括：研究原理、发现隐患、监测隐患、发布预警。边坡灾害预警是根据现场监测结果，在灾害即将发生前通过一定的方式和途径（如警报、短信、电话等）向受灾威胁人员发送警示信息，以便于启动相关预案，从而保证人员生命安全。因此，除应重视边坡灾害监测仪器研发和隐患点的专业监测外，还应高度重视边坡灾害预警工作。

10.3 边坡位移监测

位移是边坡稳定性最直观、灵敏的反映，大量资料表明，除局部坍塌或大爆破引起的边坡破坏外，具有一定规模的滑坡从开始变形到最后破坏，均有明显的位移过程。视边坡条件不同，这一过程持续时间从几个月到几年不等；累计位移量从几分米到几米不等。通过边坡位移监测，可以争取足够的时间，以采取各种滑坡防治补救措施。

目前，边坡工程监测技术正由早期的人工皮尺简易工具监测手段过渡到仪器监测，并向着自动化、高精度及远程系统发展。早期，由于监测仪器和水平的限制，边坡安全监测一般采用宏观地质经验观测方法，即主要根据人工观测地表的变化特征、地下水的异变、周围动植物的异常等确定边坡的稳定状况；后期逐渐从定性向定量方向发展，开始出现了简易观测法，即在关键裂缝处通过做标记、竖标杆等方法获取裂缝长度、宽度、深度的变化以及延伸方向；随着观测方法的进步和监测仪器的快速发展，深部监测、北斗/GPS、摄影测量、InSAR 等多种方法在边坡变形监测中得以应用。

为适应边坡工程的复杂监测条件，已开发了多类不同的监测仪器和监测方法，并逐渐从常规变形监测方法向变形监测新技术应用转变，常规变形监测方法一般包括：位移计、收敛计、测斜类仪器、测缝计、沉降仪和大地测量技术，变形监测新技术包括：数字化近景摄影测量、激光扫描测量、3S 技术（包括地球信息系统、全球定位系统、遥感遥测系统）、光电技术（包括时域发射系统、分布式光纤测量系统）等，具体如表 10-1 所示。

表 10-1 边坡变形监测方法及仪器

监测方法	监测技术（仪器）
常规监测方法	大地测量技术：水准仪、经纬仪、全站仪
	位移计：电阻式位移计、钢弦式位移计、引张线式水平位移计、变位计、滑动测微计、三向位移计
	收敛计
	测斜类仪器：伺服加速度计式测斜仪、电阻应变片式测斜仪、固定式测斜仪、测斜仪的数字技术及无线传输技术、倾角计
	测缝计：差动电阻式测缝计、二向及三向测缝计
	沉降仪：横梁管式沉降仪、电磁式沉降仪
新型监测方法	RS 遥感遥测系统、GPS 全球定位系统、GIS 地球信息系统、BDS 监测系统
	数字化近景摄影测量：各系数码摄像系统
	三维激光扫描测量：激光扫描仪
	时域反射系统、分布式光纤测量系统

总体看，边坡位移监测可分为边坡表面位移监测和边坡内部位移监测，其中边坡内部位移监测不仅有助于确定边坡的变形破坏模式，还有助于寻找可能存在的滑面位置等，在位移监测方案制定中应高度重视。相对而言，各主要监测方法中，边坡位移监测系统较易建立，且测值可靠，因此应用十分广泛。

为保证边坡位移监测的有效性和合理性，位移监测方案的设计原则有：(1) 可靠性原则；(2) 多层次原则，即采用多种手段进行监测，以便互相补充和校核，必要时应考虑表面和内部相结合的立体监测系统；(3) 优先监测关键部位原则；(4) 根据实际需要选择仪器种类、精度和量程的原则；(5) 方便实用原则；(6) 信息反馈高效的原则；(7) 无干扰和少干扰的原则；(8) 地质信息和仪器监测信息并重的原则；(9) 有利于测点和仪器保护的原则；(10) 经济合理原则。

10.3.1 边坡表面位移监测

边坡表面测点的位移可采用传统方法监测，即采用前方交会、极坐标、视准线等方法观测水平位移，水准测量或三角高程测量观测竖直位移；采用边角测量和摄影测量方法进行三维测量，同时测得水平和竖直位移；采用收敛计测量沿钢尺方向的测点相对位移，也是一种常用的监测方法。此外，多功能、高效率的光机电算一体化的大地测量新仪器、新技术，已逐渐成为表面位移监测中的重要手段。不同监测技术的测量精度和特点如表 10-2 所示。

表 10-2 边坡表面位移监测技术及其特点

监测技术	测量精度	时间分辨率	空间分辨率	备注
全站仪	0.5～5 mm（取决于测距）	一般为分钟/小时/周	较高，取决于测点数量	受通视条件、大气条件和植被影响

续表 10-2

监测技术	测量精度	时间分辨率	空间分辨率	备注
自动伸缩计	0.5 ~1 mm，量程最大 200 mm	高，实时连续监测	低，获取局部相对位移	鲁棒性强，成本较低，对温度变化敏感，一维测量
加速度计	0.1 m/s^2	高，实时连续监测	较低	难以探测低速蠕动
合成孔径雷达（InSAR）	mm 级至 cm 级（一维视线向）	一般为月/年	大范围、长周期监测	受地形（造成几何畸变）、植被（造成低相干）和大气（造成延迟）等影响
GNSS	mm 级至 cm 级	一般为分钟/小时/周	较高，取决于测点数量和基准站数量	受观测卫星数、地形和植被覆盖等影响，适用于慢速滑坡
航空摄影	mm 级至 m 级（取决于图片数量和质量）	一般为月/年，应急阶段可实时动态监测	高，可提供滑坡的完整影像	受飞行高度、地形、植被和大气等影响，数据后处理较复杂
三维激光扫描	mm 级	频次较低，应急阶段可实时动态监测	测量范围和距离受功率影响	设备价格高，数据处理速度较慢，受植被覆盖等影响
光学遥感	mm 级至 m 级（取决于图片数量和质量，多为人工目视解译）	一般为月/年	高，可提供滑坡的完整影像	受地形、植被和气象条件等影响，适用于中长期变形监测
分布式光纤传感系统	0.01%变化（每 10 km 变化 1 m）	高，实时连续监测	对沿光缆方向的变形分辨率较高	不能提供总变形程度，对温度变化敏感

10.3.1.1 全站仪

全站仪是边坡表面监测中最常用的测量仪器，可用来测量布设在边坡表面的反光棱镜的三维坐标。典型的全站仪以电子测距仪与电子经纬仪的组合作为基本单元。通过基准点和观测点构成监测网，用于边坡表面位移监测。全站仪的主要用途包括：

（1）放样测量。在实地上测定出所要求的点。

（2）偏心测量。测定测站至通视但无法设置棱镜的点或者测定测站至不通视点间的距离和角度。

（3）对边测量。在不移动仪器的情况下，直接测量某一起始点与任意点间的斜距、平距和高差。

（4）悬高测量。对不能设置棱镜的目标高度进行测量。

（5）后方交会测量。通过对多个已知点测量确定测站点坐标。

（6）面积计算。通过仪器内存中 3 个或多个点的坐标数据，计算出由这些点的连线封闭而成的图形面积，所用坐标数据可由测量所得，也可手工输入，且两种方法可交替进行。

10.3.1.2 自动全站仪

自动全站仪又称测量机器人，如图 10-1 所示，是一种集自动目标识别、自动照准、自动测角与测距、自动目标跟踪、自动记录于一体的测量平台。

图 10-1 自动全站仪（测量机器人）实例

该监测方法只需在监测区域内布设一定数量的棱镜，在监测区域外放置测量机器人，即可定期自动完成目标识别、照准等测量工作，且监测精度可靠，实施简单易行。

该监测系统可根据工程需要，搭建半自动或全自动监测系统，分别如图 10-2 和图 10-3 所示。

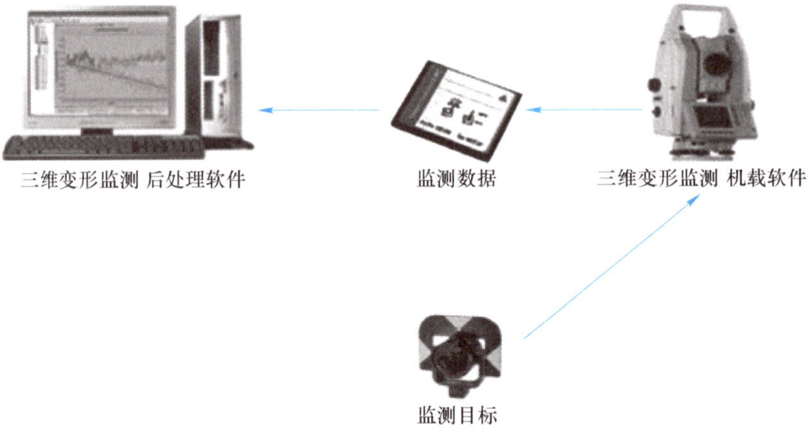

图 10-2 自动全站仪半自动模式示意图

监测系统组成包括坐标系统、操纵器、换能器、计算机和控制器、闭路控制传感器、目标识别系统、目标捕获系统和集成传感器等八大部分。

10.3.1.3 地基合成孔径雷达监测系统

地基合成孔径雷达监测系统是一种基于微波传感器和差分干涉雷达技术的高精度位移遥感监测系统，具有全天时、全天候、全覆盖、连续观测的能力。地基合成孔径雷达监测系统由主机、雷达天线、1~3 m 长的导轨以及控制计算机组成。雷达主机在线性导轨上按一定频率来回滑动，每间隔 3~10 min 合成一幅雷达干涉图，通

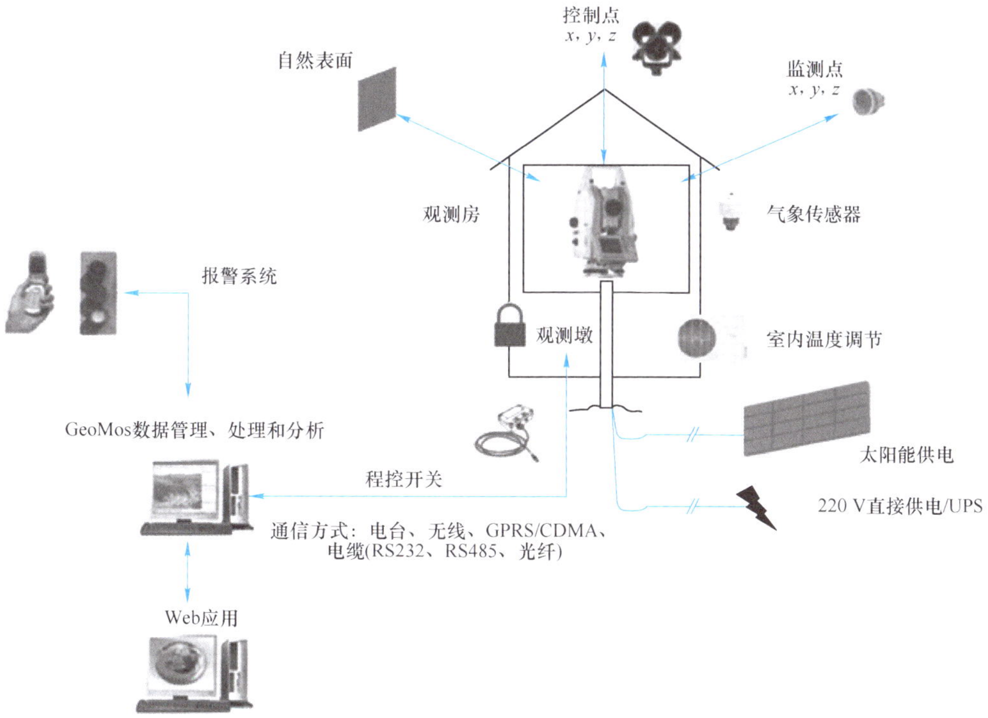

图 10-3 自动全站仪全自动模式示意图

10-2 自动全站仪监测技术原理与工程应用

过前后两幅雷达干涉图的空间解缠，实现变形监测，监测覆盖范围可达 2~4 km^2。

由于测量环境变化、前后两次采样时仪器位置的变化等因素都会对变形数据造成影响。监测过程中常采用工程措施和误差修正的方式降低误差。工程措施主要指修建稳固的监测平台，确保监测过程中轨道不发生偏移。误差修正是指在获取的雷达数据中选取几个高相关性的目标点，然后通过建模评估这些因素分别引起的相位误差值，再通过误差补偿来消除大气环境变化、轨道定位误差以及其他因素引起的误差。

地基合成孔径雷达监测系统能以毫米级精度对监测区域进行大范围快速扫描；雨雪、烟雾、灰尘的干扰和影响较小，可实现 24 h 实时监测；可在监测现场实现方便、快捷移动；监测位置选取灵活，能远距离对存在隐患的区域进行监测；并能在后期对事故地段继续监测、评估；由软件对监测数据进行分析处理，操作简便、直观，监测结果精确、可靠；软件自动预警，能以图像、声音、短信等多种途径发出报警信号。地基合成孔径雷达现场监测实例如图 10-4 所示。

10.3.1.4 GPS 与 BDS 监测系统

A GPS 监测系统

GPS（Global Positioning System，全球定位系统）由空间部分（GPS 卫星星座）、地面控制部分（地面监控系统）、用户设备部分（GPS 信号接收机）3 部分组成，可进行全方位实时导航与定位，具有全天候、高精度、自动化、高效率等显著优点。采用双频接收机，可将 GPS 相位观测精度提高到毫米级。

图 10-4 地基合成孔径雷达现场监测实例

10-3 地基合成孔径雷达监测技术原理与工程应用（视频）

（1）空间部分。由 24 颗卫星组成（21 颗工作卫星，3 颗备用卫星），卫星的分布使得在全球任何地方、任何时间都可观测到 4 颗以上的卫星，并能在卫星中预存导航信息。但因大气摩擦等原因，随着时间的推移，导航精度会逐渐降低。

（2）地面控制系统。由监测站（Monitor Station）、主控制站（Master Monitor Station）、地面天线（Ground Antenna）组成，主控制站位于美国科罗拉多州春田市（Colorado Spring）。地面控制站负责收集由卫星传回的信息，并计算卫星星历、相对距离、大气校正等数据。

（3）用户设备部分。即 GPS 信号接收机，其主要功能是捕获到按一定卫星截止角所选择的待测卫星，并跟踪这些卫星的运行。当接收机捕获到跟踪的卫星信号后，就可测量出接收天线至卫星的伪距离和距离的变化率，解调出卫星轨道参数等数据。根据这些数据，接收机中的微处理计算机就可按定位解算方法进行定位计算，计算出用户所在地理位置的经纬度、高度、速度、时间等信息。接收机硬件和机内软件以及 GPS 数据的后处理软件包构成完整的 GPS 用户设备。

GPS 定位的基本原理是采用空间距离后方交会的方法，将高速运动的卫星瞬间位置作为已知的起算数据，以 GPS 卫星和用户接收机天线之间距离（或距离差）的观测值为基础，确定待测点的位置。如图 10-5 所示，在地面待测点上安置 GPS 接收机，可以测定 GPS 信号到达接收机的时间，进而得到待测点的准确坐标。

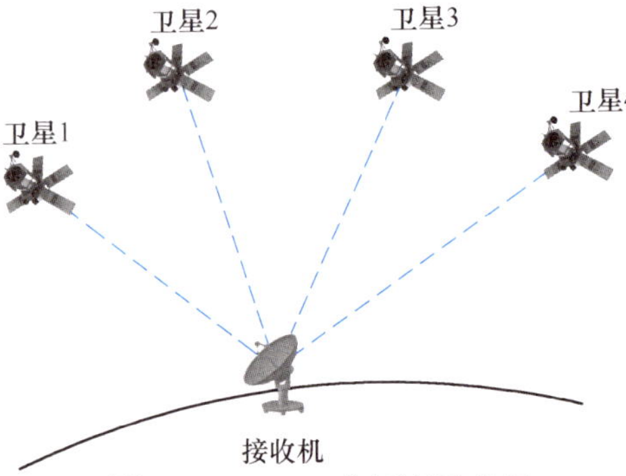

图 10-5 GPS 工作原理示意图

B BDS 监测系统

BDS（Beidou Navigation Satellite System，北斗卫星导航系统）是我国研发的拥有自主知识产权的导航定位系统，也是目前全球继美国的 GPS 和俄罗斯的 GLONASS 之后第三个投入运行的卫星导航定位系统，其具备定位导航与双向通信功能，无需其他通信系统支持或配合。BDS 采用被动式定位原理，即北斗用户只需接收来自北斗卫星发送的导航定位信号，即可精确解算出全部所需参数。2020 年 6 月 23 日 9 时 43 分，我国在西昌卫星发射中心用长征三号乙运载火箭成功发射了第 55 颗北斗导航卫星，标志着北斗三号全球卫星导航系统星座部署全面完成，北斗卫星导航系统“三步走”战略任务圆满收官。2035 年前，我国还将建成更加泛在、更加融合、更加智能的综合时空体系。

基于 BDS 的边坡监测系统，是将布设在边坡上的北斗终端所获取的信息，利用北斗系统的通信功能传送到数据解析处理子系统，再按照北斗系统的通信协议进行解析入库，数据综合管理子系统利用存储在数据库中的监测信息实现监测数据实时显示、历史监测数据统计分析等功能，整个系统的结构层次如图 10-6 所示。

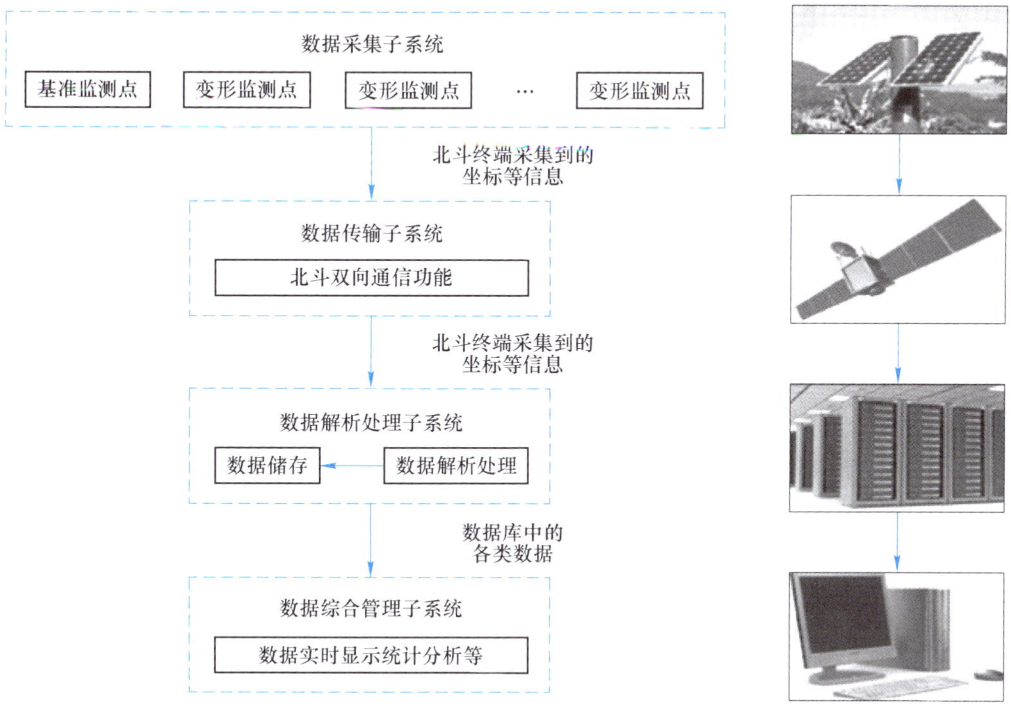

图 10-6　BDS 结构及功能示意图

10-4　BDS 监测技术原理与工程应用

BDS 是实现边坡实时、全自动、高精度监测的有效手段，已在边坡灾害监测预警方面发挥了重要作用。如 2020 年入汛以来，湖南省常德市石门县连续遭遇几轮强降雨过程。7 月 6 日下午，石门县南北镇潘坪村雷家山发生大型山体滑坡，塌方山体达到 300 万立方米。幸运的是，基于 BDS 的灾害监测系统成功提前监测到此次地质灾害隐患并发出预警，当地及时组织人员疏散，此次灾害并未造成人员伤亡。

10.3.1.5 无人机摄影测量系统

无人驾驶飞机简称无人机（UAV），是一种集有动力、可控制、能携带多种任务设备、执行各种飞行任务等诸多优点于一身且能重复使用的无人驾驶航空器。无人机摄影测量技术指在无人机平台上搭载摄影测量仪器，完成低空摄影测量的技术。它作为卫星遥感和常规航空摄影测量的有益补充，具有成本低、飞行简单、起降方便、场地要求不高、数据处理简便、能够覆盖较大区域等优势，特别适合大型崩塌、滑坡、泥石流沟等的野外调查勘测。

无人机摄影测量原理本质上与常规摄影测量相同，都是通过搭载的摄影测量仪器（如数码相机、LiDAR 等）获取三维物体的二维图像信息，然后采用计算机立体视觉技术，利用图像平面坐标系与实际空间坐标系间的透视变换关系获得目标对象的三维坐标数据，通过前后两次拍摄数据对比，实现变形监测。

与常规摄影测量相比，无人机摄影测量通过无人机平台提供了从天空鸟瞰的视角优势，能够大范围几乎无死角地获取目标体的空间图像信息，根据摄影方式的不同，可分为垂直摄影和倾斜摄影。垂直摄影主要通过视场区域内各摄影站点中心垂直投影图片生成正射影像（见图 10-7（a）），主要用于研究目标体的平面位置、大小等形状特征信息，适用于大范围地形图的绘制。

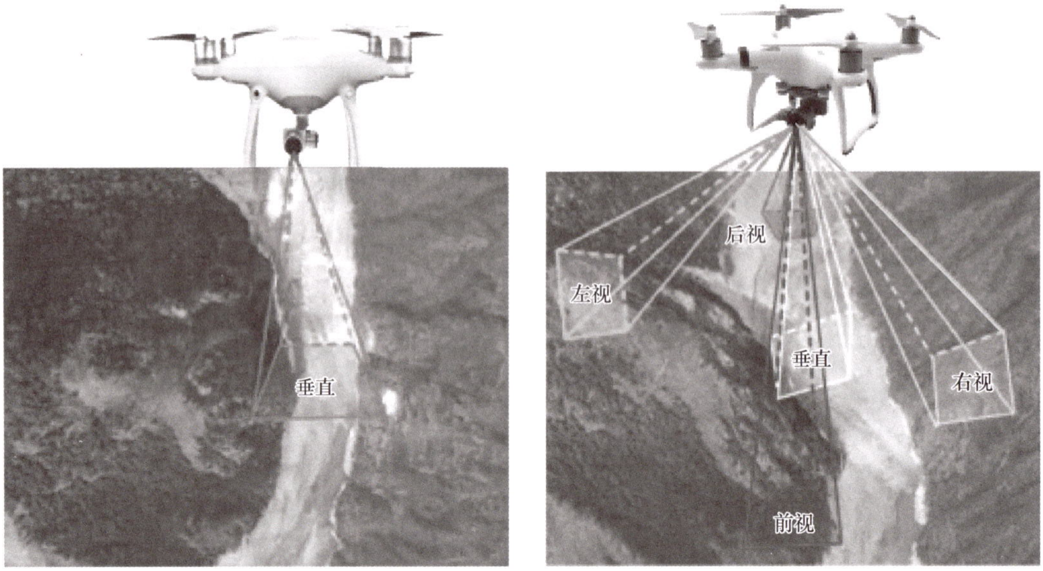

(a) (b)

图 10-7 无人机摄影测量典型工作模式

（a）垂直摄影；（b）倾斜摄影

10-5 无人机监测技术原理与工程应用

而倾斜摄影是通过从不同角度摄影，获取目标体垂直、前视、后视、左视、右视 5 个视角的图像信息（见图 10-7（b）），进而合成三维图像模型，不仅包含了地物的平面信息，还包含了侧面、立面等三维信息，可用于目标体的位置、形状、大小、横断面、地形起伏等三维几何参数的测量。与垂直摄影相比，倾斜摄影不仅能生成正射影像，用于地形测绘，还能够生成三维实景模型，用于侧立面或横断面几何信息提取、体形变化测量、三维场景模拟等。

10.3.1.6 三维激光扫描技术

三维激光扫描技术又称实景复制技术，其核心是激光发射器、激光反射镜、激光自适应聚焦控制单元、CCD 技术和光机电自动传感装置。三维激光扫描技术能够快速、直接、高精度、非接触地获取研究对象表面空间三维数据，进而快速重构出边坡实体目标的三维模型及点、线、面、体、空间等各种制图数据，其独特的空间数据采集方式使其具有多方面的技术优势。与传统的测绘技术相比，三维激光扫描技术自动化提取信息程度高、表达对象细节信息能力强、受环境条件影响小、数据采集效率高。

三维激光扫描技术所获取的原始数据是由全离散的矢量距离点构成的，被称为“点云”。点云数据包含了大量的粗差和系统误差，不能被直接使用。此外，点云数据中还包含有大量的冗余信息，这些冗余信息对后续的三维建模和数据分析帮助不大，并且占用大量的存储空间。因此，该技术一般包括粗差剔除、模型拼接、参考系匹配、数据压缩、三维建模、应用分析等步骤。

在边坡表面位移监测中，三维激光扫描仪可在每个测站获取大量的点云数据，点云中每个点的位置信息均在扫描坐标系中以极坐标的形式描述。扫描前需在待扫描的边坡区域内布设“扫描控制点”，一般由北斗/GPS 或者全站仪等测量手段获取控制点的大地坐标，将点云坐标转换为大地坐标，为边坡监测提供标准通用数据。获取数据后运用扫描数据处理软件进行坡体特征提取，生成边坡区域 DEM（Digital Elevation Model，数字高程模型），并用软件生成描述边坡形态的地形图，为边坡变形监测与灾害预报提供基础数据，监测流程如图 10-8 所示。

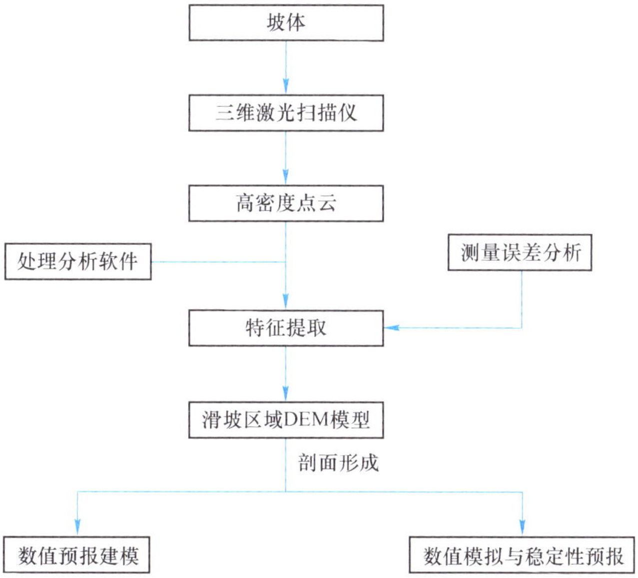

图 10-8 三维激光扫描监测流程图

10-6 三维激光扫描技术原理与工程应用

10.3.1.7 分布式光纤测量系统

光纤传感的基本原理是光纤中的光波参数，如光强、频率、波长、相位以及偏振态等会随外界信号参数的变化而变化，通过检测光纤中光波参数的变化可达到检测外界物理量的目的。

近年来兴起的光纤传感器具有抗电磁干扰、防水、抗腐蚀、耐久性长等特点。特别是分布式光纤传感器，其体积小、重量轻，便于铺设安装，将其植入监测对象中不存在匹配的问题，对监测对象的性能和力学参数等影响较小；光纤本身既是传感体又是信号传输介质，可实现对监测对象的远程分布式监测。分布式光纤传感技术最显著的优点就是可以测出光纤沿线任一点上的应变、温度和损伤等信息，实现对监测对象的全方位监测。

10-7 分布式光纤测量技术原理与工程应用

光纤网是若干个节点经由光纤或光缆连接而成的面状网络，通过特定的布设方法，可以仅凭一条光纤便将所有节点都连接起来，从而简化了数据线的接入问题，如图 10-9 所示。节点之间的光纤，也由于节点群的约束，对周围环境的变形非常敏感。

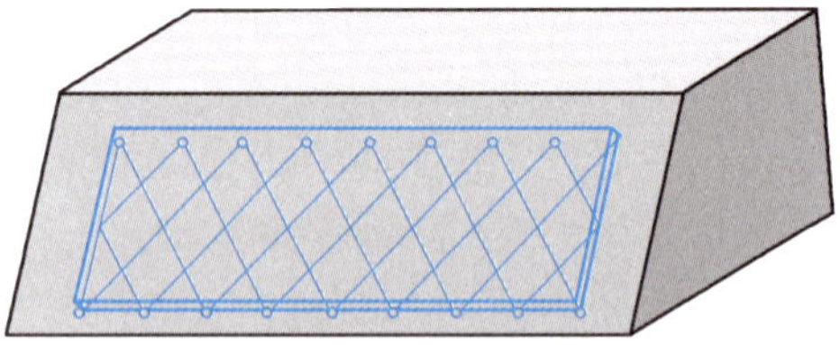

图 10-9 光纤传感网络布设示意图

对于土质边坡，节点被固定在土体表面以下一定位置；对于岩质边坡，直接附着在岩体表面，固定方式可采取锚杆等方法；光纤/光缆通过专门的固定剂固定在节点上，将岩土体表面的各节点连接成网，监测边坡表面位移。

需要注意的是，边坡表面位移监测不能感知滑坡内部的地质活动，也不能监测滑面的形成发展和破坏过程。而滑坡的变形和应力变化从内部开始，早期演化信息自内而外发出，灾变的初始信息只能从边坡内部感知。只有当滑体内部充分发生变化，滑坡表面才会出现宏观外在变形。宏观变形超过一定程度，才能被地表监测设备捕捉。中国目前的滑坡监测以监测地表变形和降雨为主，更加接近于“表观现象监测”，但地表变形和降雨不是滑坡发生的充分条件，难以实现滑坡早期准确预警，而降雨冲刷引起的表层土壤移动等情况可能导致基于表面位移监测的滑坡误报。

10.3.2 边坡内部位移监测

与表面位移监测相比，边坡内部位移监测具有更早发现滑坡内部破裂及剪切滑动力等异常变化的潜力。内部位移监测技术通过分析深部变形数据的变化规律，结合变形机制和诱发因素等条件，掌握滑面的活动特征和发展趋势，从而能在灾害发生前及时有效地发出预警。内部位移监测能够有效补充表面位移监测技术以达到立体化监测效果，实现滑坡发展演化过程的灵敏感知和灾害风险的早期识别预警。

边坡内部位移监测设备通常贴合在滑体钻孔内并穿过滑面，具有较高的测量精度和时间分辨率，能够高效获取钻孔周围岩土体的变形信息，尤其是滑面变形信息，有助于理解滑坡的启动机制和发展演化规律。常见的边坡内部位移监测技术包括土体位移计、多点位移计、倾斜仪和时域反射系统（TDR）等，如表 10-3 所示。

表 10-3 边坡内部位移监测技术及其特点

监测技术	测量精度	时间分辨率	备 注
阵列式位移计（SAA）	±1.5 mm/(30 m)	高，连续监测	量程超过 100 mm，能探测滑动方向和滑面深度，设备和软件成本较高
多点位移计	高	较高	滑面定位精度低，量程较小，不能确定滑动方向，成本较高
拉线式位移计	较低	较高，连续监测	能测相对位移、定位滑面，不能确定滑动方向，成本较低，量程大
钻孔引伸计	0.01 ~1 mm	高，连续监测	鲁棒性强，成本较低，对温度变化敏感，一维测量，最大量程 200 mm
测斜仪	±0.2 mm/m	高，持续采集数据	量程一般小于 50 mm，能确定滑动方向和滑面深度，成本较高
时域反射系统（TDR）	mm 级至 cm 级，精度随缆线增长而降低	高，连续监测	不能直接测量变形或变形率，能定位滑面，不能确定滑动方向

10.3.2.1 土体位移计

土体位移计可用于测量岩石、土体等钻孔的轴向变形，也可埋入边坡岩土体中，在边坡内部位移监测中广泛使用。如图 10-10 所示，土体位移计的主要测量器件是一个振弦式应变计，连同一个配有滑动杆的精密线性弹簧。随着滑动杆伸缩，传递器件、弹簧张力以及振弦张力都会发生变化。张力变化量与拉伸量成正比。率定后可得出仪器的系数，该系数是振动频率和拉伸量的函数。

10-8 土体位移计监测技术原理与工程应用

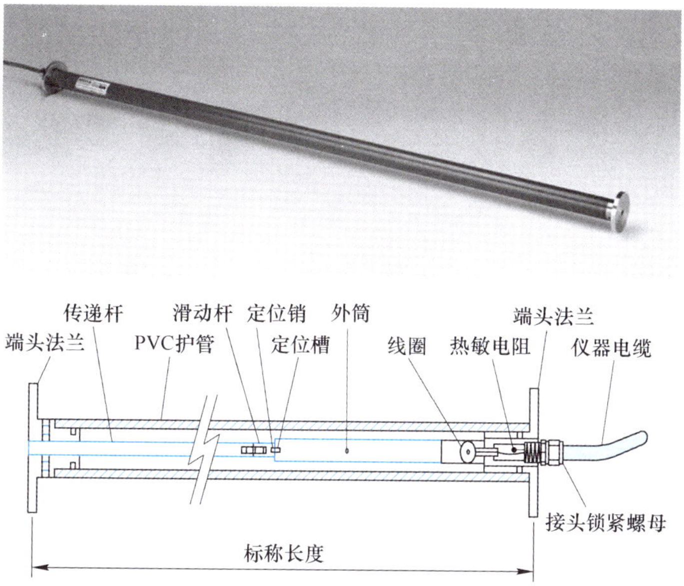

图 10-10 土体位移计实例及结构示意图

位移计的传感器固定在一个法兰端，通过一定长度的传递杆连至另一个法兰端。传感器和传递杆外套有一根给定长度（仪器长度）的塑料保护管（当仪器较长时则在中间增加伸缩节）来固定两个法兰端，确保连杆固定不动。当两法兰相对移动时，位移信号被传递杆传至传感器，由读数装置测得读数。通过选择不同的仪器长度和传感器的量程范围，可达到最佳灵敏度。若要达到最高分辨率，应选用仪器长度较大、量程较小的传感器；而针对变形较大的情况，则应选择长度相对较短、量程较大的传感器。

10.3.2.2 多点位移计

多点位移计可在同一钻孔中沿其长度方向设置不同深度的测点 3~6 个（有些可达 10 个及以上测点），测量各测点沿长度方向的位移，适用于边坡不同深度的位移监测。

多点位移计主要由锚头、传递杆、护管、支承架、护筒、传感器、护罩以及灌浆管（或压力水管）等部件组成（见图 10-11）。传感器可选用人工测读的机械式测微仪表，也可用远程传输的电测传感器，如线性电位器式位移计、差动电阻式位移计、振弦式位移计等。

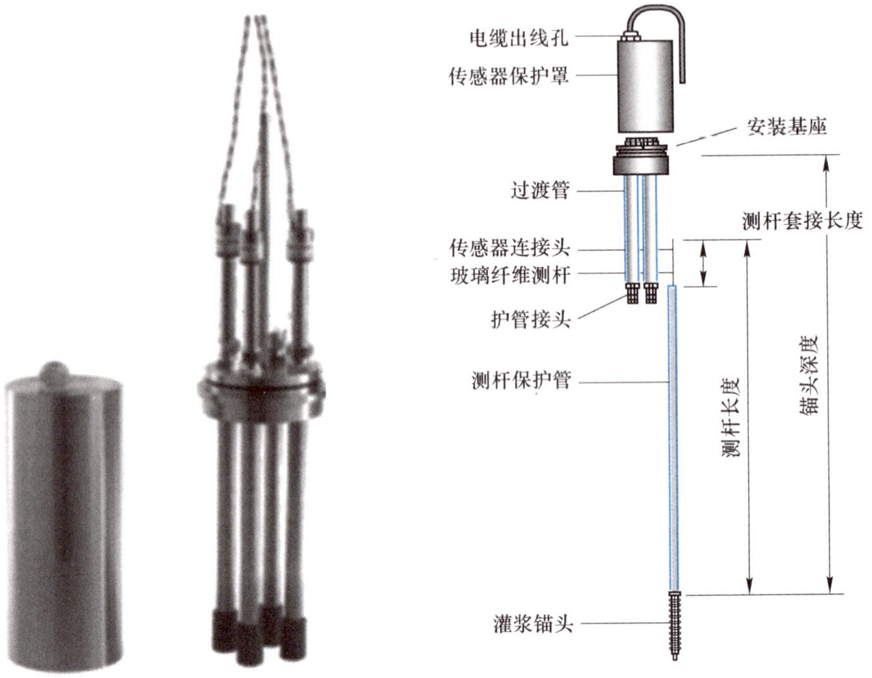

图 10-11 多点位移计实例及结构示意图

钻孔中各锚固点岩体所产生的位移，经传递杆传到基准端，各点位移量均可在基准端进行量测。

10-9 倾斜仪监测技术原理与工程应用

10.3.2.3 倾斜仪（倾角计）

倾斜仪可分为垂直测斜仪与水平测斜仪，通常在钻孔中测斜管内使用。通过测量测斜管轴线与铅垂线或水平线之间夹角变化量，监测土、岩石和建筑物的水平及垂直位移。倾斜仪又可分为活动型和固定型两种，活动型倾斜仪带有导向滑动轮，可在测斜管中逐段测出产生位移后轴线与铅垂线或水平线的夹角；固定型倾斜仪是把测斜仪固定在测斜管某个位置上，连续、自动测量监测仪器所在位置倾斜角的变化。

倾斜仪传感器型式有多种，如伺服加速度计式、串联固定式、MEMS（微机电系统）式、电位器式、振弦式、电感式、差动变压器式等。

10.3.2.4 时域反射系统

时域反射系统（Time Domain Reflection，TDR）主要由电脉冲信号发生器、传输线（同轴电缆）、信号接收器等组成。TDR 技术实质上是电磁波理论的运用，其工作原理是同轴电缆受到剪切或拉伸作用时，受力区域几何特性的改变将引起该区域同轴电缆特性阻抗的变化，电磁波在其中的传播将发生反射与透射。

一个完整的 TDR 滑坡监测系统一般由同轴电缆、TDR 时域反射仪、数据记录仪、远程通信设备以及数据分析软件等几部分组成。在待监测的边坡上钻孔，并将同轴电缆安放在钻孔中，在钻孔中灌注水泥砂浆，使同轴电缆与周围岩土体紧密结合。由 TDR 时域反射仪激发电脉冲信号沿着同轴电缆从地表向下传播，边坡的位移和变形将使同轴电缆断裂或变形，从而引起同轴电缆阻抗发生变化，产生反射脉冲信号，反射信号在电缆的特性信号曲线上显示为一个脉冲峰尖，边坡变形的位置即能被精确确定。TDR 位移监测系统及远程信息传输，如图 10-12 所示。

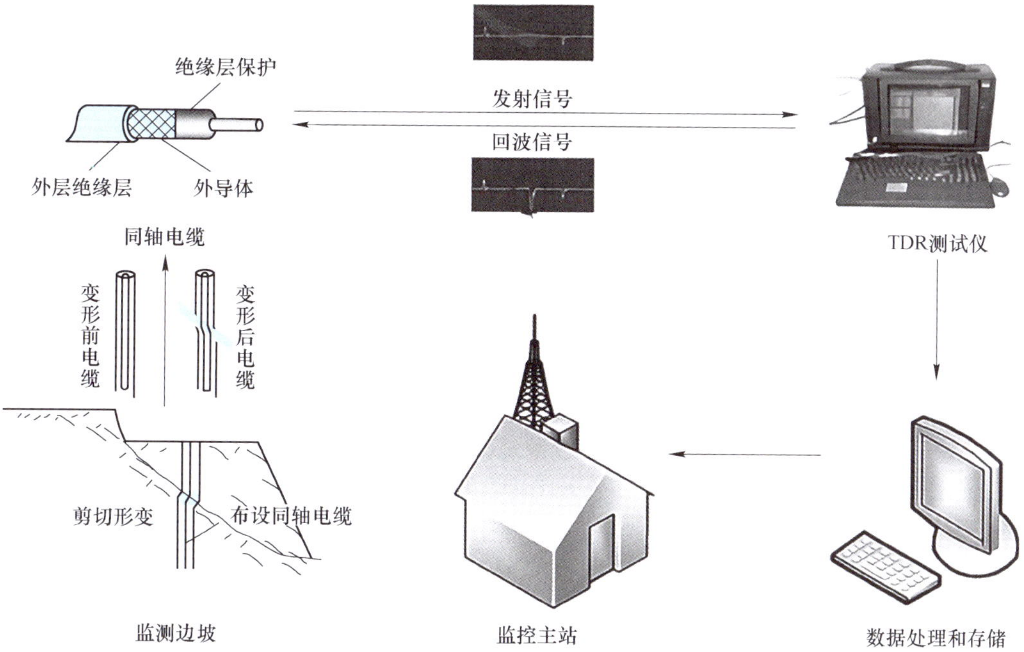

图 10-12 TDR 位移监测系统及远程信息传输示意图

10-10 TDR 监测技术原理与工程应用

TDR 系统价格低，监测时间短，提供数据较快捷（一般 3~5 min 可以测读一个数据），能实现遥测，安全性高。但由于 TDR 系统对无剪切作用不敏感，使得其在倾斜、滑坡移动量和移动方向的监测上存在不足，需同时配合其他监测方法进行弥补。

10.4 地下水监测

地下水作为影响边坡稳定性的一个重要因素，会降低不连续面的抗剪强度，对坡体产生浮托力，诱发和加速坡体的滑移，是边坡变形破坏和滑坡灾害的主要触发原因之一。因此，地下水动态长期监测是边坡监测的重要内容，其中渗流压力、渗流量是重点监测项目。其主要目的有：

（1）检验稳定性计算和分析时所预测的状态，如果实际地下水状态与预测结果有较大差异，则应重新评价边坡稳定性；

（2）监测水压变化，预报不稳定坡体的破坏状态；

（3）对于露天矿而言，使用早期地下水压、水量的观测资料，可预测边坡向下延深过程中的地下水状态；

（4）检验疏干效果。

地下水监测是通过布置满足一定规则的观测点来监测边坡岩土体渗流压力和渗流量等指标。观测点位置和深度可根据地质情况、边坡潜在滑动面位置、排水设备类型、可能产生渗透变形情况、渗水部位、汇集条件、渗流量大小并结合所采用的观测方法等因素确定。观测点数量可根据岩土体性质不同，在每一不同岩土体相应深度处布置2~3个基面，每个基面布置3~5个测点，且尽量将测点设在强透水层中，以观测各层中渗流压力变化。在观测点位置布设相应监测仪器，直接或间接得出该测点渗流压力。

10.4.1 地下水监测仪器简介

用于渗流压力观测的仪器可统称为孔隙水压力计，可用于边坡工程地下水流情况监测。水压力计型式有多种，一般分为竖管式、水管式、电测式和气压式四大类。电测式又依传感器不同分为振弦式、电阻应变片式和压阻式等。国内多采用竖管式、水管式和振弦式孔隙水压力计。各类孔隙水压力计的优缺点如表10-4所示。

表10-4 各类孔隙水压力计性能比较表

类型	优 点	缺 点
竖管式 测压管式	构造简单，观测方便，测值可靠，无需复杂的终端观测设备。使用耐久，无锈蚀问题。有长期运行记录	埋设复杂，钻孔费用高，易受施工干扰破坏。存在冰冻问题。竖管套管要尽量竖直放置，易堵塞失效。有时响应较慢
水管式 双水管式	有长期使用记录，响应快，观测直观可靠。能利用观测井集中测量。双水管式还可测出负孔隙压力。相对竖管式不易受施工干扰破坏	存在冰冻及与水有关的微生物滋生堵塞问题，要用脱气水定期排气，长期运行失效率达30%。要在下游设观测井，费用高，施工有干扰，高程不能高过测头位置5~6 m

续表 10-4

类型		优点	缺点
电测式	振弦式	读数方便，维护简易，响应快，灵敏度高。能测负孔隙压力，能遥测实现自动化。测头高程与观测井高程无关，无冰冻问题。输出频率信号可长距离传输，电缆要求较低，使用寿命长	偶有零点漂移，有时会停振，对气压敏感，室外须有防雷击保护
	电阻应变片式	响应快，灵敏度高。可长距离传输，以实现遥测自动化。加工制作简单，无冰冻问题。测头高程与观测井高程无关。能测负孔隙压力，适宜动态测量	对温度敏感，零点漂移可能较大。对温度、电缆长度和连接方式的改变敏感。长期稳定性较差
气压式		测头高程与观测井高程无关，无冰冻问题。响应快，易于维护，测头费用低。可直接测出孔隙压力值	须防止湿气进入管内。使用时间较短，操作要求高

10-11 几种常见的孔隙水压力计

10.4.2 地下水监测注意事项

应定期对水压进行监测，并辅以边坡涌水量、降水量监测，绘制边坡地下水等水头线图。边坡渗流量的监测应根据渗水部位、汇集条件、渗流量大小并结合所采用的观测方法布置观测点。渗流量监测仪器主要有量水堰、量水堰渗流量仪和管口渗流量仪等。

监测周期视工程水文地质条件的类型而定，一般在雨季、不稳定迹象出现地段、疏干系统开始工作期应加密观测次数。监测资料较完整时，可分别绘制涌水量、水头、影响半径以及边坡渗出段高度随潜水面下降值的变化曲线等。另外，地下水监测的其他注意事项还有：

（1）地下水位观测点，应以长期观测钻孔为主；

（2）当边坡内同时存在多个含水层时，应分层观测水位；

（3）地下水位监测点应布置在有代表性的剖面上，特别是稳定条件不利区段，包括设计边坡最高或最陡处、岩性软弱或有不利方向的结构面、水文地质条件不利地段等；

（4）剖面线数量及每一剖面上水压力计个数取决于地下水对边坡稳定性影响的重要性、水文地质结构的复杂程度、工程规模等；

（5）对矿山边坡而言，随边坡开挖的进行，潜水位可能不断下降，导致部分水压计失效，需增补新水压计，以跟踪监测地下水位。

10.5 振动监测

振动监测包括爆破振动监测和岩石破裂监测，其中岩石破裂监测主要包括地音（声发射）和微震监测。

10.5.1 爆破振动监测

利用日常生产爆破，测量地震波在边坡岩体中的传播速度、加速度及其变化，可描述各部分岩体的相对完整性及其变化过程，进而推断边坡稳定性的变化。

（1）爆破振动监测系统。监测系统一般由传感器、监测仪、存储体、计算机等部分组成，如图 10-13 所示。在具体工程监测时，应根据实际需要，选用合适的监测系统，确定合理的量测范围。

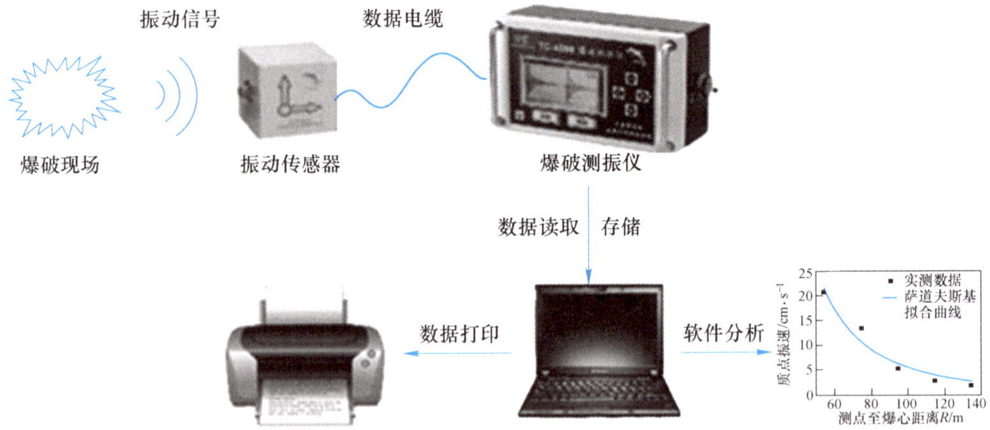

图 10-13 爆破振动监测系统示意图

（2）量程和灵敏度选择。振动监测中，仪器的可测量程范围和灵敏度选择对能否获取爆破振动的数据十分重要。要注意仪器的最小和最大可测范围。对于部分具有微积分变换过程的仪器，如位移摆型速度输出的拾振器（速度计），其可测范围更应注意，输入与输出之间是一个微分换能过程，在相同的输入量条件下，输出的大小与频率成正比。由于位移摆可测最大位移量程是常量，假定为 A_m，则根据微分关系，其可测最大速度量程为 $v_m = 2\pi f A_m$（式中 f 为频率）。

10-12 爆破振动监测系统应用案例

（3）传感器安装要求。振动监测中，应合理选择测点的具体布置和传感器的安装位置。为保证正确的监测记录，对测振传感器的安装和固定，应注意以下几点：首先要注意传感器的安装和测点布置位置应反映被测对象的振动特征；其次应保证传感器与被测物体的良好固定，确保紧密接触；最后应保证连接导线的绝缘与屏蔽性能良好、连接插件与仪器接触紧密。

采用固定件固定传感器时，传感器与被测物体间将增加一个弹性垫层。固定件本身所产生的振动为寄生振动。故振动监测中，首先应尽量减少不必要的固定件，尽可能使传感器直接固定于被测物体上，仅在必要时才设置固定件。实际上由于监测需要和安装条件的限制，一定的固定件和连接方法总是不可避免的。

常用的传感器安装方法包括：胶合剂等黏附、探针固定、直接安放等。不同的安装方法各有特点，适用于不同情况。如探针固定方法要求被监测信号频率不能太高，一般应小于 1000 Hz（岩土爆破振动频率一般不超过 100 Hz），适用于监测点多且不确定的场合。

10.5.2 地音（声发射）与微震监测

工程活动引起的震动现象可分为两种：一种是震动比较强烈、能量为 $10^2 \sim 10^8$ J（里氏震级 $-2.0 \sim +2.5$ 级），震动频率通常小于 200 Hz 的事件，属于微震（简称

MS）范畴；另一种是震动能量较弱，震动频率高，通常大于 1000 Hz 的事件，则视为地音现象，实验室又称声发射（简称 AE）现象。事实上，微震、地音（声发射）本质上是一致的，均为岩石破裂产生弹性波的传播现象，根据其能量、频率的不同而人为划分，无明确界线。

有效监测重点危险区域的地音现象，可在危险萌芽阶段对岩石破裂风险进行控制；精确的微震事件监测，则可对监测区域内的高能事件分布进行区域划分，有效判断岩体内的能量释放情况，以采取更具有针对性的处治措施。

10.5.2.1 地音监测

地音技术在边坡稳定性监测方面的应用源于 20 世纪 30 年代末的硬岩矿山声波试验研究，在利用 AE 技术预测边坡稳定性方面取得显著进展和成效。20 世纪 60 年代末 70 年代初，美国矿山局 Paulsen 等开始利用 AE 技术研究加州某露天矿的边坡稳定性，成功地监测预报了露天矿边坡的破坏过程。在国内，中钢集团武汉安全环保研究院有限公司利用 AE 技术对长江三峡大坝一些关键部位的岩石活动情况进行监测，为三峡大坝的建设提供了重要依据。图 10-14 为边坡地音监测系统结构示意图。

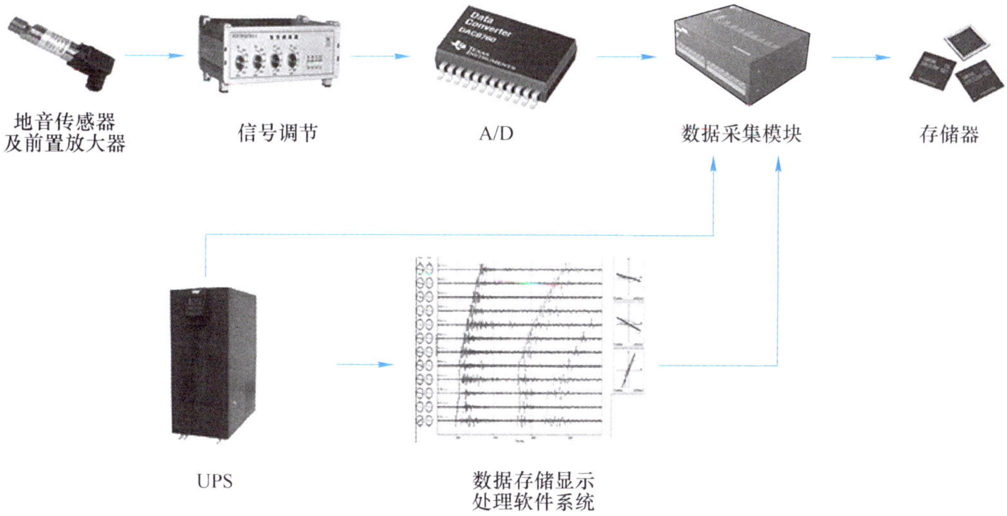

图 10-14　边坡地音监测系统结构示意图

地音监测原理：岩体受力将产生变形和微破坏，同时会产生地音现象。地音信号的数量、强弱等指标的变化反映了岩体受力情况。一般而言，表征地音的参量有：分级事件数、总事件数、能率、地音信号频率、事件延时与事件到时差等，它们分别反映了地音信号或地音事件的不同特征。

对某一区域连续进行地音监测，并系统分析地音事件频度、能率、频率、延时等一系列地音参量，找出地音活动规律，可判断岩体受力状态和破坏进程，评价岩体的稳定性。

地音监测方法：一般分为两类，一类是间断性的监测方法，采用不定期流动监测方式，根据地音参量的变化判断岩体的破坏趋势，评价岩体的稳定性，预报灾害发生，为安全生产提供可靠信息；另一类是连续监测方法，该方法一般使用大型地音监测系统，可使用多个通道测量方式，测量范围大，并可实现地音信息的连续、实时监测与集中处理。

10.5.2.2 微震监测

近年来，作为一种岩体微破裂三维空间监测技术，微震监测技术得到了迅速发展。

A 微震监测原理

在岩石承载过程中，其内在缺陷被压裂或扩展或闭合，此时产生能级很小的声发射，当裂纹扩展到一定规模、岩石承载接近其破坏强度的一半时，开始出现大范围裂隙贯通并产生能级较大的声发射，称之为“微震”。当承载接近岩石的极限强度时，微震事件的次数显著增加，直至岩石破坏。

边坡微震监测技术是利用岩体开挖或者受到施工扰动后本身发射出的弹性波来监测工程岩体稳定性的技术方法。这些微破裂以弹性能释放的形式产生弹性波，每一个微震信号都包含着岩体内部状态变化的丰富信息，并可被安装在有效范围内的传感器接收，利用多个传感器接收这种弹性波信息，通过反演方法就可以得到岩体微破裂发生的时刻、位置和性质，即地球物理学中所谓的“时空强”三要素，如图10-15所示。根据微破裂的强度、集中程度、破裂密度，则有可能推断岩体宏观破裂的发展趋势，这便是微震监测技术的核心思想。

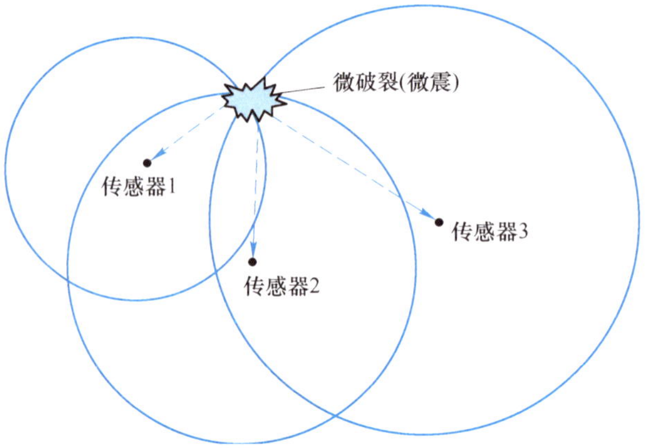

图 10-15 微震监测原理示意图

B 微震监测系统组成

以锦屏一级水电站左岸边坡微震监测系统为例，微震监测系统主要包括加速度传感器、数字信号采集系统、数字信号处理系统、电缆光缆、数据通信调制解调器以及三维可视化软件等。微震监测系统覆盖区域范围内，分布于不同高程的传感器可对边坡深部岩体卸荷产生的微破裂事件实施 24 h 连续监测，获取大量微震事件的时空数据、误差、震级以及能量等多项震源参数，并对采集的数据进行滤波处理，提供震源信息的完整波形与波谱分析图，自动识别微震事件类型，通过滤波处理、设定阈值、带宽检波等方式排除噪声事件。图 10-16 所示为微震监测系统网络拓扑图。

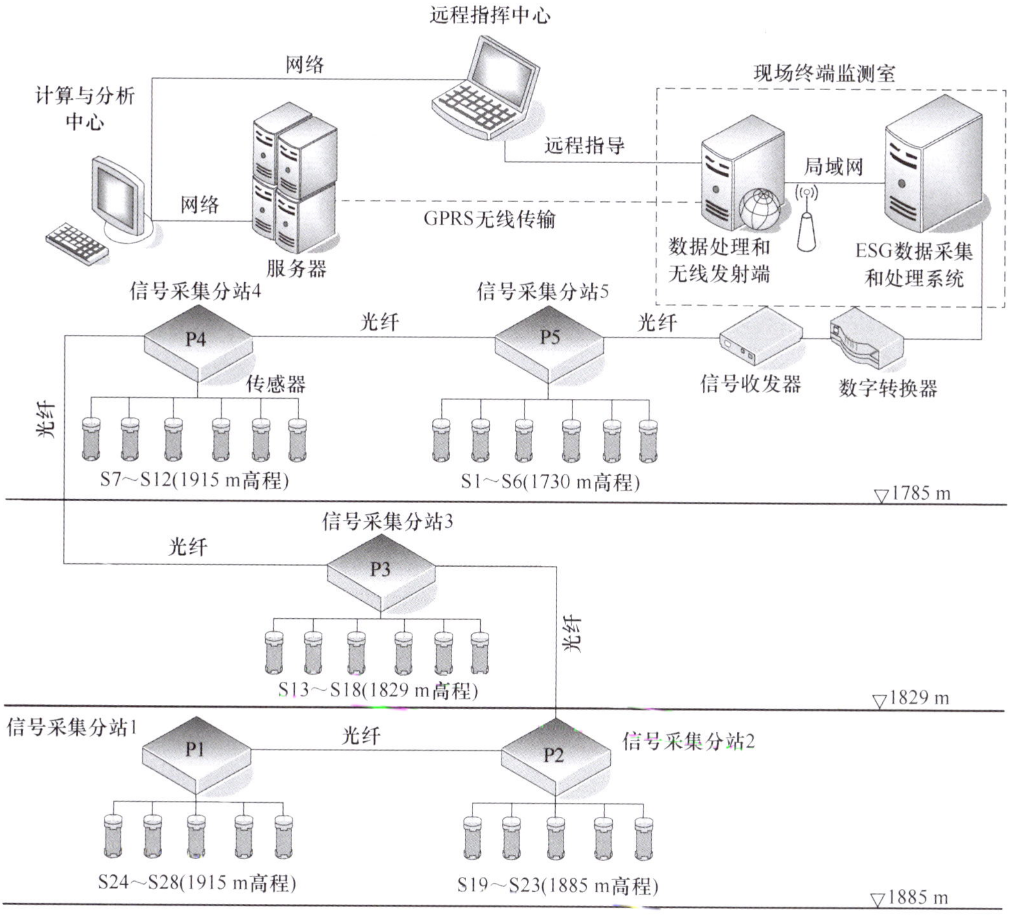

图 10-16 微震监测系统网络拓扑图

10.6 加固工程结构物荷载监测

某些具有滑动危险或已经失稳的边坡须采取适当的支护措施，且需在支护工程施工和运营时对支护结构进行监测。常用的支护结构有土钉、锚杆、预应力锚杆、抗滑桩、挡土墙等。

锚杆（索）荷载及挡土墙侧压力，一般采用测力计测量。常用的测力计有差动电阻式测力计、电阻应变测力计和钢弦测力计，可制成压缩式，也可制成拉伸式。测量结果需及时绘制荷载-时间变化曲线，如果荷载变化，应及时分析产生变化的原因，为边坡支护方案的调整提供依据。

10.6.1 锚杆与土钉轴力监测

锚杆、土钉轴力量测的目的在于了解其实际工作状态，结合位移量测，修正锚杆、土钉的设计参数。锚杆轴力量测传感器主要有钢筋计和电阻应变片式锚杆测力计。

（1）钢筋计。钢筋计主要用来监测混凝土或其他结构中的钢筋或锚杆的应力，例如桥梁、混凝土桩以及芯墙。常用的钢筋计有振弦式和光纤光栅式等，振弦式钢筋计是一种具有一定长度的高强圆钢，沿其中心轴线钻孔，在钻孔内安装一个微型振弦式应变计。不同类型钢筋计的安装方式不同，有的焊接在待测钢筋断面之间，有的则平行绑扎到待测结构的钢筋上。用于锚杆测量时，可采用螺纹将其与被测锚杆连接（见图 10-17），也可将钢筋计直接焊接在待测锚杆的中间，建议使用对焊或坡口焊接工艺。将带有钢筋计的锚杆推到钻孔中时，应避免损坏电缆，必要时做好保护。

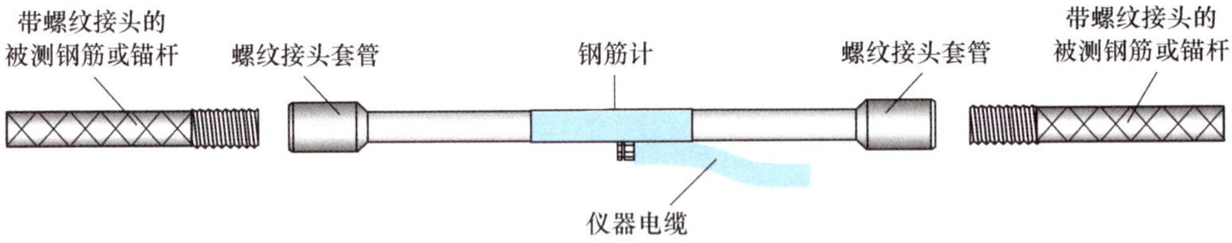

图 10-17 振弦式钢筋计与被测结构螺纹连接示意图

光纤光栅式钢筋计是贴有光纤光栅的高强度钢体，焊接在两段钢筋断面之间。一般将贴有光纤光栅的高强度钢体焊接在钢筋混凝土结构的待测钢筋断面之间，如图 10-18 所示。

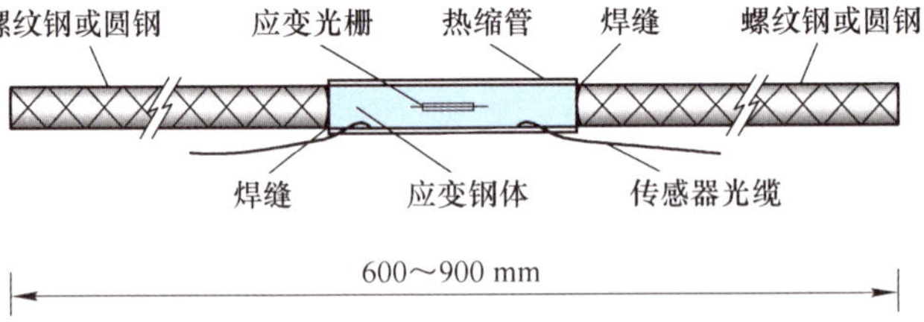

图 10-18 光纤光栅钢筋计与被测结构焊接示意图

（2）电阻应变片式锚杆测力计。电阻应变片式锚杆测力计是用一种高强度钢或不锈钢圆筒，沿周边粘贴 8~16 片高输出电阻应变片构成惠斯通全桥结构；当受荷载时，全桥输出阻值发生变化，用以测量其压缩或张拉的荷载。电阻应变片的上述布置可补偿温度影响和偏心加载。

用作监测的每根锚杆或土钉一般布置 3~5 个测点，观测其受力状态和加固效果，了解应力沿杆体的分布规律。土钉或锚杆安装应力计时应符合安装技术要求。应力计采用螺纹或对焊和杆体连接。需要对焊的应力计，应在冷却下进行对焊，应力计与锚杆保持同轴。应力计安装前还须进行标定。

10.6.2 预应力锚杆（索）监测

预应力锚杆（索）应力监测，其目的是分析锚杆（索）的受力状态、锚固效果及预应力损失情况，因预应力的变化受到边坡变形和内在荷载变化的影响，通过监控锚固体系的预应力变化可以了解被加固边坡的变形与稳定情况。

锚杆（索）测力计安装是在锚杆（索）施工前期进行的，其安装过程包括：测力计室内检定、现场安装、锚杆（索）张拉、孔口保护和建立观测站等。

（1）振弦式锚杆（索）测力计。振弦式锚杆（索）测力计用于锚索、岩石锚杆、锚栓或拱形支架的荷载以及其他重型荷载的测量。

振弦式锚杆（索）测力计本身为高强度合金钢圆筒，内置3、4或6只高精度钢弦式传感器。传感器可测量作用在锚杆（索）测力计上的总荷载，同时通过测读每只传感器，还可测量不均匀或偏心荷载，其结构如图10-19所示，典型安装如图10-20所示。

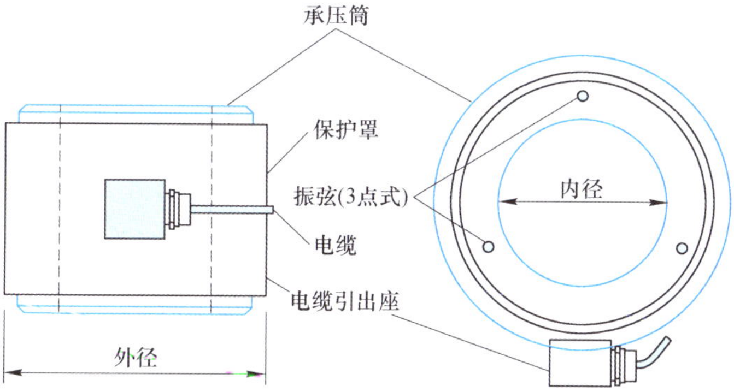

图10-19　振弦式锚杆（索）测力计结构示意图

（2）光纤光栅锚杆（索）测力计。光纤光栅锚杆（索）测力计用于锚索或锚杆应力测量，其外形结构、内部光纤光栅应变传感器（FBG）分布见图10-21。光栅与测力计轴线平行，当荷载作用在锚杆（索）测力计上时，带动光栅产生压缩变形并导致光栅波长产生相应变化，从而获得应力变化。图中结构为4光栅传感器型（不包含测温光栅），其他如3光栅或6光栅传感器结构与此类似。

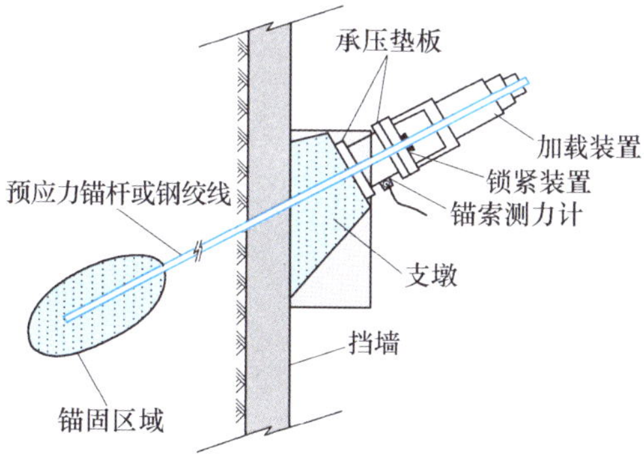

图10-20　锚杆（索）测力计安装示意图

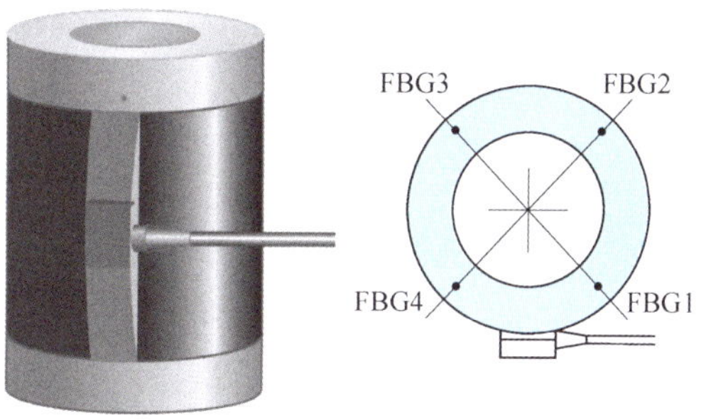

图10-21　光纤光栅锚杆（索）测力计结构示意图

10-13　预应力锚索监测系统应用案例

由于光纤光栅具有对温度敏感的特性，一般光纤光栅锚杆（索）测力计内置有测温光栅，根据锚杆（索）测力计大小不同，通常有4~7条光纤光栅，其中一条用作测温以及温度补偿，其余几条用于应力测量。采用多根光栅的意义在于可在一定范围内消除偏心荷载的影响，提高测量精度。

对于预应力锚杆（索）的应力监测根数，不宜少于总数的 5%；非预应力锚杆的应力监测根数，不宜少于总数的 3%；且均不应少于 3 根。

10.6.3 抗滑桩监测

抗滑桩是承受侧向荷载用于处治滑坡的支撑结构物，其穿过滑体在滑床的一定深度处锚固，发挥抵抗滑坡下滑力的作用。

抗滑桩监测主要包括两方面内容：一是监测抗滑桩的加固效果和受力状态；二是监测抗滑桩正面边坡坡体的下滑力和背面边坡坡体的抗滑力。

监测抗滑桩的受力状态常采用钢筋计和混凝土应力计。关于钢筋计的介绍详见 10.6.1 节。需要注意的是，监测边坡下滑力及其分布时，可在桩正面和背面的受力边界及桩的不同高度处布置钢筋计。钢筋计应布置在受力最大、最复杂的主滑动面附近。

混凝土应力计则是埋设在混凝土构筑物内，可直接测量混凝土内部的拉、压应力。如图 10-22 所示，应力计由一个微型振弦式压力盒和一个混凝土圆柱体串联构成。该混凝土圆柱与周围混凝土具有相同性质，但通过一根均匀多孔透水的塑料管材料与周围混凝土分离开，并由两个法兰将应力计与周围混凝土连接。该振弦式压力盒可克服结构混凝土因温度、湿度、负载等变化引起的弹性模量变化，以及由收缩和膨胀变化引起的不确定应变变化，从而方便、准确地测量结构内部应力。

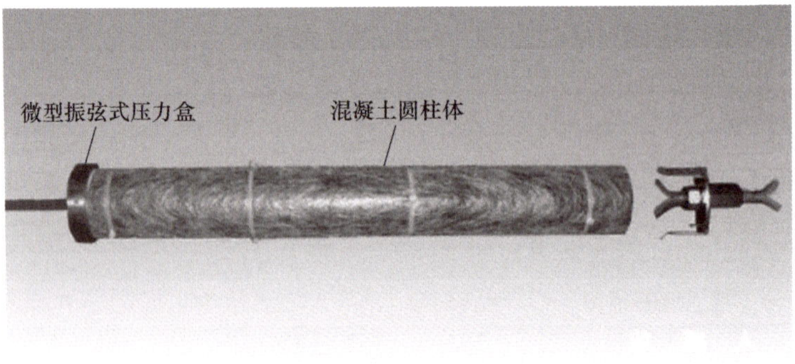

图 10-22 振弦式混凝土应力计实例

10.6.4 挡土墙监测

挡土墙是支撑边坡土体、防止土体变形失稳的构造物。受土压力作用，挡土墙破坏的主要表现形式为倾覆或墙体自身破坏。因此，对挡土墙的监测，主要观测墙背土压力变化及挡土墙位移，其中挡土墙位移可采用精密水准仪、经纬仪等测得。墙背土压力主要采用土压力计进行监测，土压力计按所采用传感器不同分为振弦式、光纤光栅式等，其结构外形基本相同，因传感器不同内部结构有相应改变。

图 10-23 所示振弦式土压力计可用来测量填土对挡土墙表面的界面接触压力，或称“接触”式土压力计。其背板较厚，放于结构外表面，避免使土压力计弯曲；其感应板较薄，用于测量土压力。

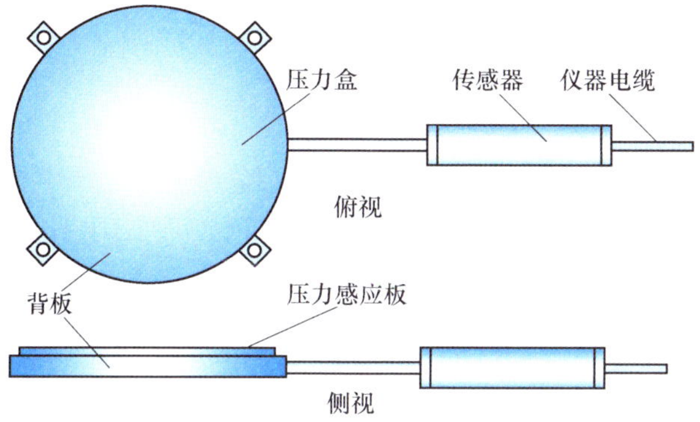

图 10-23 振弦式土压力计（压力盒）结构示意图

挡土墙回填时，可在墙体结构中安装土压力计，也可直接在现有结构表面上安装土压力计。

结构浇筑混凝土时，可用钢钉或焊接法将土压力计挂耳固定于模板上定位，感应面朝向模板，并使背板与混凝土充分结合。在要浇筑的模板内部布置电缆，多余电缆可卷起后置于保护箱体内，将电缆挂在附近钢筋上，以免浇筑混凝土和振捣时遭受损坏。

在原有结构上安装土压力计时，则将挂耳用水泥钢钉、膨胀螺栓、绑扎丝等将土压力计背板紧贴结构表面固定于结构上，不论结构表面是否光滑，都须在土压力计与结构表面之间垫入少量砂浆。

图 10-24 所示为顶出式压力盒，土压力计置于一圆盘内，圆盘置于挡土墙内侧待测土体表面并用液压千斤顶压入，保证压力盒监测面与附近土体充分接触。

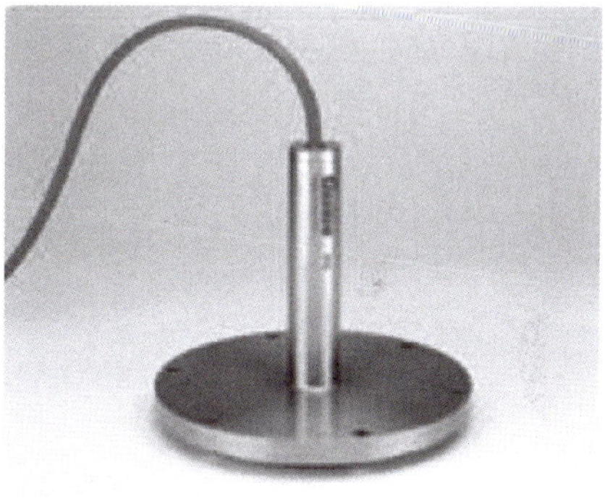

图 10-24 顶出式压力盒实例

振弦式土压力计长期稳定性好，结构牢固，操作方便，易实现自动化，在工程中应用广泛。

10.7 自动化综合监测系统

边坡工程往往工期长、涉及内容多、安全监测延续性要求高，且很多情况下需要同时监测多个参量，人工监测不便，所以有必要进行监测系统整体设计，并在条件许可的情况下，考虑提高监测系统的自动化水平。

10.7.1 结构模式

自动化综合监测系统按采集方式分为集中式、分布式和混合式 3 种结构模式。

（1）集中式自动化监测系统。集中式自动化监测系统，是将现场数据采集、数据运算处理及资料异地传输均集中在专设的终端监测室内进行。布设在各处的传感器经集线箱（或切换装置）与监测室内采集装置相连，通过集线箱切换对传感器进行巡测或选测。集线箱到采集装置之间的模拟量，抗干扰能力差，可靠性低。且不同传感器需用不同集线箱和专用测量装置，如图 10-25 所示。因此，集中式适用于仪器种类少、测点数量不多、布置相对集中和传输距离不远的中小型工程。

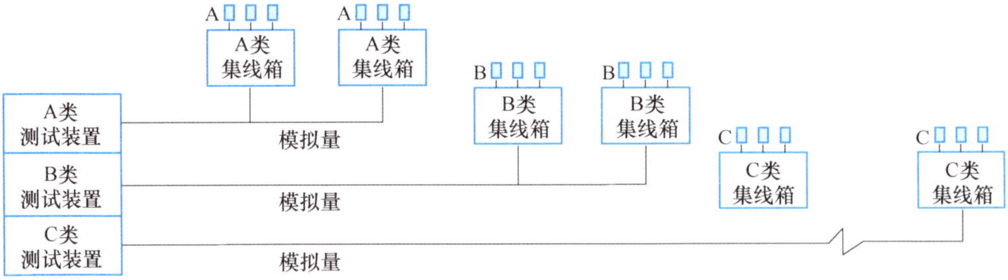

图 10-25 集中式安全监测系统结构示意图

A，B，C—不同类型传感器

（2）分布式自动化监测系统。分布式（集散式）自动化监测系统，是一种分散采集、集中管理的结构，是将测控单元（MCU）分布在传感器附近，而 MCU 具有模拟量测量、A/D 转换、数据自动存储和与上位机进行数据通信等功能。每个测控单元可看作频率、脉冲、电压、电阻等某种测量信号的一个独立子系统，各子系统采用集中控制，所有监测数据经总线输入上位计算机集中管理。

分布式自动化监测系统的优点是：测控单元与传感器距离近，缩短了模拟量传输距离，即使一个子系统发生故障也不会影响整个系统运行。分布式采集方式适用于工程规模大、测点数量多且分散的监测系统。图 10-26 为分布式自动化监测系统结构示意图。

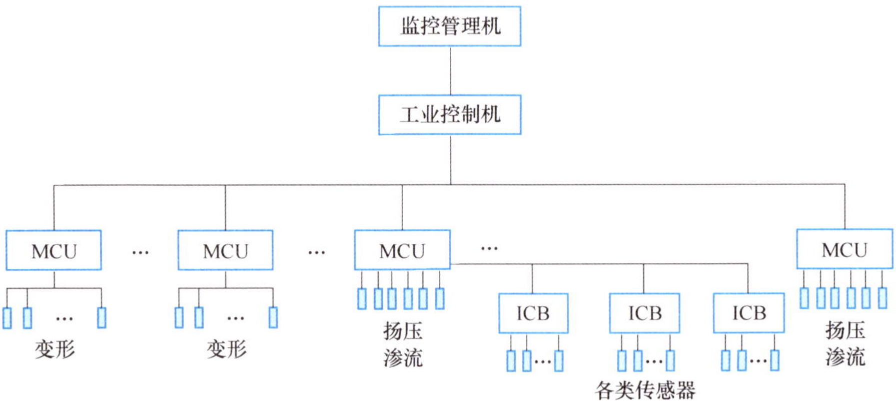

图 10-26 分布式自动化监测系统结构示意图

MCU—测控单元；ICB—智能转换箱

（3）混合式自动化监测系统。混合式自动化监测系统是介于集中式和分布式之间的一种结构模式，它具有分布式布置的外形，而采用集中式进行采集。设置在传感器附近的遥控转换箱类似 MCU，虽可汇集其周围传感器信号，但不具备 MCU 的

A/D 转换和数据存储功能。其传输的模拟信号汇于一条总线中，传输到监控站进行集中测量和 A/D 转换，然后将数字量送入计算机进行存贮处理。混合式监测系统较好地解决了模拟量的长距离传输问题，既有分散汇集大量传感器的灵活性和扩展性，又只需一套测量与控制装置。

10.7.2 系统设计

自动化综合监测系统一般由各类监测传感器、数据采集装置、通信装置、监测计算机与外部设备、数据采集软件、信号及控制线路、通信及电源线路等组成。

采集系统的数据采集装置分散设置在靠近监测仪器的监测站，其采集计算机设置在监测管理站。根据工程规模和需要，该系统可设置一个监测管理中心站，其既可设置在监测现场，也可设置在远离现场的地区。通信网络可根据需要采用双绞线、电话线、无线和光纤等通信介质。监测管理中心站应配备满足工程安全监测所必需的计算机及相应外部设备，通常应配置服务器、工作站、打印设备、存储设备、网络设备、电源设备（如不间断电源、隔离稳压电源）等。

边坡工程的自动化综合监测系统，是由许多仪器设备组成的协调整体，由此获取各种物理量，并对取得的信息进行转换和处理。该监测系统应有统一的时间和空间基准，并根据边坡类型和工作年限来确定。监测系统的控制单元是工程安全的控制单元，对边坡而言，应控制潜在滑动面、切割面、临空面、边坡加固结构单元以及有关建筑和设施等对象。

图 10-27 为边坡自动化综合监测系统构成示意图，通过在潜在滑坡体适当位置布置专门的监测仪器，监测滑坡体表面裂缝、深层位移、倾斜变形、地下水位以及环境降雨量等。上述监测仪器通过专门的数据采集装置进行自动采集并记录，再通过 GPRS 或 GSM 无线传输方式将采集的数据发送到远程中心数据接收站，如图 10-28 所示，远程中心数据接收站只需要一台计算机配合相应通信模块，通过配套的数据采集软件即可实现数据的现场采集、实时监控、异常测值报警等目的，从而远程监控该滑坡体表面裂缝开合位移、深层变形和相应变形速率，以及环境量变化等实时状况，对动态监控滑坡体变形发展及预测可能的破坏规模均具有重要意义。

许强教授团队构建了基于星载平台（高分辨率光学+合成孔径雷达干涉测量技术 InSAR）、航空平台（机载激光雷达测量技术 LiDAR+无人机摄影测量）、地面平台（斜坡地表和内部观测）的“天-空-地”一体化的多源立体观测体系，进行重大地质灾害隐患的早期识别。首先使用高分辨率的光学影像和 InSAR 识别历史上曾经发生过明显变形破坏和正在变形的区域，实现对重大地质灾害隐患区域性、扫面性的普查；随后，借助于机载 LiDAR 和无人机航拍，对地质灾害高风险区、隐患集中分布区或重大地质灾害隐患点的地形地貌、地表变形破坏迹象乃至岩体结构等进行详细调查，实现对重大地质灾害隐患的详查；最后，通过地面调查复核以及地表和斜坡内部的观测，甄别并确认或排除普查和详查结果，实现对重大地质灾害隐患的核查（见图 10-29）。地质灾害隐患识别的“三查”体系类似于医学上大病检查和确诊过程，先通过全面体检筛查出重大病患者，再通过详细检查和临床诊断，确诊或排除病患。

10-14 边坡自动化综合监测系统与工程应用（视频）

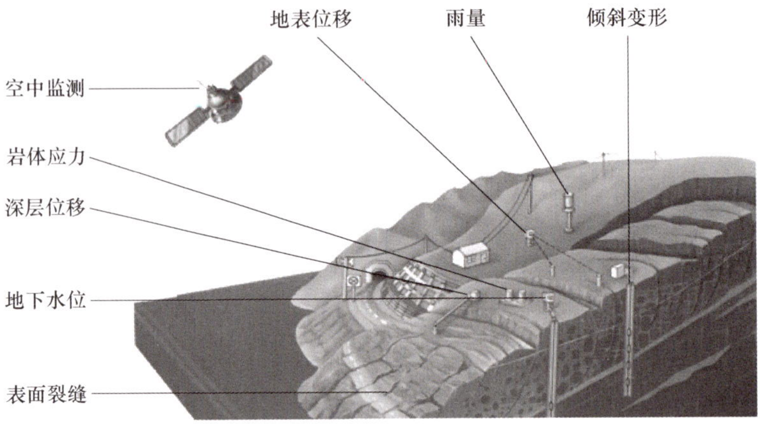

图 10-27 边坡自动化综合监测系统构成示意图

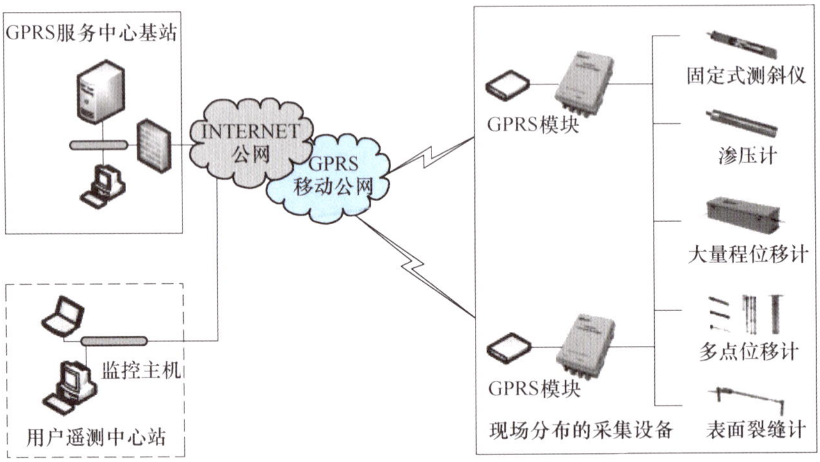

图 10-28 自动化监测系统远程监控示意图

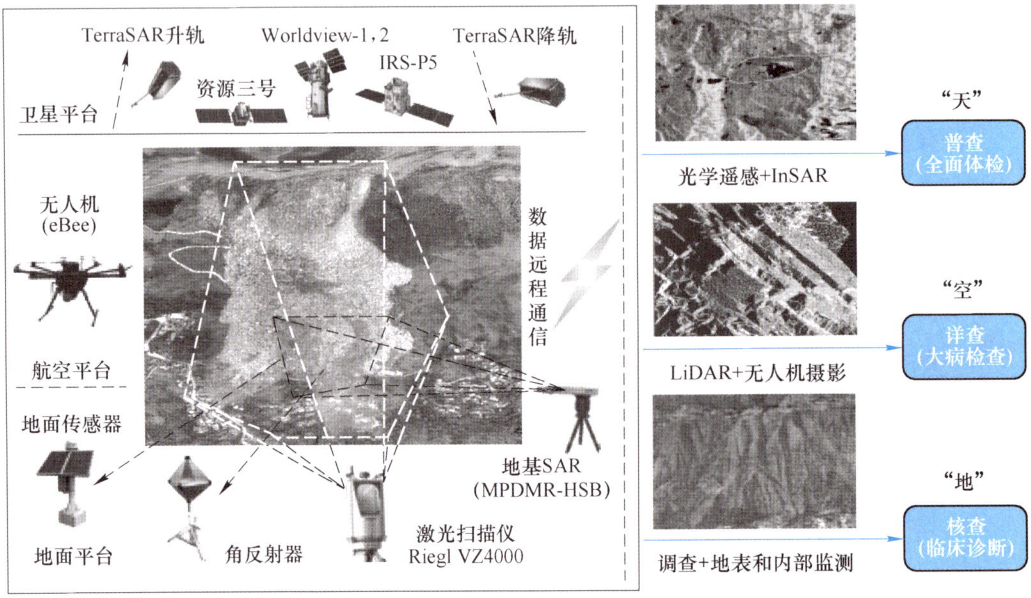

图 10-29 “天-空-地”一体化多源立体观测体系示意图

10.8 边坡灾害预警

边坡灾害预警与稳定性监测紧密相关，基于稳定性监测获得的各种位移（速率）、应力、水位等信息，采用预警判据或模型进行分析研判，最后发出不同等级的警示信息，以便于启动相关预案。边坡稳定性监测是手段，边坡灾害预警则是目的。

10.8.1 预警分类

根据预警方法和范围不同，边坡灾害预警主要包括区域性气象预警和单体滑坡预警两大类。

10.8.1.1 区域性气象预警

降雨是滑坡的主要诱发因素。区域性气象预警是通过对某区域历史降雨过程及实际诱发滑坡情况的统计分析，建立基于临界雨量的统计（经验）预警模型，这是目前国际上研究最多、应用最广的预警方法。但气象预警只能作出大范围趋势性和提示性预警，并不能对某一滑坡是否发生以及什么时候发生作出具体预警，其主要作用是指导强降雨过程发生前的边坡灾害群测群防工作。

气象预警已经在意大利、日本、美国以及中国台湾、中国香港等国家和地区得到普遍应用。中国台湾和香港地区已积累了30余年的气象观测数据和强降雨期间发生的地质灾害资料，分区、分类建立了气象预警模型，研发了实时气象预警系统，并根据新的降雨事件及其诱发灾害情况，不断修正完善预警模型，升级预警系统，其气象预警系统已在实际防灾减灾中发挥着重要作用。比如中国香港自1977年成立土力工程处以来，一直致力于边坡灾害防治工作，通过几十年的强降雨过程数据及实际发生滑坡的统计分析，建立了适宜于本地区的气象预警模型，研发了灾害警报系统，并对公众开放，取得了显著的防灾减灾效果。

自2003年起，中国地质环境监测院与中国气象局国家气象中心等单位共同组建研究团队，开展了全国地质灾害气象预警技术方法研究，提出了我国地质灾害区域预警的隐式统计预警、显式统计预警和动力预警方法，并采用临界降雨判据方法（隐式统计）建立了中国第一代国家级地质灾害预警系统。随后又对中国大陆分区建立了显式统计预警模型，研发了第二代国家级地质灾害预警系统，相关工作对支撑我国的地质灾害群测群防工作发挥了重要作用。目前，浙江、四川、重庆、贵州、甘肃等多个省市都已开展了地质灾害气象预警服务，并取得显著的防灾减灾效果。

10.8.1.2 单体滑坡预警

单体滑坡预警是在某些危险性较大的边坡灾害隐患点安设专业监测设备，通过对现场监测数据的实时分析处理，在滑坡、崩塌等灾害发生前的一定时间内发出警示信息，提醒受灾害威胁人员主动避让撤离，以保证生命安全。

在我国，造成重大人员伤亡和广泛社会影响的边坡灾害主要是单体大型滑坡，因此要高度重视单体滑坡的预警工作。从成因来讲，滑坡可分为重力型、降雨型和地震型三大类。目前地震本身还不能准确预报，所以地震型滑坡预警还不现实。理论上讲，滑坡就是斜坡岩土体在重力作用下不断变形直至失稳破坏的过程，因此不管是哪类滑坡，重力都是促使滑坡发生的主要作用力，是内因；地震、降雨、人类工程活动等仅是外在促发因素，为外因。

我国每年由强降雨引发的群发性地质灾害和大型单体地质灾害造成的人员伤亡和财产损失都很严重，所以区域性气象预警和单体预警这两方面工作都很重要和必要。但不同地区根据灾害爆发特点可有所侧重，如沿海地区主要以由伴随台风的强降雨天气引发的浅表层群发性灾害为主，而在西部山区造成重大人员伤亡的主要为大型重力型滑坡或其他因素（如强降雨、人类工程活动等）引发的大型地质灾害。因此，前者应以区域性气象预警为主，后者则应将预警的重心放在大型单体灾害上。

10.8.2 预警指标和模型

目前国际上最常用的边坡灾害预警方法为阈值预警，即通过统计分析或根据各滑坡的实际情况给出一个阈值（临界值），一旦监测数据达到这个阈值即发出警示信息。目前最常用的预警指标为位移、雨量、地下水等。如降雨型滑坡一般采用雨量阈值进行预警，而重力型滑坡则主要采用位移（变形）阈值进行预警。表 10-5 结合滑坡的形成演化过程与成灾特征，列出了滑坡的主要监测内容、监测指标、监测仪器设备和技术手段，以及对应的预警指标。

表 10-5 滑坡的主要监测手段及预警指标

监测内容	监测指标	监测手段	预警指标
驱动力	雨量、水位、应力（水压力、土压力、支挡结构应力、滑坡推力）等	雨量计、水位计、孔压计、土压力计、钢筋应力计等	临界雨量、水位、孔压、应力等
外在变形	位移速率、累计位移、加速度、倾角等	全站仪、裂缝计、GNSS、InSAR、钻孔倾斜仪、多点位移计、测斜仪、光纤等	切线角、加速度、裂缝分期配套特性
内部破裂	微震、次声、声波等	地震仪、次声探测仪、声波仪等	弹性波、次声波频谱特性、能量特性
临滑前兆	变形、地下水位、微震和次声波等各种前兆信息	变形、水位、内部破裂观测等手段	前兆异常信息，如位移急剧增加，持续不断的小崩小落

滑坡监测可为灾害早期预警提供有力支撑，早期预警则能够减少甚至避免人员伤亡和财产损失。但如果没有合适有效的预警模型，即便大量的监测措施也难以解决防灾减灾的实际问题。以下介绍两种典型的边坡灾害预警模型。

（1）基于传统变形观测的滑坡预警。20 世纪 60 年代，日本学者斋藤（Saito）通过岩土体蠕变试验发现滑坡具有“三阶段”的变形规律，即滑坡从开始出现变形到最终滑坡发生一般会经历初始变形、等速变形、加速变形 3 个阶段。滑坡进入加速变形阶段是滑坡发生的前提，可作为滑坡预警的重要依据。为满足预警需要，许强团队对滑坡的加速变形阶段进行了细分，并给出了基于变形的滑坡 4 级综合预警判据（见图 10-30）。为了使该预警体系能真正用于地质灾害监测预警工程实践，基于 WebGL 的三维数字地球，研发了“地质灾害实时监测预警系统”，实现了现场监测数据的自动采集、远程无线传输、数据实时自动分析处理、预警级别自动划分和预警信息自动发送等功能，基本实现了滑坡的实时自动预警。

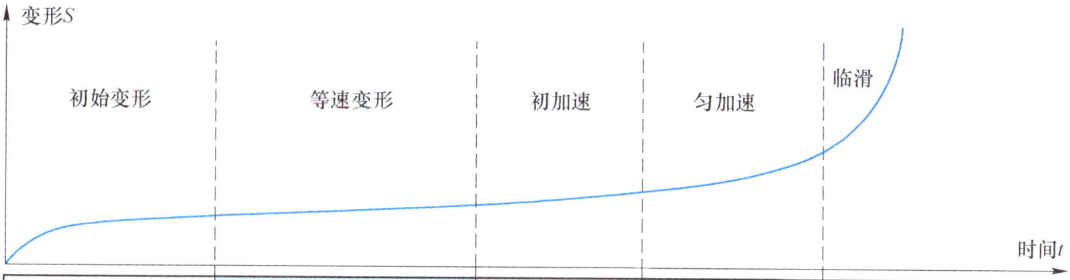

预警级别	注意级	警示级	警戒级	警报级
警报形式	蓝色	黄色	橙色	红色
地表裂缝（空间）	后缘、两侧及前缘裂缝分期有序形成	地面裂缝逐渐配套、贯通，并最终圈闭		后缘裂缝急剧拉开，前缘出现隆起、小崩小落
切线角（时间）	$\alpha\approx45°$	$45°<\alpha<80°$	$80°\leqslant\alpha<85°$	$\alpha\geqslant85°$
稳定系数（强度）	$1.0\leqslant K\leqslant1.05$	$0.95<K<1.0$		$K\leqslant0.95$
加速度（时间）	在一定幅度范围内振荡			骤然剧增

图 10-30　基于变形观测的滑坡 4 级综合预警体系示意图

（2）基于多源参数的普适性滑坡预警。针对我国滑坡灾害点多面广且发生地质灾害的“中心”向农村转移特点，中国地质调查局殷跃平带领的滑坡监测预警团队，提出了监测滑坡拉裂变形“普适性”特征的思路（见图 10-31），集成 MEMS 的新型低功耗、压电式、光电式雨量计等技术，研制了一体化多参数监测预警设备，形成涉及雨量、裂缝位移、地表形变、倾角、加速度、土壤含水率等 6 个测试项单参数触发，多参数综合预警系列普适型监测预警仪器；开发基于低轨窄带物联网通信并集成模块化或芯片化通信组件的监测数据接收系统，从根本上解决了现有技术监测数据传输稳定性、完整性问题；突破经典的滑坡预报斋藤理论，建立了融合灾变机理时间序列和空间阵列大数据的宏观指数法、动态趋势线和深度学习法滑坡风险预警模型。研发的基于地质云实时监测和风险预警平台已在全国推广运行，实现了全国尺度的滑坡监测预警由“人防”向“技防”的转型升级。

10.8.3 滑坡预警有待解决的问题

大量滑坡监测结果表明，不同物质组成（土质、岩质、土岩混合等）、不同规模（从数立方米到数十亿立方米）、不同成因类型的滑坡，其变形阈值的差异非常大。一些滑坡发生前累计位移仅数厘米，而有些滑坡累计位移已达数十米仍未整体失稳破坏，表明不同滑坡并不存在统一的阈值，由此给阈值预警带来巨大的挑战。

滑坡监测数据的处理分析对于有效预警意义重大，然而，滑坡实际的监测数据

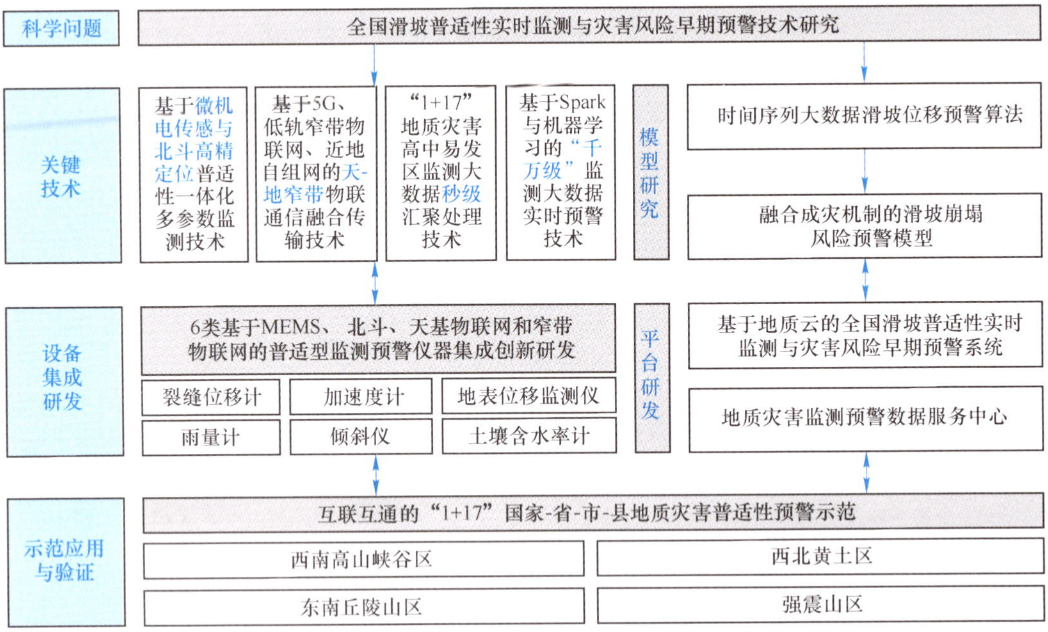

图 10-31 滑坡普适性实时监测和风险预警技术框图

质量参差不齐，数据中断和异常跳动等不稳定情况时有出现；数据分析依靠人工且缺乏标准，分析结果有较大的不确定性。例如，对于突发性较强的滑坡，如果采用基于常规采集方式的监测设备，往往不能获取滑坡加速变形阶段尤其是临滑阶段的完整数据，缺失快速变化的关键数据则无法支撑科学有效预警，因此需要监测设备具有自适应变频采样功能以适应滑坡变形的突变。

另外，滑坡监测数据大多尚未实现自动处理和快速分析，预警模型也需实现自动化运行并输出简明结果，先进的机器学习技术与地质工程交叉融合的智能化预警模型等仍有待进一步研究探索。

习题与思考题

10-1 名词解释

（1）边坡稳定性监测；（2）自动全站仪（测量机器人）；（3）无人机摄影测量技术；（4）合成孔径雷达监测；（5）三维激光扫描；（6）微震；（7）区域性气象预警；（8）单体滑坡预警。

10-2 简答题

（1）简述边坡稳定性监测的重要性。

（2）简述边坡稳定性监测的主要任务。

（3）简述边坡位移监测两大主要内容及监测方案布设原则。

（4）简述边坡表面位移监测的主要方法及其工作原理。

（5）简述边坡内部位移监测的常用方法。

（6）简述地下水监测的主要目的。

（7）简述地音监测系统与微震监测系统原理与应用的异同。

（8）简述加固工程结构物荷载监测的主要内容。

（9）简述边坡自动化综合监测系统的主要组成部分。

（10）简述边坡预警的分类和常用模型。

10-3　论述题

（1）论述我国在边坡监测及灾害预警方面的最新成就及贡献。

（2）论述5G、大数据、云计算、人工智能、物联网等新兴技术在边坡稳定性监测及灾害预警中发挥的作用。

（3）论述如何平衡项目施工进度和边坡稳定性监测的关系。

参考文献

[1] 陈祖煜．土质边坡稳定分析——原理、方法、程序［M］．北京：中国水利水电出版社，2003.

[2] 陈祖煜，汪小刚，杨建，等．岩质边坡稳定分析——原理·方法·程序［M］．北京：中国水利水电出版社，2005.

[3] 孙玉科．边坡岩体稳定性分析［M］．北京：科学出版社，1988.

[4] Hoek E，Bray J W. 岩石边坡工程［M］．北京：冶金工业出版社，1983.

[5] 中华人民共和国住房和城乡建设部．GB/T 50218—2014 工程岩体分级标准［S］．北京：中国计划出版社，2014.

[6] 中华人民共和国水利部．SL 386—2007 水利水电工程边坡设计规范［S］．北京：中国水利水电出版社，2007.

[7] 中华人民共和国住房和城乡建设部．GB 50086—2015 岩土锚杆与喷射混凝土支护工程技术规范［S］．北京：中国计划出版社，2015.

[8] 中国岩石力学与工程学会．T/CSRME 009—2021 露天矿山岩质边坡工程设计规范［S］．北京：中国标准出版社，2021.

[9] 中华人民共和国住房和城乡建设部．GB 50330—2013 建筑边坡工程技术规范［S］．北京：中国建筑工业出版社，2014.

[10] 中华人民共和国住房和城乡建设部．GB 51016—2014 非煤露天矿边坡工程技术规范［S］．北京：中国计划出版社，2014.

[11] 中华人民共和国住房和城乡建设部．GB 50010—2010 混凝土结构设计规范［S］．北京：中国建筑工业出版社，2015.

[12] 中国工程建设标准化协会．CECS 22：2005 岩土锚杆（索）技术规程［S］．北京：中国计划出版社，2005.

[13] 国家铁路局．TB 10025—2019 铁路路基支挡结构设计规范［S］．北京：中国铁道出版社，2019.

[14] 中华人民共和国建设部．GB 50021—2001 岩土工程勘察规范［S］．北京：中国建筑工业出版社，2009.

[15] 中华人民共和国住房和城乡建设部．GB 50007—2011 建筑地基基础设计规范［S］．北京：中国建筑工业出版社，2012.

[16] 中华人民共和国水利部．SL 274—2001 碾压式土石坝设计规范［S］．北京：中国水利水电出版社，2004.

[17] 中华人民共和国住房和城乡建设部．GB/T 50266—2013 工程岩体试验方法标准［S］．北京：中国计划出版社，2013.

[18] 中华人民共和国交通运输部．JT/T 1328—2020 边坡柔性防护网系统［S］．北京：人民交通出版社，2020.

[19] 吴顺川，李利平，张晓平．岩石力学［M］．北京：高等教育出版社，2021.

[20] 佴磊，徐燕，代树林．边坡工程［M］．北京：科学出版社，2010.

[21] 李建林．边坡工程［M］．重庆：重庆大学出版社，2013.

[22] 沈明荣．边坡工程［M］．北京：中国建筑工业出版社，2015.

[23] 王奎华．岩土工程勘察［M］.2 版．北京：中国建筑工业出版社，2016.

[24] 冯树荣，彭土标．水工设计手册 第 10 卷 边坡工程与地质灾害防治［M］.2 版．北京：中国水利水电出版社，2013.

[25] 国家能源局．NB/T 10512—2021 水电工程边坡设计规范［S］．北京：中国水利水电出版社，2021.
[26] 国家市场监督管理总局．GB/T 38509—2020 滑坡防治设计规范［S］．北京：中国标准出版社，2020.
[27] 全国国土资源标准化技术委员会．GB/T 32864—2016 滑坡防治工程勘查规范［S］．北京：中国标准出版社，2020.
[28] 贵州省住房和城乡建设厅．DB52/T046—2018 贵州省建筑岩土工程技术规范［S］．北京：中国建筑工业出版社，2018.
[29] 中华人民共和国工业和信息化部．YS/T 5230—2019 边坡工程勘察规范［S］．北京：中国计划出版社，2020.
[30] 姜德义，朱合华，杜云贵．边坡稳定性分析与滑坡防治［M］．重庆：重庆大学出版社，2005.
[31] 饶运章．岩土边坡稳定性分析［M］．中南：中南大学出版社，2012.
[32] 张倬元，王士天，王兰生，等．工程地质分析原理［M］.4 版．北京：地质出版社，2016.
[33] 朱大勇，姚兆明．边坡工程［M］．武汉：武汉大学出版社，2014.
[34] 赵明阶，何光春，王多垠．边坡工程处治技术［M］．北京：人民交通出版社，2003.
[35] 蔡美峰，何满潮．岩石力学与工程［M］.2 版．北京：科学出版社，2013.
[36] 许强，裴向军，黄润秋．汶川地震大型滑坡研究［M］．北京：科学出版社，2009.
[37] 黄润秋．汶川地震地质灾害研究［M］．北京：科学出版社，2009.
[38] 张永兴．边坡工程学［M］．北京：中国建筑工业出版社，2008.
[39] Ning Lu，Jonathan W Godt. 斜坡水文与稳定［M］．北京：高等教育出版社，2014.
[40] 赵树德，廖红建，徐林荣．高等工程地质学［M］．北京：机械工业出版社，2005.
[41]《工程地质手册》编委会．工程地质手册［M］.4 版．北京：中国建筑工业出版社，2007.
[42] 王国体．边坡稳定和滑坡分析应力状态方法［M］．北京：科学出版社，2012.
[43] 张永谋．工程地质与土力学［M］．成都：西南交通大学出版社，2011.
[44] 王运敏．现代采矿手册［M］．北京：冶金工业出版社，2011.
[45] 焦玉书．金属矿山露天开采［M］．北京：冶金工业出版社，1989.
[46] 马建林．土力学［M］．北京：中国铁道出版社，2011.
[47] 李镜培，梁发云，赵春风．土力学［M］．北京：高等教育出版社，2008.
[48] 苏爱军．滑坡稳定性评价原理与方法：条分法的改进［M］．武汉：中国地质大学出版社，2008.
[49] 杨进良．土力学［M］．北京：中国水利水电出版社，2006.
[50] 刘佑荣，唐辉明．岩体力学［M］．北京：化学工业出版社，2009.
[51] 孙玉科，古迅．赤平极射投影在岩体工程地质力学中的应用［M］．北京：科学出版社，1980.
[52] 孙书伟，林杭，任连伟．FLAC3D 在岩土工程中的应用［M］．北京：中国水利水电出版社，2011.
[53] 唐辉明，晏鄂川，胡新丽．工程地质数值模拟的理论和方法［M］．武汉：中国地质大学出版社，2001.
[54] 彭振斌．锚固工程设计计算与施工［M］．北京：中国地质大学出版社，1997.
[55] 闫莫明，徐祯祥，苏自约．岩土锚固技术手册［M］．北京：人民交通出版社，2004.
[56] 郑颖人，陈祖煜，王恭先，等．边坡与滑坡工程治理［M］.3 版．北京：人民交通出版社，2022.

[57] 铁道部第二勘测设计院．抗滑桩设计与计算［M］. 北京：中国铁道出版社，1983.
[58] 李海光．新型支挡结构设计与工程实例［M］. 北京：人民交通出版社，2011.
[59] 赵其华，彭社琴．岩土支挡与锚固工程［M］. 成都：四川大学出版社，2008.
[60] 于润沧．采矿工程师手册［M］．北京：冶金工业出版社，2009.
[61] 阳友奎，原振华，杨涛．柔性防护系统及其工程设计与应用［M］．北京：科学出版社，2015.
[62] 赵成刚，白冰．土力学原理修订本［M］．北京：清华大学出版社，2009.
[63] Read J，Stacey P. Guidelines for open pit slope design［M］. Taylor & Francis Group，2009.
[64] Rockscience Inc. Dips Manual［M］. Rockscience Inc.，2013.
[65] Abramson L W. Slope Stability and Stabilization Methods［M］. John Wiley & Sons，2002.
[66] Wyllie D C. Rock slope engineering：civil and mining［M］. 4th ed. Spon Press，2004.
[67] Goodman，R E. Methods of Geological Engineering in Discontinuous Rocks［M］. West Publishing Company，1976.
[68] Highland L，Bobrowsky P T. The landslide handbook：a guide to understanding landslides［M］. Reston：US Geological Survey，2008.
[69] Wyllie D C，Mah C. Rock slope engineering［M］. CRC Press，2004.
[70] Highland L，Bobrowsky P T. The landslide handbook：a guide to understanding landslides［M］. Reston：US Geological Survey，2008.
[71] Söberg J. Analysis of large scale rock slopes［D］. Division of Rock Mechanics，Luleå University of Technology，1999.
[72] 蒋瑶．青海省玉树地区地震滑坡研究［D］．北京：中国地质大学，2014.
[73] 张翔．甘肃舟曲锁儿头滑坡变形破坏机制及稳定性研究［D］．成都：成都理工大学，2012.
[74] 肖术．基于可靠度理论的露天矿节理岩体边坡稳定性及设计优化研究［D］．北京：北京科技大学，2016.
[75] 韩龙强．富水砂砾露天矿边坡稳定性分析方法与处治技术研究［D］. 北京：北京科技大学，2021.
[76] 中煤平朔集团有限公司，北京科技大学，等．东露天煤矿软弱层边坡失稳机理与防治方法研究及应用［R］. 2012.
[77] 中国地质调查局．全国地质灾害通报（2014 年）［R］. 中国地质调查局发展研究中心.
[78] Bobet A. Analytical solutions for toppling failure［J］. International Journal of Rock Mechanics & Mining Sciences，1999，36（36）：971-980.
[79] Bishop A W. The use of the slip circle in stability analysis of slopes［J］. Geotechnique，1955，5（1）：7-17.
[80] Bishop A W，Morgenstern N R. Stability coefficients for earth slopes［J］. Geotechnique，1960，10（4）：129-153.
[81] Spencer E. Thrust line criterion in embankment stability analysis［J］. Geotechnique，1973，23（1）：85-100.
[82] Spencer E. A method of analysis of the stability of embankments assuming parallel inter-slice forces［J］. Geotechnique，1967，17（1）：11-26.
[83] Morgenstern N R，Price V E. The analysis of the stability of general slip surfaces［J］. Geotechnique，1965，15（1）：79-93.
[84] Fredlund D G，Krahn J. Comparison of slope stability methods of analysis［J］. Canadian

Geotechnical Journal, 1977, 14 (3): 429-439.
[85] Sarma S K. Stability analysis of embankments and slopes [J]. Journal of Geotechnical and Geoenvironmental Engineering, 1979, 23 (3): 423-433.
[86] Park H, West T R. Development of a probabilistic approach for rock wedge failure [J]. Engineering Geology, 2001, 59 (3/4): 233-251.
[87] Terzaghi R D. Sources of error in joint surveys [J]. Geotechnique, 1965, 15 (3): 287-304.
[88] Cundall P A, Strack O D L. A discrete numerical model for granular assemblies [J]. Geotechnique, 1979, 29 (1): 47-65.
[89] Goodman R E, Taylor R L, Brekke T L. A model for the mechanics of jointed rock [J]. Journal of Soil Mechanics & Foundations Div, 1968, 94 (SM3): 637-659
[90] Janbu N. Slope stability computations [J]. Publication of : Wiley & Sons, Incorporated, 1973: 47-86.
[91] Sjoberg J. Failure mechanisms for high slopes in hard rock [J]. Slope Stability in Surface Mining, 2000: 71-80.
[92] Walton O R. Particle dynamics modeling of geological materials [J]. UCRL-52915, Lawrence Livermore Laboratory, University of California, Livermore, Calif, 1980.
[93] Army U S. Corps of Engineers [J]. Sacramento, California, July, 1970.
[94] Karakas A. Practical rock engineering [J]. Environmental & Engineering Geoscience, 2008, 14 (1): 55-57.
[95] Bieniawski Z T. 22-Classification of rock masses for engineering: The RMR system and future trends [J]. Rock Testing & Site Characterization, 1993: 553-573.
[96] Ching R K H, Fredlund D G. Some difficulties associated with the limit equilibrium method of slices [J]. Canadian Geotechnical Journal, 1983, 20 (4): 661-672.
[97] Andrew R D, Bartingale R, Hume H. Context Sensitive Rock Slope Design Solutions [R]. Environmental Impacts, 2011.
[98] Wightman W E, Jalinoos F, Sirles P, et al. Application of Geophysical Methods to Highway Related Problems [R]. Condition Surveys, 2004.
[99] Castillo J L. Non-linear dynamic stability analyses of a lined geomembrane rock fill dam [C] // Proc. 4th Itasca Symposium on Applied Numerical Modeling. Lima, Peru, 2016: 179-188
[100] Yıldız E, Gürdil A F. Seismic safety evaluation of Chardara Dam by non-linear time history analyses [C] // Proc. 4th Itasca Symposium on Applied Numerical Modeling. Lima, Peru, 2016: 225-232
[101] Fellenius W. Calculation of the stability of earth dams [C] //Transactions of the 2nd congress on large dams, Washington, DC. International Commission on Large Dams (ICOLD) Paris, 1936, 4: 445-463.
[102] Bray J W, Goodman R E. The theory of base friction models [C] //International Journal of Rock Mechanics and Mining Sciences & Geomechanics Abstracts. Pergamon, 1981, 18 (6): 453-468.
[103] Wu S C, Han L Q, Cheng Z Q, et al. Study on the limit equilibrium slice method considering characteristics of inter-slice normal forces distribution: the improved spencer method [J]. Environmental Earth Sciences, 2019, 78 (20): 1-18.
[104] 程良奎，胡建林，张培文．岩土锚固技术新发展 [C] //中国岩土锚固工程协会第十九次全国岩土锚固工程学术研讨会．重庆，2010：98-101.

[105] 夏永学，蓝航，魏向志．基于微震和地音监测的冲击危险性综合评价技术研究［C］// 全国岩石动力学学术会议暨国际岩石动力学专题研讨会．北京中国矿业大学交流中心，2011，36（S2）：358-364.
[106] 陈祖煜．土坡稳定分析通用条分法及其改进［J］．岩土工程学报，1983，5（4）：11-27.
[107] 郑颖人，时卫民．不平衡推力法使用中应注意的问题［J］．重庆建筑，2004（2）：6-8.
[108] 郑颖人，时卫民，杨明成．不平衡推力法与 Sarma 法的讨论［J］．岩石力学与工程学报，2004，23（17）：3030-3036.
[109] 陈祖煜．边坡稳定分析的通用条分法的原理和使用方法［C］//土石坝与岩土力学技术研讨会论文集．2001.
[110] 黄润秋．20 世纪以来中国的大型滑坡及其发生机制［J］．岩石力学与工程学报，2007，26（3）:433-454.
[111] 张倬元．滑坡防治工程的现状与发展展望［J］．地质灾害与环境保护，2000，11（2）：89-97，181.
[112] 黄润秋，赵松江，宋肖冰，等．四川省宣汉县天台乡滑坡形成过程和机理分析［J］．水文地质工程地质，2005，32（1）：13-15.
[113] 殷跃平．中国地质灾害减灾回顾与展望——从国际减灾十年到国际减灾战略［J］．国土资源科技管理，2001，18（3）：26-29.
[114] 赵艳，郭明珠，周智，等．水对边坡稳定性的影响及边坡的加固措施分析［J］．工业建筑，2006，36（S1）：758-760.
[115] 夏元友，李梅．边坡稳定性评价方法研究及发展趋势［J］．岩石力学与工程学报．2002，21（7）：1087-1091.
[116] 伍超，冉洪兴，郑永红，等．雅砻江唐古栋垮山堵江溃决洪水过程研究［J］．水动力学研究与进展（A 辑），1996，11（6）：646-652.
[117] 金德山．云南元阳老金山滑坡［J］．中国地质灾害与防治学报，1998，9（4）：99-102，81.
[118] 陈仁政．科学解读襄汾尾矿库溃坝事件［J］．知识就是力量，2008（10）：14.
[119] 陈自生，孔纪名．1991 年 9 月 23 日云南省昭通市头寨沟特大滑坡［J］．山地学报，1991，9（4）：265-268.
[120] 殷跃平．西藏波密易贡高速巨型滑坡特征及减灾研究［J］．水文地质工程地质，2000，27（4）:8-11.
[121] 黄润秋，张伟锋，裴向军．大光包滑坡工程地质研究［J］．工程地质学报，2014，22（4）:557-585.
[122] 蒋瑶，吴中海，李家存，等．2010 年玉树 7.1 级地震诱发滑坡特征及其地震地质意义［J］．地质学报，2014，88（6）：1157-1176.
[123] 许强，董秀军．汶川地震大型滑坡成因模式［J］．地球科学：中国地质大学学报，2011，36（6）：1134-1142.
[124] 陈永波，王成华，樊晓一．湖北省千将坪大型滑坡特征及成因分析［J］．山地学报，2003，21（5）：633-634.
[125] 廖秋林，李晓，李守定，等．三峡库区千将坪滑坡的发生、地质地貌特征、成因及滑坡判据研究［J］．岩石力学与工程学报，2005，24（17）：3146-3153.
[126] 王治华，杨日红．三峡水库区千将坪滑坡活动性质及运动特征［J］．中国地质灾害与防治学报，2005，16（3）：5-11.
[127] 李季，苏怀智，赵斌．龙羊峡近坝库岸滑坡成因机理研究［J］．水电能源科学，2008，

26（1）:115-118.
[128] 殷坤龙，韩再生，李志中．国际滑坡研究的新进展［J］．水文地质工程地质，2000，27（5）:1-4.
[129] 段永侯．我国地质灾害的基本特征与发展趋势［J］．第四纪研究，1999，19（3）：208-216.
[130] 蒋承菘．中国地质灾害的现状与防治工作［J］．中国地质，2000（4）：3-5.
[131] 宋胜武，冯学敏，向柏宇，等．西南水电高陡岩石边坡工程关键技术研究［J］．岩石力学与工程学报，2011，30（1）：1-22.
[132] 曾亚武，田伟明．边坡稳定性分析的有限元法与极限平衡法的结合［J］．岩石力学与工程学报，2005，24（S2）：5355-5359
[133] 王家臣，谭英显．边坡稳定分析的各种条分法评价［J］．露天采矿，1988（2）：20-24.
[134] 方玉树．边坡稳定性分析条分法最小解研究［J］．岩土工程学报，2008，30（3）：331-335.
[135] 朱大勇，邓建辉，台佳佳．简化Bishop法严格性的论证［J］．岩石力学与工程学报，2007，26（3）：455-458.
[136] 张鲁渝，郑颖人．简化Bishop法的扩展及其在非圆弧滑面中的应用［J］．岩土力学，2004，25（6）：927-929，934.
[137] 李志刚，曹磊．严格Janbu法不收敛原因及其改进的探讨［J］．岩土力学，2008，29（4）：1053-1056.
[138] 朱大勇，李焯芬，黄茂松，等．对3种著名边坡稳定性计算方法的改进［J］．岩石力学与工程学报，2005，24（2）：183-194.
[139] 朱本珍，周岳华，朱大勇，等．对Janbu普遍条分法计算方法的改进［J］．防灾减灾工程学报，2003，23（4）：56-60.
[140] 林峰，黄润秋．滑坡推力计算的改进Janbu法［J］．工程地质学报，2000，8（4）：493-496.
[141] 黄龙元，刘继红，常来山，等．Morgenstern-Price改进法在边坡稳定性计算中的应用［J］．辽宁科技大学学报，2002，25（2）：129-133.
[142] 郑荣跃，梧松．基于Spencer法的边坡稳定性可靠度指标分析［J］．岩土力学，2006，27（1）:147-150，154.
[143] 林丽，郑颖人，孔亮，等．条分法的统一公式及其分析［J］．地下空间与工程学报，2002，22（3）：252-255.
[144] 方玉树．边坡稳定性分析条分法条间力合理性研究［J］．中国地质灾害与防治学报，2008，19（2）：80-86.
[145] 苏爱军，王建，周涛．条块间作用力倾角的假定及其对条分法计算结果的影响［J］．地球科学，2013，38（1）：188-194.
[146] 苏永华，赵明华，张月英，等．利用差分法计算基于Spencer分析模式的边坡稳定可靠度［J］．岩石力学与工程学报，2006，25（S1）：2751-2756.
[147] 张鲁渝．一个用于边坡稳定分析的通用条分法［J］．岩石力学与工程学报，2005，24（3）:496-501.
[148] 张鲁渝，郑颖人，时卫民．边坡稳定分析中关于不平衡推力法的讨论［J］．岩石力学与工程学报，2005，24（1）：177-182.
[149] 欧泽锋．基于不平衡推力法的边坡稳定性计算［J］．广东水利水电，2010（5）：21-23.
[150] 于全发，刘福臣，张伟．双滑块折线边坡稳定分析［J］．水运工程，2009（2）：62-64.

[151] 蒋斌松，蔡美峰，都浩．平面滑动边坡稳定性的解析计算［J］．岩石力学与工程学报，2004，23（1）：91-94.

[152] 吴恒滨，何泽平，曹卫文．基于不同水压分布的平面滑动边坡稳定性研究［J］．岩土力学，2011，32（8）：2493-2499.

[153] 陈祖煜，张建红．岩石边坡倾倒稳定分析的简化方法［J］．岩土工程学报，1996，18（6）:92-95.

[154] 李景．基于有限差分法的露采高边坡稳定性研究［J］．福建地质，2011，30（3）：261-266.

[155] 何翔，冯夏庭，张东晓．岩体渗流-应力耦合有限元计算的精细积分方法［J］．岩石力学与工程学报，2006，25（10）：2003-2008.

[156] 万林海，金海元，吴伟功，等．有限差分强度折减法的应用分析［J］．人民黄河，2005，27（9）：43-44.

[157] 刘凯欣，高凌天．离散元法研究的评述［J］．力学进展，2003，33（4）：483-490.

[158] 吴顺川，周喻，高利立，等．等效岩体技术在岩体工程中的应用［J］．岩石力学与工程学报，2010，29（7）：1435-1441.

[159] 吴顺川，周喻，高永涛，等．等效岩体随机节理三维网络模型构建方法研究［J］．岩石力学与工程学报，2012，31（S1）：3082-3090.

[160] 吴顺川，周喻，高永涛，等．自适应连续体/非连续体周期边界单元耦合技术在等效岩体中的应用研究［J］．岩石力学与工程学报，2012，31（S1）：3117-3122.

[161] 金爱兵，孙金海，高永涛．边坡动力响应主导频率及其影响因素的模拟分析［J］．北京科技大学学报，2011，33（3）：383-387.

[162] 包德荣，高永涛，肖术，等．国外某露天矿边坡爆破振动监测及数值模拟［J］．现代矿业，2015，31（12）：121-125.

[163] 韩龙强，吴顺川，李志鹏．基于 Hoek-Brown 准则的非等比强度折减方法［J］．岩土力学，2016，37（S2）：690-696.

[164] 吴顺川，韩龙强，李志鹏，等．基于滑面应力状态的边坡安全系数确定方法探讨［J］．中国矿业大学学报，2018，47（4）：719-726.

[165] 韩龙强，吴顺川，高永涛，等．富水砂卵石地层露天矿止水固坡技术研究及应用［J］．岩石力学与工程学报，2022，41（12）：2460-2472.

[166] 李健，高永涛，吴顺川，等．露天矿边坡强度折减法改进研究［J］．北京科技大学学报，2013，35（8）：971-976.

[167] 张院生，高永涛，吴顺川，等．排土场工后沉降及蠕变规律［J］．工程科学学报，2016，38（6）：745-753.

[168] 高永涛，肖术，吴顺川，等．顺层岩质边坡变形破坏特征及稳定性数值模拟［J］．工程科学学报，2015，37（11）：1403-1409.

[169] 程良奎．岩土锚固的现状与发展［J］．土木工程学报，2001，34（3）：7-12.

[170] 刘新荣，梁宁慧，黄金国，等．抗滑桩在边坡工程中的研究进展及应用［J］．中国地质灾害与防治学报，2006，17（1）：56-62.

[171] 徐钟馗，王桂林．SSR 在露天矿高台阶变形监测中的应用［J］．露天采矿技术，2010（6）：1-3，6.

[172] 付相超，刘玉福．边坡稳定性雷达在黑岱沟露天煤矿的应用［J］．露天采矿技术，2010（6）：28-30.

[173] 高杰，尚岳全，孙红月，等．CCD 微变形监测技术在边坡远程监控中的应用［J］．岩土力

学，2011，32（4）：1269-1272.
［174］邢正全，邓喀中．三维激光扫描技术应用于边坡位移监测［J］．地理空间信息，2011，9（1）：68-70，12.
［175］赵小平，闫丽丽，刘文龙．三维激光扫描技术边坡监测研究［J］．测绘科学，2010，35（4）：25-27.
［176］隋海波，施斌，张丹，等．边坡工程分布式光纤监测技术研究［J］．岩石力学与工程学报，2008，27（S2）：3725-3731.
［177］谭捍华，傅鹤林．TDR 技术在公路边坡监测中的应用试验［J］．岩土力学，2010，31（4）：1331-1336.
［178］邬晓岚，涂亚庆．滑坡监测的一种新方法——TDR 技术探析［J］．岩石力学与工程学报，2002，21（5）：740-744.
［179］李庶林，尹贤刚，郑文达，等．凡口铅锌矿多通道微震监测系统及其应用研究［J］．岩石力学与工程学报，2005，24（12）：2048-2053.
［180］徐奴文，唐春安，沙椿，等．锦屏一级水电站左岸边坡微震监测系统及其工程应用［J］．岩石力学与工程学报，2010，29（5）：915-925.
［181］张宗文，王元杰，赵成利，等．微震和地音综合监测在冲击地压防治中的应用［J］．煤炭科学技术，2011，39（1）：44-47.
［182］许强，董秀军，李为乐．基于天-空-地一体化的重大地质灾害隐患早期识别与监测预警［J］．武汉大学学报（信息科学版），2019，44（7）：957-966.
［183］中国岩石力学与工程学会．2020—2021 岩石力学与岩石工程学科发展报告［M］．北京：中国科学技术出版社，2022.